U0373150

晚清的北京文化空间

夏晓虹 主编

北京大学出版社
PEKING UNIVERSITY PRESS

图书在版编目(CIP)数据

晚清北京的文化空间/夏晓虹主编. —北京：北京大学出版社，2021.11
(都市想象与文化记忆丛书)
ISBN 978-7-301-32608-4

Ⅰ.①晚… Ⅱ.①夏… Ⅲ.①文化史—研究—北京—清后期 Ⅳ.①K291

中国版本图书馆 CIP 数据核字(2021)第 202369 号

书　　名	晚清北京的文化空间 WANQING BEIJING DE WENHUA KONGJIAN
著作责任者	夏晓虹　主编
责任编辑	延城城
标准书号	ISBN 978-7-301-32608-4
出版发行	北京大学出版社
地　　址	北京市海淀区成府路 205 号　100871
网　　址	http://www.pup.cn　新浪微博：@北京大学出版社
电子信箱	zpup@pup.pku.edu.cn
电　　话	邮购部 010-62752015　发行部 010-62750672 编辑部 010-62756467
印 刷 者	三河市北燕印装有限公司
经 销 者	新华书店
	965 毫米×1300 毫米　16 开本　20 印张　297 千字 2021 年 11 月第 1 版　2022 年 11 月第 2 次印刷
定　　价	59.00 元

目　录

“都市想象与文化记忆丛书”总序

陈平原

美国学者 Richard Lehan 在其所著《文学中的城市》(*The City in Literature*, University of California Press, 1998)中,将“文学想象”作为“城市演进”利弊得失之“编年史”来阅读;在他看来,城市建设和文学文本之间,有着不可分割的联系。“因而,阅读城市也就成了另一种方式的文本阅读。这种阅读还关系到理智的以及文化的历史:它既丰富了城市本身,也丰富了城市被文学想象所描述的方式。”(第289页)在某种程度上,我们所极力理解并欣然接受的“北京”“上海”或“西安”,同样也是城市历史与文学想象的混合物。

讨论都市人口增长的曲线,或者供水及排污系统的设计,非我辈所长与所愿;我们的兴趣是,在拥挤的人群中漫步,观察这座城市及其所代表的意识形态,在平淡的日常生活中保留想象与质疑的权利。偶尔有空,则品鉴历史,收藏记忆,发掘传统,体验精神,甚至做梦、写诗。关注的不是区域文化,而是都市生活;不是纯粹的史地或经济,而是城与人的关系。虽有文明史建构或文学史叙述的野心,但更希望像波德莱尔观察巴黎、狄更斯描写伦敦那样,理解北京、上海、西安等都市的七情六欲、喜怒哀乐。如此兼及“历史”

与“文学”,当然是我辈学人的学科背景决定的。

谈论“都市想象与文化记忆”,必须兼及建筑、历史、世相、风物、作家、作品等,在政治史、文化史与文学史的多重视野中展开论述。若汉唐长安、汉魏洛阳、六朝金陵、北宋开封、南宋临安、明清的苏州与扬州、晚清的广州与上海、近现代的天津与香港及台北,以及八百年古都北京,还有抗战中的重庆与昆明等,都值得研究者认真关注。如此“关注”,自然不会局限于传统的“风物记载”与“掌故之学”,对城市形态、历史、精神的把握,需要跨学科的视野以及坚实的学术训练;因此,希望综合学者的严谨、文人的温情以及旅行者好奇的目光,关注、体贴、描述、发掘自己感兴趣的“这一个”城市。

关于都市的论述,完全可以、而且必须有多种角度与方法。就像所有的回忆,永远是不完整的,既可能无限接近目标,也可能渐行渐远——正是在这遗忘(误解)与记忆(再创造)的巨大张力中,人类精神得以不断向前延伸。总有忘不掉的,也总有记不起的,“为了忘却的记念”,使得我们不断谈论这座城市、这段历史。在这个意义上,记忆不仅仅是工具,也不仅仅是过程,它本身也可以成为舞台,甚至构成一种创造历史的力量。

既然我们对于城市的“记忆”,可能凭借文字、图像、声音,乃至各种实物形态,今人之谈论“都市想象”,尽可八仙过海各显神通。无言的建筑、遥远的记忆、严谨的实录、夸饰的漫画、怪诞的传说、歧义的诠释……所有这些,都值得我们珍惜,并努力去寻幽探微深入辨析。相对于诗人的感伤、客子的怀旧或者斗士的抗争,学院派对于曾流光溢彩的“都市生活”的描述与阐释,细针密缝,冷静而客观,或许不太热闹,也不太好看,但却是我们进入历史乃至畅想未来的重要通道,必须给予足够的理解与欣赏。

本丛书充分尊重研究者的眼光、趣味与学术个性,可以是正宗的“城市研究”,也可以是“文学中的城市”;可以兼及古今,也可以比较中外;可以专注某一城市,也可以城城联姻或城乡对峙;可以阐释建筑与景观,也可以讨论舆论环境或文学生产;可以侧重史学,也可以偏于艺术或文化。一句话,只要是对于“都市”的精彩解读,不讲家法,无论流派,我们全都“虚位以待”。

2008 年 7 月 22 日于香港中文大学客舍

引　言

夏晓虹

主编《晚清北京的文化空间》一书,对我来说是少有的经历。原因在于,这是一本意外得来的项目书。2010 年,我指导的博士生黄湘金通过论文答辩,随即到西南师范大学(现名西南大学)文学院任教。次年,其论文荣幸地获评北京市优秀博士学位论文,作为奖励,指导教师有资格得到北京市教委资助的科研经费 20 万。这一最初名为"北京市优秀博士学位论文指导教师人文社科项目"的计划,到下达时,显然已将重心从支持教师"开展科学研究",转向"鼓励和支持其继续指导博士研究生做出创造性成果,为高质量的人才培养提供科研支撑"(北京市学位委员会办公室《关于资助 2011 年北京市优秀博士学位论文指导教师科研项目的通知》)。因此,我在申报时,即邀约了九位有共同研究兴趣的已毕业与在校学生参加。到正式立项后,课题也顺理成章地纳入改称"科学研究与研究生培养共建项目"中的"研究生培养项目"。

题目之所以设定为"晚清北京的文化空间",主要是因为此乃北京市支持在京中央高校的共建项目,当然会以"为北京市经济建设和社会发展服务"(《北京市教育委员会关于组织北京市支持中央在京高校共建项目经费预算申报工作的通知》)的方向优先。而我的研究范围属于近代,“晚清北京”正是最合适的入口。加之,几年前,我曾为研究生开设过一门“晚清上海的文化空间”专题课,相关文章日后结集为《晚清上海片影》(上海:上海古籍出版社,2009年初版;北京:北京大学出版社,2019年重版)。遗落未用的课程名称倒很切合我对于本课题内容的构想,于是径直套用。

填写申请书是一门技术活,我欠缺经验,幸好有学生可以帮忙。项目论证主要依靠陆胤,经费预算则由黄湘金负责。以下即大段移录我们填写在表格第一项(“结合国内外研究现状和发展趋势,简述项目的目的、意义和必要性。要着重阐述其对北京市社会经济发展的意义”)的内容,以见当初的整体规划:

> 随着北京国际地位的不断提升,以及社会科学领域区域研究与城市研究方法的成熟,北京这座有着光辉历史、厚重文化底蕴的城市逐渐受到中外学者的关注,“北京学”近年已趋于显学:陈平原在1994年即预言,“北京”和“北京学”都是绝好的研究题目;北京联合大学1998年组建了“北京学研究所”,并于2004年、2005年开始出版《北京学研究文集》和《北京学研究报告》;北京师范大学也于2002年成立了北京文化发展研究院,每年出版一册《北京文化发展报告》。可以说,作为区域文化研究的学术论域,“北京学”目前已经初步完成了其合理性的论证和理论体系的建构。尤可一提的是2003年在北京大学召开的“北京:都市想像与文化记忆”国际学术研讨会,众多高质量的论文从多角度展示了“北京学”广阔的研究前景,颇具示范意义。
>
> 作为辽、金、元、明、清五朝宅京之地,北京不仅是历代公文档案、正史、实录、地方志注目的“首善之区”,更通过数百年来文人士大夫的记录或追忆,积累了大量野史笔记、日记年谱、诗文小说等材料。晚清民国以降,随着现代学科范式之下的文史研究的兴起,其中部分史料得到整理、汇编。1928年,国民政府成立“北平研究院”,下设史学研究会专门搜集故都文献,为编辑《北平志》作准备;先后出版瞿宣颖编《北平史表长编》(1936)、张次溪编《北平史迹丛书》(1937)等著作。1930—

1950年代间,张次溪还先后编有《燕都风土丛书》(1939)、《辛亥以来纪述北京历史风物书录》《纪述北京历史风物书录补》《纪述北京历史风物书录补遗》等,对北京的地方文献进行了初步整理。此外,欧美、日本人士游历北京所留下的日记、风物志、旅游指南、新闻报道、语言教科书等,亦从另一角度提供了观察近代北京风情的窗口。

改革开放以来,相关的资料整理工作再度起步。北京古籍出版社率先自1980年代起成系列出版了《天咫偶闻》《雪桥诗话》《燕都丛考》《琉璃厂小志》《大清畿辅先哲传》等重要的北京史料;此外还有王灿炽所编、1985年出版的《北京史地风物书录》,首都图书馆1985年和1988年出版的《北京地方文献报刊资料索引》"历史部分"和"地理、名胜古迹部分"等。郗志群等学者于2000年编撰了《北京史百年论著资料索引》,为后来者提供了很大便利。而伴随"北京学"的兴起,关于北京传统文化和各类专门史的成果开始涌现,代表性著作为2000年出版的"北京历史丛书"和2008年起面世的"北京专史集成"。总体上看,"北京学"呈现出快速发展的态势,然而对比国外大都市(如伦敦、巴黎、维也纳、东京)的研究和国内"上海学"的成果,作为城市研究的"北京学"无论从数量还是质量上仍不无差距,与其政治、文化中心及国际大都市的地位不相匹配。可以说,目前"北京学"研究仅仅还只是起步。

本课题将目光聚焦于晚清北京的文化空间。在晚清社会转型的初期阶段,作为政治决策中心的北京,却曾一度落后于沿海口岸。然而,时至世纪之交,随着政治革新与学术变革的深入,作为政治上、文化上新旧阵营角力的要冲,"京师"的作用日益凸显。这一时期的北京,先后经历了戊戌维新、庚子事变和清末新政、预备立宪等政治事件的刺激,社会转型加速,文化界亦出现了诸多新因素,如:白话报刊的登场、宣讲演说的流行、文学改良的兴起、新式教育机构的发端、妇女组织的萌芽、旗人社会的变化、公共园林的出现以及戏曲艺术的改革,等等。既有研究成果对这一时段已多有关注,比较重要的研究著作包括:《清末的下层社会启蒙运动:1901—1911》(李孝悌,1992)中关于北京的部分,《北京报刊史话》(黄河,1992),《走向近代化的北京城——城市建设与社会变革》(史明正,1995),《北京:都市想像与文化记忆》(陈平原、王德威编,2005)中关于晚清部分,《清末民初北京舆论环境与新文化的登场》(杨早,2008),《士林交游与风气变迁——19世纪宣南的文人群体研究》(魏泉,2008),《北京近现代妇女运动史》(刘宁元,2009),《清代北京旗人社会》(刘小萌,2008),《清代北京戏曲演出研究》(范丽敏,2007),《北京地域文学语言研究》(张继华,1999),《老北京公园开放记》(王炜、闫虹,2008)等。但相对晚清北京丰富的文化活动和复杂的文化变迁,相关研究仍有待深化。

本项目的目的在于:将晚清北京视为一个"文化空间",探讨其间各个社群在各种场合运用多样表达方式的共生关系。不同于主要作为新知识、新生活方式集散地的上海、天津、广州等口岸都市,"晚清北京"的意义更在于新旧共生、士庶交涉、旗汉杂居,传统政教与近代文明相交融。这一文化空间,既不失其固有的政治资源,更在清末"中西学战"、新旧社会冲突、上下关系变化、中外习俗更迭等一系列文化转型过程中具有特别的象征意义。光绪、宣统之交的京城,延续着此前数百年京师士人交游的文酒风流与学艺风尚;但更重要的,则是在传统士大夫文化之外,孕育着崭新而折中的文化取向与社群空间。社会改良思潮受到政治变局鼓舞,随着报刊舆论的伸张、科举制度的废止,倾向新学的知识人登上历史舞台。一方面是文化活动"眼光向下":借助白话宣讲、注音简字、小说戏曲、国民教科书等新媒介,士庶文化的交汇趋于频繁,发生着从"士大夫的京师"向"国民的北京"的转换。另一方面则是学堂、公园、新式舞台、阅报社、图书馆等近代意义上人际空间,以及马路交通、供水系统、警察等公共设施的出现,预示着民国以后作为社会运动中心的北京文化空间的雏形。

不同于之前的研究成果,本项目既不是纵向的历史线索的梳理,也不是就某一主题开展横向的多侧面的探讨,而是带有鲜明的问题意识,充分利用报刊、档案等原始材料,力图深入晚清的历史情境,研究具体的文化人物、事件、机构和相关的文学文本。这些具体问题虽看似指向各异,然而都代表着其时北京文化空间的某一面向。借助这些既各自独立而又相互联系的“散点”,本课题力图交织呈现晚清北京这一特殊历史横断面的文化生态和城市性格。这种尝试的必要性,既来源于对目前研究现状的反思,也是基于晚清这一特定时期纷纭复杂的历史现象而形成的策略。

本项目的意义有:

1. 深入挖掘重要人物对北京历史发展和文化建设所作出的贡献,补充目前名人与北京关系研究之不足;

2. 再现发生在晚清北京的重要历史事件,从舆论和文学中探究历史真相及时人的文化心理;

3. 分析晚清北京城特殊的具体物理空间所包含的文化记忆,推引出北京现代化过程中的文化辐射;

4. 研究晚清北京的文艺、教育和学术活动,既能丰富艺术史、文学史、学术史的叙述,又可以映证北京作为近代文化重镇的城市地位;

5. 分析晚清北京各阶层在文化空间下的不同回应,可以为今天北京的精神文明建设提供借鉴。

嗣后,整个项目即依照这一思路展开。

实则,立项之前,我已与参加项目的学生作过深入沟通,希望以我提交给“北京:都市想像与文化记忆”国际学术研讨会的论文《旧戏台上的文明戏——田际云与北京“妇女匡学会”》为样本。该文讨论的中心事件虽只是著名戏曲演员田际云于1906—1907年演出的一部新戏,不过,勾连前后,却带出了女学、女报、白话报、社团(妇女匡学会)、戏曲改良、义务戏、妇女进戏园、演说、国民捐、警察等诸般新事新政。以此,各位参与者在拟定题目时,已自觉遵循这一以个案剖析观照社会变迁的总原则。

而题目的确定,有些是我根据对方已有研究直接指定,如郭道平博士论文的题目是《庚子事变的书写与记忆》,我希望她把关于“庚子之变与正阳门被焚事件”的部分整理出来;王鸿莉的博士论文做的是《清末北京下层启蒙运动——以〈京话日报〉为中心》,我看好其中“晚清旗人与《京话日报》”的话题;刘汭屿当年刚刚完成硕士论文《海派京剧旦角先驱冯春航研究

(1900—1919)》,博士论文依旧准备在京剧上发力,故认领了“晚清京剧的变革”一题;林峥已确定博士论文做“北京公园研究”,原先限定在民国时期,我希望她上推到晚清,由此有了“作为游赏场所与文化空间的万牲园”的选题,并最终成为其博士论文中的一章。也有一些题目是先约定了人选,再商量酌定的,如杨早的博士论文写《清末民初北京舆论环境与新文化的登场》(北京:北京大学出版社,2008年),这次报来“《孽海波澜》、报刊舆论与北京济良所”;袁一丹的博士论文关注沦陷时期的北平,我请她向前延伸,她因此想到“庚戌银锭桥案与晚清京师的暗杀风潮”可以列入。也有题目系经过调整,如黄湘金的博士论文题为《清末民初小说内外的女学生》(北京:北京大学出版社,2016年,正式出版时,多出一正题《史事与传奇》),申报课题时,希望有所趋避,而新论题“晚清北京舆论和文学中的春阿氏案”,因其已离开北京,有些特藏资料无法查阅,只得放弃。所遗题目后由正在读博的郝凯利承接,她的博士论文要研究“清末民初报载京话小说”,春阿氏案恰在关注中。

以上题目大体均按照最初的设想完成了。但也有个别变化,如刘汭屿的题目最终细化为《晚清京剧旗装戏与旦行花衫的兴起》,此文可说是所有论文中专业色彩最浓厚者。而黄湘金尽管出让了申报的选题,作为获奖者本人,当然不能缺席,他于是将先前作为博士论文副产品的《贵胄女学堂考论》大加扩充,凭借报刊及各种史料,逐一钩稽晚清北京的女子学校。写成的《“贵胄女学堂”与晚清北京女子教育》,为我们展示了更加翔实与丰富的历史图景。最大的遗憾则是原先提供了“京师大学堂与京师学风”的陆胤,嗣后兴趣转移,此文终未成稿。然而,如前所述,在申报课题阶段,他助力尤多,可以说是以另一种方式参与了项目。

本书虽将时空设定于“晚清北京”,但选取的人物、事件、文本等却均于1900年后展开。也即是说,就北京城的现代化而言,我以为,其最初的启动与庚子事变直接相关。由此引发的变化,从上举各题已可明白见出,即分别关涉女子教育、白话报刊、旗人自救、戏曲改良、新型社会团体与慈善机构、司法改革、现代公园、革命暗杀等在晚清北京的萌生。

而由于论述时段相对集中,书中各文也呈现出相互交织、彼此呼应之势。如“戏曲改良”中时装戏的演出,即“新戏”对“时事”的反映与干预,在《田际云与北京“妇女匡学会”》《〈孽海波澜〉与北京济良所》与《晚清北京“春阿氏案”的文本解读》各篇都有突出表现。旗人话题除在《〈京话日报〉(1904—1906)的旗人色彩》一文中得到充分阐述,又与旗装戏对京剧旦行艺术的提升与革新的论说相映成趣;此外,汪精卫谋刺摄政王案,甚至田际云主演的《惠兴女士传》戏曲主角以及春阿氏其人,无不牵扯到满人。自然,最引人注目的无疑是被梁漱溟先生誉为“当年对于北京社会乃至广大北方社会起着很大推动作用的”《京话日报》(《记彭翼仲先生——清末爱国维新运动一个极有力人物》),在本书中除了王鸿莉的专篇论述,还有四篇论文也采用了该报资料,可见这份白话报纸在开启与引领晚清北京下层启蒙运动中,确实功绩卓著。

尚需说明的是,清末与民初,就国家形态而言,应分属两个时代,但二者在诸多层面的延续性却也分明可见。本书中因而不乏横跨两个时段的论述。如1906年先后发生的“张傻子虐妓案”(京剧《孽海波澜》本事)与“春阿氏案”,其文学与戏曲改编均延续到民初。不过,民国肇建,政权组织与思想意识的更新也在逐渐向下渗透,本课题最后增加的宋雪关于民初“陈绳被害案”的考察因此很有必要。被疑为谋杀主犯的陈璧乃前清邮传部尚书兼参豫政务大臣,而案件的审理过程——包括律师辩护与公开庭审——已与上述两案更多凭借报刊营造的民间舆论的介入有了本质的不同。这样一种以后视前的角度,也适可作为本书的结案。

承接课题时,作为“研究生培养项目”,先后以博士生身份参与其间的有袁一丹、林峥、刘汭屿、郝凯利与宋雪,占据了作者的一半。其中除宋雪外,诸人都已在高校任教。现将作者任职单位开列如下:

郭道平,中国社会科学院文学研究所
黄湘金,中国海洋大学文学与新闻传播学院
王鸿莉,北京市社会科学院满学所
刘汭屿,中国传媒大学艺术研究院
杨早,中国社会科学院文学研究所

凌云岚,中国传媒大学文学院

郝凯利,河南师范大学文学院

林峥,中山大学中文系

袁一丹,首都师范大学文学院

宋雪,北京大学博雅博士后

按照当年的计划,此书应于2013年年底完成。但由于各位作者写作认真,交稿多有延迟。特别是其间又经历了篇目的调整与增加,并且,本人在追求完满的同时,也拖拉成性,致使编辑成书的过程不断延长。此次借新冠肺炎疫情发生、杜门不出之际,终于整理好全稿,对各位项目参加者可以有个交代,在我也算做到了善始善终。

2020年6月9日于京西圆明园花园

正阳门的庚子劫难

郭道平

光绪二十六年五月二十日(1900年6月16日),是庚子事变发展过程中的重要一日。这一天,义和团民在位于前门大栅栏的老德记药房纵火,不慎火势失控,延烧至千家以上;而附近的正阳门箭楼,在火灾中也被殃及,由此而酿出一场有清"二百年来未有之奇变"①。

正阳门作为京师内城的正南门,其巍峨城楼无疑是象征着帝国体统、皇室威严的观瞻之所系。而一日之间,其箭楼竟半毁于炽焰浓烟之中,几乎只剩下颓垣焦壁;附近的大栅栏一带,亦是都城中最为繁华的地段,同样付诸一炬。这一事件对于京师官民的心态以及最高统治者如慈禧的震撼,不可谓不巨。甚至可以说,它对庚子事件的发展与升级,亦起到了重要的催化作用。而在此后的历史进程中,正阳门所继续经历的劫难与修复,以及其所关联的制度的废弛和象征的消解,作为一个最具代表性的符号,如影随形般地昭示了清室在庚子后十年中的最终命运。

---

① 陈夔龙:《遵旨维持钱商四恒商业折》,《庸盦尚书奏议》卷一,宣统三年(1911)刻本。

1900 年被烧毁的正阳门箭楼

一、正阳门的建置沿革

正阳门,又称前门,为京师内城的正南门。其北面正对着大清门、天安门,直通皇城大内;东、西两面分别为崇文门和宣武门;南面有正阳大街,已属外城。

正阳门的历史,无疑与北京城的建置沿革息息相关。向前追溯,元代的大都城"方六十里",有十一门,正南门号为"丽正"①。如其名称一般,丽正门的景观自是气势雄伟、风景宜人。诗人宋褧《晚晴出丽正门》诗,有"团团碧树压宫城,白凤门楣澹日明"的描写;另一位元代文人欧阳原功则云:"丽正门当千步街,九重深处五云开。"②虽然经朱一新考证,"千步街"未必便是

① 吴长元辑:《宸垣识略》,北京:北京古籍出版社,2001 年,第 11 页。

② 同上书,第 15—16 页。

后来正阳门附近的“千步廊(即棋盘街)”①,但亦可以猜想此时的千步街,很可能是与清代棋盘街、大栅栏性质相类的“阛阓之所”②、繁华所聚之地。明朝永乐初年营建都城,有城门九座。据清人考证,其南城基址已与元时旧基“不甚相合”,可能有所扩建,但正南门则仍名“丽正”③。英宗正统二年(1437)起,再度修建九门城楼,至正统四年(1439)竣工;其正南门除正楼外,月城内左右亦各有一楼;其他八门则均只有一座月城楼;且“更名丽正为正阳”④,正阳门的名号从此出现。至满人入关,定鼎燕京,虽然加以“修整壮丽”,但“九门之名,则仍旧焉”⑤。清朝特制,以八旗分居内城,正阳门内东西两侧,分别为正蓝、镶蓝两旗所占。由门内至大清门之间,是著名的棋盘街,在乾隆时,已是“周绕以石阑,四围列肆长廊,百货云集”⑥的商业汇聚之所。

正阳门在平日虽设而常关,只有在御驾经行时方才开启。官民出入,则经由月城东西所设的两座侧门。而在月城内东西两边,尚分别有观音大士庙与关帝庙二座。正阳门外为石道,即正阳门大街(前门大街),两旁搭盖棚房,亦为贸易之所,自明代已是如此。⑦ 由于该处乃出入内外城的要道,占尽地利,“行人辐凑,毂击肩摩”⑧,乃是京师最为繁华热闹的中心地带。

二、五月二十日火灾现场的记述

光绪二十六年(1900)五月上旬,义和团在直隶境内各处烧毁车站、铁路和教堂,已渐呈风起云涌之势。朝廷态度暧昧犹疑,廷旨方略大抵不出

① 朱一新:《京师坊巷志稿》,北京:北京古籍出版社,2001年,第52—53页。
② 吴长元辑:《宸垣识略》,第80页。
③ 同上书,第17页。
④ 陈宗蕃编著:《燕都丛考》,北京:北京古籍出版社,1994年,第17页。
⑤ 吴长元辑:《宸垣识略》,第8页。
⑥ 同上书,第80页。
⑦ 同上书,第163页。
⑧ 张次溪:《燕京访古录》,转引自《燕都丛考》,第476页。

“严拿首要，解散胁从”[1]的中正姿态；朝中诸臣的意见发生争执，而以满洲亲贵为首的主抚一派占据了上风[2]。也正在此前后，外来的义和团民“三五成群”，进入京师，开始引起人们的注意。[3] 十三日，慈禧或许意识到事态逐渐严重，自颐和园还宫，同时命董福祥的甘军入驻京城。[4] 此后，义和团入城者日众，并从十六日起，开始焚烧京师教堂、洋楼与教民居处，声势日张。[5] 清廷则接连发下谕旨，称应对肇事之团民“实力剿捕”[6]，至十九日上谕中，仍要求缉捕首犯，解散胁从，并拆去团众所立坛棚。[7] 可见直到此时，清廷虽已开始作战事准备，排外倾向日益明显，部分官吏的态度亦有转向，但慈禧仍然未下决裂的最后决心，对于义和团至少表面上仍持抑制的姿态。而对于已经大量涌入京师的团民来说，这种表面抑制、实为姑息的姿态显然没有太多的约束力，其行为日趋激烈。十九日，团民开始围攻著名的西什库教堂。次日也即五月二十日，义和团纵火焚烧了位于大栅栏的老德记西药房。

在一意排外的义和团看来，凡与“洋”字相关的事物，都在破坏之列。老德记药房最早于咸丰三年(1853)由英商在上海开办，至19世纪末发展兴盛，在多所城市开设分店。[8] 据《拳乱纪闻》载，团民在老德记纵火的时间，是二十日上午九点左右。[9] 杨典诰《庚子大事记》亦云，纵火乃是在当日

---

① 五月初二日上谕，中国第一历史档案馆编：《庚子事变清宫档案汇编》册一，北京：中国人民大学出版社，2003年，第39页。

② 《荣禄与奎俊书》，北京大学历史系编：《义和团运动史料丛编》第一辑，北京：中华书局，1964年，第138页。

③ 刘以桐：《民教相仇都门闻见录》，中国史学会主编、翦伯赞等编：《义和团》册二，上海：上海人民出版社，1957年，第184页。

④ 日本佐原笃介、浙西鸥隐同辑：《拳乱纪闻》，《义和团》册一，第127页；李文海等编著：《义和团运动史事要录》，济南：齐鲁书社，1986年，第138页。

⑤ 杨典诰：《庚子大事记》，《义和团运动史料丛编》第一辑，第5—6页。

⑥ 《庚子事变清宫档案汇编》册一，第98页。

⑦ 见五月十九日上谕，《庚子事变清宫档案汇编》册一，第113页。

⑧ 参见张海声主编《中国近百年经济史辞典》，兰州：兰州大学出版社，1992年，第78页。

⑨ 日本佐原笃介、浙西沤隐同辑：《拳乱纪闻》，《义和团》册一，第135页。

“巳时”[①],即九点至十一点之间。因而这一时间应该大体准确。午前火起,随后延烧至附近商铺住宅。唐晏在笔记中生动地描绘了当时远观所见情形:

将午,忽正南有烟,黄色直起如烽火。路人皆云:“此焚屈臣氏药房也。”市肆无惊,若豫知其事者。午后,烟不止,且变黑色。是日南风,其直烟变而为横,从南而北,聚而不散,如黑龙之舞空,掠大内而过,北逾鼓楼,仿佛汽船之在海,度其势不止于屈臣氏一家矣。[②]

屈臣氏与老德记并非一家,当为民众误传。此时唐晏正与友人约同,在地安门外酒肆小聚。地安门为皇城北门,在正阳门北面而同位于京城中轴线上。因而唐晏所见,乃是在“正南”方有烟直起。从“市肆无惊,若豫知其事者”的描述,一方面可以见出义和团前数日在京师的纵火焚烧,已为民众习见;另一方面也可揣度,京师居民也许到此时还未预想到这场火灾将会造成的严重后果,以及随后事态的迅速激化。唐晏午后所见黑烟,是火势愈大后的结果。因南风而使得烟雾自南而北,正对着皇城以及唐晏所在的地安门方向飘来。“如黑龙之舞空,掠大内而过”,为该幅画面平添几分沉重怖惧的意味。皇城正上空所笼罩的黑烟,这一图景在今日读来固然极类似于清室随后遭遇的谶示,但若考虑到唐晏这一记载乃是辛丑(1901)年间的追记[③],则如此形象的描绘,又很可能带上了作者因日后所见而给这段记忆追加的心理暗示。

如同唐晏所记,至二十日午后,火势愈大,开始引起人们的注意。郭则

① 杨典诰:《庚子大事记》,中国社会科学院近代史研究所近代史资料编辑室编:《庚子记事》,北京:中华书局,1978年,第82页。按:杨典诰《庚子大事记》有稿本与抄本两种,分别藏于中国社会科学院近代史研究所和北京图书馆,《庚子记事》与《义和团运动史料丛编》第一辑分别刊录。两种版本不但篇幅不同,文字亦有出入。本文同时加以参考,以注释注明不同出处。

② 唐晏:《庚子西行纪事》,《义和团》册三,第472—473页。唐晏此处的记述应为日后追记,因而将大栅栏被火之事系于五月十九日。同日又记闻肆人言:“昨晚往焚西什库教堂,竟不能毁而退。”围攻西什库教堂之事实发生在十九日,故唐晏当日与友人赴酒肆并见到烟起,应为五月二十日事。

③ 廖一中主编:《义和团大辞典》“庚子西行纪事”条,北京:中国社会科学出版社,1995年,第279页。

澐此时在城南,见到“火云熊熊,高迫霄汉”[1]。叶昌炽则于此日前往拜会陆润庠,得知了大栅栏火起的消息,同时见到烟雾蔽空;但与唐晏一样,亦听闻是因焚烧屈臣氏药房所致。唐晏当日下午与友人别后,出西安门,即听说大栅栏已被焚至千余家[2];叶昌炽则在从陆润庠处归后,得到吴郁生的来书,告知大栅栏“已焚其半”[3]。另一位翰林华学澜,亦是在午后得知“大栅栏药房被灾,延烧甚多”[4]。可以想见,这一消息在当日下午,即已在京师迅速传播开来。

火灾一直持续到当日晚间。当时身在东交民巷使馆、离正阳门并不算太远的鹿完天,见“前门外烟气冲天,自朝至夕,火光逼人”[5]。但“自朝至夕”的时间描述并不精确。根据袁昶的记载,火灾乃是自未刻至戌刻[6],也就是大约由下午一点至晚上九点。刘以桐则云乃是“昼十一点钟起火,夜十一点钟止”[7],亦有出入。由此推测,虽然团民在老德记西药房纵火乃是在上午九点至十一点之间,但火势蔓延到开始引起京师其他区域众人的注意,则应在中午时分,而其熄灭则要到晚上九点以后,持续时间约在十二个小时以上。亦有史料记“火至天明未熄”[8],但比照其他文献,这一说法可能

---

① 龙顾山人(郭则澐):《庚子诗鉴》,阿英编:《庚子事变文学集》册上,北京:中华书局,1962年,第105页。

② 唐晏:《庚子西行纪事》,《义和团》册三,第473页。

③ 叶昌炽撰、王季烈辑:《缘督庐日记钞》,《义和团》册二,第444页。

④ 华学澜:《庚子日记》,《庚子记事》,第101页。

⑤ 鹿完天:《庚子北京事变纪略》,《义和团》册二,第400页。

⑥ 袁昶:《乱中日记残稿》,《义和团》册一,第338页。

⑦ 刘以桐:《民教相仇都门闻见录》,《义和团》册二,第187页。六月廿八日《中外日报》报道这一事件,云“二十日午,前门外火大作”;七月初八日再记此事,又云“二十日九点钟,团匪烧大栅栏德记药房”,与诸笔记所载无甚差别。

⑧ 日本佐原笃介、浙西沤隐同辑:《拳乱纪闻》,《义和团》册一,第135页。又见《综论义和团·记京都团匪丛事》,中国社科院近代史所《近代史资料》编辑组编:《义和团史料》册上,北京:中国社会科学出版社,1982年,第164页。仲芳氏《庚子记事》则云:“自清晨起火,直至次日天晓始止,延烧一日一夜。”(《庚子记事》,第14页)可能语带夸张,或者可能有个别墟域的零星火点,延烧至于天明。华学澜在日记中明言自己访友晚归,“火始熄”(《庚子日记》,《庚子记事》,第101页);杨典诰《庚子大事记》则称“酉时火熄”(《庚子记事》,第82页),虽然较袁昶所言“戌刻”为早,但可作为大火并未延烧一夜的证词。

含有夸张的成分。时人尚有“火三日不息”①的记载,更未免近于小说家言了。

纵火焚烧教堂、洋楼、教民居所和售卖西洋商品的店铺,是义和团的常见行径。团民号称掌握法术,能够随心所欲指物即燃而不延及其他。大部分民众对于这一说法,即便并非完全信服,也多在半信半疑之间。大栅栏火起时,现场附近的居民曾经试图扑救,遭到义和团的阻止。时人曾记载当时情形:

> 先是义和团在老德记大药房将火点起,令四邻焚香叩首,不可惊乱。及至延及旁处,团民不许扑救,仍令各家焚香,可保无虞,切勿自生慌扰。既至火势大发,不可挽救,而放火之团民,已趁乱逃遁矣。是以各铺户搬移不及,束手待焚,仅将账目抢护而已。②

可见若非团民阻止,或者附近居民不对义和团的说辞奉若神灵,也许还能有所挽救。而梁漱溟之父梁济,还曾在火初起时“飞函”巡城御史彭述、陈璧,“请速集五城练勇,传水会,分别施救捕治”;但官兵亦相信“神灵自焚自息之说,瞠视不救以待之”,梁济只能“益叹恨于人心之愚昧”。③ 火灾最后不受控制,延烧如斯,显然有悖于义和团的“神术”传说。对此,当事人及旁观者曾经有过数种版本的解释。其一是火灾起时,老德记药房隔壁的广德楼曾用水泼救,因而后来被义和团指控,称正是因为其所泼为“秽水”,“致干神怒”,以致法术不灵,火势蔓延。这一说法显然为附近被灾的居民所接受,是以诸人“不怨匪徒纵火,反恨广德楼救火”。④ 另一种版本为刘以桐所记,称团民阻止救火,正是为了不致破坏法术,延烧别家,但“不料中和园少执事,将旁设尿桶,迎头一泼”,由此“致干神怒”,引起严重后果;更可怖的是接下来的解决方式:“团民算定何人泼尿,立将少执事抓住,掷于火内”,

---

① 李超琼:《庚子传信录》,《义和团史料》册上,第210页。

② 仲芳氏:《庚子记事》,《庚子记事》,第14页。

③ 梁济著、黄曙辉编校:《梁巨川遗书》,上海:华东师范大学出版社,2008年,第27页。

④ 日本佐原笃介、浙西沤隐同辑:《拳乱纪闻》,《义和团》册一,第135页。此段记述,又见《综论义和团·记京都团匪丛事》,《义和团史料》册上,第164页。

然而也已无济于事。[①] 从作者刘以桐的记述口吻可以见出,其人亦是深信团民神术者。以上两种说辞大同小异,只有细节的出入,因秽水"干神怒"而使得法术无灵的因果逻辑则无异。从史料看,这一说法在当时流传甚广,如翰林高枬亦有所知:"闻有某店以溲泼之,其法既秽,故止之不能,烧。"[②] 身为帝国最高等级知识者的高枬于此说并无评议,可见其至少亦为半信。此外,据说火灾之时,支持义和团的满族大臣刚毅还曾"整冠登城,向火行九拜礼","观者皆莫测其用意"[③],只是这一细节在史料记载中并不多见,未知是否属实。

持续十二个小时以上的这场火灾所波及的区域,在时人笔记中亦有反复记载。较详尽者如刘以桐,道出其范围四至:

> 查延烧之处,东至大街西止,西至蕴和店止,北至河沿止,南至小齐家胡同止。西河沿路聚兴为度,排子胡同烧一层止,蝎子庙至中成当止,取灯胡同至同兴饭庄止,杨梅竹斜街至蕴和店止,观音寺至晋义永止,路南四和居止,煤市街至大齐家胡同口止,路西染房止,同仁堂夹道留粮食市路西至万年居为度。大街前门楼烧,南至裕祥皮铺止,西河沿独留广裕金店一家,东西荷包巷月墙全烧。[④]

仲芳氏则列举出各条胡同的名称:

> 计由大栅栏庆和园戏楼延及齐家胡同、观音寺、杨梅竹斜街、煤市街、煤市桥、纸巷子、廊房头条、廊房二条、廊房三条、门框胡同、镐家胡同、三府菜园、排子胡同、珠宝市、粮市店、西河沿、前门大街、前门桥头、前门正门箭楼、东荷包巷、西荷包巷、西月墙、西城根。火由城墙飞入城内,延烧东交民巷西口牌楼,并附近铺户数家。[⑤]

---

① 刘以桐:《民教相仇都门闻见录》,《义和团》册二,第 186 页。

② 高枬:《高枬日记》,《庚子记事》,第 146 页。

③ 胡思敬:《驴背集》,《义和团》册二,第 485 页。另参见龙顾山人《庚子诗鉴补》,《义和团史料》册上,第 131 页。

④ 刘以桐:《民教相仇都门闻见录》,《义和团》册二,第 186—187 页。

⑤ 仲芳氏:《庚子记事》,《庚子记事》,第 14 页。

其他史料所载,与以上所引大同小异。所烧面积,大约在"广袤七八里间"[①]。这些胡同的名字,有些在今日仍然保留,但当日情景已难确切想象。如前文所云,正阳门外正阳大街附近,乃京城中商业贸易最为集中的地带。此次火灾延烧的商铺,一说为"四千余家"[②],一说为"二千八百余家"[③],仲芳氏则根据"地面官保甲牌",称"约略延烧铺户一千八百余家,大小房屋七千余间"[④]。唯一可庆幸的是,纵火乃在白昼,因而各铺的货物虽然不及搬出,却仅伤"二三人"。但由于所烧之地乃京师精华所聚:

> 凡天下各国,中华各省,金银珠宝、古玩玉器、绸缎估衣、钟表玩物、饭庄饭馆、烟馆戏园,无不毕集其中。京师之精华,尽在于此;热闹繁华,亦莫过于此。今遭此奇灾,一旦而尽。[⑤]

从明代以来即为贸易之所、累积数百年的热闹繁华,一日之间化为灰烬。因此,类似于"二百年精华,一朝而尽"这样的句子,在时人笔下累累出现[⑥],成为共同的感慨。而在众商铺之外,这场火灾中令时人感慨的另一对象,也即本文关注的重心,即为正阳门楼的同时被火。

火灾涉及的主要区域,即为正阳门外正阳大街、大栅栏附近,但同时也越过城墙,城内亦有数处殃及。其间分隔内、外城的正阳门楼,自然难于幸免。上举两段引文便均有提及。综合考察史料记载可知,此日所烧者主要是正阳门的箭楼。箭楼与正楼相对矗立,被视作"外城楼"。关于箭楼被灾的情形,袁昶记云:"延灾及正阳门,城楼塌毁"[⑦];杨典诰则云"悬门隳下,毁

---

① 龙顾山人:《庚子诗鉴》,《庚子事变文学集》册上,第105页。

② 日本佐原笃介、浙西沤隐同辑:《拳乱纪闻》,《义和团》册一,第135页;

③ 胡思敬:《驴背集》,《义和团》册二,第485页。

④ 仲芳氏:《庚子记事》,《庚子记事》,第14页。

⑤ 同上。

⑥ 见恽毓鼎《崇陵传信录》,《义和团》册一,第47页;李超琼:《庚子传信录》,《义和团史料》册上,第209—210页;张黎辉辑:《义和团运动散记·某人致某人函》,《义和团史料》册上,第252页;龙顾山人:《庚子诗鉴》,《庚子事变文学集》册上,第105页。

⑦ 袁昶:《乱中日记残稿》,《义和团》册一,第338页。

及双扉"[①],应指门闸隳堕,且大门亦过火。据梁济日记,"正阳门城楼已烬"乃是在"哺[晡]时"[②],即下午三点至五点之间,已是火灾燃烧蔓延数小时之后。灾后次日,唐晏出正阳门,所见情形为:

> 城楼亦被火。东西荷包巷焚,尺椽不存,城墙皆作赭色。火且越城而入,焚及东交民巷口之敷文坊。正阳门外大街以西,全成焦土,但有败壁立于夕照中,仿佛咸阳之一炬。[③]

光绪二十八年(1902)彭翼仲在北京创办的《启蒙画报》,在讲述庚子之变经过的一组文章中,曾以"城门失火"为专章,以对儿童讲述的口吻,描述了这一情节:"巍巍高大的国门,被匪烧毁","许多铺子里的伙计,因为磕头,脑袋都肿了;狡猾的匪徒,早已溜之云乎了"。[④] 据报人自述看来,其到火场察看的时间,与唐晏正是同一日。因以儿童为预设读者,该报的叙述出之以白话的方式而富于故事性,"启蒙"立场却相当明确,"国门"的概念中更透露出新的时代观念的影响,与唐晏的书写一道,丰富了京城居民作为亲历者对于这一事实的记述。

箭楼作为外楼,是正阳门楼的重要部分,时人笔记中往往直接以"城楼被火"称之。观瞻所系的前门外楼被焚,在当时人看来,无疑是一场"非常奇灾"[⑤],因而,凡是记载这一火灾的史料,几乎无不言及这一细节。诗人亦多有吟咏。郭则沄诗云:"药店朝来起火鸦,飞烟横卷箭楼斜。银房宝市繁华最,焦土凄凉剩几家。"[⑥]当时身处使馆的中国教民鹿完天派人打探消息,得知这场火灾情形,亦不禁感慨:"噫,异矣!匪不云'保清灭洋'乎,乃何以先烧箭楼?不知当道诸公其何以处此?"[⑦]可见门楼被焚在时人心目中的象

---

① 杨典诰:《庚子大事记》,《庚子记事》,第 82 页。

② 梁济:《梁巨川遗书》,第 27 页。

③ 唐晏:《庚子西行纪事》,《义和团》册三,第 473 页。

④ 见《启蒙画报》第五册附张《城门失火》。

⑤ 华学澜:《庚子日记》,《庚子记事》,第 101 页。

⑥ 龙顾山人:《庚子诗鉴》,《庚子事变文学集》册上,第 105 页;《义和团史料》所收者稍有异文(见该书册上,第 43 页)。

⑦ 鹿完天:《庚子北京事变纪略》,《义和团》册二,第 400 页。

征意义,甚至盖过了同时被毁的商业中心大栅栏的影响。

如前文所述,当时团民及百姓中笃信拳术者曾生出种种传说,作为法术无灵的解释。除上文所引因秽水而干神怒的说法之外,又有云:

> 是日,正阳门桥头,原设有香案一,水缸二,传言关圣帝君下降,救护众生。团民正同水会扑救之际,失于防范,一老媪携带四幼女,围跪水缸四面,不知用何物冲去神祇。水缸破,而正阳门楼亦成灰烬。[①]

此处所说"团民"与"水会"均曾参与"扑救",与他处史料所言稍有出入,似带有为义和团辩护的立场;或者当日晚些时分、火势蔓延之后,曾经有过"扑救"的举动,亦有可能。在义和团的神术"理论"中,女性往往与不洁的"秽物"相联系,成为破坏其法术的借口。此处亦然。关羽是义和团最为推重的偶像[②]。团民在正阳门桥头放置的水缸,在笃信其术的观者眼中,乃是代表着神祇如关圣帝君、护佑城门的神器。城楼之毁乃由于水缸之破,同样是因为冲犯神祇。但据其他记载者所见,义和团在正阳门桥头所设大缸为三口,"内贮清水",且水缸似乎并未破毁:"日前桥头一带焚烧殆尽,今惟水缸尚存。"[③]则缸破楼毁的说法,乃当时团民为正阳门楼被焚而编造的说辞,而为笃信义和团的刘以桐所记,亦未可知。

有清历史上,百余年之前,正阳门亦曾经历过劫难,此时难免为读史者所忆起。如杨典诰云:

> 阅《春明丛说》,道光二十年庚子岁,五月十一日午时,前门外居民不戒于火,延烧数里,将正阳门楼烧去,至十二日黎明火止。至今六十年,又遭火劫,正花甲一周也。[④]

杨典诰此处对于俞蛟《春明丛说》中关于正阳门火灾的转述无误,但"道光二十年(1840)"的时间推断却有偏差:俞蛟生于乾隆十六年(1751),因而其

---

① 刘以桐:《民教相仇都门闻见录》,《义和团》册二,第187页。

② 参见戴玄之《义和团研究》,北京:北京大学出版社,2010年,第16页。

③ 仲芳氏:《庚子记事》,《庚子记事》,第17页。

④ 杨典诰:《庚子大事记》,《庚子记事》,第83页。

文中所说"庚子",应指乾隆庚子(1780)岁正阳门的那场火灾,而非道光庚子。古代干支轮回,六十年为一甲子。两度庚子之后,正阳门再度被火,火灾发生的时间亦同样在五月。历史如此巧合,杨典诰虽然全用白描笔法写出,未予置评,但这一看似轻描淡写的叙述背后,却不无几分命定论的意味在其中。

庚子年的这场火灾还留下了更多的传说。火势到处,灰飞烟灭,但偶尔亦有例外。如"西河沿东头之广裕金店","四邻皆烧,该店独巍然独立"。之所以如是,据说乃因为其袁姓店主平日乐善好施,因而"天之报施善人如是"。[①] 行善得报,正是佛家因果报应观念的反映。又正阳门楼左右的观音殿与关帝庙,亦与城门一样渊源已久。据《清稗类钞》载:

> 左门中有观音殿,殿址始于明。……右门中有关帝庙,庙貌如生而甚短小。相传像初塑于明宫中,尚有一巨者,同时以塑成之年月日时召术者推算,术者素以神术闻,谓:"大者身且不保,小者则香火可数百年。"语闻于思宗,特留其大者而舁小者于正阳门侧。崇祯甲申难作,大内灰飞,像亦同烬,而在门侧者,果无恙,至国朝而奉祀如故。[②]

观音殿的来历,据传为明崇祯帝听闻洪承畴殉难,因而在正阳门左近为之建祠,"以配关公";但随后得知洪实已降清,故撤祠改为奉佛[③]。此说虽为稗官野史,未必为真,却也可见出该殿的来历悠久。右边的关帝庙尤其著名,或许是由于其所在的正阳门这一特殊位置[④],早在万历时即已蒙邀圣眷隆宠:

> 每年五月十三日致祭。先十日,太常寺题遣本寺堂上官行礼。是日民间赛会尤盛。凡国有大灾,则祭告之。庙有董太史书焦太史所撰

① 杨典诰:《庚子大事记》,《义和团运动史料丛编》第一辑,第6页。

② 徐珂编撰:《清稗类钞》第一册"正阳门门禁"条,北京:中华书局,1984年,第119页。

③ 陈宗蕃编著:《燕都丛考》引《匏庵诗存》,第477页。

④ 《燕都丛考》引《寄园寄所寄》云:"关夫子庙,独显京师正阳门者,以门近宸居,在左宗庙、右社稷之间,朝廷岁一命祀。万国朝者退必谒,辐辏者至必祗祷也。"(《燕都丛考》,第477页)

> 碑记,时称“二绝”。万历末,特加封“三界伏魔大帝神威远镇天尊”。旨由中出,未尝从词臣拟定也。①

董、焦二人,分别为董其昌与焦竑。据传该庙“屡著灵异”,“诸名人集中尝记其签语,祈签者几于无日无之”②,可以想见当年香火繁盛的景况。庚子火灾过后,“紧贴城墙”的观音殿与关帝庙却均未毁坏:“城上焚烧罄尽,城下二庙巍然独存,毫无伤损”,以至都人有“真为灵异”的慨叹③。从二庙的传说,可以窥见上至天子百官以及高层士人如诸翰林,下至平民百姓,均对佛、道二教以及如关圣帝君这类神明有着根深蒂固、源远流长的信仰。义和团的“神术”传说之所以一度流传甚广,显然与这类宗教信仰作为深厚的心理基础有关。

尽管衍生出种种阐释与传说,但团民“神术”失灵、酿成巨祸仍是不争的事实。此前焚烧教堂等举动,尚可以投合国人排拒外洋的民族感情,在“道义”上获得正当性支持;团民所鼓吹的神术,由于相关民间信仰与传说的广泛存在,也令京师的传统读书人与普通百姓,多在笃信或半信之间。但义和团在京师大举活动不久,竟焚烧城内商业中心大栅栏甚至延及正阳门楼,以致生出一场“从来未有之奇灾”④。这一事件给京师中人对于义和团的看法无疑造成了巨大的负面影响。据传著名的老字号瑞蚨祥布店,曾与义和团认作同乡,“首先勒捐数百金”,因而团民曾保证其平安无事;然而大火起时,仍难免付诸一炬。火发时,“大师兄披发念咒而火不能止”⑤,显然是所吹嘘的神术失灵,已为观者亲见。如翰林高枬,对于义和团的态度一直是半信半疑,此日对此事则有“往日不延平人,今日不然”⑥的记载,这一疑惑真切呈现了当时诸多信团者的典型心态。“时市中居民始惶然知拳之不足恃”⑦,即

① 陈宗蕃编著:《燕都丛考》引《祀典》,第477页。
② 雷震:《新燕语》卷下“正阳门之重建”条,《满清稗史》第三册,北京:中国书店,1987年。
③ 仲芳氏:《庚子记事》,《庚子记事》,第37、14页。
④ 同上书,第14页。
⑤ 参见黄曾源《义和团事实》其二,《义和团运动史料丛编》第一辑,第129页。
⑥ 高枬:《高枬日记》,《庚子记事》,第146页。
⑦ 唐晏:《庚子西行纪事》,《义和团》册三,第473页。

清朝《皇帝大驾卤簿图》中的正阳门城楼、观音庙、关帝庙、瓮城、箭楼、正阳桥与五牌楼

是明言。而于对义和团持反对立场的一派来说,这一事件正为其持论增添了一重力证。如杨典诰即云:

> 是役也,正可诘责义和团能发不能收之罪,且于此可见其伎俩之尽于此矣。能发而不能收,有法力者如是耶?藉曰冲犯神怒,岂有一家所犯,而谴及数千户之理耶?①

复侬氏、杞庐氏的《都门纪变百咏》,亦记述“相传团众有避火之术,至此独不灵验”,因而有“问渠闭火多奇术,为底神灵误主张”的质问。② 更有一种说法,乃将正阳门的被毁,视作因义和团出入其中而招致的“天谴”,所谓:“正阳中门,天子郊天所出入者,而团来启之;是日亦毁于火,岂天怒欤?”③更是对义和团的直接发难。

与对义和团的迷信动摇或破灭相伴随的,是都人意识到大难将至的心理冲击,“被烧者如醉如痴,未烧者心惊胆战”④。大火不仅波及正阳门楼,也烧毁了位于珠宝市的炉房:“炉房二十四家尽燔,银根顿绝,市面大坏。”⑤此是大栅栏火灾带来的又一严重后果:由于炉房被毁而导致钱铺歇业,京师市面钱银流通受到直接影响,“各行买卖无论生意大小,俱闭门暂停交易,菜肉糖果各市亦皆罢市”,“人心愈觉惶恐”⑥。各行商铺罢市,直接影响于居民日常生活体系的运转,极易造成人心骚动,由此甚至引起慈禧的直接关注;到六月上旬,才由署理顺天府尹的陈夔龙以官款干预解决,而在当时已经造成了“九城同日闭市,交易不通,商户官宅,一日数迁”⑦的局面。翰林院编修赵炳麟在六月初七日所上奏折中,生动地描述了火灾给京师造成的震荡性影响,并向朝廷提出宜速安定人心的建议:

---

① 杨典诰:《庚子大事记》,《庚子记事》,第 83 页。
② 阿英编:《庚子事变文学集》册上,第 132 页。
③ 黄曾源:《义和团事实》其二,《义和团运动史料丛编》第一辑,第 129 页。
④ 仲芳氏:《庚子记事》,《庚子记事》,第 14 页。
⑤ 袁昶:《乱中日记残稿》,《义和团》册一,第 338 页。
⑥ 仲芳氏:《庚子记事》,《庚子记事》,第 14 页。
⑦ 胡思敬:《驴背集》,《义和团》册二,第 485 页。

> 京师自正阳门被焚后，人心惊惶。官因之辍政，商因之罢市，长携幼而走，壮扶老而行，都城车马，为之一空。①

一面是发生于京城中心地带的大火焚及正阳门楼的象征意味，一面是市面流通受到直接破坏的现实危机，这一事件对于京师居民的心理冲击已可概见。与火灾初起时唐晏所见“市肆无惊”的平静相对照的，是大火过后，“人心始惶惶忧乱”②的局面。“士大夫从是日起，多有送眷属出城者矣。”③可见这场火灾在都人对于事态发展的心理认识上，实有着里程碑式的转折意义④。

与此同时，火灾的严重后果，对于义和团在京师的行为亦可能暂时起到了一定的儆戒作用。时人云：“自此一场大火后，却三日不见火光。”⑤虽然未必尽然⑥，但义和团的活动在此后数日中未再造成大的骚乱，却是事实。直到四天后（二十四日），德国使臣克林德被神机营士兵恩海杀害，方为又一起严重事件。而从团民纵火到官军狙击，两次事件中肇事主体的身份转移，则正寓示着事态的升级与事件性质的变化。

在对京师居民造成警示之外，正阳门的这场火灾在当日亦引起了慈禧的注意，并进而推动了庚子事变的发展进程。正如义和团运动的研究者所熟知，在官军开始进攻使馆、向列强“宣战”之前，慈禧曾经连续四日召集百官开御前会议，讨论应对时局的策略，并最终下定决裂的决心。因而这四次会议，对于庚子事件的发展来说有着关键性的意义。而第一次御前会议，正是在五月二十日召开。据参加会议的恽毓鼎记述，慈禧传旨召集百官的时

---

① 《翰林院编修赵炳麟为敬陈时务管见并请代奏事致大学士崑冈等呈文》，《庚子事变清宫档案汇编》册一，第318页。

② 胡思敬：《驴背集》，《义和团》册二，第485页。

③ 唐晏：《庚子西行纪事》，《义和团》册三，第473页。

④ 林纾在小说《剑腥录》中亦记述了这场火灾，且言自火灾过后，“愚民失望，钱米之奉绝，贼乃渐渐出掳掠”。（《庚子事变文学集》册上，第546页）

⑤ 张黎辉辑：《义和团运动散记·某人致某人函》，《义和团史料》册上，第252页。

⑥ 《庚子记事》载，二十二日义和团曾在地安门外烟袋斜街附近焚烧铺户数十家。（仲芳氏：《庚子记事》，第14页）

间乃是当日“午刻”[①],也即十一点至下午一点之间;同样与会的袁昶记载传旨叫起的时间乃在“午正”[②],应在十二点左右,已是火灾蔓延、开始引起都人注意之后。且会议召开之前似乎并无征兆,以至恽毓鼎的记述,有“忽传旨召王大臣六部九卿入见于仪鸾殿东室”[③]的描写。因此,慈禧突然决定召集百官会议,很可能即是由于正阳门火灾这一偶发事件。正阳门为内城正南门,与皇城的距离并不远;如前文所引,唐晏在“将午”时候,在皇城北门已见到“正南有烟,黄色直起如烽火”,因而慈禧在宫内见到正阳门附近的浓烟,应为必然之事。时人对于这一关节,虽然大多并未明言,但亦偶有道出者,如胡思敬言,“太后见南城火光烛天,即传旨召百官会议”[④],正是两者之间因果关系的证词。由此可见,义和团焚烧老德记药房而不慎延烧的这场火灾,作为一次偶然性事件,对于庚子事件的升级却直接起到了催化作用。

三、正阳门劫难的象征意义

五月二十日的这场火灾,并非庚子年中正阳门所遭受的唯一劫难。仅两月后的七月二十日,联军攻城,在正阳门亦发生了激战。有史料可稽者,如镶红旗汉军副都统色普征额,当日即驻守在正阳门。因“洋兵逼近,兵勇溃退”,见势有不支——

> 遂具衣冠,危坐官厅。至酉刻,洋兵由东棋盘街攻占正阳门,为巨炮轰击,立即阵亡。[⑤]

其子当日驻守德胜门,兵败后得知父亲遇难,“往寻父尸”,已经无从寻觅。

---

① 恽毓鼎:《崇陵传信录》,《义和团》册一,第47页。

② 袁昶:《乱中日记残稿》,《义和团》册一,第337页。

③ 恽毓鼎:《崇陵传信录》,《义和团》册一,第47页。

④ 胡思敬:《驴背集》,《义和团》册二,第486页。

⑤ 《留京办事大臣崑冈等奏呈第三次续报殉难官员家属清单》,《庚子事变清宫档案汇编》册四,第1356—1357页。

虽然时人对于城守失利、联军入城,曾经有过以高固如北京城墙的“天下之坚城”,“若守得其人,虽以十攻一,难期必胜”①的批评,但仅由色普征额这一个案,仍可想见当日的惨烈情形。次日也即二十一日,“美兵在正阳门上发炮”②,则城楼已沦为外兵进攻皇城的据点,此后即为联军所据守。

至当年八月初三日夜,正阳门楼再次起火。五月中义和团所烧者为箭楼,此次则为正楼。据时人记载:

> (八月初三日)夜间十一点钟,正阳门城楼被焚。火势凶猛,合城皆惊,至天晓方熄。③

李希圣记此事在八月初四日,“焚正阳门城楼,火光照数里”④。两说相较,应以前者所记时间更为精确。或许是时势变迁过巨,这一次的正阳门劫难,比起五月二十日的火灾来,显然远未引起都人的注意。稍详细的记载,只有仲芳氏所云:“后层城楼门,洋人欲在楼上屯兵,已经打扫干净。今天火自焚,决非人力所燃。”⑤尽管后来曾流传有正阳门楼为联军所焚的说法,但据时人所言,确实不应为洋兵故意纵火,只好归之于“天火自焚”。其中的具体情形,也许已难考辨,但经过五月与八月这两次火灾以及七月中的战火,正阳门从箭楼到正楼,均“焚烧罄尽”⑥,坍毁倾圮,“已失数百年来巍奂之美观;旧迹留者,仅一二耳”⑦。

作为帝国观瞻所系的正阳门,其历史悠久的巍峨城楼,在庚子事变中,一毁于拳民肆扰之时,再毁于联军驻京之后,所存者仅颓垣焦壁。相对于事变中帝国所蒙受的列强宰割之辱与清廷威望的一落千丈,这一事件无疑最堪作为富有象征意味的符号。而若继续考察庚子事变以后有关正阳门的遭遇,则可以发现其作为符号所蕴含的意味,在清末仍然得到丰富的延展。

---

① 日本佐原笃介、浙西沤隐同辑:《拳乱纪闻》,《义和团》册一,第 174 页。
② 杨典诰:《庚子大事记》,《庚子记事》,第 94 页。
③ 仲芳氏:《庚子记事》,《庚子记事》,第 37 页。
④ 李希圣:《庚子国变记》,《义和团》册一,第 25 页。
⑤ 仲芳氏:《庚子记事》,《庚子记事》,第 37 页。
⑥ 同上书,第 77 页。
⑦ 日本佐原笃介、浙西沤隐同辑:《拳乱纪闻》,《义和团》册一,第 174 页。

焚烧后的正阳门,在庚子后所面临的第一次修整,乃是出于帝后自西安回銮的仪式需要。当时陈夔龙、张百熙等奉命承修跸路工程,专为修整回銮所经路面,正阳门自然在必经路上。然而时间所限,来不及照原样修筑城楼。该大臣等于是想出替代之法:仿照门楼的样式,“先于内外城门上搭盖彩棚两座,藉壮观瞻”。[①] 庚子和议达成,两宫回銮,这一结局给当时的少数“乐观派”甚至带来了清室“中兴”的想望。正阳门处费帑数万金搭盖“亟其壮丽”的彩绸牌楼[②],无疑蕴含着大乱甫定后的喜庆意味与恢复皇室体面的初步努力。只是时人心境多已不同。1902 年初在上海发行的《政学报》创刊号卷首,刊有署名“蛮公”的一首《霜花腴》,词云:

> 重来望眼,怅凤城、斜阳一角红残。断郭沙埋,废楼落上,西风怕忆当年。泪珠暗弹。问暮云、如此江山。甚秋魂、化鹤飞归,翠芜千里怯霜寒。
>
> 只恨道傍杨柳,倚春波、轻薄作絮漫天。水冷萍枯,霜干葑扫,三更啼剩红鹃。梦中采莲。剖苦心、芳薏难传。纵千门万户萧条,桑田遮暮烟。[③]

据词作标题,该词系辛丑九月,作者入京行至永定门,见到一片破郭颓垣,并闻正阳门城楼余址将建彩殿迎銮,有感而作。《政学报》以张鸿为主编,张氏有号曰蛮公[④],故此词应出自其手笔。张鸿出身常熟世家,在晚清诗史上以“西昆派”领军闻名,还曾撰《续孽海花》小说,将曾朴该名作续写至庚子以后。光绪丙申(1896),张鸿考取总理衙门章京;甲辰(1904)中进士。这

---

① 陈夔龙:《报效修理正阳门工程款项折》,《庸盦尚书奏议》卷二。

② 参见陈夔龙《梦蕉亭杂记》(北京:中华书局,2007 年,第 63 页)与仲芳氏《庚子记事》(《庚子记事》,第 77 页)。

③ 蛮公:《霜花腴(辛丑九月,劫后入都至永定门,破郭颓垣,凄凉满目,汽车直达天坛。时回銮期近,正阳门城楼因爇荡尽,将建彩殿以复旧观,闻之慨然)》,《政学报》第 1 期,1902 年 3 月。

④ 郑逸梅称张鸿“晚年号蛮公”(氏撰《我所知道的燕谷老人》,载燕谷老人《续孽海花》,哈尔滨:黑龙江人民出版社,1981 年,第 457 页),而 1902 年张氏在《政学报》发文已署此号,可见其说不尽确切。

慈禧回銮时正阳门城楼上的彩牌楼

（引自赵健莉编著《庚子之变图志》，济南：山东画报出版社，2000 年，第 206 页）

首《霜花腴》作于 1901 年秋天，其时永定门附近一片颓败景象，“汽车直达天坛”，与庚子变前相比，无疑迥若隔世，故而词中一意抒情，从“怅”“怕”“怯”“恨”等情感动词，到“斜阳”“断郭”“枯萍”“暮烟”系列意象，一种衰颓情绪萦绕全篇，可见作者心绪，正阳门城楼将搭建迎銮这一消息只是益增感慨而已。“问暮云、如此江山”一句，更是道出了对帝国晚景的真切感知。尚可言及的是，此词词风堪称雅正，而除“断郭”“废楼”两词勉强可算实写之外，其余无一语可以见出词人书写对象乃是永定门附近所见，春波飞絮、“水冷萍枯”之谓，更与九月城门之景渺然无涉，只好托作梦中所见。可见这一古典文学体式即使在具有天分的作者手中，也已经失去了书写具体对象的能力，而沦为拘泥于固定表达范式的类型化抒情方式。此已是题外话。

回銮之后，正式修复正阳门楼的提议也曾一度提上日程。据王照的记载：“回銮未数日，大臣即议筹款建正阳门楼。皇上曰：‘何如留此残败之迹，为我上下儆惕之资。’而太后以诸臣之议为是。”所谓“儆惕无忘蒙难艰，盈廷献媚壮观瞻"[1],这一传说延续了当时舆论中流行的帝—后对立模式,光绪帝以儆惕知耻的明君形象出现,正符合维新派"保皇"的立场;字里行间同时体现出的对于修复正阳门的否定态度,显然也不以装点朝廷门面为然。尽管这段记载属于野史,未知可靠性如何,但正阳门的修复在回銮伊始至少曾经讨论,却是事实:陈夔龙在銮驾行至河南时蒙恩召见,即曾"将估修工程情形面奏在案"[2]。作为顺天府尹与承修跸路工程大臣,筹划修复"为中外人士所瞻仰"的正阳门楼,自然是陈夔龙分内之事。但陈氏辛丑中即经外放,从顺天府尹任上离开,此事因而也就不在其管辖之内。此后一段时期亦再"无人过问"[3]。诚然,一方面是大乱甫定,新政初举,百废待兴,无暇顾及这一仅作为"符号"存在的景观;另一方面,修复工程费用浩繁,而辛丑定约之后,尚需向列国赔偿巨款,"户部度支奇绌,一时恐难筹巨帑"[4]。由此看来,门楼的修复,似乎也成为遥遥无期之事。

正阳门暂被遗忘的这一局面仍然由陈夔龙来打破。壬寅(1902)八月十八日,漕运总督任上的陈夔龙上了一封奏折,指出因"饷需不济"而令正阳门"修复无期","似不足以壮三辅之黄图,严九门之锁钥","疆臣职居外府,允宜拱卫神京"。因而陈夔龙提出,拟将自己"节省廉俸所入"的一万两银,用来报效朝廷,作为修复正阳门之用。漕督之职在当日虽已濒临终结,却仍不失为肥缺:每岁仅养廉银即约近万两,"公费"亦如此数。尽管如此,庚子以前,陈夔龙一直为小京官,所入不丰,此时外放才过一年,即捐出万两之数。对清室的耿耿孤忠之外,其自谓"素崇节俭,不尚奢靡",一定程度上恐亦系实情。[5] 陈氏进而希望此举在各省督抚中能够起到表率作用:"首先提倡,量力报效,作众志之成城;庶几集款非难,鸠工自易";"各省大吏服官

① 王照:《方家园杂咏》,《清诗纪事》册一九"光绪、宣统朝卷",钱仲联主编,南京:江苏古籍出版社,1989 年,第 13783 页。

② 陈夔龙:《报效修理正阳门工程款项折》,《庸盦尚书奏议》卷二。

③ 陈夔龙:《梦蕉亭杂记》,第 63 页。

④ 陈夔龙:《报效修理正阳门工程款项折》,《庸盦尚书奏议》卷二。

⑤ 陈夔龙:《梦蕉亭杂记》,第 63 页。

之久,受恩之重,急公好义,谅不乏人。如能踊跃输将,不难同襄盛举”。①这一举动,在陈夔龙自己,未始不带有几分自得,日后回忆时曾自咏:

> 凤城楼观五云中,劫火飞灰列炬红。不惜黄金召鼛鼓,葵倾芹献两心同。②

陈夔龙与夫人这番“葵倾芹献”的效忠盛意,自然为清廷笑纳。但陈氏预想在自己的倡率之下,全国二十一行省,“大省报效二万,小省报效一万,可凑集数十万,何难克日兴修”的局面却迟迟未出现。各督抚对于陈夔龙的这一号召“皆置若罔闻”。据陈氏回忆,沉寂一段时间之后,“某督入觐”,方始面奉懿旨,“谓门楼为中外观瞻所系,急须修建”,并责备“各省督抚受恩深重而竟置之不理,不知是何居心”。该督承旨电商各省,方才凑集银两,动工兴建。可见仍是在慈禧的旨意下,正阳门的修复才得以实现。陈夔龙此处所称的“某督”,由后来承担修复工程的情况来看,很可能是当时的直隶总督袁世凯。但各省被劝捐的银两,也并非如陈夔龙一般由俸银所出,而是“均系提用正款,并求一解私囊而不可得”。甚至在修复工程的正当性上,当时督抚间也出现了异议。陈夔龙记云:“南省某督素负盛名,至谓如此巨款,可惜徒事工作。何不移作兴学之用,较有实际。”③新政初开,兴办学堂、鼓吹教育兴国,是一时最为流行的思潮。在思维较“新”的南方督抚看来,耗资数十万两兴建徒供观瞻、并无实用的正阳门楼,乃是巨大的浪费;但在忠心清室者如陈夔龙的眼中,正阳门却与皇室的体统尊严息息相关,其中未必不寄托着朝廷振兴、千秋万代的念想。在正阳门修复与否这一问题上出现的歧议,也暗含着“趋新”与“守旧”两派之间的观念出入。

正阳门修复工程最终由于慈禧的旨意而付诸实行。壬寅(1902)十一月廿六日,朝旨令直隶总督袁世凯、顺天府尹陈璧“核实查估修理”正阳门

① 陈夔龙:《报效修理正阳门工程款项折》,《庸盦尚书奏议》卷二。

② 陈夔龙:《内子亭秋夫人养疴来杭,未及一载,遽于八月十八日逝世,曾共险艰,况经世变,伤今悼昔,殊难为怀,作此哭之,工拙非所计也》第三十四首,《花近楼诗存》三编卷一,1919年刻本。

③ 此处引文,均出自《梦蕉亭杂记》,第63—64页。

工程。袁、陈二人于次年(1903)二月廿三日覆奏,酌拟出修复的大致规格。其时正阳门楼原来的规模已无从稽考,工部案卷亦在庚子之乱中荡然无存。经承修大臣丈量原址,并比照左右两边的崇文、宣武二门规格,最终拟定"正阳门大楼自地平至正兽上皮止",为"九丈九尺"的规模,较崇文、宣武二楼均高出一丈六尺有奇。修造正楼及箭楼,拟共费银近四十三万两,预定工期则为三年。四月十一日,奉旨依议。①

癸卯(1903)闰五月中,正阳门楼修复工程祭土开工。② 然而这一工程似乎进展并不顺利。一年之后,也即甲辰(1904)六月,上海商务印书馆出版的《东方杂志》第六期"时评"栏,有《正阳门之大工程》一文云:

> 正阳门楼工程,自去岁开工以来,因木料一时购办不齐,是以停工至今。闻工程处接其采买木植委员厂商等来禀,略称委员等自去秋附轮南下,由皖至湘至鄂,设法购觅,尺寸率不合格;黔中虽有大材,而又难于转运;现已分赴南洋各埠采办,倘仍不合式,或不足数,只得赴美采买云云。观此,恐正阳门工程,一二年内,未必能竣。夫正阳门一隅之防卫耳,疆吏前既报效巨款,今又以采办材木,骚扰各省不已,又赴南洋,更拟赴美,区区一城楼,而竟动一二年之大工。以为壮观瞻耶,而当此国帑奇绌,百端待举,何忍以有用之财,弃之无用之地?以为自卫计耶,则京城一隅,非能守地,联军恶剧,殷鉴不远,盍图其远者大者乎?

门楼修造,需向南方采买木材,在民间舆论中,即直道这一举动乃系"骚扰各省",进而更从实际用途角度,质疑正阳门楼工程的正当性。所谓"盍图其远者大者",实即是前引"南省某督"所谓"何不移作兴学之用"的婉转表达,可见这一立场在朝野之间亦有共通性,正阳门楼修复工程遇到的舆论阻力可以想见。

---

① 以上参见《正阳门楼工程奏稿》所录袁世凯、陈璧奏折,收《正阳门楼工程》,工艺官局印书科印,光绪二十九年(1903)铅印本。陈夔龙云"经岁而工告竣",语意似甲辰(1904)即已竣工,但如下文所引,乙巳(1905)三月《京话日报》仍在报道修复门楼的木料从各处运到。今日正阳门楼内展厅的介绍谓于丙午(1906)完工。

② 参见光绪二十九年(1903)闰五月十二日《大公报》"中外近事 · 北京 · 城楼祭土"。

这一采买木料的准备工作,至次年春天似终于得到解决。乙巳(1905)三月,北京《京话日报》第二百四十二号有《正阳门木料运到》一则新闻,云:

> 正阳门楼,应用的材料,运来不少。大东沟来的大木,有一千多根;福建樟木料八百余根;新加坡油木料四百余根。承修大臣陈侍郎,派监工委员去收,现在已经到京。

此处所说运至之"新加坡油木料",应即是前引文中"分赴南洋各埠采办"的效果;"大东沟"应指辽宁大东沟,以甲午海战的发生地而闻名,其时也是重要的木材集散地。值得注意的是,该篇新闻之前,为《大臣不以修牌楼为然》一则消息,引用他报所载某大臣批评东交民巷重修牌楼的传闻,并云:"外人都暗暗的冷笑,这样的粉饰太平,中国怎能够自强。"《京话日报》馆处京城,此处所发议论,一再申明批评的主体乃为"某大臣"及"外人",与上海《东方杂志》的正面论说相比,显示出报人的谨慎,然而立场的传达仍相当明确。《正阳门木料运到》一则新闻紧随其后,虽然纯用白描,但从作者强调所用木料之多、来源之广的笔调口吻,以及报纸的版面编排顺序,仍可体会出文字背后的良苦用心。可见无论南北,舆论对于修复正阳门楼工程的华而不实有着一致的批评。

木材问题得以解决,城楼建筑已非难事。修复完工之后,"都城百雉顿复旧观"①。在时人眼中,新门楼"犹颇壮丽"。大门附近的荷包巷"商业街",宣统元年(1909)由"商人集资,奉准内务部修复",次年(1910)夏竣工,"各行旧商,仍复迁回原住房舍营业"。附近的大栅栏,庚子之后也次第修复,且更增添了新的建筑,如大观楼、第一楼等,"更愈增华丽"。② 如此种种,尽管呈现出一派"光复"气象,但变迁的痕迹仍难掩盖。仅就城楼本身而言,前文所引报载消息已有或将赴美采买木材的传言。虽未知是否付诸实施,而野史已记载陈璧主持修复工程时,为求省费,将门楼梁柱之"向用黄松者悉改用美国松","宫阙之用洋松,实始于此"。时人联翩付诸吟咏,

---

① 陈夔龙:《梦蕉亭杂记》,第64页。

② 以上参见《燕都丛考》,第20、476、497页。

甚至发出“求材可叹中原乏,别采洋松到海隅”的弦外之音。[1] 修筑之费预计四十余万两,实际可能有所超出,传闻中则演变成“六百万两”。且传说陈璧在修复工程中,将城墙上“坚细无比,皆镌有金元年号等字”的旧式巨砖,“易去贩卖者不少”;又云门楼旁边关帝庙中的“关帝像系金身,亦为陈易去”,因而“当时颇有诟其贪者”。时人且慨叹:“今观此城,外表甚新,而坚固则不如前,六百万之费,殊为不值。”[2]诸多轶闻传说,其间共通的乃是今不如昔、帝国没落的现实感慨。就连香火繁衍三百余年的关帝庙,在庚子之后,虽然庙像“岿然尚存”[3],却也已经“无人往祷”,“伏魔之灵异,亦随劫火以消沉”[4]。种种迹象,昭示的其实是正阳门楼虽经重建,但已貌似神非;其曾经象征的意义与内涵,已然随着火灾灰飞烟灭、消沉殆尽,再也无法修复了。

其实,早在庚子联军入京之后,正阳门作为分隔内、外城门禁的威严,早已荡然无存。联军在京期间,曾擅自在正阳门东水关辟一新门,以便往来[5]。不止如此,庚子九月十六日“进正阳门游玩”的杨典诰,尚见到如此情形:

> 见皇城被洋兵每隔数十步穿一洞,或拆去数丈,以通车马出入。午门内外任人行走,以乾清门为止步,车辆可由午门穿至东西华门。又见大内之黄缎铺垫黄毡等物,用大车拉出,洋兵以为坐卧之用。[6]

稍早的闰八月初六日,恽毓鼎出行至此,亦见到“大清门至午门,重门洞开,驰车出入;美督住社稷坛,贸易者皆乘车直入”。或许是翰林的身份,让恽毓鼎对这一情形有着更为深刻的观感:“余每过之,伤心惨目,饬仆夫仍绕石栏外行,不敢逾越尺寸也。”[7]个人的自律并不能挽回时势变迁。即便在联军退出、两宫回銮后,京师内城向来严格的门禁制度,也终于逐渐松弛,而

① 龙顾山人:《庚子诗鉴》,《义和团史料》册上,第123页。
② 雷震:《新燕语》卷下“正阳门之重建”条,《满清稗史》第三册。
③ 陈宗蕃编著:《燕都丛考》,第474页。
④ 雷震:《新燕语》卷下“正阳门之重建”条,《满清稗史》第三册。
⑤ 陈宗蕃编著:《燕都丛考》,第18页。
⑥ 杨典诰:《庚子大事记》,《义和团运动史料丛编》第一辑,第36页。
⑦ 恽毓鼎:《恽毓鼎庚子日记》(辑本),《义和团运动史料丛编》第一辑,第69页。

以曾经“终年不启”的正阳门的改变为代表：

> 自光绪庚子拳匪肇祸后，外人以此门密迩使馆，时闭时启，出入不便，要求弛禁，许之。顾初犹左右虚掩，继乃虚掩一门。至光、宣间，则上半夜启左门，下半夜启右门，于是车马杂遝，终夜有声，而交通大便矣。①

正阳门作为符号的意义在此再次被赋予丰富的诠释空间。昔日只向皇室开放的内城正门，先是在庚子年中被联军强行打开，继而在外人的要求之下合法弛禁，这一变化之间所流失的，正是清廷作为至高统治者的无上尊严和神秘感，亦可视为“民间”地位崛起、皇权神话消退的表征。

门禁松弛之外的又一重变化，是和议中由于使馆界限扩张，以致正阳门内东棋盘街附近区域也被划入使馆区内。火灾前棋盘街的繁华气象难再重现：“今东面为美国操场，西面亦仅商店数家，千步廊更无可考，惟周围石阑尚存。”②此一变化，令人一入正阳门，即“未免有黍离麦秀之感”，时人甚至将此归咎于李鸿章议约的失误。③ 而义和团运动中被团民大肆拆毁、甚至有翰林建议毁去路基的铁路，庚子后卷土重来且变本加厉：庚子以前，火车至京者尚止于永定门外的马家堡，并不入城；但和约议定后，京奉、京汉两条线路各自由永定门、西便门附近通轨入城，俱达于正阳门，“铁轨直贯禁城，而有正阳门车站”④，“论者以为外城之守已失”⑤。京津一段铁路，更约定由外国军队保护。时人诗云：

> 直见飙车薄九阍，牽鞬劲旅正蜂屯。如何荡荡皇华路，翻仗西师护北门。⑥

正是这一情形的生动写照。至于民国以后，正阳门及其附近区域的格局再

---

① 徐珂编撰：《清稗类钞》第一册“正阳门门禁”条，第118—119页。

② 陈宗蕃编著：《燕都丛考》，第166页。

③ 杨典诰：《庚子大事记》，《义和团运动史料丛编》第一辑，第47页。

④ 龙顾山人：《庚子诗鉴》，《义和团史料》册上，第118页。

⑤ 陈宗蕃编著：《燕都丛考》，第472页。

⑥ 龙顾山人：《庚子诗鉴》，《义和团史料》册上，第118页。

度变迁,则已不在本文的叙述范围之内了。

尚值得一提的是,清民之际以属“西昆派”闻名的常熟诗人孙景贤,在其为数不多的存诗中,有《正阳门行》一篇古风。诗篇起首,在简要叙述当下“正阳门外气象新”“往如流水来如云”的热闹景象之后,即转入正题,也即对庚子之变的回忆:

> 道旁老翁独长叹,昔年胡虏来酣战。飞弹直逼青璅门,快马齐奔紫宸殿。此时登城徒歔唏,家家插竹标朱楣。三百年来惯浆食,伤心又竖顺民旗。中朝达官识时务,金缯都辇强胡去。裹头官监传旨忙,残民喜见回龙驭。皇都非复一年前,妆点繁华信可怜。尽许赓歌归太液,还闻卤簿幸甘泉。中兴事业基哀痛,金床玉几难成梦。鸣毂能穿百雉高,禁门已失双犀捧。官家柔远万人知,一寸山河要护持。纵有亲王夸绣骑,纷纷走避虬髯儿。虬髯气概本豪壮,摇鞭走马怒相向。扶醉曾诃豹尾车,寻芳更入蜂窠巷。左呼右走尽锦衣,坐令万姓暗嗟咨。生儿不羡为卿相,羡为胡人作厮养。先朝云物皆零落,唯有梨园盛弦索。紫髯供奉九天归,至今犹唱升平乐。呜呼世事如转轮,我闻此语重逡巡。翠微残局不可道,黄旗皇运何无人,却令羁客徒沾巾。①

前文曾引张鸿撰于辛丑九月的《霜花腴》一词,乃是作者见永定门附近衰败景象、复闻正阳门上将搭建迎銮牌楼有感而作。孙景贤正是张鸿的同乡弟子。《霜花腴》发表于1902年以张氏为主编的《政学报》上,该报也发表署名“希孟”的作品,“希孟”正是孙景贤之字。可见后者亦参与《政学报》的撰稿,张鸿《霜花腴》词必然为其知晓。从而《正阳门行》一诗的题材选择亦是渊源有自,在对这一史事的文学书写上与乃师一脉相承。从“先朝云物皆零落”句看,此诗撰写时间应在民国初年。“皇都非复一年前,妆点繁华信可怜”,或者即指辛丑回銮、诸大臣等在正阳门处搭盖彩绸牌楼等情形;“鸣毂能穿百雉高,禁门已失双犀捧”,应指庚子以后、火车直达正阳门这一事实;所谓“中兴事业基哀痛,金床玉几难成梦”,叹惋的则是清末十年朝廷

① 孙景贤:《正阳门行》,《华国》第1卷第3期,1923年11月。

改革事业的付诸东流。诗意所指,多与张鸿《霜花腴》之作遥相呼应。作为吟咏当代史实的长篇叙事诗,《正阳门行》与孙景贤的名作《宁寿宫词》差可并论。作者意在歌咏清末史事,从庚子之变、华洋关系直叙述到时代更替的沧桑之感,抒情与述论并行,而以正阳门这一象征贯穿全篇,为该城门及与之相关的清廷命运留下一篇诗史,与其师《霜花腴》词作对读,更可说为庚子之变中的正阳门留传一则文学史故实。

光绪二十七年十一月二十八日(1902 年 1 月 7 日),自西安回銮的慈禧一行行抵京城,由正阳门、大清门次第还宫。观礼的时人心中,仍激动地抱有“从此金汤巩固,气象更新,有道之基,与天无极焉”[1]的美好期待。但新政带来的“中兴”幻象转瞬破灭,清廷威望日挫,帝制最终迅速走向终结。作为一个最具象征性的符号,正阳门的遭遇,也许正如同其本来被期待的那样,与清室的命运呼吸与共地联系在了一起。火灾劫难过后,尽管经过了以陈夔龙为代表的效忠者的竭力修复,却仍然难以挽回其没落的命运。而这一结局的开始,至少可以回溯到庚子五月二十日,义和团引起的那一场火灾。这之中偶然与必然的纠结,仍然是一个言之不尽的话题。

---

① 杨典诰:《庚子大事记》,《义和团运动史料丛编》第一辑,第 47 页。

“贵胄女学堂”与晚清北京女子教育

黄湘金

引言:戊戌之后的女学氛围

在近代妇女史上,对女性生活影响最大的因素,莫过于新式女子教育。今天学者一般将1898年创建的“中国女学会书塾”(又称“中国女学堂”“经正女学”)视为国人自办的社会化女子教育的起点。作为维新运动的产物,“中国女学会书塾”亦因政治斗争而终:1900年,经元善通电反对“己亥立储”,遭清廷通缉,逃亡海外,女学堂主事无人,只得关闭。此后新式女学的命运,成为晚清士人关注女性问题时的重点。

可以确定的是,新式女子教育并没有随昙花一现的“中国女学会书塾”而终止。经元善在1902年的演说中便引用佛偈,对此前提倡、主持女学的同道予以“播种者”的身份追认,认为当年是“下第一粒粟之萌芽”,对后来者的跟进,他非常乐观。[1] 而此年《大公报》对女学堂在南方四处开花的描绘,更让人兴奋:"南方通商口岸,自上海开通女学后,经莲珊太守首倡捐建女学堂之议,自是而苏而浙、而无锡、而武昌相继踵起,又膨胀而至于湘粤。女子无不发愤自强,日以讲学为事。"[2]现今碍于所见,文中提到的各女学堂之情状已难考索。[3] 目前可知的在"中国女学会书塾"之后、"癸卯学制"颁行前创办的女学,较著名的有兰陵女学(苏州,1901)、严氏女塾(天津,1902)、务本女学(上海,1902)、爱国女学(上海,1902)、城东女学(上海,1903)、宗孟女学(上海,1903)、湖南第一女学堂(长沙,1903)等,多由士绅自发自为倡建。民间有志兴学而持观望态度者当不在少数,则此时政府上层对于女学堂之态度至为重要。而作为"首善之区"的北京,女学堂的普及情况对全国也具有表率意义。

一、慈禧与"毓坤会"

1902年的北京,仅有教会女校贝满女学堂、长老会女校、慕贞女书院[4],并无自办女学堂。当年曾有满族官员禀请庆亲王奕劻设立八旗女学堂,"庆邸然之。后以见阻于八旗各都统,遂罢是议"[5]。这是我所见到的关于国人在北京自办女学的最早报道。今天看来,北京风气远不如南方开化,京中官员反需借上海出版的《女报》来改变其对"开女智、兴女学"的成见。[6]

也是在同一年,《大公报》刊登热心读者的白话来稿,建议自上而下推广女学:太后先在宫中创设女学堂,再明降谕旨,令京中王公大臣、各省文武

① 剡溪聋叟(经元善):《第一次女学会演说》,《女报》第2期,1902年6月6日。

② 《天津拟兴女学议》,《大公报》,1902年7月1日。

③ 据廖秀真统计,至1903年,全国有女学堂6所。廖秀真:《清末女学在学制上的演进及女子小学教育的发展(1897—1911)》,李又宁、张玉法编:《中国妇女史论文集》第2辑,台北:商务印书馆股份有限公司,1988年,第224页。当时女学肯定不止此数。

④ 刘宁元:《北京近现代妇女运动史》,北京:北京出版社,2009年,第23页。

⑤ 《大公报》,"时事要闻",1902年6月18日。

⑥ 《顽石点头》,《大公报》,1902年9月12日。

官员,每家设立女学。不出五年,风气必然大开,女学堂遍及全国。在此文中,最让我留意的是对宫廷女学堂的设想:

> 皇太后先在宫里,立一座女学堂,考选几位中国女教习。也不必炫异矜奇,只要通文识字、举止安详的,就算合格。皇太后、皇后,也不必言定入学,就求随时振作鼓励着点,那风气自然就开的快了。宫里的宫娥秀女,共有若干名,开一个清册,分为几班,除去当差侍奉的时候,得工夫就按班入学。①

就晚清女子教育的实践来看,地方开明士绅是最主要的推动力量,因而此文对兴女学路径的想象显得不合实际。不过,作者将推广女学的起点定位于慈禧太后,也并非全无因由。就现在能看到的材料而言,慈禧对女报、女学等时新潮流,是以一个开明者的形象出现的。如《大公报》称由于京官转呈,慈禧在宫中能够读到在上海出版的陈撷芬主编的《女报》(1903 年更名为《女学报》)。② 再加上其自身的性别因素,很容易被设想成为新式女子教育的赞助者、推动者。而《女学报》透露出来的消息,确实可以坐实这种猜想:

> 太后为轸念中国女学之不振,乃将平日所览之《女报》,谕令大公主等各阅一分,并有设立女学堂意,命大公主主其事。俟新建之大学堂工竣,即以现在马神庙公主府之大学堂作为女学堂。八旗中有志入学者,准来堂肄习。此事原因,实由去年日本内田公使夫人力陈东洋女学之兴,故有感慈意云。③

报道中的公使夫人即日本驻华大使内田康哉妻子内田政子,与慈禧关系亲密。1902 年 8 月 17 日日本《报知新闻》曾称:“今日在北京政界而生擒西太后者谁乎?内田夫人也。”④大约 1902 年慈禧在接见内田政子时,对方谈及

① 《就中国现势筹女学初起之办法》,《大公报》,1902 年 10 月 14 日。
② 《大公报》,“时事要闻”,1902 年 7 月 26 日。
③ 《各省女学汇志·京城女学堂》,《女学报》第 1 期,1903 年 2 月。
④ 社员某:《尺素六千纸》,《新民丛报》第 17 号,1902 年 10 月。

日本女学之盛,引起了慈禧对于国内女学蔽锢的感触,因而有意在京城兴建女学堂,收录八旗女子入学,追步日本女学。而在同年,慈禧亦同意了湖北巡抚端方的开女学堂之请,“有饬令鄂省试办之说”①。这当是次年开办的湖北幼稚园附设女学堂的最早缘起。②

至1903年,京城里已经有了朝廷即将兴办女学堂的传闻。京师大学堂师范馆总教习服部宇之吉的夫人服部繁子曾经回忆,当年内务府大臣诚璋出面请服部宇之吉起草兴女学计划。此举很可能是出于慈禧的旨意。因为涉及从日本聘请女教师的问题,这一计划并未马上实施。③ 而在近代女子教育史上,于京师大学堂校址上创建女学堂的设想并无下文,此处很可能是慈禧心血来潮的冲动。不过,步武日本女学的意趣和视恭亲王奕䜣长女荣寿公主(即报道中的“大公主”)为女学主事人的安排,已然为后来的“贵胄女学堂”之提议埋下了伏笔。

所谓“贵胄女学堂”,指由皇公贵族开办,对女性亲属、族裔或秀女、婢女实施教育的学校。宫廷或皇室内的女子教育古已有之,如班昭就曾入宫担任过后妃的教师,又如宋若昭被唐穆宗封为“尚宫”,“后妃与诸王、主率以师礼见”④。但皇室创办较大规模的学校推行女子教育,在晚清之前未见记载。进入20世纪后,在“兴女学”潮流的影响下,先后出现了蒙古喀喇沁王贡桑诺尔布创办的毓正女学堂⑤与肃亲王善耆创办的和育女学堂。毓正女学堂于1903年12月开办,1909年停办。由于地处僻远,其影响基本仅限于蒙古地区。而据服部宇之吉主编的《北京志》,和育女学堂于1905年开办。⑥ 奇

---

① 《请开女学》,《女报》第5期,1902年9月。

② 关于端方与此幼稚园附属女学的研究,可参阅潘崇、马晓雪《清末女子教育发展的困境——以湖北幼稚园附设女学堂为例》,《河南理工大学学报(社会科学版)》2009年第2期。

③ 〔日〕服部繁子著,高岩译:《回忆秋瑾女士》,郭延礼编:《秋瑾研究资料》,济南:山东教育出版社,1987年,第169页。

④ 《新唐书》,北京:中华书局,2000年,第2870页。

⑤ 关于毓正女学堂的情形,可参考娜琳高娃《试述蒙古族第一所近代女子学校——毓正女学堂》,《内蒙古师范大学学报(哲学社会科学版)》1992年第4期。

⑥ 〔日〕服部宇之吉著,张宗平、吕永和译:《清末北京志资料》,北京:北京燕山出版社,1994年,第208—209页。

怪的是,京城内外的报刊似乎都忽视了该校的存在,就我所见,对此竟无任何记载。彼时被多家报刊跟踪报道的皇族女学,唯有1905年起倡建的“贵胄女学堂”。而此前倡议的“毓坤会”,则可看作“贵胄女学堂”兴起的先声。

1904年10月11日,《大公报》刊登了宫廷将设毓坤总学会的消息:

> 皇太后命裕朗西之女公子在三海中择一处开设毓坤文会,并准在外设立分会一节,已见他报。兹据内侍传说,该文会设在中海,名为“毓坤总学会”,每日讲习浅近文法及各国语言文字。凡王公大臣之福晋、夫人及五品以上之命妇、女子均准入总学会听讲。其分会则官绅商民之妇女,凡身家清白,不论已学未学,均可入会听讲云云。果尔,则女学之兴盛当不远也。①

1904年初颁行的“癸卯学制”中,唯《奏定蒙养院章程及家庭教育法章程》稍带提及女子教育,但态度十分保守,认为“中国此时情形,若设女学,其间流弊甚多,断不相宜”,其意“在于以蒙养院辅助家庭教育,以家庭教育包括女学”。②《大公报》消息中的“毓坤文会”虽然是学会名义,有人也认为其“仅仅研究语言文字,以备赐宴各国公使夫人之时为之通译,似于立会之宗旨,犹未窥见其大者也”③,但实质显然是皇族女学,放在其时其地,已算难能可贵。消息详细记载了学会创办人、开设地点、授课内容、学员资格,这都暗示出毓坤文会开办在即。在“总会”之外设立“分会”、允许民籍妇女入学的设想,显示出主办者的宏大气魄。如能以慈禧为首自上而下地推广女学,北京女界的沉寂现状又何愁不能打破?《大公报》难掩兴奋之情,也就可以理解了。

稍后,上海的《时报》对“毓坤会”的消息进行了后续报道,云:

> 探闻近日皇太后因从裕朗西京卿之女公子奏请,拟在南海之内创

---

① 《女学将兴起点》,《大公报》,1904年10月11日。

② 《奏定蒙养院章程及家庭教育法章程》,璩鑫圭、唐良炎主编:《中国近代教育史资料汇编·学制演变》,上海:上海教育出版社,1991年,第394—395页。

③ 刘锦藻:《清朝续文献通考》卷114,《学校》21,杭州:浙江古籍出版社,2000年影印。

设女学,赐名毓坤会。凡王公贝勒之福晋、格格,及京员三品以上之命妇、女子均着报名入会,学习东西文。已奉懿旨,特派裕女公子经理其事云。①

毓坤会主办者和授课内容均没变动,唯有开办地点已具体选定了"三海"(南海、北海、中海)中的南海,汉族女性的入学门槛也由"五品命妇"提升至"三品命妇"。课程中开设"各国语言文字",大异于传统宫廷女学,颇具有现代意味,其实是与主办者的个人趣味有关。1903 年的《大公报》称,"裕朗西之女公子,颇得皇太后欢心,不时入内,二人皆衣洋装"②。二人即是容菱(1882—1973)和德菱(1886—1944)③,通英、法语,曾在清宫中担任翻译,颇为慈禧宠爱。④ 而且,在议设毓坤会后不久,容菱、德菱及其母亲又拟设八旗女学,"专收旗民幼女,以期培植女才"⑤。以德菱姊妹主持毓坤会,可谓无二之选。

就在北京女界和报界翘首期盼中,毓坤会却迟迟未见下文。直到次年初,据《警钟日报》透露出来的消息,毓坤会之所以停滞不前,乃是因为慈禧对女学的看法出现了变化:

湖南革命狱始兴,学界骤为之暗;上海谋刺案继起,政界大为之惊。京师则尤甚,有无关系者均视作密切问题。俄使更番警告,联派党咸有戒心。连日枢府与管学大臣互谒密商,颇耸观德[听]。各学堂学生骄态锐减,有失其常度者。星期出游,亦甚寥寥。西后因学堂迭现怪象,意滋不悦。前拟设毓坤会兴女学,亦中止矣。⑥

消息中所涉先后事件,指 1903 年春开始兴起的"拒俄运动"、1904 年秋冬在

---

① 《奏设毓坤会续闻》,《时报》,1904 年 10 月 22 日。

② 《大公报》,"时事要闻",1903 年 5 月 24 日。

③ 德菱、容菱,现通称德龄、容龄,在二人的回忆录中,均未提及毓坤会之事。

④ 夏仁虎:《旧京琐记》,《枝巢四述·旧京琐记》,沈阳:辽宁教育出版社,1998 年,第 98 页。

⑤ 《八旗女学》,《大公报》,1904 年 11 月 15 日。

⑥ 《京师政界学界近闻》,《警钟日报》,1905 年 1 月 6 日。

长沙流产的华兴会起义以及当年11月上海发生的万福华刺王之春案。前两事,留日学生和国内新式学堂出身的学生都充当了中坚力量,因而清政府对在校学生的日常活动极为警惕,极易产生过度反应。再加上近臣对当前男女学堂的大小"流弊"的渲染,动摇了慈禧对于女学的热忱,毓坤会之事也就意兴阑珊了。

1905年5月《大公报》又有"毓坤会"的消息,但记者语气已经十分犹疑,在按语中言,"上年即闻有此等传说,究竟不知确否"①。事实上,德菱在两月前赴上海照看病重的父亲,离开了清宫。② 从此在《大公报》上,再无毓坤会的消息。

二、"贵胄女学堂"考详

创设毓坤会的倡议就此消歇,但慈禧对女学堂的兴趣不久之后再度高涨,此时不能不提的人物即是端方。1905年7月,端方被任命为出洋考察宪政五大臣之一。在逗留北京期间,利用面见"慈圣"谢恩的机会,端方大力强调女学堂的重要性,颇得慈禧称允。在致湖北女学生的电报中,他提到自己曾四次晋谒慈禧,"即女学亦经面奏,慈圣亦以为然"③。在两人的会面中,端方可能还提及皇族女学之事。《大公报》的社论透露,端方"力陈以兴办华族女学校为要",虽然"群疑众谤",但得到了慈禧的支持,"慈圣于此事垂注尤殷,将由内廷拨款,以为天下倡"。④ 稍后的《顺天时报》也记载,慈禧对端方之奏请"极为垂意,已饬内务府筹拨经费若干,以为开办华族女学校之用"⑤。此华族女学校并未立即兴办,但不久后慈禧授意,"特准将西山旃

① 《太后拟兴女学之传闻》,《大公报》1905年5月15日。

② 德龄著,顾秋心译:《清宫二年记》,南京:江苏教育出版社,2006年,第210页。

③ 《端午帅致鄂省女学生电稿节略》,《南方报》,1905年9月28日;《端午帅电致鄂省女学生》,《大公报》,1905年10月8日。

④ 《论女学所以兴国》,《大公报》,1905年10月13日。

⑤ 《开办华族女学校》,《顺天时报》,1905年10月18日。

檀寺改为女学,无论华族编闾皆可就学”[①]。此旨一出,令民间有志入学的女性倍感鼓舞,“太后于今立意,要想倡兴女学,正是要使我们中国人要人人发愤,人人好学”[②]。

1905年12月10日晚,《南方报》记者从北京发来电报,称“两宫面谕庆邸(按:即庆亲王奕劻),仿贵胄学堂例筹办皇族女学”[③]。可见皇族女学之筹设,前有端方之意见,近则有陆军贵胄学堂之刺激。慈禧要求仿办女学,显有示教育平等之意。而《大公报》1906年初的报道则更加详细:

> 闻内廷人云,日前召见军机大臣时,两宫垂询贵胄学堂规模,催饬赶紧开办。并云外洋重女学,而中国此等风气未开,拟俟贵胄学堂办有成效,再设皇族女学堂,专收王公府第郡主、格格入学肄习,以期输入文明,咸知爱国等谕云云。[④]

消息中“专收王公府第郡主、格格”的学员标准,正与毓坤会一脉相承。另据直隶《教育杂志》转录《津报》的消息,参与筹办皇族女学的尚有庆亲王奕劻、肃亲王善耆夫人、荣寿公主及陆伯英侍郎之夫人等。[⑤] 而消息所用“贵胄女学堂”的名字,最终为该学堂定名。

在此后关于皇室女学的报道中,慈禧太后一直是最有力的推动者。她在召见学部官员时,便难掩迫切之情:

> 闻学部尚书曾于日前面奉懿旨,以中国女学尚未发达,亟宜设法推广,以期家庭教育日渐讲求云云。故华族女学之章程近日又复提议也。[⑥]

此条消息中提及的女学名称——“华族女学”,较前文中的“皇族女学”略有

① 《各省教育汇志》,《东方杂志》第2卷第11期,1905年12月21日。

② 鹭:《太后倡兴女学之意》,《南方报》,1905年10月11日。

③ 《面谕筹办皇族女学》,《南方报》,1905年12月11日。

④ 《深宫注重女学》,《大公报》1906年1月14日。本文所引1906年与1907年《大公报》资料,多条已由夏晓虹先生于《晚清女学中的满汉矛盾——惠兴自杀事件解读》(收入《晚清女性与近代中国》一书,北京:北京大学出版社,2004年,第223—256页)一文中使用。

⑤ 《设立贵胄女学堂续闻》,《教育杂志》(直隶学务处)第22期,1906年1月。

⑥ 《两宫注意女学》,《大公报》,1906年3月8日。

不同。事实上,"华族女学"即为日本皇室女学之名。1885 年 11 月从日本"学习院"独立出来的华族女学校,凭借其得天独厚的优势,不久即成为日本最具影响力的女子学校,"日本女学校,当以此为翘楚"①。华族女学校因此成为中国朝野考察日本教育时必不可少的去处②,其学监下田歌子也成为中国女子教育界的知名人物。清宫倡议皇室女学而拟以"华族女学"名之,可能寓有向其取径之意。

更值得关注的是慈禧对端方考察女学报告的反应。1905 年 12 月,端方与戴鸿慈一行出洋考察宪政时,慈禧即命其考察东西洋各国女学,随时报告。途中学部又奉旨再次电谕其考察女学。③ 1906 年 4 月,《顺天时报》有报道,称:"闻日前端、戴二大臣来有电奏,系陈明美国女学校之章程及一切内容,最为完备,中国女学亟宜仿行。两宫览奏,颇为欣悦。现已拨内帑十万两,派肃邸之姊葆淑舫夫人先行组织师范女学一所。"④此消息被多次转载,影响颇大。《申报》读者即乐观地预想此举之效应:"登高而呼,众山皆应。女界光明之发现,将普照于中国全境。"⑤联系到此前关于皇族女学的报道,在一般读者看来,慈禧的慷慨很可能是因皇族女学而发。如徐锡麟在写给党人的信中,提及"皇太后现捐银十万,开贵胄女学堂",作为其在满洲人中"可谓通晓时务者"的证据。⑥

次月,庆亲王奕劻也有"贵胄女学堂"之奏请,"以便饬令各王府之郡君、格格及满汉二、三品各大员之女子入学肄业"。⑦ 而最重要的契机则来

① 方燕年:《瀛洲访学记 · 华族女学校》,王宝平主编:《晚清中国人日本考察记集成:教育考察记》,杭州:杭州大学出版社,1999 年,第 457 页。

② 如载振、吴汝纶、严修东游,均参观过此华族女学校,与下田歌子会晤。最有趣者,1904 年徐念慈撰科幻小说《月球殖民地小说》,有言"昨接到玉环小女的信,已进东京华族女学校"。见《中国近代小说大系:痴人说梦记 · 月球殖民地小说 · 新纪元》,南昌:江西人民出版社,1989 年,第 240 页。

③ 《电谕考查女学》,《大公报》,1906 年 4 月 7 日

④ 《拨帑开办女学》,《顺天时报》,1906 年 4 月 26 日。

⑤ 《论地方官宜注重女子教育》,《申报》,1906 年 5 月 14 日。

⑥ 徐锡麟:《致某》(十),徐乃常编:《徐锡麟集》,北京:中国文史出版社,1993 年,第 60 页。据编者推测,收件人疑为陶成章。

⑦ 《议设贵胄女学堂》,《南方报》,1906 年 6 月 25 日。

自考察宪政归来的端方。据夏晓虹先生考证,1906年8月13日,慈禧单独召见归国不久的端方。① 端方在召对时,肯定有关于女学数事,因为据几天后《大公报》报道:"考政大臣端午帅于前日面奏两宫,请饬学部速立女学堂章程规则,兴办女学,以开风气。闻已奉旨饬学部妥拟一切矣。"②趁此次朝见机会,端方很可能还递呈了一份重要奏折——《请设立中央女学院折》。这份由梁启超捉刀的奏章③,其中心议题是:"于京师设立中央女学院,以开全国之风气,而为各省之模范。"④该办法想必与慈禧此前对于皇族女学的提倡一拍即合,因此很快宫廷中即有"贵胄女学"的消息传出:

> 闻学部人云:本部近日会议设立贵胄女学,所有一切章程均仿照日本华族女学,量为增减。并闻此事之发起,庆邸、泽公及午帅均极赞成,不日当可具折奏请。⑤
>
> 前本报纪端午帅奏请举办女学一事,业与荣大军机商议一切规则,名为贵胄女学堂,其学生以三品以上之大员幼女为合格云。⑥

经过商议,端方与荣庆最终将其命名为"贵胄女学堂"。以源远流长的"贵胄"一词代替"皇族"和"华族"为皇室女学定名,既对应了已经开办的"陆军贵胄学堂",也与日本的"华族女学校"区别开来。关于学生资格,"三品以上之大员幼女"的规定则与前次开设未成之"毓坤会"遥相呼应。

虽然端方对于美国的女学颇有好感⑦,但比较日本和欧美各国的女学情形之后,议设中的贵胄女学堂还是预备借鉴日本的华族女学校。日本华

① 夏晓虹:《梁启超代拟宪政折稿考》,《梁启超:在政治与学术之间》,北京:东方出版社,2014年,第37页。

② 《奏兴女学确闻》,《大公报》,1906年8月21日。

③ 关于梁启超为考察宪政五大臣草拟报告之事的详细考证,见夏晓虹《梁启超代拟宪政折稿考》一文。

④ 《请设立中央女学院折》,《梁启超代拟宪政折稿考》附录,《梁启超:在政治与学术之间》,第67页。

⑤ 《贵胄女学决意设立》,《大公报》,1906年9月15日。

⑥ 《女学将兴》,《大公报》,1906年9月18日。

⑦ 1906年江亢虎创办的外城女学传习所开学,端方出席了开学典礼,"演说西洋女学情形,而尤推重美国"。见《外城女学传习所开学志盛》,《顺天时报》,1906年10月4日。

女学传习所开学情形

(载《北京画报》第 15 期,光绪丙午八月下旬[1906 年 10 月]发行)

族女学校规模宏大,学制健全,为“天皇及王公大臣,凡华族之女子肄业之所。分为初等小学、高高[等]小学、初等中学、高等中学,凡四科,各三年,以一年为一级,满六岁以上、十八岁以下者得入学”①。作为楷模的华族女学校,为拟想中的贵胄女学堂铺设了美好的前景。而据端方在 9 月 30 日外城女学传习所开学典礼上的演讲透露:“皇太后屡次询及女学,拟开办一高等之学堂。诸生在此毕业后,即可升入,为皇太后门生,何等体面!”②言辞

① 方燕年:《瀛洲访学记 · 华族女学校》,王宝平主编:《晚清中国人日本考察记集成:教育考察记》,第 456 页。实则日本华族女学校学生并不限于贵族女子,“华族女子之外,有相当资格之女子亦许其入学”。见〔日〕大限重信等《日本开国五十年史》第 6 册之《女子教育》,上海:商务印书馆,1929 年,第 104 页。

② 《开学纪盛》,《大公报》,1906 年 10 月 10 日。

中的“高等女学堂”,因其学生是“皇太后门生”,很可能即指将来的贵胄女学堂——也就是说,预设中的贵胄女学堂除了提供初等教育之外,还会为皇族及平民女子开设高等教育,可见此时慈禧对贵胄女学堂所寄期望之深切。

虽然在朝廷内有慈禧太后、庆亲王奕劻和学部尚书荣庆的支持,在地方有端方等大员的倡议,贵胄女学堂的成立却并不顺利。最先遇到的阻力,即来自湖广总督张之洞。1907年初,他即致电学部,表明他对兴办女学的谨慎态度:“张香帅热心学务,人所公认。独于女学雅不谓然,以为中国人民程度尚低,此时倡兴女学,未免稍早。闻于日前有电达学部,详陈此时兴办女学之流弊。未知枢密诸公亦表同情否?”①张之洞电文并未直接针对声势渐涨的贵胄女学堂,但作为朝廷重臣,其意见不容忽视,此番议论对贵胄女学堂的影响也近乎立竿见影:

> 闻内廷人云:两宫每于召见学部堂官时,必垂询推广女学办法,实注意设立贵胄女学之举。近因某督臣奏陈女学之弊,是以犹疑。日前荣尚书召见时,两宫与之讨论良久,谕以中国风气尚未大开,欲兴女学,必须先订完善章程,然后再行试办,逐渐推广。事宜缓而不宜急,以昭慎重。是以开办贵胄女学之说已从缓议矣。②

在1906年学部成立之前,张之洞对新式教育相当积极,是倡导改造传统教育、肯定和推广新式教育的前驱与重镇,但在科举停废后,面对新、旧学乾坤颠倒的时势,他的办学方略的主导倾向也从倡行新学转而为旧学卫道。③对于创兴女学堂之事,此前的《南方报》称其“素不注意”④。不久之后,慈禧接见某位贤王,问及女学章程和官立女学时,“皇太后默然不答,恐有不满意于女学”⑤。贵胄女学暂缓兴办,可能是慈禧因为张之洞等人的反对而出现了动摇,或是因为朝野舆论而作出的策略性让步。好在女学堂章程奏

---

① 《香帅电陈女学宜缓》,《大公报》,1907年1月7日。
② 《贵胄女学之阻力》,《大公报》,1907年1月26日。
③ 关晓红:《晚清学部研究》,广州:广东教育出版社,2000年,第182—183页。
④ 《鄂省官设女学之传闻》,《南方报》,1906年3月12日。
⑤ 《奏设女学难成》,《大公报》,1907年2月22日。

定已于时不远——3 月 2 日,《大公报》登载女学章程“业经议妥,将于开印后入奏”[①]。六天之后,《奏定女子小学堂章程》和《奏定女子师范学堂章程》正式颁布实施。而在同一天,《大公报》上刊载的消息,令关心贵胄女学堂的读者欣喜不已:

> 贵胄女学堂事,政府已会同学部妥议,约于春间即可开办。闻荣寿公主已面奉皇太后慈旨,充当贵胄女学堂总监督。[②]

1904 年的癸卯学制中,女学“流弊甚多,断不相宜”,而此时则认为“女子教育,为国民教育之根基”,“欲求贤母,须有完全之女学”[③],贵胄女学堂的兴办自是名正言顺。

被慈禧指派为总监督的荣寿公主是恭亲王奕䜣长女,幼年颇得咸丰皇帝喜爱,与志端婚后五年即守寡,长侍于慈禧身边,“恭谨持正,终身得太后之宠,有时进谏,太后亦多采纳之”[④]。有趣的是,类似于容菱、德菱姊妹,荣寿公主对英文亦有兴趣。[⑤] 但其任贵胄女学堂总监督一职并未成为定议。不久之后,《申报》刊载消息,透露此事引起了北洋亲贵袁世凯的注意,而他密保推荐的人选,则是京津女界中享有大名的吕碧城。袁氏认为吕“才优品卓,堪充贵胄女学堂总办之选”[⑥]。吕碧城荣膺贵胄女学堂监督之职的最大资本,不为才华出众,而是她主持北洋女子公学的经历。北洋女子公学成立于 1904 年初冬,吕碧城为创始人之一,并主持全校教务。1907 年夏,日本国民新闻社社长德富苏峰参观天津公立女学堂时,曾对吕碧城大加赞扬。[⑦] 北京

---

① 《女学章程议定》,《大公报》,1907 年 3 月 2 日。

② 《贵胄女学总监督得人》,《大公报》1907 年 3 月 8 日。

③ 《女子师范学堂章程》,舒新城编:《中国近代教育史资料》(下册),北京:人民教育出版社,1961 年,第 804 页。

④ 信修明:《荣寿固伦公主》,信修明著,方彪等点校:《老太监的回忆》,北京:北京燕山出版社,1992 年,第 120 页。

⑤ 《最新眉语:荣寿公主习西文》,《女报》(上海苏报馆)第 5 期,1902 年 9 月 2 日。

⑥ 《直督密保贵胄女学堂总办》,《申报》,1907 年 4 月 13 日。

⑦ 《日本国民新闻社长德富苏峰先生参观天津公立女学堂演说》,《京话日报》,1907 年 7 月 2 日。

报界则称其为“近日女界中独一无二的名家”[1]。而且北洋女子公学的学生大多为官宦闺秀，与筹议中的贵胄女学堂性质相似，吕氏自己就曾认为女子公学“有日本华族女学之概”[2]，时人也将其比于华族女学校学监下田歌子[3]。袁世凯对吕碧城的推重，自然不足为奇。

而本月另一消息，却也说明慈禧与学部官员在总监督人选上的犹豫：

> 皇太后注意女学，开办贵胄女学堂一节，听说要举衍圣公的夫人为总办，可不知确不确。前两天学部荣尚书召见的时候，皇太后垂问女学情形，已派荣尚书编订贵胄女学章程，打算赶快兴办。[4]

而上海《寰球中国学生报》则称贵胄女学堂“以衍圣公母为总办”[5]。此处“衍圣公”即为孔令贻[6]，其妻陶淑猗，为山东大名知府陶式鋆之女，1905 年方归孔令贻为继室。[7] 相较而言，孔令贻母彭氏[8]显然更有资格担任贵胄女学堂的总监督：彭氏为原工部尚书彭蕴章孙女，1887 年农历十月，彭氏入京为慈禧六旬“万寿”祝寿，多次谒见慈禧，并受赏赐[9]；1906 年夏，慈禧又曾召见孔令贻母子；1907 年春，为彭氏六十寿辰，孔令贻进京叩见慈禧，为彭

---

① 《吕女士为慈善会来京》，《北京女报》，1907 年 3 月 14 日。

② 吕碧城：《北洋女子公学同学录序》，李保民笺注：《吕碧城诗文笺注》，上海：上海古籍出版社，2007 年，第 203 页。

③ 1904 年“寿椿庐主”《读碧城女史诗词即和舟过渤海原韵》：“下田歌子此其风，人格巍然女界中。教育热心开化运，文明初不判西东。”《吕碧城诗文笺注》，第 9 页。

④ 《谕订贵胄女学章程》，《北京女报》，1907 年 4 月 28 日。

⑤ 《议设贵胄女学》，《寰球中国学生报》第 5、6 期合刊，1907 年 6 月。

⑥ 孔子直系后裔中，自北宋至和二年（1055）起，每代中有一位被封为“衍圣公”。孔令贻于光绪三年（1877）袭封，为 76 代衍圣公。

⑦ 柯兰：《我的外祖父孔令贻》，《千年孔府的最后一代》，天津：天津教育出版社，1999 年，第 48 页。

⑧ 吴县《彭氏宗谱》未载孔令贻母彭氏之名，但据《彭翼仲五十年历史 · 怀庆之行》：“应太夫人玉峰姊之召，调查孔府祭产，借以瞻谒林、庙。”彭翼仲为彭氏堂弟，可知“玉峰”若非其字，必即其名。见姜纬堂等编《维新志士、爱国报人彭翼仲》，大连：大连出版社，1996 年，第 99—100 页。

⑨ 《清慈禧太后与七十六代衍圣公孔令贻母、妻对话并赏赐物品》，孔府档案 5476 号，中国社会科学院近代史研究所中华民国史研究室等编：《孔府档案选编》（上册），北京：中华书局，1982 年，第 24—29 页。

氏求赐匾额。二月初五(3 月 18 日),慈禧面谕军机大臣:“衍圣公孔令贻之母彭氏著赏给御书匾额一方,并准其自行建坊。”御书匾额为“为世礼宗”。[①] 孔令贻此行,触动了慈禧在贵胄女学堂监督人选一事上的考量。委任彭氏担任此职,一方面,取其老成持重,且生于书香世家,是传统“公宫宗室”之教教员的中意人选;另一方面,以其汉籍身份而总办清宫贵胄女学,很可能包含着弥合彼时女学中的满汉矛盾的思虑。

慈禧及学部官员在监督人选上迟迟难决,可见贵胄女学堂这一新生事物引起的广泛关注和朝廷的慎重态度。但对报界和女界而言,何人任监督并非关键,最重要的是早日开办,因而在报道相关新闻时,总有企盼和催促语气。对于贵胄女学堂的难产,《申报》称是因为近有“某侍御条奏,谓学部所订女学章程尚未妥洽,拟请饬部重加改订,俾臻完善等语。两宫览奏,颇涉犹豫,是以此事遂暂置勿议”[②]。御史奏陈改订女学章程的消息,也可以在《大公报》得到印证。[③] 此时关于慈禧态度转变的说法,可能只是报纸的猜测。但可以确定的是,随着对女学堂批评的累积,慈禧的立场又一次动摇。

5 月下旬,御史张瑞荫奏陈杜绝女学流弊[④],针对的即是京城内外哄传一时的四川女学堂学生杜成淑拒译学馆学生屈彊函之事[⑤],慈禧对女学的意见显然与前时有别:

---

① 时鉴、张河:《道近中庸、儒型未坠的衍圣公孔令仪》,时鉴总编:《孔孟之乡名人名胜名产》,济南:山东大学出版社,1996 年,第 459 页。又《大公报》1907 年 3 月 19 日(二月初六)“邸抄”栏记“二月初五日,召见衍圣公、军机”。

② 《贵胄女学又生阻力》,《申报》,1907 年 4 月 19 日。

③ 《奏驳女学新章》,《大公报》,1907 年 4 月 7 日。

④ 《请杜女学流弊》:“张侍御瑞荫日昨具折奏陈,以女学初兴,流弊甚多,非严行杜绝,恐难进步。请饬学部速筹办法,通饬京外女学,切实遵行,以期整顿。闻已奉旨依议。”《大公报》,1907 年 5 月 26 日。其原折大意为:“女学设立渐多,恐滋流弊。春秋运动会,不宜排队入场;江南赈捐,不宜躬自卖物,登台演唱。”见刘锦藻《清朝续文献通考》卷 114,《学校》21,杭州:浙江古籍出版社,2000 年影印。

⑤ 关于此事的详细考索,可见夏晓虹《新教育与旧道德——以杜成淑拒屈彊函为例》,收入《晚清女性与近代中国》,第 38—66 页。

> 据内廷消息，日前有某福晋与皇太后论及女学之事，太后谕云：现在各省学务士气嚣张，多流于邪僻。若再兴办女学，则将来办理不善，更足滋生流弊。女学一途，必俟国人遍受普通教育，始再议兴办云。

虽然《大公报》编辑对此“风闻”以按语加以驳斥，认为：“此消息不可信。不兴女学，安有普通教育？此说殊矛盾耳。”[①]然而，此消息极有可能是真实的。证之以《申报》的报道，慈禧对贵胄女学堂的热忱已大为减退。当某亲王在奏对时再次提及此事，慈禧的答复是“妥慎筹办”，这与亲王“意在速成”的思路形成明显反差，因而此次慈禧的回答很可能是推诿之词。[②]

1907 年上半年关于贵胄女学堂的消息频繁传出，吊足了读者的胃口。而就在大家翘首以待时，7 月间浙江的秋瑾案件，让筹备中的女学堂再次陷入停顿。7 月 15 日，秋瑾因徐锡麟刺杀安徽巡抚恩铭一案受牵连，以谋反罪被害于绍兴轩亭口。此后几月内，北京城里已近乎草木皆兵，关于女革命党的消息也时有所闻。[③] 而秋瑾先后为留日女学生、浔溪女学堂教习的身份，也提示着女学生、女学堂与女革命党之间的密切联系，因此“秋案”也成为守旧者批评女子教育的重要借口。

秋瑾就义后不久，即有某举人由都察院代奏，请禁京外女学，“堂堂中国，文固不需此女学士，武亦不求此娘子军。去岁川中邑宰之女，玷于劣生；迩时浙省主政之妻，竟为戎首。前事可鉴，后辙宜防，拟恳通谕疆臣，一体裁撤”[④]。其请求裁撤女学的事由，一为杜成淑与屈彊之事，一为浙江秋瑾之案。随后又有翰林院侍读周爰诹奏陈学务祛弊八法，经报纸披露后，全国舆论为之哗然。周爰诹之奏折，针对的是留日学生和国内新式学堂中潜滋暗长的革命风潮；而论女学一条，尤为苛严——“所有女学堂，已开的都应停

---

① 《停办女学之风闻》，《大公报》，1907 年 6 月 26 日。

② 《贵胄女学造就师范》，《申报》，1907 年 6 月 12 日。

③ 《怎么这们些女革命党呀》，《北京女报》，1907 年 8 月 10 日。

④ 《请禁女学》，《大公报》，1907 年 8 月 12 日。

止,未开的不准再开"[①]。自然,贵胄女学堂即属于"未开的不准再开"一类。明眼人一看即知,此论乃因秋瑾之事而起,"自演出秋女士流血之惨剧以来,士夫中请封禁女学堂者,已不一其人"[②]。《北京女报》主笔张展云则以"因噎废食"来批评周爰诹的条陈:"他必说,因为秋瑾那回事。咳,秋瑾的事,替他呼冤的,正不知有多少;他是不是革命党,到如今也没有定评。难道真因这模糊影响的事,害及全国女学吗?"[③]虽然学部与政务处以"风气所开,殊难强禁"[④]作为周爰诹奏禁女学的答复,但其给全国女学以及贵胄女学堂带来的阴影仍不容忽视。

1907 年 9 月,《大公报》上的消息,证实贵胄女学堂的开办确实停滞多日,而且其阻力另有出处:"创兴贵族女学一事,政府久经提议,迄未办有端倪。溯其原因,闻系前吏部某尚书面奏各省女学流弊滋多,贵族关系全国听闻,倘有误会,未免大伤国体云云,以致延宕至今。刻经袁尚书向各大军机力辩此说,谓其真同因噎废食矣。"[⑤]

报道中的"前吏部尚书"当指6 月 19 日卸任吏部之职、专任军机大臣的鹿传霖[⑥],"袁尚书"即新任军机大臣兼外务部尚书的袁世凯。事实上,鹿传霖对新式教育的恶感并不自此时始:早在 1902 年 8 月,管学大臣张百熙奏呈学堂章程,"军机大臣鹿传霖多方挑剔,闻因章程中有星房虚昴星期停课之语,以为与中国古例不合;又闻各种新学名目,亦多吹求"[⑦]。三天之后的《北京女报》针对鹿传霖的阻挠,认为"伤国体的事甚多,可不关乎开办女学",同时还透露出"袁、张两大军机,皆很注意贵胄女学,打算奏请开办"的努力。[⑧]

① 《预备立宪时代特别的条陈》,《北京女报》,1907 年 8 月 14 日。
② 《请看预备立宪时之女学》,《大公报》,1907 年 8 月 16 日。
③ 展云(张展云):《短评:周爰诹谘请停止女学》,《北京女报》,1907 年 8 月 14 日。
④ 刘锦藻:《清朝续文献通考》卷 114,《学校》21。
⑤ 《贵族女学之阻力》,《大公报》,1907 年 9 月 17 日。
⑥ 钱实甫:《清代职官年表》,北京:中华书局,1980 年,第 326 页。
⑦ 《大公报》,"时事要闻",1902 年 8 月 26 日。
⑧ 《贵胄女学堂的反动力》,《北京女报》,1907 年 9 月 20 日。

停议多日之后,直至11月,此事方才重新提起:“学部张相国于召见时,慈宫面谕开办贵胄女学,并谓此项经费由内库拨给云云。”①而在另一则报道中,贵胄女学堂开办的地点和总办人选也一并确定:

> 日昨某邸面奏皇太后,请以南海地方建立贵胄女学,以为全国女学之表率,当蒙慈宫嘉允。一切开办经费,统由内帑发给,并将派某邸夫人为总办。开学之日,慈宫拟亲幸云。②

在倡议和争议之间,1907年关于开办贵胄女学堂的报道如此众多,却始终未能付诸实施;而进入1908年,关于贵胄女学的消息又渐趋沉寂,以致大员闺秀到达学龄时,因无此贵胄女学堂,只得进入江亢虎所办的女学传习所就学。《北京女报》在报道此条消息时,语气中已有不满和讥嘲:“贵胄女学堂,吵嚷了一两年,那知道实在没有影儿!”③然而,在1908年的京津媒体中,这是仅有的两条提及贵胄女学堂的新闻之一,另一条也见于《北京女报》:“前两天,两宫召见张中堂,足有一点钟的工夫,听说问的是贵胄法政学堂并贵胄女学的章程,谕令办理周密,以期造就人材。”④贵胄法政学堂章程1909年4月8日由宪政编查馆拟订⑤,而贵胄女学之章程,虽早在1906年10月即由庆亲王奕劻“将章程入奏”⑥,却一直未见下文。

此年5月,曾拟担任贵胄女学堂监督的彭氏病逝⑦,可看成对贵胄女学的反讽;而1908年11月15日慈禧太后的逝世,贵胄女学堂之议更是失去了最大的推动力。1909年春天,贵胄女学堂又提议开办,其缘由都是为了

---

① 《慈宫论办贵胄女学》,《大公报》,1907年11月10日。

② 《倡立贵胄女学堂》,《直隶教育杂志》丁未年第17期,1907年12月。在稍晚的《四川教育官报》中,“某邸”则被坐实为庆亲王奕劻。《奏设贵胄女学》,《四川教育官报》丁未第12册,1908年1月。

③ 《贵女入传习所》,《北京女报》,1908年3月5日。

④ 《垂询贵胄学务》,《北京女报》,1908年7月28日。

⑤ 《宪政编查馆:奏遵设贵胄法政学堂拟订章程折(并单)》,潘懋元、刘海峰编:《中国近代教育史资料汇编·高等教育》,上海:上海教育出版社,2007年,第178页。

⑥ 《设贵胄女学之先声》,《大公报》,1906年10月25日。

⑦ 《衍圣公太夫人逝世》,《北京女报》,1908年5月5日。

降,社会化的女子教育作为新政之一的重要性,已经渐成开明官员和士绅的共识,在全国展开了一场影响深远的“兴女学”运动,取得了令人瞩目的成果。但晚清的女子教育亦有不尽人意处,其中之一就是地域分布的不平衡。[①] 今天提及晚清的女学实践,学者最先想到的是上海和天津的兴学成果。与天津邻近的北京,其兴女学的成绩却相形暗淡:根据学部的不完全统计,1907 年直隶省有女学堂 121 所(天津所占比重最大),而北京的女学堂数目为 12 所。[②] 不过,历史的真实图景远比统计数字更为生动。刘宁元先生在查阅大量文献的基础上,于著作《北京近现代妇女运动史》中开列 1901 至 1911 年间创立的教会女学、自办女学 31 所[③],而本人根据《顺天时报》《北京女报》和《大公报》等媒体的报道,勾勒出开办于 1903 年至 1911 年的北京女学堂达 60 所(详情见本文附录)。

需要说明的是,这只是一份比较谨慎的考证工作,它们基本上可以确定曾经存在过。在此之外,京津媒体还有不少关于倡办女学的报道,如《大公报》称,1903 年东文学社将于 5 月上旬开设女学堂,教员已经从日本聘定[④],1904 年裕庚妻女拟设八旗女学堂,“专收旗民幼女,以期培植女才”[⑤],1906 年诚璋独任巨款,购觅房舍,拟在安定门净土寺设立北城第一女学堂[⑥],等等,由于缺少后续的消息,不能肯定所议是否实现,因而未计入此项统计中。饶是如此,60 所这一数字已经大大超出了统计者的预期,可以极大丰富今人对于晚清北京女子教育的认知。如关于北京最早的女学堂究竟是哪所,学者一般根据《北京志》的说法,定为豫教女学堂[⑦];或依江亢虎的叙述,定

① 乔素玲:《中国近代女学地域分布探析》,《中国历史地理论丛》第 18 卷第 2 辑,2003 年 6 月。

② 转引自乔素玲《中国近代女学地域分布探析》一文。统计数字不含教会学校。

③ 刘宁元:《北京近现代妇女运动史》,第 24—28 页。但该书并未著录资料来源,且行文时有错讹,如将“振懦女学”误书为“振儒女学”,将创办健锐营公立女学校的“玉崑峰”误为“王崑峰”,将创办宏育女学的“孟艺斋”误为“孟艺齐”。

④ 《将设女学》,《大公报》,1903 年 4 月 26 日。

⑤ 《八旗女学》,《大公报》,1904 年 11 月 15 日。

⑥ 《组织女学》,《大公报》,1906 年 10 月 3 日。

⑦ 《清末北京志资料》,第 207 页。

为外城女学传习所①。然而在《大公报》的记载中,我们至少可以上溯至1903年开办的萧山馆女学堂。至于北京各年份所存女学堂的数目,官方给出的最高数字是1907年的12所②,民众的兴学热情显然被低估了。

可以看到,自1905年下半年开始,北京的女子教育即进入快速发展的阶段。是年7月至12月,共开办了14所女学。当年北京的兴学实绩,也引起了京外人士的肯定与仿效,如直隶布政使和按察使就认为,“京津各处女学盛兴,而省城独付缺如”,因而有在保定设女学堂之议。③ 值得注意的是,之前的“癸卯学制”并未承认新式女学堂的合法性,由此可见北京民间士绅兴女学之热情。而1907年《奏定女学堂章程》颁布后,对女学虽有促进作用,如继识一即因学部“有敕立女学之谕,因就尚毅女塾加班扩充,改曰箴仪女学校”④,但就女学堂开办的数目看,其对女子教育的激励作用,并不是特别明显。

即便处于天子脚下,北京的女子教育事业,基本上也是士绅自发自为,这与学部和京师督学局的作为形成鲜明对照。在60所女学堂中,除了农工商部官办的职业学校绣工科和京师首善第一女工厂外,属于官办的只有京师女子师范学堂、京师女子师范学堂附属小学堂、京师官立第一初等小学堂、两等女子小学和内城贫民教养院附设女蒙学堂5所,其他皆由士绅私立或同人公立。教育行政部门在女学问题上的表现,并不算称职。1908年江亢虎拟赴欧游历,所办的外城女学传习所和内城女学传习所禀请学部接办。因为两校经费来源并不稳固,学部在此问题上态度数变,“忽而派员接收,忽而暂不接收,忽而毋庸接收,忽而诬以解散,忽而诿以为难,忽而责以自行筹画。信口开合,有意反汗”⑤。江亢虎“不忍半途而废,只得再办一年,并

① 《女学展览会详记》,《顺天时报》,1909年10月1日。

② 廖秀真:《清末女学在学制上的演进及女子小学教育的发展》,《中国妇女史论文集》第2辑,第225页。

③ 《保阳女学将开》,《南方报》,1905年10月31日。

④ 《继识一女士小传》,《京师教育报》第32期,1916年7月。

⑤ 《江亢虎在内城女学传习所第二周年纪念会京津女学第四次展览会演说》,《顺天时报》,1909年5月9日。

且运动两洋(原承担传习所部分经费的南洋大臣端方与北洋大臣袁世凯),照旧担任经费,好不容易学部才仍如原议接收"①。这可能与学部的经费紧张有关。而在中城女学传习所的立案问题上,则反映出教育行政部门的墨守成规和敷衍塞责。1909年初,江亢虎开办中城女学传习所,立校前向京师督学局递呈办学材料,请督学局向学部立案,被督学局拒绝,"碍难转呈立案"②。传习所开学四月之后,仍未能立案,这让江氏十分愤懑,"呈请批准,亦尽吾礼而已。督学局惧部诘,仆固不惧部诘也;督学局不立案,仆更不必求其立案也"③。江亢虎与学部、督学局的冲突,说明先进士人的兴学实践已远远走在管理制度的前面,因而教育行政部门显得十分被动。

在60所女学堂中,影响较大的除了京师女子师范学堂外,仅有四川女学堂、振懦女学堂、豫教女学堂、外城女学传习所、淑慎女学堂、箴仪女学堂、内城女学堂几所。其他大部分女学堂为今天的教育史所未载,即便是晚清京津媒体的记者,对有些女学堂的名字亦未访得。大多数女学堂规模小,存在时间短。如萧山馆女学堂开学时,"是日到学堂者仅一生"④。一月后入学者增至四人⑤,但仅及半年,就因教习南归而停办。⑥ 再如华学涑所办之实践女子职业学校,首次拟招生100名⑦,但实际仅录得20余名⑧。而二龙坑瑞氏、宝氏所设之女学堂,皆"经费不敷,因陋就简"⑨。官方之所以未能统计到女学堂的确切数字,其规模过小、旋起旋灭是重要原因。

在影响北京女学堂发展的众因素中,以经费问题最为关键。新式女学

---

① 江亢虎:《在江西义务女学讲演词》(1920年10月5日),《江亢虎博士演讲录》第1、2集,上海:南方大学出版部,1923年,第37页。

② 《女学呈请立案》,《大公报》,1908年12月27日。

③ 《江亢虎在内城女学传习所第二周年纪念会京津女学第四次展览会演说》,《顺天时报》,1909年5月11日。

④ 《女学已开》,《大公报》,1903年5月2日。

⑤ 《纪女学堂》,《大公报》,1903年6月4日。

⑥ 《纪女学堂》,《大公报》,1903年10月26日。

⑦ 《女学日见发达》,《神州日报》,1907年5月17日。

⑧ 恽毓鼎:《恽毓鼎澄斋日记》,杭州:浙江古籍出版社,2004年,第357页。

⑨ 《各省教育汇志》,《东方杂志》第2卷第11期,1905年12月21日。

堂的开办与维持需要大量经费，支出远非旧时私塾能比。如豫教女学堂每月费银400余两[①]，开办3年以来，沈钧“已垫用银一万五千两之谱”[②]。而“比年以来，各私立学校相继起，往往不能旋踵而仆，或虽不至遽仆，而功效卒未如所期”[③]，最重要的原因，即是经费匮乏。1908年《北京女报》有读者称，“女学堂为甚么少呢？十中居九，都是经费不足。已经成立的，还不能支持；未经成立的，谁也不敢多事啦”[④]。在各私立、公立女学堂中，除了慧仙女工学校因获慧仙遗产，得有办学经费外，其他均无稳定经费来源，处处捉襟见肘。如淑范女学堂因“经费难支，屡次停课”[⑤]；1907年冬，淑慎女学堂也“因经费不足，未能开学”[⑥]，龚镜清任监督的实践女子职业学校开办仅及半年，成绩颇著，“唯堂中经费过绌，不能支持”，龚只得乞援于友人恽毓鼎。恽氏集旅京同乡“谋资助之策”，众人“虽咸赞叹不置，恐未有实力也”。[⑦] 据说顺天府尹孙宝琦对女学颇为关心，“女学传习所、豫教女学堂、振懦女学堂、淑范女学堂等处，均由经理人先后具呈请款，一律批准，酌量大小拨款”[⑧]。不过，每月仅补助西城私立第一两等女学堂经费50元[⑨]，显然无法与女学堂的支出相抵。被称为京城女学之冠的外城女学传习所和内城女学传习所[⑩]，亦时时为经费所苦。外城女学传习所开学后不久，即“经费支绌异常。开办费二千余元，全由创办人筹垫，常年经费虽经顺天府奏准津贴千二百元，然尚不及其预算五分之一”[⑪]。两校经费，“创办的时候，由发起人四处募捐，共得七千余元。又有天津富绅某，独捐一千两，（由顺天府

① 《豫教女学招生》，《顺天时报》，1908年1月19日。

② 《记豫教女学停课事》，《顺天时报》，1907年10月19日。

③ 《内外城女学传习所募捐启》，《大公报》，1907年2月25日。

④ 无我来稿：《喜而不寐》，《北京女报》，1908年3月13日。

⑤ 《李翰林热心女学》，《北京女报》，1908年4月20日。

⑥ 《淑慎女学堂开学招生广告》，《北京女报》，1908年5月15日。

⑦ 恽毓鼎：《恽毓鼎澄斋日记》，第357页。

⑧ 《京兆热心学务》，《大公报》，1907年4月26日。

⑨ 《西城女学招生》，《大公报》，1907年3月27日。

⑩ 《详记外城女学传习所八大特色》，《顺天时报》，1906年12月25日；《参观内城女学传习所记》，《顺天时报》，1907年5月16日。

⑪ 《记外城女学传习所》，《四川学报》丙午第10册，1906年11月。

专折奏请奖励,奉旨给予'乐善兴学'字样。)都作为修饰置办费用。学年经费,顺天府补助一千八百元,(后因备荒经费提出后停止。)北洋补助二千两,现又增加一千二百两。每年学生学费,约收一千两内外。捐款每年约二百金。两所支销甚多,入不敷出,每年尚亏二千两上下。全由发起人设法弥补"①。1909年江亢虎称,"内外城开办以来,出入相抵外,所朒已及六千余元"②。1908年8月江氏禀请学部接收内外城女学传习所时言:"内外城传习所,常年经费只需五六千金,除已有的款(按:即袁世凯等承担的开办经费)三千二百金,及收入学费约千金外,其须大部筹措者,不过千余金,仅当官立女子师范三十分之一。而造就人数,则两倍之。"③较之官立的京师女子师范学堂的财大气粗,更可见江亢虎维持传习所之不易。

在北京女子教育事业的推进过程中,满汉共襄其事,基本上不存在民族畛域。如"官话字母女义学"主事者三人诚厚斋、高子江、花兰生,其中诚氏显然是旗人。而"方巾巷女学堂"的创办人为张少培、英显斋,后者亦是旗人。淑范女学堂创办者英显斋、文时泉二人,亦是旗人。译艺女学堂则由清宗室爱新觉罗·昆冈之夫人倡设,湖南人谢祖沅创办。这些学堂的学生都是满汉兼招。在女学堂的办学实践中,出现过数位非常活跃的旗人。如崇芳先是创办了振懦女学堂,后参加了箴仪女学堂周年纪念会④,接着又出席了立强女学的开学仪式⑤。再如诚璋先是作为发起之人,创办了"北锣鼓巷女学堂",后又长期担任慧仙女工学校的总办。更让人惊叹的是,有数位旗人女性视兴女学为毕生职志。长白元氏二女士启蒲仙、启梅仙,"夙饶才德,父母早卒,誓死不嫁。前以所得家资二万金,设元氏女学于东单牌楼"⑥,所招学

① 《女学调查·内外城女学传习所》,《北京女报》,1908年2月14日。

② 《江亢虎在内城女学传习所第二周年纪念会京津女学第四次展览会演说》,《顺天时报》,1909年5月9日。

③ 江亢虎:《上学部第一呈(光绪三十四年七月)》,《江亢虎文存初编》,上海:现代印书馆,1944年,第52页。

④ 《纪箴仪女学堂纪念会》,《北京女报》,1908年4月3日。

⑤ 《女学开学再志》,《北京女报》,1908年5月7日。

⑥ 《八旗元氏女学堂扩充》,《直隶教育杂志》丁未年第8期,1907年6月25日。

生“无论满汉，均准一律陆续报名”[①]。再如创办培根女学堂的英枤，亦是终身未嫁，自言“忝长校务，勉竭愚诚，矢以鞠躬尽瘁死而后已”[②]。箴仪女学堂总理爱新觉罗·继识一（荆州将军祥亨女），矢志不字，父丧后“即舍宅建箴宜学校，又舍田六百亩、园九十亩，典易钗钏佐之。十年中，糜金钱一万余圆”[③]。学龄女子“不论满汉，均可来堂报名”[④]。1916 年继识一病逝，据该校统计，其所捐田房各产共计银 21250 两，合银元 3 万元以上。[⑤]

值得留意的是，虽然学部和京师督学局在北京女子教育问题上的作为不尽人意，但有少数亲王和官员表现抢眼。肃亲王善耆在自己府邸内开办和育女学堂，并任内外城女学传习所和淑慎女学堂的赞助员[⑥]；克勤郡王崧杰将旧宅让与内城女学传习所，亦担任内外城女学传习所赞助员[⑦]；喀喇沁王贡桑诺尔布将京城王府借给豫教女学堂。这都是难能可贵的举动。创立豫教女学堂的沈钧是候选同知；开办 3 座女学传习所的江亢虎，其另一重身份是刑部主事。此外，前岳州知府、农工商部副部郎魏震，先是创办了西城第一民立女子小学堂，后又倡设京师首善第一女工厂和京师蚕业讲习所。而两江总督兼南洋大臣端方，居京期间赞助女学也是不遗余力。淑慎女学堂开办时，他即捐款 400 元，并任赞助员。[⑧] 外城女学堂开学时，他也出席开堂仪式，“慨然捐助开办费一百元，并允代为设法资助常年经费”[⑨]。被革职后，又勉力接收中城女学传习所，不久又出资创办陶氏两等女子小学。这说明部分亲贵和官员已经认识到了女子教育的重要性，以个人力量或借职

① 《八旗元氏女学校招生广告》，《顺天时报》，1907 年 3 月 16 日。

② 孟丁：《培根学校四十纪念 英枤校长八秩大寿》，《上智编译馆馆刊》第 2 卷第 6 期，1947 年 10 月。

③ 林纾：《箴宜女学校碑记》，《畏庐三集》，北京：中国书店，1985 年影印，第 66 页。

④ 《公立箴仪女学堂招生广告》，《顺天时报》，1907 年 3 月 2 日。

⑤ 《呈教育总长（九月七日）》，《京师教育报》第 35 期，1916 年 11 月。

⑥ 《女学调查·内外城女学传习所》，《北京女报》，1908 年 2 月 15 日；《女学调查·淑慎女学堂》，《北京女报》，1908 年 2 月 27 日。

⑦ 《女学调查·内外城女学传习所》，《北京女报》，1908 年 2 月 15 日。

⑧ 《女学调查·淑慎女学堂》，《北京女报》，1908 年 2 月 27 日。

⑨ 《外城女学传习所开学志盛》，《顺天时报》，1906 年 10 月 4 日。

位之便推动京城女学发展。

京城女学的另一特点，是来自日本的教育经验成为女学成长的重要资源。女学堂初创时，因为传统的男女授受之碍，男性不便担任教职，所以多面临着师资匮乏的问题。晚清北京侨居着较多日籍士人，其家眷往往接受过教育，因而不少女学堂都聘请日籍女教师。在附录统计中，日人担任教务的有和育女学堂、“方巾巷女学堂”、豫教女学堂、外城女学传习所、内城女学传习所、淑慎女学堂、慧仙女工学校。另外，根据汪向荣的研究，聘请日人的女学堂尚有淑范女学堂。① 这些基本上是北京当时最具影响力的女学校。此外，亦有部分留日女学生归国后进入北京的女子教育界。如 1907 年内城女学传习所开学时，江亢虎曾“函托燕斌女士，在东洋女留学界中，代聘教员来京，担任教育，务期尽美”②，至 1909 年暑假后开学，《顺天时报》记载“三城各科教习，曾在日本留学的共有六人”③。日本帝国妇人协会附属实践女学校最早的中国毕业生陈彦安，1904 年随丈夫章宗祥入京时，“即拟在京创设女学一处”④，后来则成为西城私立第一两等女学堂的首批教习。

日本经验影响京城女学风气的另一途径，是日籍士女在参加女学校活动时发表演说，予学生以潜移默化的作用。如服部宇之吉在豫教女学堂和外城女学传习所的开学仪式上，都发表演说，“谓中国女子教育，必以造就贤母良妻为目的，而不可专造就独立自活之女子者”⑤。此次演说经过报刊的揭载，影响巨大，成为此后京城内外女学界中“贤母良妻”派的重要思想依据。而豫教女学堂在章程中将“贤母良妇”定为教育宗旨，当与服部夫妇有直接关系。

一方面，女学堂的开办，对于传统的“女子无才便是德”之观念，自然是

① 汪向荣：《日本教习》，北京：中国青年出版社，2000 年，第 78 页。

② 《参观内城女学传习所记》，《顺天时报》，1907 年 5 月 17 日。

③ 《三城女学传习所开学》，《顺天时报》，1909 年 9 月 4 日。

④ 《拟设女学》，《大公报》，1904 年 12 月 23 日。

⑤ 《京师外城女学传习所开学演说词（论中国女子教育之目的）》，《四川学报》丙午第 10 册，1906 年 11 月。

极大的突破。但另一方面,与京城的政治氛围相一致,北京的女子教育在起始阶段,整体上相当保守,基本上实行的是“贤母良妻”的教育宗旨,要求学生服饰朴素,气象温良,最多只是“求能自立,作一个益家益国的女国民”①。因而对“女豪杰”主义持压制态度,于校内的平权自由思想更是极为警惕。自强女学校的创办人张愚如认为:“我创办女学,非仅为开通风气起见,实所为挽回风气起见。当此之际,新学始兴、邪说蜂起的时候,最要紧的四个字,就是‘防微杜渐’。必须把宗旨持定,才不能误入歧途。”②1908 年 9 月 1 日和 10 月 25 日,京师女子师范学堂在京中先后招考新生,其国文考题分别是“知识与礼教并进说”“女学注重工艺以裨家计说”③,可见其将来的施教旨趣。当年箴仪女学堂夏季修身课程考试题为“女子四行以德为首”和“治安大道固在丈夫,有智妇人胜过男子”④,则表明该校既强调以德为先,又要求学生具备自立精神。而实践女子职业学校在重阳之日郊游时,“一路上整齐严肃,从从容容,绝没有一个言笑的”⑤。此等气象,只能属于晚清的京师女学界。它既与同时南方女学生的气质不尽相同,又与“五四”时代北京女学生的风貌形成鲜明对照。

不过,对于晚清北京女学生的价值取向,也不能一概而论。值得留意的是江亢虎的兴学宗旨。早年在日本接受过社会主义和“无家庭主义”洗礼的江氏,1910 年便宣称,“在今日论女学,当主张世界主义,不宜主张家庭主义”⑥。传习所的毕业生唐群英和傅文郁,毕业后成为同盟会会员,后又加入江亢虎创办的“中国社会党”⑦,继而成为民初女子参政运动的斗士,当与其早年在传习所接受的教育有关。

---

① 英秋女士:《培根女学堂开学演说》,《大公报》,1908 年 5 月 4 日。

② 张愚如:《立强女学校创始记》,《北京女报》,1908 年 5 月 4 日。

③ 《女子师范学堂考试题》,《北京女报》,1908 年 9 月 2 日;《师范女学堂考试题目》,《北京女报》,1908 年 10 月 26 日。

④ 《公立箴仪女学堂戊申夏季季考试题》,《北京女报》,1908 年 7 月 3 日。

⑤ 《实践女学堂旅行》,《北京女报》,1908 年 10 月 6 日。

⑥ 《嵩阳开会》,《顺天时报》,1910 年 3 月 24 日。

⑦ 黄彦:《中国社会党述评》,《近代中国》第 14 辑,上海:上海社会科学院出版社,2004 年,第 131 页。

标新意难为绣工科

（载《图画日报》第 264 号，宣统二年四月初七日［1910 年 5 月 15 日］）

就学校的性质而言，晚清北京女学堂实施的主要是普通教育，师范教育与职业教育相辅而行。学校规模不一，课程设计亦繁简有别。功课少者如萧山馆女学堂，只教国文与浅近英文。"报房胡同女学堂"每日功课仅是"午时宣讲白话报，早晚读书识字，待文理稍通后，即加入英文、算学等科"。振懦女学堂、豫教女学堂课程则很齐备，而外城女学传习所据说"课程完密，名誉日起。凡女子普通科学，无一不备，计十四门"。① 值得注意的是，

① 《纪外城女学传习所》，《大公报》，1906 年 10 月 30 日。

虽然《奏定女子小学堂章程》对女子小学的教科有严格规定,但 1907 年之后的女学堂并未完全按照章程开办,像怀新女学社的读经、东语、博物诸课程,均不在学部规定范围内。此外,虽然不少学堂根据女学生的特点和将来家务活动的需要,开设缝纫、刺绣、编物、造花等方面的课程,但大多只是普通教育的辅助和补充。真正属于职业教育的,大约只有农工商部绣工科、京师首善第一女工厂、京师蚕业讲习所和豫教女学堂附设女工艺厂、外城女学传习所艺术科。"崇实女学校"由于资料欠缺,不能确定其具体性质。至于慧仙女工学校,《北京志》虽记载"以机织科为主",但以该校"华族贵胄居其大半"的学生出身,似不像职业学校。实践女子职业学校虽以"职业"为名,就其开学半年"学生有能作六百余言史论者"①的成效看,其宗旨亦似不在实业。实施师范教育的,除了京师女子师范学堂外,尚有外城女学传习所、八旗元氏女学、箴仪女学堂、内城女学传习所。这些学校都曾开办过师范科。

1907 年,学部曾经统计,北京共有女学堂 12 所,女学生 661 人,后一数字远远落后于江苏(4198 人)、直隶(2523 人)、四川(2246 人)、云南(1027 人)②,与其作为首都的政治地位并不相称。在此后北京女子教育的推进过程中,最令人期待的,当属京师女子师范学堂的创立。学部准设此女学堂,本有作为全国榜样之意,要求"妥定章程,以期画一,而为各省模范"③。消息一出,立即成为京城女学界关注的焦点。《北京女报》视为"特大要闻"④,箴仪女学堂总理继识一更难掩兴奋之情,"万里阴薶[霾],豁然开朗;红日初升,大地光明。官立女师范学堂成立,实为我女界千载奇逢,所当额手同庆,不禁手之舞之,足之蹈之",将尚处于筹设阶段的女子师范视为"通国女学之冠"⑤。在京师女子师范学堂之事上,学部一改其推诿、拖沓之陋习,从准奏黄瑞麒之请(1908 年 7 月 4 日)到借地开学,仅用了四个月时

① 恽毓鼎:《恽毓鼎澄斋日记》,第 357 页。
② 转引自乔素玲:《中国近代女学地域分布探析》。
③ 《学部注意各省女师范》,《直隶教育官报》己酉第 2 期,1909 年 3 月 6 日。
④ 《特大要闻:官立女子师范大学堂一准要办的了》,《北京女报》,1908 年 6 月 29 日。
⑤ 爱新觉罗·继识一:《女界刍言》,《北京女报》,1908 年 8 月 27 日。

间。其原拟先招简易科学生100名①,但实际在全国范围录取了145名,可见该校在尽力满足学生的求学愿望。在北京首次录取的42名新生②中,有25人来自内外城女学传习所(师范科20人,艺术科5人)③,2人来自实践女子职业学校④,1名来自箴仪女学堂⑤。当年北京的优秀女学生,已被其网罗大半。北京作为全国的政治和学术中心,京师女子师范学堂在经费、师资、生源方面的优势是其他城市的女子师范难望项背的。随着社会的变革,京师女子师范学堂在全国女学界的中心地位逐渐凸显,学生举动日益为人瞩目。

小　结

通过本文的研究,我们看到,朝堂之上"贵胄女学堂"的议设始终伴随着京城民众的兴学实践,两者形成鲜明的对照。虽然宫廷希望将"贵胄女学堂"作为北京乃至全国女学的表率,但北京的女学先进显然未将此语当真。"贵胄女学堂"有名无实,而都中女学的成绩算是差强人意。晚清京城女学虽不及天津与上海成效卓著,但亦可圈可点。伴随着京师女子师范学堂的后来居上,北京作为女子教育重镇的地位逐渐得到确立,在现代中国的教育史、妇女运动史乃至文学史上都占据了重要位置。⑥ 这时再返观晚清北京的女学,先行者们筚路蓝缕的努力,在以自己的方式践行历史使命的同时,也为现代女子教育事业的壮大和"新女性"的出世,作了必要的储备与过渡。

---

① 《京师女子师范学堂招生》,《大公报》,1908年8月16日。

② 《北京女子师范学校沿革纲要》,璩鑫圭、童富勇、张守智编:《中国近代教育史资料汇编·实业教育　师范教育》,上海:上海教育出版社,2007年,第796页。京师女子师范学堂在京先是招录了42名女生,后又补录了20名学生。

③ 《传习所送考师范生》,《北京女报》,1908年9月3日。

④ 《女学生谢别校长教员》,《北京女报》,1909年10月28日。

⑤ 《箴仪女学堂只送一名学生入师范学堂》,《北京女报》,1908年9月17日。

⑥ 关于京师女子师范学堂直至北京女子高等师范学校这一段历史的研究,可参见何玲华《新教育·新女性:北京女高师研究》,北京:中国社会科学出版社,2007年。

京师女子师范学堂初试发榜

（载《北京浅说画报》第 937 号，宣统三年六月二十五日［1911 年 7 月 20 日］）

附　录：

晚清北京女学堂一览[①]

1. 萧山馆女学堂。校址在前门外西河沿中间路北萧山会馆。课程包括汉文与浅近英文。教习为汤文端公(汤金钊)孙女汤馥、汤徵。[②] 该校于1903年4月29日开学[③],当年10月关闭[④]。
2. 顶银胡同女塾(校名为本文作者拟)。校址在顶银胡同,为文质卿开办,不收学费。功课有算学、东文、物理、习字、史学、伦理、读本、地理,教员除文质卿外,尚有"蕙如女史"。该校约于1903年5月开办,见报时已有学生15名。[⑤]
3. 养新女学堂。校址设五道庙《启蒙画报》馆,开办人为报馆主人彭翼仲。学生限8—15岁,缠足者不收(但招收缠而复放者,且学费减半)。[⑥] 该学堂广告初见于1903年5月14日《大公报》。半年后有学生十余名,"课程以认字讲解为宗,兼课算术及浅近科学。程度虽不甚高,而规律颇秩然不紊"[⑦]。是年冬曾因严寒而停课。[⑧]《启蒙画报》于1904年底停办,但该校至少在1905年4月还存在。[⑨]
4. 四川女学堂。由川人杜德舆、黄铭训夫妇开办,曾拟延请秋瑾为教习,校址在南城绳匠胡同杜宅。[⑩] 该校于1904年3月21日开学,教习为"日本

---

① "北京"仅指北京城,不包括顺天府治下其他州县。统计的学校类型仅限国人自办女学堂,不含教会女学校。

② 《女学起点》,《大公报》,1903年4月20日。

③ 《女学已开》,《大公报》,1903年5月2日。

④ 《纪女学堂》,《大公报》,1903年10月26日。

⑤ 《设立女塾》,《大公报》,1903年5月6日。

⑥ 《启蒙画报馆开办女学广告》,《大公报》,1903年5月14日。

⑦ 《察视规则》,《大公报》,1903年12月2日。

⑧ 《女学暂停》,《大公报》,1903年12月6日。

⑨ 《大公报》统计北京的女学堂,有自办女学堂两所,其中位于"五道庙"的即是该校。《最近北京学堂调查表》,《大公报》千号增刊,1905年4月13日。

⑩ 《创设女学》,《大公报》,1904年2月1日。

某教员之夫人",学生十余人。[①] 1906年改为公立,校址迁四川营四川会馆旧馆(明代女将秦良玉驻军处),扩大招生规模。学堂以"涵育德性,养成女子普通知识"为宗旨,课程分修身、国文、历史、地理、珠算、图画、手工、外国文、音乐、体操诸科。倡办人为王善荃、杜德舆。[②] 四川公立女学堂于1906年4月28日开学[③],监督为曾光岷夫人,管理员为钮德荫夫人,教习为刘仲良女、萧履安女、庄幹卿夫人及日人尾崎夫人。学生约80名。[④]

5. 十景花园胡同女学堂(拟)。约创办于1904年3月。《大公报》称"十景花园某志士创办女学堂一区,学生报名者甚多。未悉其内容何如"[⑤]。
6. 船板胡同女学堂(拟)。校址在船板胡同,由北新桥温仲春捐款二千金设立,于1904年11月(或稍早)开学。聘请女教师3人,"分上中下三斋",不收学费。[⑥]
7. 和育女学堂。由肃亲王善耆在府邸试办。该学堂在川岛浪速夫人的协助下,聘请木村芳子担任教务,王妃任监督,于1905年3月开学,首先招收公主、嫔妃等13人。仿日本华族女学校规模,分设小学科、中学科及特别科三类。[⑦] 1907年美国驻华大使之妻康格夫人在信中称,"肃亲王开办了自己的学校,教育自己家中的女儿们和侄女们"[⑧],指的就是该校。
8. 绳匠胡同女学堂(拟)。校址在南城外绳匠胡同,于1905年7月前开办,不久即停办。[⑨]

---

① 《纪女学堂》,《大公报》,1904年3月25日。

② 《四川女学堂简章照录》,《大公报》,1906年3月15日;《四川女学堂简章照录续稿》,《大公报》,1906年3月16日;《四川女学扩充学额》,《大公报》,1906年7月26日。

③ 《女学纪盛》,《大公报》,1906年5月3日。

④ 《女学将开》,《大公报》,1906年4月29日。

⑤ 《创办女学》,《大公报》,1904年4月7日。

⑥ 《各省教育汇志》,《东方杂志》第1卷第10期,1904年12月1日。

⑦ 《清末北京志资料》,第208页。

⑧ 〔美〕萨拉·康格著,沈春蕾等译:《北京信札——特别是关于慈禧太后和中国妇女》,南京:南京出版社,2006年,第307页。

⑨ 《女学萌芽》,《大公报》,1905年7月16日。

9. 东单女蒙学舍(拟)。校址在东单牌楼邮政局前小报胡同刘宅，1905年7月3日开学。教习为张兰芳之女，头班设额10名。课程除汉文外，还拟添设英文、算学。①
10. 喜公府女学堂(拟)。校址在地安门外喜公府，于1905年7月(或之前)开办。②
11. 官话字母女义学。校址在东四牌楼北六胡同内、月牙胡同路东，由王续荫母将家宅捐出，诚厚莽、高子江、花兰生三人主其事。大约于1905年7月开学。③
12. 振懦女学堂。1905年8月14日开学。校址在西四牌楼北前毛家湾，创办人为旗人崇芳(字秋浦)。④ 分甲、乙两班，甲班所授课程为国文、家政、算术、中国历史、中国地理、世界地理、物理、体操、铅笔画、音乐、唱歌；乙班为修身、国文、算术、体操、音乐、唱歌。1906年有职员2人，教员6人，学生53人。⑤ 1907年，聘得曾淑慎(夏同龢妻)担任该校编物义务教员。⑥ 1909年9月迁往西四牌楼拐棒胡同常氏宅。⑦ 民初更名为"振懦女子小学校"，视学员称"该校开办极早，经费亦极绌。空空妙手，几等无米为炊"。⑧
13. 励本女蒙学堂。校址在南城外珠巢街光禄寺胡同，1905年8月20日开学。教习为张淑宾女士。⑨
14. 方巾巷女学堂(拟)。开办于1905年8月(或之前)。校址在崇文门内方巾巷，创办人为张少培、英显斋。女教习除全雅贤、葆淑舫外，另有名

---

① 《新立女蒙学舍》，《大公报》，1905年7月10日；《纪女蒙学》，《大公报》，1905年7月14日；《女学萌芽》，《大公报》，1905年7月16日。

② 《女学萌芽》，《大公报》，1905年7月16日。

③ 《官话字母女义学招生》，《大公报》，1905年7月14日。

④ 《京师私立各学堂一览表》，《学部官报》第8期，1906年12月6日。

⑤ 《振懦女学堂》，京师督学局编辑：《京师督学局一览表》，1907年，第26页。

⑥ 《振懦女学堂教员得人》，《直隶教育杂志》丁未年第2期，1907年3月。

⑦ 《振懦女学将乔迁》，《顺天时报》，1909年9月15日。

⑧ 荣绶：《查视私立振懦女子小学校报告》，《京师教育报》第16期，1915年5月。

⑨ 《学界进步》，《大公报》，1905年7月31日；《女学续志》，《大公报》，1905年8月2日。

誉教员木村芳子。[①]

15. 豫教女学堂。由沈钧创办,于1905年8月30日开学。[②] 校址在东单牌楼二条胡同,以造就"贤母良妇"为办学宗旨,分寻常科与高等科。寻常科功课为修身、国语、算术、历史、地理、图画、声歌、裁缝、手艺、游艺、体操,高等科功课为修身、国文、算术、历史、地理、格致、家事、图画、声歌、裁缝、手艺、体操、游艺,另可加习外国文,先试办寻常科。总经理人沈钧,经理人服部宇之吉,女经理服部繁子、沈贞淑(吴大澂族妹,沈钧之妻),教习为李淑贞、比利时人林氏及日人服部繁子、佐伯园子、加美田操子。[③] 学生六十余名,多为"世族国秀"。[④] 因堂址过于狭隘,1906年搬迁至干面胡同喀喇沁王旧邸[⑤],并于该宅堂东附设女工艺厂,分织布、绣花、编物、机器缝衣四门。[⑥] 1908年,由于王府被喀喇沁王收回,女工艺厂停办。[⑦] 当年农历六月下旬,沈钧将该校迁至东单牌楼南蘇线胡同,并添招女学生数十名,"新生报名者甚多,并皆为名门淑媛"[⑧]。

16. 淑范女学堂。由旗人英显斋、文时泉创办,校址在东总布胡同,于1905年9月3日开学[⑨],曾聘葆淑舫为教员[⑩]。至1906年10月,该校有职员2人,教员5人,学生80人。[⑪] 主事人曾几经更易。1906年由俊千良、张少培接手,后因两人赴日留学,改由恩雨堂代理。[⑫] 1907年曾因款绌

① 《女学将兴》,《大公报》,1905年8月28日。
② 《记豫教女学堂》,《大公报》,1905年9月11日。
③ 《北京豫教女学堂章程》,《东方杂志》第2年第12期,1906年1月9日。
④ 《贤哉喀喇沁王》,《大公报》,1906年3月15日。
⑤ 《女学将移》,《大公报》,1906年4月5日;《蒙王兴学》,《大公报》,1907年2月7日。
⑥ 《女工艺开厂》,《大公报》,1906年12月10日。
⑦ 《女工场停办消息》,《大公报》,1908年3月7日。
⑧ 《豫教女学堂之迁移》,《顺天时报》,1908年8月1日。
⑨ 《京师私立各学堂一览表》,《学部官报》第8期,1906年12月6日。
⑩ 《女学调查·淑慎女学堂》,《北京女报》,1908年2月24日。
⑪ 《京师私立各学堂一览表》,《学部官报》第8期,1906年12月6日。
⑫ 《淑范女学堂改良》,《北京女报》,1908年8月20日。

而停课。[①] 义务教员有汪禾青(汪康年夫人)、董志谨、毓仲芳、毓淑媛等。[②]

17. 陶氏女学堂。由陶氏开办,校址在丁字街,于1905年9月开学。功课以国文、舆地、算学、历史为主,兼习中西女工。首次拟招收学生40名,年龄自七八岁至十五六岁为合格。[③]

18. 二龙坑瑞氏女学堂(拟)。校址在二龙坑,由瑞氏设立,大约于1905年12月(或稍早)设立。[④]

19. 二龙坑宝氏女学堂(拟)。校址在二龙坑,由宝氏设立,大约于1905年12月(或稍早)设立。《东方杂志》称瑞氏、宝氏所设之女学堂,“惟经费不敷,因陋就简”[⑤]。

20. 报房胡同女学堂(拟)。校址在报房胡同,为刘某创办,大约于1905年12月(或稍早)开学。每日功课,午时宣讲白话报,早晚读书识字,待文理稍通后,即加入英文、算学等科。[⑥]

21. 内城女学堂(拟)。由某福晋创办于1905年12月,“专教满汉妇女粗浅国文、工艺”。《大公报》称其已“觅有地址,先行开办”。[⑦]

22. 梁氏女塾。大约于1906年初开学。由内阁中书梁济夫人及女儿兴办。[⑧] 校址在梁氏宅第,教员尚有刘醒虎。1906年2月曾保送数名学生至北洋高等女学堂肄业。[⑨]

23. 外城女学传习所。先是1905年冬,京师大学堂东文助教江亢虎在西单牌楼报子街库资胡同开始筹设女学传习所,初拟分为两班,“一为年长不能入学堂者而设,专习初级师范;一为年幼者入学堂之预备”,借宗人

---

① 《淑范女学堂又开学了》,《北京女报》,1908年2月27日。
② 《李翰林热心女学》,《北京女报》,1908年4月20日。
③ 《京师创立女学》,《南方报》,1905年9月8日。
④ 《各省教育汇志》,《东方杂志》第2卷第11期,1905年12月21日。
⑤ 同上。
⑥ 同上。
⑦ 《女学将兴》,《大公报》,1905年12月31日。
⑧ 《女学将兴》,《大公报》,1905年12月28日。
⑨ 《保送女学生》,《大公报》,1906年2月13日。

府国氏宅为校舍[1],1906年3月4日举行入学考试,3月11日开学,功课有国文、算术、体操、唱歌、物理、习字、地理、格致等。[2] 因校舍过窄,拟就金鱼池金台书院旧址改办[3],遭鹿传霖、徐世昌、严修等顺直同乡的反对而作罢[4]。后迁往绳匠胡同豫章学堂旧址,定名为"外城女学传习所"。[5] 于农历八月十三日(9月30日)开学[6],此日遂成外城女学传习所纪念日。设初等科、师范科、艺术科,并附设七日班及佣学班。[7] 江亢虎自任总理,女监督为梁仲怿母[8],图画教习王女士,算术兼音乐教习韩女士,理科兼体操教习陈女士,国文教习孙女士,编物、造花教习赤羽若枝子,另有李教习(张之洞侄媳)、张教习(梁济夫人)等。[9] 1910年春,江亢虎赴欧留学,外城女学传习所与内城女学传习所改由京师督学局接收续办。[10]

24. 官话字母女义塾。校址在西单牌楼二龙坑西头麻豆腐作坊胡同。据《大公报》,该校于1906年3月10日开学,课程除字母外,另设蒙学(汉文)、初学(笔算)二科。[11] 不知该校与前"官话字母女义学"有无关系?

25. 译艺女学堂。由文渊阁大学士昆冈夫人等倡设[12],谢祖沅创办,校址设顺治门内化石桥。[13] "专以通晓各国语言文字,及娴习各项工术体操为

---

① 《创设女学传习所》,《时报》,1906年1月17日;《女学调查·内外城女学传习所》,《北京女报》,1908年2月13日;江亢虎:《在江西义务女学讲演词》(1920年10月5日),《江亢虎博士演讲录》第1、2集,第37页。

② 《记女学传习所》,《大公报》,1906年3月8日。

③ 《奏设金台女学堂》,《大公报》,1906年7月15日。

④ 《往还尺牍二则》,《大公报》,1906年8月9日。

⑤ 《女学调查·内外城女学传习所》,《北京女报》,1908年2月13日;《三城女学传习所开学》,《顺天时报》,1909年9月7日。

⑥ 《外城女学传习所开学志盛》,《顺天时报》,1906年10月4日。

⑦ 《外城女学传习所招生广告》,《顺天时报》,1906年8月10日。

⑧ 《女学调查·内外城女学传习所》,《北京女报》,1908年2月14日。

⑨ 《详记外城女学传习所八大特色》,《顺天时报》,1906年12月25日。

⑩ 《学部接管内外城女学》,《顺天时报》,1910年1月13日。

⑪ 《女义塾招生》,《大公报》,1906年2月26日。

⑫ 《议设译艺女学堂》,《大公报》,1906年1月6日。

⑬ 《京师私立各学堂一览表》,《学部官报》第8期,1906年12月6日。

宗旨","由学部大臣核准代奏请旨设立"。学费较昂,寄宿生每年需缴洋银108元,不寄宿者每年72元。① 1906年4月14日开学②,首次招生78名。③ 1907年有职员6人,教员5人,学生40人。分甲乙两班,甲班课程为读经、讲经、国文、算术、历史、地理、编物、东文、英文、体操、图画,乙班课程为国文、体操。④

26. 西城第一民立女子小学堂。由农工商部副部郎魏震创办。校址在辟才胡同。拟招收13岁以下女生20名。教员为刘熙贤女士及郑鞠如之夫人。大约于1906年6月开学。⑤

27. 农工商部绣工科。1906年6月27日开学,共招收女生80名,沈寿任总教习,余兆熊为总理,副总教习沈立,教习金静芬、俞志勤、李群英、蔡群秀、朱心柏,三等教习沈静兰,画师杨羡九。⑥ 校址在西单牌楼磨盘院,学生年龄在12—20岁为合格。不收学费,只纳膳费。⑦ 学生于习绣外,兼习粗浅国文、粗浅图画,学校规则仿日本美术女子职业学校暨女子美术学校。⑧ 1909年另迁新址,扩充招生。⑨

28. 崇实女学堂。由"某志士"创办,校址在魏染胡同,"闻其内容之宗旨,专注重实业"。定于1906年7月6日开学。⑩

29. 北锣鼓巷女学堂(拟)。由诚裕如、崇松石、乐绶卿发起组织,校址在北锣鼓巷。《大公报》称该校"所定章程甚为完备","日间即出示招

---

① 《译艺女学堂章程三十条》,《顺天时报》,1906年2月21日。

② 《译艺女学开学有期》,《大公报》,1906年4月15日。

③ 《译艺女学揭晓》,《大公报》,1906年4月9日。

④ 京师督学局编辑:《京师督学局一览表》,1907年,第26页。

⑤ 《女学招生》,《大公报》,1906年6月3日;《第一女学聘定教员》,《大公报》,1906年6月7日;《各省教育汇志》,《东方杂志》第3卷第7期,1906年8月14日。

⑥ 黄云鹏辑注:《清农工商部绣工科总理余兆熊禀帖》,苏州市地方志编纂委员会办公室编:《苏州史志资料选辑》(总第21辑),1996年,第101页。

⑦ 《绣科招生》,《大公报》,1906年6月13日。

⑧ 《商部绣工科广招女生告白(附规则十四条)》,《商务官报》丙午第6期,1906年6月。

⑨ 《本部奏绣工科扩充办理情形折》,《商务官报》己酉第6期,1909年4月。

⑩ 《设立崇实女学堂》,《顺天时报》,1906年7月4日。

生”。[①] 大约于1906年7月(或稍后)开学。

30. 济良所女学堂(拟)。1906年8月6日开学。由薛女士担任教习,讲授初浅国文。[②]

31. 兴化初级女学堂。由张愚如、张亚雄父女创办,校址设新街口小帽胡同。[③] 首次拟招生20名。[④] 1906年8月(或稍早)开学。总理兼教务长张立强(疑即张亚雄),总理庶务兼教员沈启华,教员王丽侬。[⑤]

32. 淑慎女学堂。由肃亲王善耆姊妹葆淑舫郡主创办,校址在东单牌楼北水磨胡同葆氏宅。定于1906年11月24日举行入学考试,当在稍后开学。[⑥] 次年春租赁对门善化试馆为校舍。校名由彭翼仲题写,取《诗经》“淑慎其身”之义。[⑦] 总理由葆淑舫自任,教员有日本常田氏(授体操、唱歌、图画)、刘楚芸(授修身)、龚女士(编物)、丁有臻(算学)、马女士(修身)、苑女士(修身),监学刘女士,经理吉嘉甫、惠立三、沙诗民、周聘臣,司事福星垣,司帐董汉卿。[⑧] 1909年春因款绌停办。[⑨]

33. 敦本女学堂。大约于1906年冬开办,校址在朝阳门拐棒胡同,创办人孟艺斋、桂椿年。《大公报》称“已禀请督学局立案”,“刻已出示招生”。[⑩]

34. 端本女学堂。由“有级学堂”(男校)创办人凤林、朱旭东发起,初拟命名为“有级女学堂”,校址在东安门内南池子嘛嘎拉庙西。《大公报》所载该校广告称“聘请中外品学兼优女士、汉文教员,专授国文各科学

---

① 《京师又设女学堂》,《大公报》,1906年7月20日。

② 《济良所已设学》,《大公报》,1906年8月10日。

③ 《女学发达》,《大公报》,1906年4月3日。

④ 《女学发达》,《大公报》,1906年6月16日。

⑤ 《来函》,《大公报》,1906年8月31日。

⑥ 《学务两志》,《大公报》,1906年11月17日;《女学开办纪念会》,《大公报》,1907年11月15日。

⑦ 《女学调查·淑慎女学堂》,《北京女报》,1908年2月24日。

⑧ 《女学调查·淑慎女学堂》,《北京女报》,1908年2月25日。

⑨ 《第二淑慎女学堂招生启》,《顺天时报》,1909年3月11日。

⑩ 《女学发达》,《大公报》,1906年10月22日。

(按:'各'疑为衍字)",拟招15岁以内学生30名。[①] 京师大学堂体操教习丁启盛允为该校义务教员。[②] 后定名为"端本女学堂"。《大公报》称其拟于1906年12月5日举行入学考试,大约稍后开学。[③]

35. 西城私立第一两等女学堂。校址在辟才胡同京师第一蒙养院内。学生年龄以10—15岁为合格。自1907年3月28日起接受学生报名,4月12日截止。[④] 当于稍后开学。冯克嶷担任监学[⑤],教习尚有陈彦安(章宗祥妻)、禄少英,当年4月添招新生,并从振懦女学聘请教习来校授课。[⑥] 1909年彭翼仲之女彭清相从北洋女子公学毕业后,亦来该校担任图画、音乐教习。[⑦] 该校在民国仍存。

36. 毓坤女学堂。该校位于西城,"系贵胄宝女士所设"[⑧],大约于1907年春天开学。[⑨] 当年秋,因为经费支绌,由经理宝幼翔向江亢虎提议,将该校并入内城女学传习所。[⑩]

37. 初等女义塾。由毓坤创办,大约于1907年春天开学。京师督学局认为,该校"因经费无多,未能遽臻完备。然该经理人热心办事,不辞艰苦,深堪嘉尚"。[⑪] 不知该校与前"毓坤女学堂"有无关系?

38. 慧仙女工学校。俗称"慧仙女学堂"。校址在安定门净土寺,于1907年3月9日开学。[⑫] 该校由慧仙(已故工部郎中承厚之妻额者特氏)在遗

---

① 《有级女学堂招生广告》,《大公报》1906年9月23日;《有级学堂添设中学豫备科并设女学》,《中华报》,1906年9月24日。

② 《义务教员》,《大公报》,1906年10月18日。

③ 《女学发达》,《大公报》,1906年11月25日。

④ 《立女学堂》,《顺天时报》,1907年4月3日。

⑤ 《冯章两女士在乐贤会之演说》,《大公报》,1907年11月19日。

⑥ 《西城女学招生》,《大公报》,1907年3月27日。

⑦ 《琐事杂志·眉生弟子》,《顺天时报》,1909年12月25日。

⑧ 《各省教育汇志》,《东方杂志》第4年第9期,1907年10月31日。

⑨ 《设立女学》,《大公报》,1907年4月14日。

⑩ 《毓坤女学之归并》,《顺天时报》,1907年8月24日。

⑪ 《批遵女学定章》,《南方报》,1907年3月7日。

⑫ 《女学两志》,《大公报》,1907年2月28日。

嘱中捐助家产兴办,光绪帝和慈禧都曾赏赐匾额。[①] 该校以机织科为主,另收普通科学生[②],由日人野口芳子和冈田ウノ教织物[③],教员孔氏(孔繁淦夫人,劳乃宣女)授国文、算学,诚璋(字裕如)担任总办[④]。学生以"华族贵胄"居其大半。[⑤] 据诚璋叙,该校"突遭壬子正月之变,款存商号,被劫一空,校修不继,因是停辍"[⑥]。

39. 启彬女学堂(拟)。由启彬创办。《大公报》称该校拟于 1907 年 3 月 15 日考试,3 月 19 日入学,"并禀准学部立案,民政部保护"[⑦]。

40. 八旗元氏女学堂。由长白元氏二女启蒲仙、启梅仙创办,校址初拟设崇文门内箭厂胡同,后移东单牌楼。拟招收学生 80 名,年龄自 10—18 岁为合格,学费二元。报名截止日期为 1907 年 3 月 13 日,同月 15 日举行入学考试,19 日开学[⑧],"聘定日本古田君之夫人为教员"[⑨]。开学后因缺额太多,拟续行招生数十名。[⑩] 是年暑假拟聘请吕汶经营女学堂,扩大招生规模,增设女师范。[⑪] 当年 6 月,外城女学传习所教习赤羽若枝子假该校设立"美术研究会",教授中国妇女及旅京日籍女性。[⑫]

---

① 《御赐女学堂匾额》,《京话日报》,1906 年 8 月 31 日;《女学汇志》,《大公报》,1907 年 3 月 25 日。

② 《清末北京志资料》,第 209 页。

③ 《各级各类学校延请日籍教师在华日本教习分布表(1897—1909 年)》,朱有瓛主编:《中国近代学制史料(第 2 辑上册)》,上海:华东师范大学出版社,1987 年,第 49 页。

④ 《慧仙女学校访聘教员》,《北京女报》,1908 年 7 月 9 日。

⑤ 《女学特色》,《大公报》,1907 年 3 月 15 日。

⑥ 《纪"慧仙女工学校碑"》,肖纪龙、韩永编著:《北京石刻撷英》,北京:中国书店,2002 年,第 127 页。

⑦ 《女学两志》,《大公报》,1907 年 2 月 28 日。

⑧ 《八旗女学招生》,《顺天时报》,1907 年 2 月 28 日;《女学定期开学》,《顺天时报》,1907 年 3 月 9 日。

⑨ 《女学开办》,《大公报》,1907 年 3 月 21 日。

⑩ 《八旗元氏女学校招生广告》,《顺天时报》,1907 年 3 月 16 日。

⑪ 《八旗元氏女学堂扩充》,《直隶教育杂志》丁未年第 8 期,1907 年 6 月 25 日;《扩充女学师范》,《大公报》,1907 年 7 月 7 日。

⑫ 《日本美术研究会》,《直隶教育杂志》丁未年第 8 期,1907 年 6 月 25 日;《研究美术》,《大公报》,1907 年 6 月 2 日。

41. 初级女学堂(拟)。校址在克勤郡王崧杰府邸东花园内。大约于1907年4月开学。《大公报》称其由"克王之太福晋"设立,"刻已修葺讲堂操场,并置备书籍"。[①] 康格夫人1907年9月22日在给侄儿信中说,"克勤郡王府内也办了一所很好的学校"[②],指的就是此女学堂。

42. 箴仪女学堂。校址在东四牌楼北六条班大人胡同。先是1906年3月25日,继识一女士创办尚毅女塾。1907年《奏定女学堂章程》颁行,尚毅女塾改设为箴仪女学堂。[③] 学生年龄自10—16岁为合格。定额40名,分高等、初等两班,高等每月学费一元,初等五角。自2月27日至3月28日为报名日期,3月30日入学考试[④],4月13日开学,继识一自任总理。[⑤] 6月扩大招生。[⑥] 1908年避溥仪之讳,更名为"箴宜女学堂"。[⑦] 1909年附设师范班[⑧],1910年曾筹设"培育妇人讲习所","专以养成妇德、改良家庭教育为宗旨"[⑨]。1912年更名为"京师私立箴宜女子小学校"[⑩]。

43. 植本女学堂。由"某志士"兴办,校址在西四牌楼。定于1907年4月15日举行入学考试,大约稍后即开学。[⑪]

44. 内城女学传习所。由江亢虎创办,校址在克勤郡王石驸马街王府旧邸,于1907年4月15日进行入学考试[⑫],4月21日开学,暂由江氏夫人代

---

① 《女学两志》,《大公报》,1907年2月28日。

② 《北京信札——特别是关于慈禧太后和中国妇女》,第307页。

③ 《继识一》,周邦道:《近代教育先进传略》(初集),台北:中国文化大学出版部,1981年,第427页。

④ 《公立箴仪女学堂招生广告》,《顺天时报》,1907年3月2日。

⑤ 《箴仪女学堂开学》,《北京女报》,1907年4月14日。

⑥ 《女学扩充》,《大公报》,1906年6月6日。

⑦ 《女学改定名称》,《大公报》,1908年12月4日。

⑧ 《箴宜女学附设新班》,《大公报》,1909年3月28日;《核准附设女子师范》,《大公报》,1909年4月6日。

⑨ 《妇人讲习所之成立》,《大公报》,1910年3月17日。

⑩ 《私立箴宜小学校》,邓菊英、李诚编:《北京近代小学教育史料》,北京:北京教育出版社,1995年,第1104页。

⑪ 《女学汇志》,《大公报》,1907年3月25日。

⑫ 《女学传习所招生》,《顺天时报》,1907年3月27日。

为管理[①],后聘请程德华女士为监督[②]。分师范班、艺术班、高等班、初等班[③],5 月又添设半日班[④],10 月添设裁缝科[⑤]。当年夏天,曾聘请东京第三高等女学校毕业生山名多喜子来校担任手工教习。[⑥] 1910 年春由京师督学局接办。

45. 怀新女学社。由怀宁籍女士舒寿懿创办,校址在贾家胡同内达局子营。于 1907 年 5 月(或稍后)开学。要求学生以 12—18 岁为合格。课程分习字、读经、历史、东语、算学、音乐、博物、体操。[⑦]

46. 实践女子职业学校。由农工商部主政华学涑(字实甫)等设立,校址在粉房琉璃街堂子胡同,以“养成女子普通知识、家庭教育为宗旨”。学额 100 名,年龄在 13—30 岁间皆为合格。学生分选科与本科两种,功课有国文、算学、针绣等。本科学制两年,选科一年。[⑧] 1907 年 5 月 26 日报名截止,6 月 2 日“考验入学”。[⑨] 男总理为刘树楠,“襄理是陈君诸人”,女总理为王敬履(龚镜清夫人)、李金垣(华楚材夫人)、李振英(陈介眉夫人)及王、李二女士。教员除王、李二人外,还有徐蕴玉(沈公辅夫人)、施元仪(郭光三夫人)、程璋华(彭星伯夫人)任义务教习。[⑩] 另聘请日本常田女士教授体操和毛笔、铅笔画等。校中事务主要由监督龚镜清承担。[⑪] 1908 年夏龚氏夫妇赴蒙古喀喇沁王府,校务由李君磐接任。[⑫] 当年 9 月开学时,管理员(兼教课)为何志学(北洋女师范学堂毕

---

① 《参观内城女学传习所记》,《顺天时报》,1907 年 5 月 17 日。
② 《三城女学传习所开学》,《顺天时报》,1909 年 9 月 5 日。
③ 《女学汇志》,《大公报》,1907 年 3 月 25 日。
④ 《女学两志》,《大公报》,1907 年 5 月 11 日。
⑤ 《女学招生》,《大公报》,1907 年 10 月 6 日。
⑥ 《女学教习到京》,《顺天时报》,1907 年 5 月 22 日。
⑦ 《女学日见发达》,《神州日报》,1907 年 5 月 17 日。
⑧ 《实践女子职业学校招生》,《顺天时报》,1907 年 5 月 16 日。
⑨ 《女学日见发达》,《神州日报》,1907 年 5 月 17 日。
⑩ 《参观实践女子职业学校记》,《顺天时报》,1907 年 11 月 7 日。
⑪ 《再记实践女子职业学堂最近事》,《顺天时报》,1907 年 11 月 15 日。
⑫ 《实践女子职业学校职员更动》,《北京女报》,1908 年 4 月 14 日。

业生),另有沈、郭、王、吴诸女士任教务。[①]

47. 健锐营公立女学堂。由京西健锐营各武职人员捐俸公立[②],发起人为玉崑峰、广梦九、恩石林等。校址设于厢蓝旗官学堂,首次招生25名。大约于1907年12月开学。[③]

48. 立强女学校。张愚如、张亚雄父女从兴化女学堂退出后,另创办立强女学校。[④] 发起人尚有刘荣魁、聚云章、恩润泉、邓逸安、鲁荫卿、黄养田、陆达夫、王子真。校址原设德胜门大街,于1908年5月1日开学。[⑤] 是年冬迁往宝禅寺西口,于11月9日重新开学。[⑥]

49. 培根女学堂。1908年5月3日开学。[⑦] 该校由英杕女士(英敛之妹)创办,校址在西安门内真如镜胡同口内路西英氏家宅。以"培正女德,作家庭教育之根本"为宗旨,功课以国文、修身、算学、女红、体操为必修科,音乐、图画为随意科。不收学费。英杕任堂长,教员为莲勋、钊勋、王振坤、王玉如、怀清(可能是英敛之弟媳英怀清),皆为女士,男经理为马万程、陆振华、志恺、英秀。[⑧] 1909年春,添招高等班与初等班各20名。[⑨] 民初更名为"私立培根女子初高等小学校"。1913年迁往西安门内新开路永佑庙。[⑩]

50. 京师女子师范学堂。由学部准允御史黄瑞麒之奏请而设立。傅增湘为首任总理,校址暂借琉璃厂八角琉璃井医学馆。先设简易科。1908年

① 《实践女子职业学校开学》,《北京女报》,1908年9月4日。

② 《筹款办女学堂》,《南方报》,1907年9月21日。

③ 《创设女学》,《大公报》,1907年6月8日;《健锐营女学开办》,《大公报》,1907年12月7日。

④ 张愚如:《立强女学校创始记》,《北京女报》,1908年5月4日。

⑤ 《女学开学再志》,《北京女报》,1908年5月7日。

⑥ 《女学开办有期》,《北京女报》,1908年11月5日。

⑦ 《培根女学堂开学了》,《北京女报》,1908年5月6日。

⑧ 《培根女学堂开学小启》,《大公报》,1908年4月21日;《培根女学堂招生广告》,《大公报》,1908年4月21日。

⑨ 《培根两等女学堂招生广告》,《大公报》,1909年1月28日。

⑩ 《培根女学开会志盛》,《大公报》,1913年4月10日;赵毅:《京师第一学区教育状况简明表》,邓菊英、高莹编:《北京近代教育行政史料》,北京:北京教育出版社,1995年,第886页。

9月至10月,先后在京师、武昌、苏州招考学生,再加上北洋女子师范和北洋高等女学堂保送的学生,共收录学生145名。11月3日开学。1910年5月,傅增湘任直隶提学使,学堂总理由江瀚代理。8月,位于宣武门内石附马大街的新校舍告成。10月11日,任命喻长霖为总理。是年,相继添招完全科、简易科学生。1912年6月21日,教育部任命吴鼎昌为校长。7月13日,更名为“北京女子师范学校”。① 1919年4月,更名为“北京女子高等师范学校”。

51. 宏育女学堂。1908年11月14日开学。② 由发起人孟艺斋、许子秀、王寿山、单三等公立,教员为成韵华、世静云、济书青、孟竞华。③ 校址在朝阳门内北小街南弓匠营。原拟招收学生40名④,年龄自8—13岁为合格⑤,但开学时仅有13名学生⑥。1911年春扩充学额,添招蒙学、医学两班,每班拟招40名。⑦ 该校民国初年更名为“私立宏育女学校”。⑧

52. 内城贫民教养院附设女蒙学堂。由内城贫民教养院开办,校址在西四牌楼北石碑胡同,以“扩充教育,启发寒门女国民”为宗旨,要求学生年龄8岁以上,16岁以下,不收学费。报名日期为1908年12月12日至22日。当于稍后开学。⑨

53. 中城女学传习所。创办人江亢虎,校址原在东安门内蒲桃园胡同翔千学堂旧地,于1909年1月6日开学。⑩ 暑假后开学,迁往隆福寺西口弓

① 《北京女子师范学校沿革纲要》,《中国近代教育史资料汇编·实业教育 师范教育》,第796—797页。

② 《宏育女学开学》,《北京女报》,1908年11月16日。

③ 《公立宏育女学堂启》,《北京女报》,1908年4月6日。

④ 《女学堂成立》,《北京女报》,1908年10月15日。

⑤ 《宏育女学成立》,《顺天时报》,1908年10月15日。

⑥ 《女学出榜》,《北京女报》,1908年11月10日。

⑦ 《女学招生》,《北京新报》,1911年2月8日。

⑧ 张兆荫:《查视私立宏育女学校报告》,《京师教育报》第22期,1915年11月。

⑨ 《附设女戒烟所与女学堂》,《顺天时报》,1908年12月18日。

⑩ 《中城女学传习所开办招生广告》,《北京女报》,1908年12月11日;《中城女学传习所要开办了》,《北京女报》,1908年12月11日。

弦胡同内口袋胡同,监督由上学期教习济书青女士充任。[1] 因江亢虎游学在即,该校于 1909 年 12 月 30 日由端方接办。[2] 而端方则乞援于京师女子师范学堂总理傅增湘,希望由傅氏出面,改为学部官办。[3]

54. 京师首善第一女工厂。该工厂实为女子职业学校,由度支部左侍郎绍英与农工商部参议魏震等倡设,于京津官绅筹资 17000 余两开办。农工商部每月补助银 300 两,首善工厂每年拨银 1000 两用于常年经费。[4] 校址在西单牌楼北辟才胡同。分速成科与完全科。速成科一年毕业,课程为识字、珠算、家政、卫生;完全科三年毕业,课程为识字、珠算、笔算、家政、习字。两科都需进行织布、毛巾、造花、绘画、编物、绣工、缝纫方面的实习。皆不取学费。[5] 管理员由京师第一蒙养院监学冯克嶷担任,刺绣科教员聘定农工商部绣工科教习沈静兰,“又有日本女教习一员,复由江宁约定高等学堂毕业之吴女士充编物科教员兼为厂中总稽查”[6]。于 1909 年 1 月 30 日举行入学考试[7],录取完全科、速成科学生各 80 名,2 月 12 日开学。[8]

55. 第二淑慎女学堂。1909 年春,淑慎女学堂总理葆淑舫在“罄其家之所积,复集款以补助”女学后,“心力交瘁”,决定停办学堂。该校师范科学生与教习商议,合力续办该校,名曰“第二淑慎女学堂”。校址迁东华门外大阮府胡同路北。设初等小学科(一年毕业,招七岁至九岁女生)、小学科(二年毕业,招十岁至十四岁女生)、师范科(一年毕业,招十三岁以上女生),每科招收 20 人。1909 年 3 月 20 日举行入学考试,3 月

---

① 《三城女学传习所开学》,《顺天时报》,1909 年 9 月 5 日。

② 《端制军维持女学》,《顺天时报》,1910 年 1 月 4 日。

③ 《端方致傅学使函》,转引自张海林《端方与清末新政》,南京:南京大学出版社,2007 年,第 351 页。

④ 《农工商部奏首善第一女工厂办有成效请恳准立案折》,《政治官报》第 1007 号,1910 年 8 月 18 日。

⑤ 《京师首善第一女工厂招考女工徒广告》,《顺天时报》,1909 年 1 月 16 日。

⑥ 《首善第一女工厂开办》,《顺天时报》,1909 年 2 月 16 日。

⑦ 《考验女工厂学生》,《顺天时报》,1909 年 2 月 2 日。

⑧ 《首善女工厂开厂有期》,《河南白话科学报》第 41 期,1909 年 3 月 3 日。

22 日开学。[①]

56. 京师蚕业讲习所。由鹿传霖、严修、魏震、鹿学檀等倡设[②],开办经费由长芦商人捐助一万元[③],余由顺天、直隶官绅筹资,农工商部每年拨给经费银三千两。校址在宣武门二龙坑。所招女生,分科教授,两年毕业。[④]要求学生年龄在 15 岁以上、30 岁以下,曾毕业于女子小学或“虽未入学而国文通顺”。报名处在首善第一女工厂,报名截止日期为 1909 年 8 月 12 日,次日举行入学考试。[⑤] 开办之初,由浙江购办桑秧 1 万株,雇桑工 2 名。所聘教习姚淑孟、蔡任,为杭州蚕桑女学堂毕业生。大约于 1909 年秋开学。[⑥] 1911 年夏曾拟设女子家政专修科。[⑦]

57. 京师官立第一女子初等小学堂。由京师督学局禀准学部创办,校址设手帕胡同。功课为修身、国文、算术、体操。学生年龄 10—12 岁为合格。定于 1909 年 9 月 21 日入学考试,稍后即开学。[⑧]

58. 陶氏私立女子小学。端方接办江亢虎之中城女学传习所后,更名为陶氏私立女子小学(端方旧姓陶氏),于 1910 年春天开学。[⑨] 1911 年春名“陶氏私立女子两等小学堂”。时拟添招高等、初等学生共 30 名,定于 2 月 16 日举行入学测试。招生广告称其教育宗旨为:“以启发女子应有普通知识并养成女子高尚道德为主。”[⑩]1912 年更名为“私立陶氏女子

---

① 《第二淑慎女学堂招生启》,《顺天时报》,1909 年 3 月 11 日。

② 《筹办京师女子蚕桑传习所公启》,《直隶教育官报》己酉第 1 期,1909 年 2 月 20 日;《前湖南岳州府知州魏震、农工商部郎中鹿学檀呈筹设京师女子蚕业讲习所请立案批》,《学部官报》第 114 期,1910 年 3 月 21 日。

③ 《捐助经费》,《顺天时报》,1909 年 5 月 11 日。

④ 《本部具奏顺直官绅筹设京师蚕业讲习所由部拨款补助等折》,《商务官报》己酉第 14 期,1909 年 6 月 22 日。

⑤ 《京师蚕业讲习所招考女生广告》,《大公报》,1909 年 8 月 10 日。

⑥ 《京师蚕业讲习所纪事》,《浙江教育官报》第 12 期,1909 年 8 月 25 日。

⑦ 《奏办京师蚕业讲习所附设女子家政专修科招生广告》,《大公报》,1911 年 7 月 15 日。

⑧ 《官立女小学堂之发轫》,《大公报》,1909 年 9 月 12 日;《京师督学局纪事(二)》,《北京教育志丛刊》1992 年第 3—4 期,第 121、122 页。

⑨ 《端制军热心教育》,《大公报》,1910 年 2 月 26 日;《女学改名》,《顺天时报》,1910 年 3 月 5 日。

⑩ 《陶氏私立女子两等小学堂添招学生广告》,《大公报》,1911 年 2 月 9 日。

高等小学”,时任校长为何焕典。①

59. 两等女子小学。内城女学传习所和外城女学传习所由京师督学局接收后,改名“两等女子小学”,招录14岁以下女生。定于1910年3月5日前报名,3月9日举行入学考试。② 当于稍后开学。

60. 京师女子师范学堂附属两等小学堂。由京师女子师范学堂附设,校址在石附马大街。首次招录学生130名,编为高等科一个班,初等科三个班,于1910年9月19日开学。③ 1912年,更名为“国立北京女子师范学校附属小学校”,次年教育部将东铁匠胡同图书编译局拨充该校校舍。④

① 《呈请拨助两校经费》,《大公报》,1912年5月19日。

② 《女学改名》,《顺天时报》,1910年3月5日。

③ 《北京女子师范学校沿革纲要》,《中国近代教育史资料汇编·实业教育 师范教育》,第797页。

④ 《第二次中国教育年鉴(1948年版)所载北平各高等学校概况》,王学珍、张万仓编:《北京高等教育文献资料选编:1861—1948)》,北京:首都师范大学出版社,2004年,第1006页。

《京话日报》(1904—1906)的旗人色彩

王鸿莉

《京话日报》(1904—1906)是清末北京第一份有影响力的白话报[①],被誉为当日“北京报界享大名者”[②]。其创办者彭翼仲亦被称为“清末爱国维新运动一个极有力人物”[③],“北京报业的先驱与巨擘、清末北京社会中享有相当声望的闻人”[④]。近年来,有关《京话日报》的研究逐渐增多,学界日益

① 《京话日报》创办于1904年8月16日,1906年9月29日被封;辛亥后于1913年、1914年两次复刊,1922年停刊。其中,1904—1906年是《京话日报》的鼎盛时期。在《京话日报》之前,北京曾出现黄中慧主编的《京话报》和文实权主编的《白话学报》等白话报,但为时既短,影响亦微,真正能够领导北京风气、启蒙下层社会的首份报纸还属《京话日报》。

② 《北京视察识小录》,《大公报》,1907年11月26日。

③ 梁漱溟:《记彭翼仲先生——清末爱国维新运动一个极有力人物》,姜纬堂、彭望宁、彭望克编:《维新志士 爱国报人彭翼仲》,大连:大连出版社,1996年,第1页。

④ 姜纬堂:《“彭翼仲案”真相》,《首都师范大学学报》1996年第5期。

注意到《京话日报》在清末北京的影响力①,且多以彭翼仲好友、姻亲梁济年谱中的经典概括为据:“自甲辰以后,先生以为报纸乃渐由困而亨,流布北方各省,大为风气先导,东及奉黑,西及陕甘,凡言维新爱国者莫不响应传播。而都下商家百姓于《京话日报》则尤人手一纸、家有其书,虽妇孺无不知有彭先生。于是声动宫廷,太后遣内侍采购,特嘱进呈。”②梁焕鼐、梁焕鼎兄弟所记当非虚言,但与学界多以此证明《京话日报》的声名煊赫略有不同,笔者更注意的是那句时间状语——“自甲辰以后”。

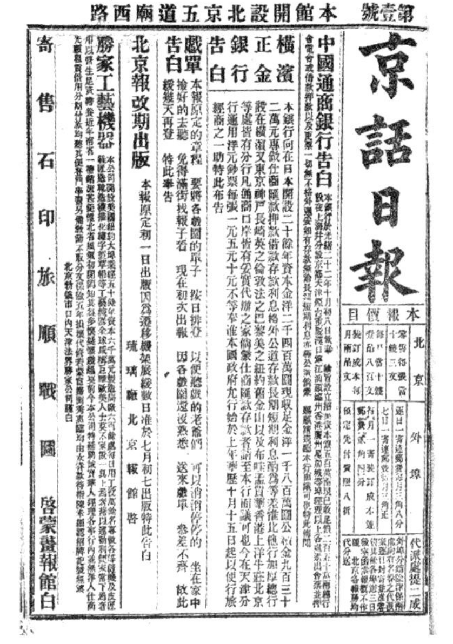
第壹號　本館開設北京五道廟西路

京話日報

中國通商銀行告白

橫濱正金銀行告白

本銀行向在日本開設二十餘年資本金洋二千四百萬圓現收足金洋一千八百萬圓公積金九百三十二萬元專做仕商匯款押款借款存款利息格外公道存款長期短期利息酌為等差惟比他行加厚總行設在橫濱又東京神戶長崎英之倫敦法之巴黎美之紐約舊金山以及布哇孟買香港上洋牛莊北京等處皆有分行凡通商口岸皆有妥實代辦之家倘蒙仕商匯款存款者請至本行面議可也今在天津分行通用洋元鈔票每張一元五元十元不等奉准本國政府允行始於上年華歷十月十五日起以便行旅經商之一助特此布告

戲單告白

本報原定的章程　要將各戲園的單子　按日排登　以便聽戲的老爺們　可以消消停停的　坐在家中撿好的去聽　免得滿街找報子看　現在初次出報　因各戲園還沒熟悉　送來戲單　參差不齊　故此緩幾天再登　特此奉告

北京報改期出版

本報原定初一日出版因為遷移機架展緩數日准於七月初七出版特此告白　琉璃廠北京報館啓

工藝機器

寄售石印旅順戰圖　啓蒙畫報館白

《京话日报》创刊号

《京话日报》创于光绪三十年七

① 有关彭翼仲及《京话日报》的研究,基础资料有姜纬堂、彭望宁、彭望克编《维新志士爱国报人彭翼仲》,大连:大连出版社,1996 年;阮经伯《报界创业大家彭翼仲》,北京:京话日报社,1921 年;梁漱溟《记彭翼仲先生——清末爱国维新运动一个极有力的人物》,《文史资料选辑》第 4 辑,北京:中华书局,1960 年。研究专著有彭望苏《北京报界先声:20 世纪之初的彭翼仲与〈京话日报〉》,北京:商务印书馆,2013 年。代表文章有姜纬堂《“彭翼仲案”真相》(《首都师范大学学报[社会科学版]》1996 年第 5 期);方汉奇《铁肩担道义 热血荐轩辕——纪念彭翼仲诞辰 140 周年和〈京话日报〉创刊 100 周年》(《新闻与传播研究》2004 年第 1 期);杨早的系列论文《京沪白话报:启蒙的两种路向——〈中国白话报〉、〈京话日报〉之比较》(《北京社会科学》2003 年第 3 期),《启蒙的新形态——晚清启蒙运动中的〈京话日报〉》(《中国文学研究》2003 年第 3 期),《北京报纸对日俄战争的报道与评论:1904—1905——“开民智”与“开官智”的分野》(《中山大学学报[社会科学版]》2008 年第 2 期),《〈京话日报〉的启蒙困境——以梁济等人自杀为中心》(《中国图书评论》2009 年第 8 期)等;以及 2004 年 3 月中国新闻史学会出版的《新闻春秋》“纪念彭翼仲诞辰 140 周年暨《京话日报》创刊 100 周年专辑”中的相关文章。此外,近年来出现若干以彭翼仲或《京话日报》为主题的硕士学位论文,如刘疆辉《启蒙、公民(国民)塑造与“公共空间”之构建——清末北京彭翼仲〈京话日报〉(1904—1906)研究》(宁波大学 2009 年硕士学位论文)等。

② 梁焕鼐、梁焕鼎编:《清梁巨川先生济年谱》,台北:商务印书馆,1980 年,第 40 页。

第一次办报时代之彭翼仲

月初六,西历为1904年8月16日,即上段所提到的甲辰之年。从亲友的回忆,我们可逐步复原《京话日报》在历史中的实际,那就是《京话日报》并非甫一创办即应者云集,声动京城,而是经历了一番“由困而亨”的转折过程。从甲辰年(1904)到乙巳年(1905),《京话日报》逐渐从一份小报发展到“声动朝廷”,从“甲辰(1904)之困”一变而至“乙巳(1905)之兴”。可有关这一转折,彭翼仲、梁济等当事人却多讳莫如深,鲜少正面提及和论述。这一细微的转折过程由此充满迷雾。一份报刊的成功往往涉及多种因素,那么在《京话日报》走向成功的过程中,报方彭翼仲等人究竟作出了何种调整和努力,而北京舆论场与白话报接受者们又发生了怎样的变化?笔者以为,这一转危为安的过程是考察《京话日报》报章性质、倾向、定位的关键性节点,同时也是洞察甲辰—乙巳(1904—1905)年北京报坛和风气的绝佳入口。①

一、甲辰之困:五千份?一千份?

《京话日报》七月创刊,每月装订为一册,甲辰年报纸从七月开始共六册,期号为第1至第169号。而这六册报纸,还可以三个月为界,再细分为前后两个时期。本节讨论最初的三个月,即甲辰七月到九月的《京话日报》。

彭翼仲在创刊号“演说”《作〈京话日报〉的意思》,文中开宗明义地提

① 这里要面对的一个问题是时间转换,《京话日报》本身即采用农历和西历两种纪年,但它按月装册,仍以农历为本,而且时人的叙说也以甲辰为断,所以这里的论述亦采用农历。另外,本文的时间标注,汉字书写为农历,阿拉伯数字为西历。

出《京话日报》的白话主张和低价策略:“决计用白话作报……并且赔本贱卖。”[①]这两个基本点也为《京话日报》最初的广告不断强调:

> 本报为输进文明、改良风俗,以开通社会多数人之智识为宗旨。故通幅概用京话,以浅显之笔达朴实之理,纪紧要之事,务令雅俗共赏,妇稚咸宜。尤恐报费或昂,无力者艰于购阅,特减之又减,每纸仅取工料当十钱三个,并可按日零售。[②]

彭翼仲大张旗鼓的发言,自然成为后人确认这份报纸定位的依据,那就是白话和下层启蒙,一言以蔽之,即“开民智”。

但要注意的是,彭翼仲是在考察各报在北京销量低迷的原因后提出这两个基本点的。彭氏以为各报销数不过两千份的缘故在于:“第一是各报的文理太深,字眼儿浅的人看不了;第二是卖的价钱太大,度日艰难的人买不起。”而彭翼仲自己所经营的《启蒙画报》,“怎奈办了多少年,风气总不能大开,报的销路仍不见广。细细的考究,才知道有上两层的缘故”。“白话作报”与“赔本贱卖”[③]的法子即因此而产生。在这里,白话主张和低价策略不仅仅在于“开民智”,同时也是出于销路的考虑。《京话日报》不只是一种启蒙事业,也是一桩生意。所以,在初期《京话日报》上同时出现两种明显的倾向:一方面,想叫“字眼儿浅”“度日艰难的人”都知道天下的大势;一方面又宣称,“我这报上,也有上谕,也有戏单子……更有要紧的新闻,有趣的小说,市上的银价,粮食杂货的行市,件件都全。有这么多的益处,报价只要三个大钱,和上谕条儿、戏单子差不多”。[④] 可以说,在办报之初,《京话日报》“开民智”的倾向与商业考虑并行不悖,“风气”和“销路”都欲兼顾。但纵观最初三个月的《京话日报》,“风气”和“销路”不仅未能得兼,反而造成

---

① 《作〈京话日报〉的意思》,《京话日报》第1号,“演说”,光绪三十年七月,1904年8月。

② 《京话日报》第7号,“广告页”,光绪三十年七月,1904年8月;转引自蔡乐苏《清末民初的一百七十余种白话报刊》,丁守和主编《辛亥革命时期报刊介绍》第五集,北京:人民出版社,1987年,第512页。

③ 《作〈京话日报〉的意思》。

④ 同上。

报纸定位的内部分裂。

《京话日报》初期有十个左右的基本栏目,即“演说”“要紧新闻”“本京新闻”“各省新闻”“各国新闻”“小说”“宫门抄”“上谕”“电报”“儿童解字”和“戏单”等。在《京话日报》的草创期,栏目和栏目之间显现出分裂的迹象。“演说”栏相当于《京话日报》的社论,这里是彭翼仲设想的集中体现。“看报的益处”“自立”“进步”等系列“演说”,确实强调的是“开民智”,主张人人自立、进步。① “小说”栏最初刊载的作品是《达威德尔侦探记》,讲述中间,会见缝插针地呼应“开民智”主题。② 无论“演说”抑或“小说”,均旨在劝醒民众。但如进一步分析的话,早期“演说”栏往往是系列演说,不具时效性,更像是彭翼仲搜肠刮肚提前写就的系列命题作文。而且这些系列演说往往有头无尾、时有错讹。即便如此,稿件也往往入不敷出,在第 9—12 号上就直接选录了《中国白话报》的《告当兵的兄弟们》,第 38—40 号、第 55 号则是大学堂的榜贴,第 42—44 号、第 67 号干脆是裁缺清单,这已近乎搪塞。与“开民智”的“演说”“小说”相反的是,《京话日报》的“新闻”栏则讲究“猎奇”。不论是“要紧新闻”“本京新闻”还是“各省新闻”,甚至“电报”等栏,虽然保有对新学的关注,但朝廷大员的升迁、行踪、身体、喜丧似乎更为抢眼。对于北京花界、上海班的持续报道为数亦不少。新闻总是聚焦于达官显贵或奇闻怪谈,有些近乎臆造。可以说,在“演说”栏中彭翼仲所提出来的高调理想没有完全落实到全报数量占多的“新闻”上③,甚至在体现全报导向的“演说”一栏中也难以为继。

“民”是彭翼仲在“演说”中提到的预期读者,在他的设想中是“字眼儿浅的”“度日艰难的人”,而后人也以“眼光向下”为《京话日报》的特色。但实际上,无论“看报的益处”系列演说中提到的居家之小姐、太太,“商人须

---

① 《京话日报》第 2—8 号刊载了“看报的益处”系列演说;第 17—34 号刊载了“自立”系列演说;第 68—69、72、82—83 号刊载了“进步”系列演说。

② 《京话日报》的“小说”栏往往会配合“开民智”主题,不时与“演说”栏相呼应。从第 342 号开始的“讲书”栏亦如是。

③ 有关“新闻”栏的分析,笔者是采其大端,同时期的“新闻”中当然有对新学堂、华工、新工艺等的报道,但是其力度和数量远逊于三月以后或者半年后的《京话日报》。

知”系列演说中的生意人,或是“戏单”栏所方便的各位老爷们[①],都非真正度日艰难之人。此外,那些对达官显贵捕风捉影的报道,似乎也不能真正触动“字眼儿浅的人”之内心。其实,就“演说”本身而言,彭翼仲所提出的“看报可以发财”“看报可以去病”“看报可以省钱”“看报可代游历”和“看报比读书还强”,更多地也是在强调报纸的实用性。“报纸”在这里更似万金油,想要服务很多人、销售给这些人,但他们并非度日艰难的穷汉。正如彭翼仲自己所说:“我且不说那开风气、益民智的套话,拣几桩要紧有益的,说给众位听听。”[②]“开民智”在这里干脆沦为一种套话,完全缺乏招徕读者的吸引力。在《京话日报》创办初期,报纸欲图启蒙的“民”和报纸实际服务的“民”存在不小的距离,“开民智”于是成为一个虚妄的口号。

“演说”的开民智和“新闻”的娱乐性,启蒙字眼儿浅、度日艰难的人和服务看戏的老爷们,无论从内容还是读者上,《京话日报》的报纸定位本身存在着内部分裂。也即是说,“演说”“小说”与“新闻”的分裂,显示的是口头承诺与实际内容的巨大差距。《京话日报》欲图兼顾风气和销量,却落得两面不讨好。无可否认,一份报纸可以服务于各种不同的阶层,启蒙和娱乐并非水火不容,可早期《京话日报》的处理模式让自己陷入“既不叫好、也不叫座”的困境。后人所谓“开风气之先”的《京话日报》,在最初三个月的面目并不清晰,丝毫无气象可言,更遑论“开民智”的实绩。拼凑的内容、模糊的读者群,当时的《京话日报》根本不可能完成彭翼仲“以冀教育普及”[③]的愿望。造成这种现象的原因,很大程度上是由于“本报初出版的时候,经理的人太少,难免有失实的地方。除了演说跟小说两门,都是自己编的;各门的新闻,大概是从别人的报上摘来,演成白话,也有一二个朋友替

① 《京话日报》第1号广告页“戏单告白”:“本报原定的章程,要将各戏园的单子,按日排登,以便听戏的老爷们,可以消消停停的,坐在家中捡好的去听,免得满街找报子看。现在初次出报,因各戏园还没熟悉,送来戏单,参差不齐,故此缓几天再登。特此奉告。”

② 《看报的益处》,《京话日报》第2号,“演说”,光绪三十年七月,1904年8月。

③ 彭翼仲自述,诚厚庵记录,姜纬堂校注:《彭翼仲五十年历史》上编,《维新志士爱国报人彭翼仲》,第114页。

编的"[①]。换言之,彭翼仲等人虽有办报的行动和理想,但并无充足的准备。尽管进行了种种设计,可各种设计之间并未融合,《京话日报》在"开民智"和"讨好老爷们"之间游移。该报远非后人所想象的那样,从一开始就旗帜鲜明、身体力行地"开民智",报纸的生存问题对于《京话日报》而言才是首要问题。

不能说彭翼仲提出的两个基本点毫无用处,作为当时堪称一枝独秀的京城白话报,《京话日报》还是薄有销量的。彭翼仲自述,"本馆出报以来,不知不觉,已经两个多月,承京外有志之士,乐为提倡,销路也算不错"[②],并自言曾达到"五千余纸"[③]的销量。"五千余纸"的销量因出自彭翼仲自述的《彭翼仲五十年历史》,广受学人征引,用以论证当日《京话日报》的影响力。但笔者怀疑这一论断的准确性——当时的《京话日报》是否真如彭翼仲所言的那样一纸风行。首先彭翼仲所自述的销量,前句是当时在报纸上的言说,这种模糊的表述并不能说明实际销量,只能算是一种"戏台里边的叫好"。而后者系彭翼仲在 1913 年的事后追述,数字未必精确。最关键的是,经过上文对该报纸面内容和读者群的分析,可知《京话日报》的定位相当模糊,就其质量本身而言,似乎也不能产生那样的轰动效应。当然,不能以现在的眼光揣测当日的读者,可是亲友的追忆加深了笔者的怀疑:

> 以是年(按:即光绪二十九年)腊月暨下年甲辰(按:即光绪三十年)腊月称最困,彭公固百苦备尝,几以身殉。[④]

以及本文最初所引"自甲辰以后""乃渐由困而亨"[⑤]诸语。亲友所忆,虽非精确数字,但能勾勒出《京话日报》发展大势,而这种趋势与报纸本身的内容呈现相符合。所以,笔者揣测,甲辰时的《京话日报》营销未必良好。但这种怀疑,需要返回《京话日报》本身寻找更确实的证据。

---

① 《传闻失实》,《京话日报》第 125 号,"要紧新闻",光绪三十年十一月,1904 年 12 月。
② 《本报忽逢知己》,《京话日报》第 73 号,"演说",光绪三十年九月,1904 年 10 月。
③ 《彭翼仲五十年历史》上编,《维新志士 爱国报人彭翼仲》,第 115 页。
④ 梁焕鼐、梁焕鼎编:《清梁巨川先生济年谱》,第 38 页。
⑤ 同上书,第 40 页。

跳过甲辰,进入乙巳,那时彭翼仲主持的《京话日报》已经风生水起、日渐成为北京的一个舆论中心,彭翼仲不免抚今叹昔:

> 本报创办,已经九个月了。承众位不嫌弃,销路一天比一天多。……去年急得没了法子,在《大公报》上登过告白,打算变产充公,要把自己的住房出卖,好弥补这两年的亏空,可怜至今还没有办妥。幸而今年的销路不错,又遇着热心人苦苦维持,三个大钱一张的报,居然销到四千来张。①
>
> 创办以来,半年的光景,并没有什么效验。②
>
> 当初出报的时候,不过销售一千来张。办了半年的功夫,一天比一天发达。到了今年六月,整整的办了一年,已经销到了七千张。③
>
> 本报开办了一年,自从今春以来,销路慢慢的推广,现在已销到七千来张。④

办报九个月之后,当《京话日报》销到四千张时,彭翼仲用了"居然"一词,惊喜之情溢于言表。办报一年,风光无限的《京话日报》在乙巳年的销量也不过七千张。所以,回望甲辰,彭翼仲这时所承认的"一千来张"应更近于当日销量的实际,否则也不需要变产充公以弥补亏空,也不至"几以身殉"。这里的叙述,应该更值得信任,首先因为时间未远,对于销量的具体数字记忆更为准确;其次,事过境迁,在《京话日报》业已风行的乙巳年,无需再为当日的困境遮掩。

比对有关销量各种叙述,去除不实、虚夸的因素,借助彭翼仲自己的言说和亲友的回忆,以及最重要的对于《京话日报》本身内容和读者群的分析,我们可直面这个事实:《京话日报》在开始的头三个月果真平平无奇。

---

① 《看报的同志台鉴》,《京话日报》第253号,光绪三十一年三月,1905年5月。这则消息并无确定归属栏目,性质属于"告白"。以下凡未注明归属栏目者,多类似于此。

② 《要教多数人开通》,《京话日报》第296号,"演说",光绪三十一年五月,1905年6月。

③ 《山西白话演说报的祝词》,《京话日报》第333号,"演说",光绪三十年六月,1905年7月。

④ 《改良第二年〈京话日报〉第一期演说》,《京话日报》第342号,"演说",光绪三十一年七月,1905年8月。

“开民智”的口号难以落实到全报，销量也不尽如人意，无论从哪一个层面讲，这更像是一份走向穷途末路而非日后声名显赫的日报。

二、转机：民气的鼓动

在彭翼仲勉力维持《京话日报》的第三个月(农历九月)末，转机出现。事见于《京话日报》第73—76号上连载的本月最后一篇“演说”《本报忽逢知己》。这里的“知己”，有反讽之意，指的是英国驻华公使萨道义(Sir Ernest Mason Satow，1843—1929)。因《京话日报》报道南非英国当局虐待华工以及连载小说《猪仔记》，“英国驻北京的萨钦差……特特行文到外交部，说本报摇动人心，外务部便札饬五城公所，雷厉风行的，要本报出具甘结”。[①] 五城公所是北京维持地方治安的部门，在其干涉下，一般人多避其锋以求自保；彭翼仲却是强项之人，他直接前去英使馆交涉，与使馆人员据理力争。彭翼仲与对方约定：“请贵公使电询非洲，所登不实，用贵公使名义到报馆更正，不必利用我政府，归候二十四点钟。倘不尽虚，敝馆尚有未登毕之稿，如无复词，即是默许，定然和盘托出。”英使馆之后再无联络报馆，彭翼仲自然继续连载《猪仔记》、同时发表“演说”《本报忽逢知己》。这一事件令“报纸之声价，从此增高，由五千余纸，不十日涨至八千纸”。[②] 紧随其后，次月《京话日报》第108—113号又推出“演说”《本报又得罪了德国钦差》，回应德国公使。当时“京城各界为洋人之威力所慑，上自政府，下及劳动，无一人敢撄其锋”，而《京话日报》“不畏强御，一鸣惊人”，所以“声价日起，销数遽达万份以上”。[③] 如上所考，这些数字虽未必精准；但《京话日报》因这两篇“演说”销量大增确属事实。从这一意义上言，萨道义的确是《京话日报》的知己：《京话日报》的销量本甚平平，但因外国使馆对于北京报刊舆论的专门留意，反倒促成了《京话日报》在北京声名和地位的提升。萨道义的抗

---

① 《本报忽逢知己》(续)，《京话日报》第75号，“演说”，光绪三十年九月，1904年10月。

② 《彭翼仲五十年历史》上编，《维新志士 爱国报人彭翼仲》，第115页。

③ 同上书，第116页。

议和彭翼仲的回应,阴差阳错地将差点办不下去的《京话日报》推向另一轨道,成为该报在甲辰年最后三个月由困而亨的契机。

在创刊号“演说”《作〈京话日报〉的意思》之后,《本报忽逢知己》成为《京话日报》第二个关键性文本。如果说前者大张旗鼓地明确提出《京话日报》的宗旨是“白话”和“开民智”,那么后者在北京的广泛传播则曲折表达出《京话日报》创刊的深层动因以及北京社会和舆论的话题偏好。彭翼仲初办《启蒙画报》是因为“义和拳野蛮排外,国几不国,固由当轴者昏聩无知,亦由人民无教育,不明所以爱国之道,酿此滔天大祸”①。再办《京话日报》的诱因在于:“因此从去年(按:1903 年)八月起,筹办到今年五月,苦心孤诣,节衣缩食,总是开办不了。打算息了手罢,无如时局日紧一日,民间的祸患,也日逼一日。东三省的人民,既被人糟蹋杀戮,惨无人理。像英国这样和平的友邦,也设立如此苛待的条例,招募华工。五月间亲见第一次出洋的华工,有父母送儿子的,有妻子送丈夫的,那一种抱头痛哭,伤心惨目的情形,实是起心里难过,那眼泪便不知不觉直滚出来。……因此把办《京话日报》的念头,又鼓动起来。重新筹画了两个来月,才能把这报印出。这是办《京话日报》的始末根由。”②《启蒙画报》受激于义和拳,《京话日报》则有感于列强环伺、中国贫弱的时局,二者合而观之,恰是庚子事变时京师居民集体遭遇的某种再现:义和拳和八国联军的闯入和攻占。彭翼仲办报的根源在于庚子,《京话日报》的主要读者群是同样身历庚子之变的北京居民,因此《本报忽逢知己》等“演说”风行的背后,体现出北京民间社会对于华洋关系的高度敏感。

① 《彭翼仲五十年历史》上编,《维新志士 爱国报人彭翼仲》,第 113 页。

② 《本报忽逢知己》(续),《京话日报》第 74 号,“演说”,光绪三十年九月,1904 年 10 月。彭翼仲曾在第 13 册(1903 年八月初一日)的《启蒙画报》刊登广告《〈京话日报〉出张预告》:“京师首善,民智未开。本馆创设画报足以启迪蒙稚,而未能普及人群。都城之大,岂少有心人?所难者,工料艰巨、报价高昂耳。今有同志合筹资本,托本馆附印《京话日报》一份,每日出一纸,售当十钱三文。宗旨犹正,词意平和,专主开通民智。字句浅显,人人易解。惟创办伊始,馆售未广,赔累在所不免。……月内出版,此即代白。”两相印证,可见《京话日报》最初计划出版的时间确实是 1903 年八月。

彭翼仲不仅敢于与洋人交涉,而且以一己之力交涉成功。这种敢言敢行造成社会的轰动效应,对于曾处于八国联军占领之下的北京居民有莫大的吸引力,自然大幅刺激了《京话日报》的销量。彭翼仲对于“华”有一种固执的坚持,就在因《本报忽逢知己》改善报纸销量的前一个月,他也结束了与报界人士朱淇的合作。当年七月,广东南海人朱淇来京创办《北京报》,彭翼仲为其代印;八月,彭翼仲获悉《北京报》系德商资助,即和朱淇停止合同,取消代印业务。《京话日报》当时销量一般、生存艰难,彭翼仲仍然放弃商业合作,可见他心中对于“华”这一身份的在意。之后,《京话日报》和《中华报》上都专门注明本报系“华商”报纸,完全没有依傍任何国外势力,并以此作为两份报纸最值得骄傲的特点之一。

相较于彭翼仲对于华商、华报的坚持,彭翼仲对于“洋”的态度则是复杂的。细究“演说”文本,能看出彭翼仲交涉所依仗的原则是西方国家应该讲“文明与公理”:“现在文明国的人,都以用权势压力为可耻。”①“德意志是文明大国,德国钦差的人品学问,为各国所敬重佩服,有代表全国的资格,一举一动,都是按着文明公理而行,决不致仗着势力,用压制的手段。”②换言之,彭翼仲的成功依赖的是西方国家的“文明”,这并非力量平等的对决,其决定权实际操之于使馆。有意味的是,英国公使萨道义确实难以用刻板的“列强”侵略者形象简单概括。与前任巴夏礼和威妥玛相比,萨道义公爵相对温和。这既与英国政府收缩的外交政策相关,可能也与萨道义本人相关。萨道义是英国重要的外交家、植物学家。他驻日近三十年,所著《明治维新亲历记》是西方学界对日本重要的观察和记录。另一专著《外交实践指南》至今仍是外交学的重要著作。与彭翼仲对话的这位“萨钦差”并非一位文章中偶尔闪过的人物,而是西方外交史上鼎鼎有名的重要人物。彭翼仲以“文明与公理”作为交涉的原则,萨道义为代表的英使馆最终放弃干涉《京话日报》报道,这又反过来证明西方国家在某种意义上的“文明”。庚子

---

① 《本报忽逢知己》(续),《京话日报》第74号,“演说”,光绪三十年九月,1904年10月。

② 《本报又得罪了德国钦差》(续),《京话日报》第111号,“演说”,光绪三十年十月,1904年12月。

之变中,彭翼仲曾与美兵交涉成功,这一经验当时就让他产生一种别样而微妙的心态:“既受其辱,反因其兵有程度而感之”。四年后的交涉经验与之类似,放言批判英德的文章,因英德两国的文明程度而不被追究。因此,彭翼仲对于“洋”的感受就更为复杂,一面斥其强横,一面又感其文明:“但是单仗着嘴说,能有几个人听见,所以赔钱费工夫,做这《京话日报》,原为的是要叫中国的人,都明白现在的时势,都知道外国人的用心,却不是叫我同胞仇恨外人,学义和团那些野蛮举动,为的是知道时势艰难,外人强横,须要人人发愤,立定志向,做个有用的人。”①

对于华/洋关系,彭翼仲的感受复杂而微妙,但这种个人性的微妙在更大的舆论场中相对而言被稀释了。因庚子事变的影响,彭翼仲在报刊中并不鼓励如同义和拳式的野蛮排外;但无论是《本报忽逢知己》还是《本报又得罪了德国钦差》,从其题目设计到行文风格,又都在不断凸显民族主义式的“爱国”主题。这些演说的成功正在于唤醒了社会大众朴素的民族主义情感。

1906年,梁启超在《新民丛报》发表《论民气》一文,系《新民说》中的一篇。在文章中,梁启超对传统的“民气”一词赋予新的近代内涵:“一国中大多数人对于国家之尊荣及公众之权利,为严重之保障,常凛然有介胄不可犯之色,若是者谓之民气。”②与传统“民气”概念相比,近代“民气”一词在使用上更多指向了个人和国家的关系,具有更强烈的民族主义色彩。③ 民气、民力、民智、民德等概念紧密联系但指归各有不同,《京话日报》的宗旨在于“开民智”,但有关“鼓民气”的论述着实不少。④ 令《京话日报》名声大噪的

---

① 《本报又得罪了德国钦差》,《京话日报》第109号,“演说”,光绪三十年十月,1904年12月。

② 梁启超:《新民说·论民气》,《饮冰室合集》专集之四,北京:中华书局,1989年,第143页。

③ 韩钊:《清末时期梁启超“民气”论研究》,《郑州大学学报(哲学社会科学版)》2016年第1期。

④ 在“开民智”这一脉络之下,《京话日报》最为成功的内容毋宁说是“反迷信”,这源于庚子之变时北京居民对于义和拳的强烈反感。

“演说”《本报忽逢知己》等就并未落脚于彭翼仲经常宣称的“开民智”，而是指向了他并未多言的“鼓民气”。以这篇“演说”为始，下延至国民捐、反美约等爱国运动中的相关论述，《京话日报》的许多立论都近于情感上的“鼓民气”而非智识上的“开民智”。“鼓民气”这一内容倾向，能有力地促进报刊与读者间的情感共鸣，形成充满互动的舆论场域，便于报刊宣传推进各种理念和知识。但是，民气与民智之间本身的差异又会导致二者某种意义上的争夺，唤醒民气并不天然地意味着开启民智。梁启超对于鼓动社会民气就持以很大疑虑，指出：“民气必与民力相待，无民力之民气，则必无结果”；“民气必与民智相待，无民智之民气，则无价值”；“民气必与民德相待，无民德之民气，不惟无益反而有害”。有学者已敏感地觉察到《京话日报》于民气鼓动之下的隐忧：“在某种意义上，《京话日报》与下层社会的融合是以启蒙知识分子放弃思想和知识的启蒙，采取简单易行的感情呼吁为代价。”①

《京话日报》创办之初，销量平平，“开民智”的理想实际上难以贯彻；办报三个月后，《本报忽逢知己》等以“民气”号召为导向的“演说”②，迅速提升了报刊的影响力，促成了《京话日报》在北京的真正风行。无论是将“民气”蓬勃视为《京话日报》的爱国特征，还是体察到这背后所隐含的启蒙立场的失落，“鼓民气”已然成为《京话日报》重要的宣传手段和方向。在显豁的“开民智”宗旨之外，潜在的“鼓民气”宣传贯穿了《京话日报》办刊始终。

三、旗人的进入

甲辰年《京话日报》的轰动报道《本报忽逢知己》《本报又得罪了德国钦差》等，极大刺激了《京话日报》的销量，促成了《京话日报》的成功，因此也

① 杨早：《京沪白话报：启蒙的两种路向——〈中国白话报〉〈京话日报〉之比较》，《北京社会科学》2003 年第 3 期。

② 彭翼仲最初撰写《本报忽逢知己》时或许更倾向于直抒胸臆的抒写，但其大获成功以后，难免影响到之后《本报又得罪了德国钦差》等“演说”的写作。

成为彭翼仲、梁漱溟等当事人回忆中的标志性事件。后人也顺其自然地将其作为《京话日报》成功的原因和标志。无可否认,这些报道确实标志着《京话日报》最初的成功,成为《京话日报》走出甲辰之困的契机。但契机本身并不能解释《京话日报》日后的长期发展。我们需要关注的是,隐藏在对报纸销量直接刺激的烟幕之下,《京话日报》因此契机而发生的实质转变:在这些报道的前后,《京话日报》究竟发生了怎样的变化;或者说,由于这些报道,《京话日报》发生了怎样的转变。这种转变才是《京话日报》真正的转机。笔者以为,这个转变至少有两个方面。

首先,这两篇"演说"不仅刺激了《京话日报》的销量,而且导引了《京话日报》舆论倾向的调整。《京话日报》影响力的急速增加,为它带来了一位"天下第一号"读者——慈禧。第113号《京话日报》的广告页出现了一则"本馆紧要广告":

> 本报篇幅虽小,日进两宫御览,议论出入,关系重大。执笔人兢兢业业,不敢稍涉大意。来函广告,虽有申诉不平、代鸣冤抑之例,但各宜自量,必须确实不虚,有妥人具保,方敢代登。若事迹虚诬,惟原保是问,本报不担责任。特此奉布。①

这则广告表面是要告诫来函不得虚妄,但当时《京话日报》的来函并不多②,它更像是一种宣告:《京话日报》是要日进两宫御览的。这个行为本身就为《京话日报》作了最好的广告。有趣的是,伴随着《京话日报》的日进御览,彭翼仲的言说导向和对于报纸的定位都发生了微妙的变化。

从1904年12月开始,《京话日报》对于报纸的想象出现了新的论调:"只有这报纸,最能打通隔截,把民间的疾苦,上达朝廷,把朝廷的德意,宣布民间,叫上下联成一气。真是有益于国,有利于民。"③通上下之情的重要

① 《本馆紧要广告》,《京话日报》第113号,光绪三十年十月,1904年12月。由于现存《京话日报》广告页多遗缺,113号只是目前所能看到的广告中最早的一期。

② "来函"作为一固定栏目是从《京话日报》第六册才开始,该册西历时间从1904年12月26日至1905年1月31日。

③ 《说〈中华报〉》,《京话日报》第116号,"演说",光绪三十年十一月,1904年12月。

性在于,“独我中国的风俗,朝廷合百姓,隔成两截。隔在中间的是什么呢,就是大大小小的这许多官。官借着朝廷的势力,压制百姓,作威作福,朝廷那里知道。近年因国库空虚,赔款紧迫,朝廷没有法子,只得办各项的捐款。但屡次的上谕,总心心念念的,怕拖累了百姓”①。在这里,彭翼仲将社会分为上中下三层,而中国的败坏不在于上,亦不在于下,就在于位于中间的这“大大小小的许多官”。在上的皇太后、皇上,不仅“都知道报纸的好处,宫里头天天的看报”②,并且“现在皇太后宵旰忧勤,凡不急的用项,都是俭而又俭”③。而仅在一个月之前,《京话日报》还对慈禧铺张过寿稍有婉讽④,对于万寿节的各项报道也一副例行公事的口吻。不能简单认为由于有了慈禧这个独特的受众,彭翼仲就立即改换口吻,调整论述。其实,慈禧是否每天阅读《京话日报》本身并非问题关键,可供两宫御览这一事件的象征意义已足以刺激彭翼仲的神经。笔者猜想,彭翼仲由此对《京话日报》有了更大的期望。由于史料的缺乏,无法一一参透其中隐情;但无论如何,《京话日报》自此以后,其口径发生明显变化。

如果说,“最不便的,是那些祸国殃民的官”⑤,以及上述所引还可能是为推介《中华报》而造势,强调“开官智”的必需和重要,那么,之后,《告我国人》系列演说所体现的态度将会是一个更为有利的证明:

> 朝廷怎样的为难,我们作报的人,也不配知道;准情度理,仔细想来,绝不至像那班会党所说的话。怎奈深宫简出,外面的情形,不能够详细洞达,何况当中又有许多蒙蔽。有仰体上意,恐怕添出烦恼来的;有保守禄位,恐怕惹人家妒嫉的。大家敷衍了事,得过且过。就如同一座大铺子,东家的本钱,唯有东家心疼。掌柜的不吃劳金,铺子里没他的股份,伙计们也不护柜,有了交易,但求自己合式,绝不替东家打

---

① 《说〈中华报〉》,《京话日报》第115号,“演说”,光绪三十年十一月,1904年12月。
② 《说〈中华报〉》,《京话日报》第116号,“演说”,光绪三十年十一月,1904年12月。
③ 《传闻失实》,《京话日报》第125号,“要紧新闻”,光绪三十年十一月,1904年12月。
④ 《生意兴隆》,《京话日报》第83号,“本京新闻”,光绪三十年九月,1904年10月。
⑤ 《说〈中华报〉》,《京话日报》第116号,“演说”。

算。……我们用心,就是盼望四万万人一齐醒悟,把国事当作家事。有钱的出钱,无钱的出力,暂且将私心撇开,只要把铺子整理好了,不怕分不着余利。铺东发了财,铺伙还要赔钱,天下没有这个理。果真能够这样,不但外人不敢欺侮,一定还要敬重我们。①

朝廷上面,宵旰忧勤,终日的不能安心。不知道的,还说是看破大局,无心整顿。其实下情虽不能上达,上边的意思,也何尝不为难到极处。一人难受,一人知道,愁的无法可施,还得自己想法子排遣,愈排遣愈是为难。这番苦心,不经过的不知道。全国大事,总得全国的人努力,不能专依靠一人。……大家把国事看同家事,勤勤恳恳,各尽其职。譬如大雨时行的日子,一处人家,墙塌屋倒,还剩下几间整齐屋子。各房里的人,只好搬在一起,团成一气,暂且不分彼此,齐心一力,想法子修补。修补好了,自然都可安身。②

皇太后宵旰忧勤,总想望着民安国泰。政府里鞠躬尽瘁,也为的是治国治民。……报纸的责任,贵在通达民隐。③

"演说"的运笔行文很能体贴"上边"的心意。将朝廷与民间的关系,比喻成"一座大铺子"、一处"墙塌屋倒"的人家,这种上下一体、君民同心成长为《京话日报》新的突出导向。④ 而在《京话日报》最初的三个月,对朝廷从未如此亲近。

在此大家庭中,报馆的作用更是非同小可:

从中贯通血脉的妙物,就是这个报章。……中国要图自强,专凭报章,虽不中用。舍了报章,更不能联上下的情谊。⑤

---

① 《告我国人》,《京话日报》第134号,"演说",光绪三十年十一月,1904年12月。

② 《告我国人》,《京话日报》第140号,"演说",光绪三十年十一月,1904年12月。着重号均为原文所加,下同。

③ 《淮苏两省人议论纷纷》,《京话日报》第198号,"演说",光绪三十一年二月,1905年3月。

④ 本文所论都是依据《京话日报》在某一时期内的主导立场,这并不意味着在当时并无其他声音,也不意味在其他时期没有相似意见。比如第73号《本报忽逢知己》,也将中国当日局面喻为一艘大洋之中的破船,也提到本报维持和平的苦心,不想叫"政府为难"。

⑤ 《告我国人》,《京话日报》第138号,"演说",光绪三十年十一月,1904年12月。

到了1905年1月,《京话日报》的"演说"干脆以《论报馆能通上下的情》为题,倡言"要治一国隔绝的病,却非用报馆不可。所以东西各国,把报馆看得极重,把他做上下交通的机关。国内的报馆愈多,国势愈强,上下之间,永无隔绝不通的弊病"①。同时,文章还以俄国作比,"俄国虽用压制的法子,每年帮助报馆的经费,也有数百万卢布。所以国内虽常有激变的事,不容易酿成大乱。这就是各报消毒解病的效验了"②。这种强行攀附的立论,其实只是为了证明报纸对于朝廷的好处。此处,朝廷、民间、官宦、报纸等各种力量的定位,与前三个月《京话日报》的论述都有区别。在"开民智"的主题之外,出现了新的主题词"通上下之情"。而这种新导向,也在和之前的"开民智"主张相互迁就、融合:"民智不开,无论朝廷怎样为难,下边总是不关痛痒。"③

从这些互相配合、不断调整的报纸言论可以推测,彭翼仲的自信和野心由于《京话日报》的销量日涨和日进御览等事件获得了极大增强,他对于报纸的定位和功能也因此出现调整。在"开民智"之外,引入了"通上下之情"这一定位,这一转变为《京话日报》催生出新的作者和读者。《京话日报》强调"通上下之情",与此相应,自然加强了与朝廷的对话,"君民一心""上下一体"也随即成为《京话日报》新的主题词。再加上那些一处"墙塌屋倒的人家"和"一座大铺子"的比喻,一个新的主题词开始彰显:"满汉一家"。《京话日报》开始突出渲染自己不排满的温和色彩。这一定位拓宽了"开民智"的报纸预设,为报纸开辟了新的言说空间,也提高了报纸对于不同作者群的接纳力——为旗人进入《京话日报》提供了空间。

其次,《本报忽逢知己》等"演说"的成功,还刺激了《京话日报》在另一层面的改变,那就是开始了对于实时、实地、实事的关注。与前三个月主题先行的议论文型"演说"不同,《本报忽逢知己》《本报又得罪了德国钦差》

---

① 《论报馆能通上下的情》,《京话日报》第160号,"演说",光绪三十年十二月,1905年1月。

② 同上。

③ 《告我国人》,《京话日报》第136号,"演说",光绪三十年十一月,1904年12月。

等“演说”,都是彭翼仲激于当下实事、秉笔直书的实录。这种同时性、实录性“演说”的风行,让彭翼仲终于掌握到了一份地方性报刊的成功诀窍,那就是关注当下的、本地的热点事件。《京话日报》开始对本地热点事件持续关注,比如对“春阿氏案”的追踪报道;同时善于引导和宣传各种活动,比如国民捐、抵制美货以及阅报社的创办等。《京话日报》逐渐成为清末北京民间社会最活跃的舆论场域和公共空间。与同期的《顺天时报》和《北京报》等相比,《京话日报》与北京民众读者的交流空前活跃。《京话日报》并不以提供新闻之全、阐释力度之深见长,但是整份报纸在甲辰年末后始终呈现出欣欣向荣的“活”气。而当《京话日报》开始真正地关注当下的北京,京师内城最主要的居住者“旗人”因此进入其视野。

二百多年来,京旗世代居住于北京内城,旗人文化早已成为京师文化的重要组成部分。入关之后,京旗一方面保有旗人的族群特性,另一方面也开始日渐转化为城市居民,成为“老北京”,如清世祖所言,“驻防之地,不过出差之所,京师乃其乡土”。到了清末,化除满汉畛域的议奏此起彼伏,革命党“排满”的口号也日渐喧嚣。在此情况之下,作为一个整体的旗人必然有诸多思想上、情感上的应对和反应。许多旗人有识之士并不是没有发声的渴望,只是没有发声的舞台。当《京话日报》真正地深入发掘作为“整体”的北京而非集中在宣南一隅的北京,自然会与这些旗人相遇。

在《本报忽逢知己》等“演说”成功之后,《京话日报》的宗旨从“开民智”过渡到引入“通上下之情”,日常新闻的具体操作也更扎根于北京民间社会,不仅是新闻信息的累条报道,而且注重追踪本地热点,并引领舆论。《京话日报》虽以“京话”为名,但只有到了这个时候,“京”才真正地得以落实,“京话”也才水到渠成般流利起来。如上所述,经过报刊宗旨、新闻视角等的不断调整,《京话日报》具有了容纳旗人的舆论空间。

《京话日报》创刊于北京外城的宣南地区,在其开创之初,彭翼仲并未将北京内城的旗人看作专门的阅读对象,也从未将旗人问题视为言说主题。

虽然也曾连续关注满人铁良出任钦差一事①,但远比不上对于张之洞患了杨梅病这一新闻的津津乐道②,而关注铁良实因其朝廷高官的形象而非旗人身份。从这个意义上讲,《京话日报》第一个月的所有栏目基本没有关于旗人的消息。在第二个月36号上,"本京新闻"才有一条新闻提到两位旗都老爷的违法乱纪,但仍然未涉旗人的身份问题。第47号"本京新闻"《加恩旷典》一条,才首提满汉问题:"今忽有破格旷典,可见朝廷于满汉,已不复严分界,也是时政的一个转机。"但这仅是昙花一现,随即消失于对于上海班的新闻追逐。可以说,在最初三个月,"旗人"根本不在《京话日报》的视线之内。

这种漠然的态度在甲辰年末开始转变。伴随着甲辰最后三月《京话日报》报纸定位和内容倾向的骤变,"要紧新闻"和"本京新闻"栏中也出现了明显的变化,旗人话题大量涌现。③ 而这不仅是数量的增长,更重要的是作为一个政治意义、文化意义上具有某种特殊性的群体"旗人"出现。这些新闻的关注点是满汉关系、旗人的群体特性等,而非报道某个旗族大员的行踪。旗人问题上升为《京话日报》新闻尤其是"本京新闻"的重要议题。这个时候,如上文所言,《京话日报》已经为旗人进入铺平了道路,它呼唤着旗人自己的声音。

《京话日报》的主打"演说"栏第一次出现旗人主题,是甲辰年最后一月的最后一篇"演说"《莫说旗人不捐赈》。但此文应为彭翼仲所撰,非旗人自创。这篇演说是回应第145号刊载的一封来函。此函系奉天义赈善会所发,称"捐钱助赈的人,来的虽有几家,但只是汉人居多,在旗的老爷们还未

① 比如《京话日报》第7号"本京新闻"《钦差出京》、第8号"要紧新闻"《铁侍郎奏带随员》和第10号"要紧新闻"《钦差随员名单》等。

② 比如《京话日报》第18号"各省新闻"《张香帅害杨梅疮》、第24号"各省新闻"《电请名医》和第35号"各省新闻"《张宫保政体未痊》等。

③ 实例繁多,姑举几例,如《京话日报》第111号"本京新闻"《旗人盼赏》、第113号"本京新闻"《都老爷如此》、第117号"本京新闻"《简放府尹的传言》《世职子弟入学》、第123号"要紧新闻"《满朝文武并重》、第128号"本京新闻"《边缺不分满汉》、第134号"本京新闻"《旗缺简用汉人》等。

看见”[①]。奉天省因日俄战争,民受其害,四处逃难,境况凄凉。吴幼舲观察因此创办奉天义赈善会。奉天被灾,以及义赈善会等一系列问题都成为《京话日报》当时报道的中心。彭翼仲一方面宣传奉天义赈善会,义务刊载奉天义赈善会募启;一方面表彰朝廷的赈济恩典,尤其是皇太后慈禧的圣德;而对于东三省难民流离失所惨状也细加描绘,这种描绘自然会突出东三省对于清朝的特殊意义,也就是来函所提到的,“东三省为国家发祥吉地,奉天省又是朝廷的陪都。所有难民,除客商之外,大半都是旗籍的人多。北京城内,自王公大臣以下,力量富厚的,何止万家。困在奉省的旗人,与北京城内的旗人,非亲即故,岂有不痛痒相关的理?”[②]这封激捐信果然有效,第168号“演说”《莫说旗人不捐赈》已经出来辟谣说,“除两处写堂名的,不知是谁,其余都是旗人。足见好善的人,人人所同,何分满汉”。

有关旗人、东三省新闻的增多,想必刺激了旗人自己表达的欲望。因为紧随其后,下一月(光绪三十一年乙巳一月),就出现了三篇旗人写作的“演说”。《京话日报》的主打栏目“演说”上第一次出现旗人自己的声音。第172号“演说”,是一封署名长白侍教弟的来函。第188号是呰窳(爱新觉罗·文谦)来稿《旗人劝旗人》。第192号是来稿《满洲人说的话》。三篇文章都是针对“新闻”栏所揭露的旗人弊病而发,呰窳的“演说”更是直接呼应东三省问题。旗人作为一个群体,开始日渐浮出《京话日报》。

最先的那封来函还只是呼吁:“至于宗人府一条,宗室官员,也多有看这日报的,拟借用贵报纸,把以上两件事,再叙说一遍,或者王公宗室,同时醒悟,岂不是我们旗人大大的体面么?”[③]

呰窳,《京话日报》上正式出现的第一位旗人作者,也是日后除彭翼仲外《京话日报》最重要的作者和编辑。其演说《旗人劝旗人》[④]直指旗弊,本身的旗人身份,反倒能使其大胆放言:

---

① 《京话日报》第145号,“来函照登”,光绪三十年十二月,1905年1月。

② 同上。

③ 《某君致本馆书》,《京话日报》第172号,“演说”,光绪三十一年一月,1905年2月。

④ 此篇之题目,也成了《京话日报》“＊＊劝＊＊”类型“演说”的开山鼻祖,紧随其后,下一个月的“演说”中就出现了《宗室劝宗室》和《教友劝教友》。

> 风俗人心之坏,就全地球而论,莫胜于中国。就中国而论,莫胜于北京。就北京而论,又莫胜于旗人。①

第三篇《满洲人说的话》,是该篇作者看到"酟瓋先生的《旗人劝旗人》……未免有些感动,不禁不由的也要说说"。这首先证明该篇作者是《京话日报》的读者,其次是受到酟瓋文章的感染,而生发出表达的欲望。这位旗人指出:"旗人的毛病,一时也说不清。总而言之,都是没有甚么知识。"②而作者敢这样实说的原因,在于"你老大公无私,绝没有排满的心"③。这里的"你老",指彭翼仲。这句话为我们指出了问题的关键。旗人之所以愿意投稿,是因为这份报纸的温和立场,是因为彭翼仲不排满。而彭翼仲不排满态度的彰显,又依赖于"通上下之情"口号的提出。酟瓋的"演说"发表在188号,这篇"演说"发表在192号,二者相距不过四天,再扣除掉中间邮寄所需时间,可以想见,第三篇演说是对于酟瓋演说非常快速的回应。这些细节暗示着,旗人也在急切地寻找一个公共媒体进行发言,他们也要借助报刊这个文明新利器。立场温和的《京话日报》自然吸引了旗人的眼光,旗人于是慢慢靠近了《京话日报》。

回头来看,旗人进入《京话日报》的轨迹与《京话日报》自身的发展轨迹出现了某种有意味的重合。甲辰七月到九月,《京话日报》材料不丰、售量寥寥;报面上也没有旗人的新闻。甲辰十月到十二月,《京话日报》出现转机,名满京华,乃至上达天听;报面上旗人新闻大量增多,十二月出现了以旗人问题为主题的演说。乙巳年《京话日报》走向全盛;而此时《京话日报》每一个月的演说中,月月平均有六篇以上的旗人作者来稿,如果再加上有关旗人话题的讨论,个别月份的演说,超过一半的内容都关乎旗人。《京话日报》与旗人的合作愈渐紧密,这既利于《京话日报》摆脱彭翼仲一人包办"演说"栏的单调,也帮助旗人找到了一片发声、自救的阵地。《京话日报》形成了包括酟瓋、春治先、荣昌等在内稳定的旗人作者群,大量匿名的普通旗人

---

① 酟瓋:《旗人劝旗人》,《京话日报》第188号,"演说",光绪三十一年一月,1905年2月。

② 《满洲人说的话》,《京话日报》第192号,"演说",光绪三十一年一月,1905年3月。

③ 同上。

来稿也丰富着《京话日报》上的族群表达。呰窳在“演说”《一定要劝看报》中,本是对着《京话日报》的所有读者发言,但最后一句“我的旗下老乡亲们”泄了底,这篇演说就是写给旗人看的。① 旗人主题、旗人作者和旗人读者,都成为《京话日报》的重要组成部分。②

乙巳年的《京话日报》,引入旗人这一新的群体和满汉关系这一敏感话题,极大丰富了报刊内容,并有力地抵达北京各社会阶层,一跃成为北京民间社会的舆论中心。在办报之初,从未想过讨论旗人话题的彭翼仲,在乙巳年转换门庭,另辟蹊径,终于“发现”了旗人:

> 直到如今,才觉得有了一点指望。西城立了阅报处,城里城外,就有人仿办了两三处。……我办着《京话日报》,专要教多数人开通。舍近求远,断没有那个理。所以先从北京入手。要开通北京的人,更得先从旗人入手。幸亏新正之后,连连接着许多来稿,也有宗室劝宗室的,也有旗人劝旗人的,都是为大众起见。登了出去,感动的狠不少。③

结　语

《京话日报》自甲辰七月创办,作为当时北京几乎一枝独秀的白话日报,虽也有“一千余份”的销量,但实际上赔累严重,几令彭翼仲以身殉

---

① 呰窳:《一定要劝看报》,《京话日报》第210号,“演说”,光绪三十一年二月,1905年3月。

② 对于读者身份的确认,相对来说比较困难。除了本文第一节和第二节所讨论过的旗人通过来函参与《京话日报》以及旗人参与以《京话日报》为中心的下层启蒙运动外,一个最重要的例证就是“国民捐”运动。第374号“演说”发表《尚友讲报处的演说》,王子贞、彭翼仲首倡“国民捐”,该举迅速得到北京社会的大力响应,随即就有来函纷纷表示认捐。从383号开始,《京话日报》专辟“国民义务”一栏,以公布认捐人的名单。后因认捐人数太多,无法遍登,遂从十月起另辟“附张”,专载认捐名单,不过“附张”多不存于世。考察最初一个半月“国民义务”的名单中,从职官、身份、住址、姓名等信息可以明显看出,最初响应“国民捐”号召的百分之九十以上都是旗人。即使考虑到“派捐”的可能性,将这个比例打折,仍可推测出旗人是《京话日报》受众的重要组成部分,否则不会一有倡导,就追随其后。

③ 《要教多数人开通》,《京话日报》第296号,“演说”,光绪三十一年五月,1905年6月。

报。即使它才三个大钱一份,即使它使用字眼浅的白话,这些在创刊号“演说”中提出的该报优势,也是后人所表彰的《京话日报》之特色,而在当时,实际上并未招徕到顾客。彭翼仲“开民智”的理想,只能沦为一句口头禅。转机出现在甲辰九月末,一篇更像实事报道的“演说”《本报忽逢知己》,令《京话日报》暴得大名。十月末“演说”《本报又得罪了德国钦差》,让《京话日报》水涨船高。这一议题,成为《京话日报》的发家绝技,彭翼仲在日后也屡试不爽:《敬贺各国新年并预告各国使馆卫队的长官》《再说告内田公使并告日本兵官》《文明国的兵官究竟不同》均可算作同一系列。这组议题的成功,实根源于北京一地的庚子记忆。但转机,也仅是一个转机而已。暴得大名的《京话日报》不可能永远靠着各国公使来刺激销量,毕竟民气易聚也易散。《京话日报》不可能仅依赖此“一招鲜”而一直成就北京舆论中心的地位。几篇报道只能算作《京话日报》的成名曲,而不是《京话日报》日后达到全盛的内在原因。《京话日报》的由危转安,颇为重要的因素在于旗人群体的进入:为《京话日报》提供了丰富的作者、读者和话题。

“开民智”是晚清思想界的启蒙大潮,但是不同地区、不同群体中,“开民智”的内涵因地制宜、因人而异。《京话日报》一直以“开民智”为宗旨,但“开民智”之“民”其实屡有变化。从泛泛而论的“民”,发展到“北京的人”,最后落实到“旗人”。强调这种变化并非要证明乙巳年后《京话日报》每一次标举“开民智”,其“民”均指“旗人”,只是凸显“旗人”对于《京话日报》的重要意义。此外,在“开民智”这一大张旗鼓的口号之下,《京话日报》的最初成功也不依赖于“开民智”,而更倾向于“鼓民气”。“鼓民气”重在一个短时期内的舆论导向,“开民智”重在一个长时段内的社会改良,二者虽有交叉,然各有优长。忽略“鼓民气”这一支脉,会模糊掉《京话日报》在两种不同方向上的努力。最后,在“开民智”“鼓民气”之外,彭翼仲还将“眼光向下”扩展到“通上下之情”,后者也成为《京话日报》的一贯立场。这种立场在新政期间的报纸言论中会更加突出。① “开民智”是《京话日报》最为明晰的宗旨和口号,但如对报刊前后言论进行细节分析,会发现这一宗旨和口号在报刊的实际运作中被不断地微调。有些调整,宣之于报端;有些转向,则隐匿于报后。启蒙“民智”之时,有“民气”之鼓动;眼光向下的同时,也不乏通达上下之情,扩充报刊的容量和空间。相较“开民智”这一明确的标签,《京话日报》远为丰富而混杂,充满了众声喧哗。

《京话日报》之成,居首功者自然是“刀放在脖子上还是要说”的彭翼仲。② 彭翼仲办报,学理、文章并非第一流;但他为人慨爽敢言、勇于任事,在其经营之下,《京话日报》成为清末北京民间社会最为活跃的舆论场。在彭翼仲个人之外,《京话日报》成功的另一原由在于旗人群体的襄助和加入。以祖籍苏州的彭翼仲为代表的汉人群体与京师旗人群体的通力合作,造就了《京话日报》在清末北京社会跨越族群和阶层的广泛影响力。如果说,晚清报界有不少以“排满”为导向和宗旨的名报名刊,那么,从正面大规模引入旗人作者、倾听旗人声音并得到旗人读者的认可和追捧,这一报界尝试始自《京话日报》。这是《京话日报》的特殊意义。

---

① 《京话日报》的报纸定位由“开民智”转变为“通上下之情”,这种转变有力地促进了旗人进入《京话日报》。待报纸获取巨大成功之后,会发现彭翼仲更善于调动这些口号,讲启蒙之时用“开民智”,讲监督政府之时用“通上下之情”。其实,“开民智”与“通上下之情”并非相悖的主张,相反,彼此之间还可兼容。这使得《京话日报》成为一份可攻可守、富有弹性的报纸。但相对来说,除了在这三个月中,“通上下之情”以甚嚣尘上的气势横扫一切版块之外,其余时间段并没有如此地大张旗鼓,《京话日报》最终呈现出以“‘开民智’为显、‘通上下之情’为隐”的面目。这可能也是学界忽略掉这种定位的原因。

② 《瑕瑜不掩》,《京话日报》第164号,“演说”,光绪三十年十二月,1905年1月。

晚清京剧旗装戏与旦行花衫的兴起

刘汭屿

形成于清代中晚期北京的京剧，吸收了大量北京本土的文化元素，渗透到京剧艺术的各个层面。传世京剧剧目中，有一类剧目中的角色作满洲时装装束、操京白口语，在一众穿着中国戏曲传统服饰的角色中颇为特别，这类剧目被称为"清装戏"或"旗装戏"。

在戏曲行内，"清装戏"泛指剧中角色作满洲装束的戏，生旦男女不限；"旗装戏"则一般专指旗装旦角戏，即以梳旗头、着旗服、穿旗鞋的典型旗籍女性形象为主要角色的剧目。① "清装戏"在清代早期即已出现，乾隆年间

① 清代戏曲服装基本依照"男遵明制，女随本朝"的原则，剧中男性主要角色的服饰穿戴，基本因袭明代所遗之传统戏装，因此戏台上凡着"清装"之男性角色皆为配角甚至龙套；女性角色则无此限制，特意旗装扮相（以示突出强调）者，多为主角。

还一度遭禁[①];“旗装戏”或曰旗装旦角戏创生则比较晚近,发展也比较顺利[②]。与生行、净行“清装戏”角色不重要、艺术亦不入主流不同,“旗装戏”是京剧旦角戏中非常重要的一支,对整个京剧旦行艺术的发展演进有着极为关键的作用。[③]

京剧旗装戏为旦角设计旗装扮相的初衷,是用来表现汉族以外的北方少数民族女性形象。在农耕文明的一般汉人眼中,作为渔猎民族的满洲,其生活习俗及文化上与作为游牧民族的蒙古、契丹等多少有相似之处。中国历史上匈奴、突厥、辽、金、蒙古等民族的服饰穿戴,不少已年久失考;而满洲妇女的旗装,不但气派美丽,而且制作方便,于是京剧舞台遂借此表示中国历史上匈奴、突厥、辽、金、蒙、满等一切北方少数民族女性的服饰。也即齐如山所说:“今日戏场演剧并无辽金元清之分,旗女服饰总以清代之服装代之。究其原因,乃因满清近代妇女之服装,较之蒙古者殊觉美观,时势所趋,故不得不迎合社会之心里[理]。”[④]

关于旗装旦角与旗装戏的性质,一般来说,旗装戏(尤其是该角穿着旗装的场次)皆为文戏,唱、念、做俱重;旗装旦角的行当介于青衣与花旦之间,有时还兼刀马旦,既可突出唱工,又可强调表演。但由于旗装戏多饰演番邦异族女子,性情比较爽利外放,形象更近于花旦,语言动作都偏于生活化;旗装衣饰本身的富丽和相对修身,尤其是双手露出袖管,也有利于加强做工。至于旗装本身所带来的时代感,“是时装戏,一切身段说话都须活泼

---

① 关于清代戏曲中的“清装戏”(尤其是清代中期以前戏曲舞台出现的清装角色)的起源及其发展概况,参见李德生《梨花一枝春带雨:说不尽的旗装戏》第一部分“旗装戏考”之“最早的旗装戏”“禁演旗装戏”“旗装戏的解禁”诸节,北京:人民日报出版社,2012年。

② 旗装戏在清宫的演出和接受情况,参见李德生《梨花一枝春带雨:说不尽的旗装戏》第一部分“旗装戏考”之“清宫大演旗装戏”“太监伶人演出的旗装戏”“慈禧太后尤爱旗装戏”诸节。

③ 参见李德生《梨花一枝春带雨:说不尽的旗装戏》第一部分“旗装戏考·旦角独擅的旗装戏”。

④ 齐如山:《谈剧:旗装戏之研究》,《戏剧半月刊》第1卷第10期,1936年。

以慈禧为代表的满洲贵族妇女装扮

趋时”①,也适合以花旦风格呈现②。

作为戏剧史术语的“旗装戏”一词,最早见于国剧学会所办刊物《国剧画报》1932 年 9 月 16 日第 1 卷第 35 期的《旗装专号》——为了纪念“九一八事变”中丧失的东北领土,主编傅惜华等人策划了关于满洲主题的戏剧专号,刊登晚清民国京剧旗装戏剧照数十幅,声势浩大,引发强烈反响。随后的《旗装专号(二)》上,又登载清逸居士(著名京剧剧作家爱新觉罗·溥绪)的专文《旗装戏考》,简要梳理了晚清民国京剧旗装戏的发展历史,以同

① 齐如山:《探亲画像识语》,《国剧画报》第 1 卷第 36 期《旗装专号(二)》(1932 年 9 月 23 日)。

② 随着京剧旗装戏在北京的发展盛行,民国年间,旗装旦角的含义范畴进一步扩大,不再限定于辽金元清等少数民族女子,而变成带有北京地方色彩的一种旦角扮相及表演风格。也就是说,随着清朝统治结束,“旗装”的象征意义,从满洲民族服饰逐渐泛化为北京地方特色服饰。因此,只要不是传统意义上的“正戏”“正角”,特别是带有一定喜剧、玩笑色彩的花旦角色,其具体的身份信息不重要时,便可斟酌使用旗装扮相呈现,以达到特殊的舞台演出效果。

治年间四喜班班主梅巧玲去《雁门关》与《探母回令》之萧太后所创穿清朝宫装、梳“钿子头”[①]的扮相，为晚清京剧旗装戏之滥觞。据《旗装戏考》记载，晚清至民国1930年代京剧舞台（主要是北京）流行的旗装戏（包括有旗装旦角参演的戏），主要有《雁门关》《探母回令》《梅玉配》《闺房乐》《探亲》《查关》《儿女英雄传》《回龙阁》（即《大登殿》）、《珠帘寨》《塞北奇缘》（即《万里缘》）、《东皇庄》《惠兴女士》《佛门点元》《春阿氏》等。[②] 本文选取在早期京剧史上最为重要的《雁门关》《探母回令》《梅玉配》《儿女英雄传》等几部，探讨晚清旗装戏对于京剧旦行艺术发展变革的影响。

一、骨子老戏《雁门关》《探母回令》

《雁门关》和《探母回令》两部戏，诞生于京剧创始期——道咸年间的北京，是辽宋“杨家将探母”故事系列的皮黄演绎，由早期徽班艺人编创。[③] 不同的是，八本《雁门关》是连台本戏，剧情曲折复杂，叙杨四郎与杨八郎流落辽邦，各娶辽国公主入赘，后杨八郎于杨家将发兵雁门关时，托妻子盗取萧太后令箭至宋营探母，引发宋军诈令开关、大败辽军，最后两国议和之事，因此又名《八郎探母》《南北和》；单本《探母回令》则简单许多，单叙杨四郎求公主盗令探母，最后践约回令、被萧太后赦罪之事，因此又名《四郎探母》。[④]

---

① 钿子，清朝贵族妇女冠状头饰，上穹下广，外缀珠翠，整体形状呈簸箕形；用于穿着吉服时佩戴，是一种身份标志。

② 据李德生统计，晚清民国的京剧旗装戏还有《送盒子》《混元盒》《官得福》《莲花塘》《思志诚》《奇巧循环报》《申氏》《罗刹海市》《珊瑚传》《难中福》《白莲寺》《爱国血》《孽海花》等等。参见李德生《梨花一枝春带雨：说不尽的旗装戏》第一部分“旗装戏考 · 旦角独擅的旗装戏”，第34页。

③ 关于晚清《雁门关》及《探母回令》两剧的研究，参见海震《杨家将探母故事的形成及演变——以戏曲〈四郎探母〉、〈八郎探母〉为中心的探讨》（《戏曲研究》2010年第2期），郝成文《京剧〈四郎探母〉与〈雁门关〉之关系辨》（《戏曲艺术》2012年第1期），张春晓《两宋民族战争本事小说戏曲故事演变》（广州：暨南大学出版社，2013年）等相关论著。

④ 晚清八本《雁门关》和单本《探母回令》剧本，参见首都图书馆编《清车王府藏曲本》之《四郎回令全串贯》《四郎探母全串贯》（第6册第35—49页）、《雁门关总讲》（第7册第1—65页），北京：学苑出版社，2001年。

《雁门关》《探母回令》在创生初期都是老生戏,旦角戏份不甚重要。自四喜班名旦梅巧玲首创旗装扮相去《雁门关》《探母回令》之萧太后,萧太后一角才得凸显。梅巧玲(1842—1882),字慧仙,号雪芬,江苏泰州人;人称"焦园居士",自号"梅道人";所居堂号"景和",因之又有"景和堂主人"之称。梅巧玲是京剧创始时期著名的旦角演员,四大徽班之四喜班班主,京剧花旦行当的奠基人,名列"同光十三绝"。他有着深厚的昆腔功底和全面的艺术素养,能戏相当之多,并且有着高妙的艺术品格与积极的开拓精神。由于身材丰腴(人称"胖巧玲"),扮相不够俊美,梅巧玲潜心研磨演技气质,精细雕琢本行当艺术,取得了相当高的声誉。

梅巧玲为塑造萧太后的艺术形象,花费了不少心思气力。首先是造型扮相,由于萧太后的契丹族裔和女主地位,梅巧玲感到用传统戏装难于传神,与宋军主帅佘太君也不足区分;他因"与各邸第并内府显宦交游",受到启发,"故创宫装"①,着旗装、戴钿子、穿旗鞋,借满洲旗人贵妇装束以表现萧太后特殊的身份气度,一经推出即引起轰动。更复杂的是表演问题:由于"萧太后这角色身份特殊,青衣应工嫌太过于板正,且剧中的萧太后并不是以唱功为主;以花旦饰演又容易流于轻浮,缺少女皇身份必不可少的威严和端庄;老旦则又少了英气与政治家应有的胆略,且神情过于老迈"②,梅巧玲最终决定打破行当限制,从剧情人物出发,自主选择京剧现有艺术体系中合适的表演程式,"把旦角家门的不同行当之不同特点及不同之表现功能溶[熔]于一炉,又跨行当借鉴'王帽'老生的某些表演程式,熔铸,提炼,融会贯通,遂形成肖[萧]太后之富有王者气派的身段动作和极富女性美的吴语念白;于是便由此进而构成独特的舞台艺术形象"。最后完成的萧太后一角的表演体系,"其基本架构则为青衣、刀马旦以及王帽老生行当的'三合一'"③;这样精妙到位的表演手法,与梅巧玲雍容华贵的个人形象气度相得益

---

① 清逸居士:《旗装戏考》,《国剧画报》第1卷第36期《旗装专号(二)》(1932年9月23日)。

② 康静:《"同光十三绝"研究》,苏州大学戏剧戏曲学专业2010年硕士学位论文,第33页。

③ 于质彬:《开拓者的艺术——京剧花旦开山祖梅巧玲简论》,《艺术百家》1993年第1期。

彰，于是一个"胸怀文韬武略、统率铁骑、亲临战阵"，"智慧深沉、雍容严肃"[①]的少数民族女主形象便塑造成功了。

梅巧玲所塑造的《雁门关》《探母回令》中的萧太后形象，无论在造型扮相还是表演艺术方面，都属于京剧行当艺术史上的"创格"之作——不但为后世辽宋故事剧中萧太后的基本形象定下圭臬，也开创了以旗装扮相塑造少数民族妇女形象的传统；更重要的是从内部打通了京剧各子行当艺术之间的壁垒，表现出在塑造人物形象上既遵传统法度又能灵活运用程式的精神，因而得到业内外的一致肯定。《同光朝名伶十三绝传略》叙其演出盛况：

梅巧玲去"萧太后"相

> 妆雁门关之萧银宗，所着冠服，皆为满族福晋品级服色，首冠珠钿，步摇双插，璎珞覆面，身着八团女褂，项缀朝珠，足踏花盆底女舄。每值绣帘一揭，巧玲左捻佛头右撷采帕，款步而出，金容满月，玉树临风，庄严妙相，四肢百骸无不具贵妇风范，四座惊眵，一时肃然，能使一戏视听，不趋于公主粉侯，而专归太后，亦云盛矣。[②]

《雁门关》和《探母回令》，由此成为四喜班的看家剧目；四喜班因之声势大震，成为京师仅次于三庆班的皮黄第二大班。梅巧玲去萧太后的扮相，也被定格在清代画家沈蓉圃所绘《同光十三绝》画卷中。

---

① 出处同前二文。

② 朱书绅：《同光朝名伶十三绝传略》，学苑出版社编：《民国京昆史料丛书》第一辑，北京：学苑出版社，2008 年，第 319—320 页。

沈蓉圃绘《同光十三绝》梅巧玲部分

梅巧玲所创之旦角旗装戏，不但开拓了京剧行当和表演艺术，也在京剧的“老生时代”掀起一股旦角戏的热潮，使得旗装的“萧太后”风靡京师，《雁门关》和《探母回令》因而成为京剧旦行艺术史上的经典之作，经年上演不衰。在梅巧玲同时或稍后，擅演《雁门关》或《探母回令》萧太后一角的，就有名花旦杨朵仙①、李宝琴②等人；但他们多效仿梅巧玲路数，影响未超过创始者。到旦行新秀、三庆班名青衣陈德霖搬演《雁门关》及《探母回令》，“萧太后”这一角色的艺术形象得到了提升和再创造。

陈德霖（1862—1930），字麓畊，号漱云、瘦云，小名石头，原籍山东黄县，为汉军旗人。陈德霖是京剧旦行史上第一位艺术生命长久、影响深远的名角，是名副其实的“青衣泰斗”。他幼习昆腔，后入三庆班学京剧，文武昆乱不挡；加之天资优越，嗓音高亢刚亮，又精研咬字行腔，唱工卓绝，对青衣的唱腔艺术有着长足的推进，将旦角的唱工提升到新的境地。

---

① 杨朵仙（1891—1914），名桂云，字朵仙，号莲芬，安徽合肥人，“德春堂”主杨桂庆之子，清末著名花旦演员，尤擅《翠屏山》《双钉记》《双铃记》等刺杀旦剧目；乃名琴师杨宝忠、名老生杨宝森之祖父。

② 李宝琴（1867—1935），初字小华，后改玉珊，河北沧州人，名花旦孙彩珠之入室弟子；因身材丰腴，气度雍容，外号“胖宝琴”。与名丑刘赶三合作颇多，擅旗装戏《雁门关》《珠帘寨》《探亲》等剧。

1890年,成为京城旦行翘楚的陈德霖入选升平署,进清宫承差,颇得慈禧赏识。庚子后,陈德霖在宫中搬演《雁门关》《四郎探母》,去萧太后。为了翻新出彩,他运用自己的行当优势,为萧太后增加唱工、革新唱腔,使其戏份愈发突出重要。此外,还在表演上着意经营,巧妙地将自己多年承差宫中所见的慈禧太后之身姿、步法、神态等日常细节,模仿化用到萧太后的角色里,使得辽邦女主萧太后的舞台形象得到更多实地的宫廷素材:“道白斩钉截铁,气象雍容华贵,活画出一位手握兵权之辣手老妇”①;“回令时升帐欲斩四郎之作白,以其斩钉截铁、声色俱厉之态度,他伶万不能效颦”②。

陈德霖去“萧太后”相

如此贴近现实的演绎,无疑在当时的清宫产生了巨大的反响:慈禧心中大悦,对陈德霖褒奖有加,对“萧太后”一角也愈发喜爱和认同,移情投射愈重,以至下旨将演绎辽宋故事的清宫大戏《昭代箫韶》从昆腔改编为皮黄(以陈德霖为主要编排者),进一步自我标榜。在宫中得到殊荣后,陈德霖声名日噪;他在宫外贴演《雁门关》《四郎探母》也照宫内演法,不但演唱新腔,更向京城观众展示慈禧太后的身姿气派。于是在这样的机遇下,陈德霖引发强烈的市场效应,其所加工创造的萧太后路数亦取得了当时的“正宗”地位,被认为“萧太后一角,则非石头不

① 张聊公:《天津水灾义务戏(民六)》,张聊公:《听歌想影录》,天津:天津书局,1941年,第93页。

② 张聊公:《观剧杂话》,《听歌想影录》,第196页。

可,使他人为之,黯然无色矣”①。久之,甚至超过了原创者梅巧玲的影响,成为新的经典,得到效法传承。自此,《雁门关》《四郎探母》萧太后一角便从花旦应工变为青衣应工,开启了正工青衣去萧太后的新传统。②

同样是对“萧太后”的演绎,如果说花旦始祖梅巧玲奠定了角色的基本形象与表演路数,青衣泰斗陈德霖突出了唱工唱腔,并借机缘将《雁门关》和《探母回令》两剧推到艺术与市场的高峰,那么后起之秀王瑶卿——一位综合青衣与花旦特长、集前辈之大成于一身的优秀旦行演员,则进一步深挖人物心理,雕琢表演细节,给“萧太后”一角带来了一些新的变化。

王瑶卿(1881—1954),原名瑞臻,字稚庭,号菊痴,艺名瑶卿,斋号“古瑁轩”;祖籍江苏清江,名昆旦王彩琳(绚云)之子。幼习武旦,因腰部受伤而改青衣,兼习刀马旦,是旦行乃至整个京剧界不可多得的全能型人才。他天资聪颖,业余对书画文玩涉猎丰富,艺术涵养极其深厚,革新精神与胆魄无人能及,又广收弟子遍传技艺,被誉为梨园“通天教主”。

王瑶卿年轻时嗓音宽亮温润,唱腔婉转动听,表演细腻传神,不但身段丰富、表情生动,更重要的是懂得揣摩剧情和人物心理,讲究“心戏”,注重“书情戏理”,表演十分精彩,演技尤一时无两。因此选入升平署,“入宫充供奉,尤得两宫眷顾,恩遇尝迈伦辈,更以时入禁闱,帘幕不隔,声音笑貌服饰冠裳各皆历历心目中,且又时近满洲贵邸,熟其气度,于以状饰旗族贵妇为绝”③。其所去《雁门关》与《探母回令》之萧太后,集前辈梅巧玲、陈德霖之大成,唱作俱佳又有自家面目,遂冠绝一时,成为新的典范,不但得到清廷赞赏,亦得后世传承。

除了进一步发展萧太后一角的艺术形象,王瑶卿对《雁门关》《探母回

① 张聊公:《观剧杂话》,《听歌想影录》,第196页。

② 陈德霖对“萧太后”艺术形象的继承发展,参见齐如山《谈四脚:谈陈德林》,《齐如山文集·京剧之变迁》,沈阳:辽宁教育出版社,2008年。关于清廷大戏《昭代箫韶》从昆腔到皮黄的具体编演情形,参见郝成文《〈昭代箫韶〉研究》,山西师范大学戏剧戏曲学专业2012年博士论文。关于陈德霖对京剧青衣艺术的贡献,参见刘汭屿《京剧青衣时代的奠定——陈德霖与晚清京师徽班旦行的变革》,《戏曲研究》2018年第2期。

③ 朱书绅:《同光朝名伶十三绝传略》,《民国京昆史料丛书》第一辑,第354页。

令》两剧中的辽国公主碧莲、青莲、铁镜三位年轻女性形象的塑造,亦作出巨大贡献:《雁门关》《探母回令》中的辽国公主,虽然承载了激烈的戏剧冲突和饱满的情感张力,在梅巧玲至陈德霖的时代却始终不占主角,不算正戏。究其原因,并不是前辈名旦们不识戏眼,而是现实障碍难以跨越——碧莲、青莲、铁镜三位公主在戏中不像萧太后一样戴钿子,而是梳“两把头”①,且满头装饰,发式复杂,难度颇大;戏班中人不明就里,始终梳不得法,一时竟成“技术难题”,只好每每潦草敷衍。② 于是堂堂辽国公主一直委屈做配角,由二路旦角饰演,地位甚至低于四郎、八郎的原配夫人。

王瑶卿去“辽公主”相

王瑶卿有心,遂借内府走动之便,专门向满洲皇亲贵妇讨教了当时时新的两把头——“大拉翅”的梳法,让自己的梳头伙计学会,京城戏班旗装公

① “两把头”是满洲妇女常见发式,最初为配合戴钿子设计,后来发展为独立发式。其原理是将头发自头顶平分两绺,以一支长扁发簪(扁方)为支架,左右缠结成一字平髻,再用发簪固定,略类汉族少女之抓髻。像这样梳成的发髻体积较小、质地较松散,一般只能插戴鲜花绒花,不能承重,称为“小两把头”。乾隆末道光初,发展为在头上戴发座发架,将头发(或加入假发)绾成位置更高体积更大、更紧实牢固的髻子,以插戴金银珠翠等繁丽发饰,称为“大两把头”(亦即“架子头”)。到慈禧晚年,由于头发脱落难于成髻,遂发明模仿“架子头”形状、直接戴在头上的黑色扇形发冠(金属骨架、布胎锻面),真发则在头顶梳成小圆髻,用于佩戴和固定发座发冠。此种缎发冠高可达一尺,满缀珠翠,富丽美观又摘戴方便,称为“大拉翅”,是为满洲妇女“两把头”发式的最终衍化形式。

② 清逸居士《旗装戏考》载:“因昔年戏班中扮旗装梳两把头,不得样,故当日凡笑旗人家妇女两把头梳不好,皆谓之‘探母公主的头’……后自王瑶卿在福寿班时,始将旗头梳好。”(《国剧画报》第1卷第36期《旗装专号[二]》[1932年9月23日])。

主的发型于是终于研制成功,形象大放光彩。[①] 王瑶卿此举,不但确定了《探母回令》中铁镜公主的扮相(标志性“大拉翅”及“三花”),更大大提升了《探母·坐宫》(铁镜公主与杨四郎对坐宫中互诉心事)一折在整剧中的地位,并经常贴演,使得铁镜公主唱腔不断增加、表演愈发讲究[②],戏份越来越重,逐渐成为风靡全国的热门戏(时谚称“探不完的母,坐不完的宫”),不但是旗装戏,也成了整个京剧骨子老戏中的经典。而这样成功的经验,也为王瑶卿创造其他旗装旦角形象提供了便利。

二、划时代的《梅玉配》

王瑶卿既有不错的嗓音唱工,又有出色的表演能力,照理说是可以像前辈名旦余紫云[③]那样多少跨越行当限制、兼而出演青衣与花旦的。然而在当时,京剧旦行除了青衣,其他花旦、刀马旦、武旦演员例须踩跷,便是不容挑战的行规——没有跷工,就动不了花旦戏。[④] 而王瑶卿自幼年初习武旦受伤起,便放弃了整套跷功的练习,因此无缘花旦角色,只能在传统

① 参见李德生《梨花一枝春带雨:说不尽的旗装戏》第二部分“擅演旗装戏的歌郎们·通天教主王瑶卿”中王瑶卿秘书田淞的回忆,第96—98页。

② 如铁镜公主的步法是外八字脚步,小臂随步自然甩动,手向外撇,腰背立直同时注意脖子的角度(保持旗头端正);日常见礼则是“摸头翅儿”,微微侧身单举右手,手背朝人,以中指触碰自己旗头所插之耳挖子。这些姿态礼节的根据都来自清宫实况,参见王瑶卿大弟子、中国戏曲学院程玉菁“说《四郎探母》”教学录像。

③ 余紫云(1855—1899),原名金梁,字砚芳(一说艳芬),又字昭儿,堂号“胜春”;湖北罗田人,名老生余三胜之子,梅巧玲入室弟子,曾掌四喜班掌班,亦位列“同光十三绝”。余紫云兼擅青衣与花旦两行,唱做俱佳,跷工亦善,技艺十分全面;能打破行当界限,综合运用青衣与花旦的表演技巧塑造人物(如二本《虹霓关》的丫鬟一角),在当时独具一格,被誉为“花衫”行当的先驱者。

④ 王瑶卿之前的晚清京剧旦行名角演花旦戏不踩跷的,有记载的大约只有梅巧玲(及其子梅竹芬);原因可能是他最初出身昆腔科班(昆腔旦角不踩跷),且身材肥胖不宜踩跷。参见黄育馥《京剧·跷和中国的性别关系(1902—1937)》第五章“跷的废弃:王瑶卿对《儿女英雄传》的改革”,北京:生活·读书·新知三联书店,1998年,第69—70页。关于京剧花旦艺术的发展沿革,参见刘汭屿《晚清直隶梆子与京剧花旦艺术》,《文艺研究》2018年第5期。

青衣戏中,比较节制地发挥表演才能①;再就是在《雁门关》《探母回令》之类介于传统青衣与花旦之间的旗装戏中,潜心打磨细节演技,以过做工之"瘾"了。

光绪乙巳年(1905),王瑶卿所搭之福寿班报散,转搭谭鑫培所领之同庆班,开始了与"后三鼎甲"之首谭鑫培的亲密合作,珠联璧合,艺术得到极大滋养,功力突飞猛进。两人所演生旦"对儿戏",有《戏妻》《寄子》《汾河湾》《赶三关》《跑坡》《牧羊圈》《打渔杀家》《宝莲灯》《探母回令》《斩子》《南天门》《法门寺》《战蒲关》《御亭碑》②等数十出之多。由于做工表演出色,谭鑫培屡次提议王瑶卿为之配演花旦,均被瑶卿拒绝——跷工,始终是王瑶卿涉猎传统花旦戏的障碍,也几乎成了他的一块心病。直到造型改良的《探母》公主戏越来越火,王瑶卿终于从中得到启发:既然旦行既有子行当和传统剧目壁垒森严,那么作为旦行"另类"的旗装戏,正好绕开屏障"曲线救国"。而老戏《雁门关》《探母》的创作空间已经有限,当务之急是推出旗装新戏,尤其是带有喜剧意味的、强调做工表演的戏。鉴于当时完全原创编写新戏的条件、力量、风气都尚不足够,王瑶卿遂决定从近边其他剧种移植改编,最后将目光锁定于四喜班的昆腔兼吹腔老戏《梅玉配》。

《梅玉配》(一名《柜中缘》)原为清代传奇,作者姓名已佚。叙明朝四川举子徐廷梅赴京应试途中落难,为京都客店黄婆收留。徐廷梅赴庙求签,偶遇吏部尚书苏旭之妹苏玉莲,一见钟情,并于苏小姐临去时拾得其绣帕,回店遂生相思病。黄婆得知后愿出力相帮,遂借卖珠花之名入苏府探询,迫使玉莲应允与徐廷梅约见。其时玉莲已许字周知府之子琪芳,黄婆遂趁周府过礼之日,引徐廷梅混入苏府见玉莲并还帕,却意外被困在玉莲闺房。玉莲无奈将徐廷梅锁入衣柜,每日供食,二人守礼不相犯;但玉莲神思焦愁举

---

① 如《武家坡》王宝钏"跑坡"的水袖步法,《汾河湾》柳迎春进窑的身段,《失子惊疯》胡氏的疯癫步法和袖舞,《长坂坡》糜夫人的"跑箭""脱帔"等等。参见董维贤《京剧流派》第二章"旦行"之"青衣花旦·王瑶卿",北京:中国戏剧出版社,2006年,第128页。

② 参见陈墨香《观剧生活素描》第二部,潘镜芙、陈墨香:《梨园外史》附录,北京:宝文堂书店,1989年,第398页。

止反常,终令其嫂韩翠珠起疑。韩翠珠借故访小姑闺房,当场识破柜中玄机,徐廷梅与苏玉莲跪陈因由,求其宽释。韩翠珠心生怜悯,思忖之后,决意成全小姑及徐生,遂传黄婆上门,斥责之后与其定计,令其将玉莲、廷梅认作干儿女,趁夜带二人出逃;自己则纵火焚玉莲闺房,假作玉莲被烧死,以塞责周家婚约。恰周琪芳因作恶多端暴毙,婚事遂罢。其后徐廷梅入试,得中高魁,归拜主考苏旭。韩翠珠暗中窥探师生言谈,验其为柜中徐生,遂接来黄婆及玉莲,促使廷梅与玉莲成婚,阖家团圆。①

作为传奇昆腔剧本的《梅玉配》在诞生之后,因昆腔式微,并未在昆班中得到充分演绎。到四大徽班驻京,昆腔化入徽班艺术熔炉,《梅玉配》也被改编,杂糅花部唱腔,成为昆腔、吹腔、秦腔等诸腔交织杂奏的剧本,才出现在京师戏曲舞台。② 四喜班曾以之为连台本戏,梅巧玲去苏少夫人韩翠珠,号称独家,《群芳谱》《都门纪略》等清代笔记中都有叙及;其后由余紫云继承,上演不衰,韩翠珠遂成为徽班花旦的经典角色之一。

为了重新搬演《梅玉配》,王瑶卿委托旗籍票友松茂如③将四喜班旧本《梅玉配》改编为完全的皮黄格式,分为《降香》《遗帕》《索帕》《识破》《放逃》《灭迹》《荣归》《团圆》八本(实际长度约相当于四本)④,于1905年下半

① 参见曾白融主编《京剧剧目辞典·明代题材·梅玉配》,北京:中国戏剧出版社,1989年,第931页。

② 清车王府藏有抄于同光年间的《梅玉配》剧本(见刘烈茂等整理《车王府曲本选》,广州:中山大学出版社,1990年,第233—381页),为昆腔、吹腔、梆子等诸腔杂奏本(其中偶有西皮腔),应是传奇昆腔本向花部衍化的过渡形态。参见康保成、黎国韬《晚清北京剧坛的昆乱消长与昆乱交融——以车王府曲本为中心》一文对车王府藏《梅玉配》唱腔格式的分析,《京剧的历史、现状与未来暨京剧学学科建设学术研讨会论文集》上册,北京:中国戏曲学院研究所,2005年,第199—200页。

③ 松茂如简介如下:"松茂如,旗人。初为票友,后入梨园,习小生,不甚著名。魏家胡同戏馆成立,茂如作后台管事。时王瑶青年尚少,亦此班人材,松因出入其家。瑶青入同庆部,改《梅玉配》为纯粹皮黄,而不依四喜部昆乱合作老例。其造句,即出茂如之手。茂如年几八十卒。"(吉水:《近百年来皮黄剧本作家》,《剧学月刊》第三卷第10期,1934年,第11页)

④ 愚翁:《不为沪人注意的梅玉配》(上),《戏剧春秋》第25期,1943年,第1页。

年在中和园推出[①];王瑶卿去苏少夫人韩翠珠,郭际湘去黄婆,德珺如去小生徐廷梅,苏小姐玉莲则由二路旦角去之,大获成功。

松茂如、王瑶卿版的《梅玉配》除了全用皮黄演唱外,进一步加重了苏少夫人韩翠珠的戏份,将全剧的重心由徐廷梅与苏玉莲的爱情经历转移到苏家的家庭伦理关系。而最重要的改编,就是将原本明代题材的故事改换到清代,并将韩翠珠的身份设定为旗籍——着旗装、梳旗头、穿旗鞋,俨然旗人命妇,同时借由苏府上下人员,呈现晚清旗人贵族家庭的日常生活图景。[②] 这样的处理,令"才子佳人"的爱情线索居于次位,而强调由青年自由恋爱引发的旗籍士绅家庭危机及其处理,使得《梅玉配》成为一部颇具意味的"家庭伦理剧"。至于王瑶卿饰演的旗籍少妇韩翠珠,既有一家之主的精干气派,又有对小姑的真切爱护,同时在丈夫面前又尽显泼辣风趣,形象设定十分生动讨喜。

在角色的具体演绎上,王瑶卿进一步发展《雁门关》《四郎探母》的旗装旦角表演路数,解放程式,大胆发挥,以口语化的京白、生活化的动作、细腻传神的表情神韵,再配上精巧富丽的时装(旗头、旗装)扮相,将韩翠珠刻画得鲜活动人。时人评论"瑶卿演此,气派固不论矣,其演技亦自属精深"[③],举动做派一如当时京城旗籍贵家少妇,令观众大饱眼福。

---

① 王瑶卿《梅玉配》的确切首演时间暂存争议。查《申报》戏单广告,上海戏园对"传统版"(昆腔、吹腔、梆子等诸腔杂奏)的《梅玉配》的演出,从1875年1月(丹桂茶园)持续至1905年6月(天仙茶园),其后数年不见踪影,可能即受北京王瑶卿改编皮黄本《梅玉配》风行之影响。直至1913年11月,海派京剧名旦冯子和在共和中舞台推出"新排改良艳情好戏"《梅玉配》(可能效仿王瑶卿皮黄版《梅玉配》),《梅玉配》一剧才重回上海舞台。其后1920年代,王瑶卿亦携其《梅玉配》南下上海演出,反响亦佳。

② 《侠公谈剧:梅玉配戏中之周仲书》曾述及:"《梅玉配》分四本,原吹腔戏,通场不加皮簧;由老票友松茂如改翻,交王瑶卿在中和首次演唱时,王饰苏夫人韩翠珠,其弟子狄畹龄配苏玉莲,及德珺如徐廷梅,郭际湘黄婆,冯金寿周仲书,为翻皮簧改旗装之始。是时苏玉莲梳大头,不扮旗装,迨王蕙芳偕荣蝶仙在丹桂演此,两人均梳两把头,较王演变化,迄今靡不效法。"(《立言画刊》1939年第46期,第7页)事实上,自王瑶卿皮黄旗装版《梅玉配》走红之后,后续效仿者不但为苏小姐玉莲扮上旗装,还为其增加了唱词,使其戏份与苏少夫人韩玉珠相当甚至超越,如四大名旦中梅兰芳、程砚秋、尚小云演《梅玉配》都去苏玉莲,以之为女主角。

③ 愚翁:《不为沪人注意的梅玉配》(下),《戏剧春秋》第27期,1943年,第1页。

例如“识破讯情”一场,韩翠珠经丫鬟提醒,发现小妹玉莲闺房衣柜中已经躲藏几日的徐廷梅之后,“一副大惊失色后姑作镇定之神情……审问徐梅庭[廷梅]底蕴一节,忽怒忽嗔,足称声容并茂。成全玉莲名节,极[及]救徐生之性命,其胸怀磊落之表情,台下座客无不为之感动”①。高潮迭起张力十足,人物情绪心理层层推进,剧情精彩纷呈。而韩翠珠的性情气度,也在这场紧张的戏剧冲突中表现得淋漓尽致:尽管她对小姑私会书生之事亦感不满,对徐廷梅滞留苏府进退两难的情况亦觉棘手,但更多是同情关切玉莲的感受和处境,因而开明大度,极有担当;同时又不失长嫂身份,震惊思忖之余,亦不忘训诫二人:“怪不得终日家总是愁眉不展的,敢则你这儿窝着这么块私货哪!”②“好,这才是念书人的心胸哪!”③既心疼不忍,又嘲讽嗔怪,分寸拿捏恰切。不仅如此,还几番拿徐廷梅的举子身份揶揄开玩笑:“幸亏你是‘橘子’,要是苹果,还捂烂了呢!”④“倒是举子,会钻号筒。”⑤明快爽朗,令人发噱。这样自然又贴切的科诨,一方面调侃安抚了一对惊惶窘迫的小儿女,一方面又调节了整场戏的节奏气氛,深得喜剧三昧。

而在“追情定计”一场中,韩翠珠传讯斥责黄婆,则完全是当家主母对“奸巧”仆妇的威严怒气,言语犀利尖锐又义正词严:

> 好个大胆的黄婆。你时常来到我府,因你是个女流之辈,并且往日间看你行动,倒有些忠厚正直的意思,故而由你出入自便,并无阻挡。你不该借事生端,私行引诱千金小姐,暗地勾串外姓男子,乱我门庭。你这个东西,该当何罪!

两段唱也是锋芒毕露,铿锵有力:“骂声贱婢太欺心,引诱闺阁女钗裙。送到当官把罪问,王法条条不容情”;“我家待你恩情重,不该暗起害人心。借

① 愚翁:《不为沪人注意的梅玉配》(下),《戏剧春秋》第27期,1943年,第1页。

② 北京市戏曲编导委员会:《京剧汇编第十五集:梅玉配》(根据程玉菁藏本整理),北京:北京出版社,1957年,第71页。

③ 同上书,第70页。

④ 同上书,第69页。

⑤ 同上书,第72页。

事生端来勾引,此事应当怎样行?"[1]一通责难威吓过后,再与黄婆道出所定计策,软硬兼施,要求其为事件负责,带领小妹及徐生出逃,黄婆也就无有不允、尽心竭力了。

至于"设计放逃"一场的放火烧房,则动作性十足。从王派流传剧本的舞台提示"五更。韩翠珠'挖门'。放火介。牌子"[2],可知这一场在锣鼓点中紧张繁密的身段动作,尤其是穿花盆底旗鞋的独特步法,是全剧的彩声亮点处。王瑶卿演至此,"向例卸去两把头,只存旗头座于顶上,深合晚装情景。况私自放走小姐,在匆忙慌乱之际,当然不能衣装齐整"[3];"下钥闭门纵火灭迹诸节,稳练之中而极见细腻,认真之处,而毫不做作。描摹有见识、有胆略、义勇兼具一位贤慧少妇,不能见诸第二人也"[4]。事实上,整部《梅玉配》的编排表演都贯彻了这样注重动作性的特点,因此有论者认为,松茂如、王瑶卿版的《梅玉配》"在大量的删去旧本那些叙述性描写的同时,根据故事情节和人物性格的需要,加强了对剧中人物在行为动作上的设计。说唱对话的减少,视觉形象的加强,使京剧剧本既精炼,又富于形象化,大大提高了演出效果"[5]。

其他经典桥段,如徐廷梅中状元之后"过府拜谒"房师苏旭的一场,则是大事已定之后的轻松欢畅了。韩翠珠背后探听调笑,几次打断师生晤谈,把丈夫支使得团团转,充分展示了戏园观众喜闻乐见的"严妻憨夫"模式,谐趣满满喜庆热闹,成为颇受欢迎的一折玩笑戏,在堂会演出上常常被单点上演。

当时在同庆班与王瑶卿《梅玉配》大约同时排演的,还有老生李鑫甫演绎宋代澶渊之盟的历史剧《孤注功》,但二者的反响迥别:

---

① 北京市戏曲编导委员会:《京剧汇编第十五集:梅玉配》(根据程玉菁藏本整理),北京:北京出版社,1957年,第89—90页。

② 同上书,第106页。

③ 松声:《梅玉配观后记》,《三六九画报》第16期,1942年,第23页。

④ 愚翁:《不为沪人注意的梅玉配》(下),《戏剧春秋》第27期,1943年,第1页。

⑤ 苏移:《京剧发展史略》第七章"演出剧目与剧作家",北京:北京燕山出版社,2013年,第313页。

> 瑶卿的《梅玉配》,李鑫甫的《孤注功》,都是一年排出来的……《梅玉配》大红大紫,《孤注功》算是白饶。旦角压倒老生,这便是先例。本戏材料,男女香艳事迹,胜似军国大事,这也是榜样。寇莱公没干过苏少夫人,李老四轮[输]给王瑶卿了。瑶卿演唱近乎花旦的玩艺,这是个起点。①

京剧的老生行当,几乎是伴随作为新兴剧种的京剧艺术一同崛起。自道咸年间"前三鼎甲"余三胜、张二奎、程长庚确立老生地位,同光年间"后三鼎甲"谭鑫培、汪桂芬、孙菊仙将老生艺术推向巅峰,老生牢牢占据京剧行当艺术的核心,旦角无论从技艺、品格、影响力都无法与之匹敌,半个世纪以来一直居于次位。梅巧玲创格的旗装戏则是一股"新风",打破了老生垄断剧坛的局面,贡献出优异的旗装旦角剧目及形象,使得旦角戏在艺术和市场上首次有了与老生相抗衡的资本,树立了良好的口碑。梅巧玲开创的"旗装传统"经由陈德霖传至王瑶卿,具体之于新编戏《梅玉配》,则可算是京剧旗装旦角戏的丰收时节了。王瑶卿的《梅玉配》不但达到京剧旦行艺术的高峰,成为沟通连接青衣与花旦行当的桥梁,同时也是旦角戏胜过老生戏的伊始,预示了新时代的到来。

三、花衫开山《儿女英雄传》

《梅玉配》的改编成功,给了王瑶卿进一步涉猎改革做工戏的信心。这一次,他试着摆脱对旗鞋旗服行头实物的倚重,将目光投向了一部有些特殊的"旗装戏"——事实上属于武旦应工的晚清新编戏《儿女英雄传》。

京剧《儿女英雄传》,是晚清名士李毓如②根据文康之白话小说和梆子

① 陈墨香:《观剧生活素描》第二部,潘镜芙、陈墨香:《梨园外史》附录,第 399 页。

② 李毓如(?),名钟豫,号江淮散人,因眇一目,又号了然先生;江苏扬州人,同光年间著名书画家及剧作家。代表作有《儿女英雄传》《十粒金丹》《粉妆楼》《荡寇除奸》《龙马姻缘》等;所编剧本故事繁复、情节曲折、结构紧密,用词错落多变,并能因人设剧,因而颇受欢迎。

剧目，为福寿班班主、名武旦余玉琴[1]量身定做的新编戏。因剧中主要人物身份都是旗籍，部分旦角有旗装扮相（如安学海之妻安太太饰演者李宝琴，即以旗人命妇形象出现，甚是尊贵大气），因此亦属晚清旗装戏一员。

由于余玉琴有着高超的跷功和武艺，因此福寿班《儿女英雄传》的排演，着力展现余的跷功[2]，同时穿插不少专属武旦的高难特技[3]，表演颇为惊险精彩。因此，1893年《儿女英雄传》在崇文门外广兴园首演即大获成功，《儿女英雄传》成为福寿班拿手好戏，余玉琴的"十三妹"也成为当时京剧武旦行当的经典角色。至于王瑶卿，少年搭班福寿班时，亦曾参与《儿女英雄传》的演出，为余玉琴配张金凤；但他十分喜欢"十三妹"这个侠女形象，也目睹了《儿女英雄传》的演出盛况，心中颇有触动，留下了深刻的情结。

1909年，王瑶卿因与谭鑫培失和，离开同庆班，转入东安市场丹桂茶园，挂头牌唱大轴，是为京剧旦角在京挑班之起点。[4] 成为领班的王瑶卿获得更多自主权，于是在丹桂推出一系列旦角戏，其中就包括《儿女英雄传》中经典的《悦来店》《能仁寺》两折——然而是出演主角"十三妹"何玉凤，而非以往的配角张金凤，引起轰动。其后1911年，王瑶卿转入西珠市口北文明茶园（北京首个卖女座的戏园），又进一步推出全本的《儿女英雄传》，将"十三妹"一演到底。[5]

---

① 余玉琴（1868—1939），谱名润卿，字兰芬，号红霞，小名庄儿；安庆潜山人，著名武旦及花旦演员，跷工及武艺卓绝。自幼随父在江南学艺，后于上海出台；二十岁入京，先搭四喜班，后自组福寿班。其表演风格妍媚，艺术上文武贯通，自成一派，将武旦与花旦的表演路数融合，开创壮大刀马旦新行当，在京剧武旦艺术史上颇有影响。

② 余玉琴版"十三妹"踩跷的安排，符合小说原著的描写：出身满洲镶红旗的文康由于对汉族女子"三寸金莲"的迷恋，在小说中将汉军旗少女何玉凤设计为缠足形象——虽裹着民间小脚却武艺高强的旗籍侠女。这样的设定虽然多少脱离了生活现实，却为京剧舞台的呈现提供了"合法依据"。

③ 如在《能仁寺》一折中拿顶筋斗翻桌越墙、上栏杆"倒挂金钟"射弹弓等，参见黄育馥《京剧·跷和中国的性别关系（1902—1937）》第五章"跷的废弃：王瑶卿对《儿女英雄传》的改革"，第75—77页。

④ 陈墨香：《观剧生活素描》第二部，潘镜芙、陈墨香：《梨园外史》附录，第404页。

⑤ 王瑶卿搬演《儿女英雄传》"十三妹"一角的具体经过，参见黄育馥《京剧·跷和中国的性别关系（1902—1937）》第五章"跷的废弃：王瑶卿对《儿女英雄传》的改革"，第79—88页，以及书末附录王瑶卿侄孙王荣增来信。

王瑶卿版的《儿女英雄传》基本遵照李毓如的剧本，但却绕开余玉琴的演绎，结合自己的专长，按照剧情与人物个性，重新设计“十三妹”形象。余、王版本的“十三妹”扮相及表演，其区别改动大致如下①：

	余玉琴	王瑶卿
服饰扮相	打衣扎脚裤，外罩花旦裤袄（淡青色），腰巾（白色），绸子包头；背弹弓，挎腰刀	战裙战袄、面牌，腰巾，生角风帽（全身大红，与小说原著第六回十三妹之服饰颜色相近）；挎弹囊，背刀弓，执青丝马鞭（“乌云盖雪”驴儿）；眉间点朱砂红痣
戏鞋	木制跷鞋	红色绣花小蛮靴
步法	踩跷小碎步，站立时踏步或双脚紧靠	配合平底靴的大脚步，站立用丁字步（借鉴生角）
特技	拿顶筋斗、上栏杆倒挂金钟等	无高难特技，武打重功架，偏于刀马旦
念白	寻常京白	王派“京韵白”
演技	做工略粗，不甚讲究表情演技	做工细腻，表情传神，人、戏合一，人物形象丰满动人
行当	武旦	刀马花衫（被视作花衫开山之作）

由上表可见，在人物的服饰扮相上，王瑶卿完全改掉了余玉琴的普通花旦扮相，让丧父丁忧的十三妹着大红战裙战袄、扎红腰巾、插红面牌、戴红风帽，身上的弹囊、弓背、刀鞘也都是红的，眉间还点一颗朱砂红痣，浑身火红炽烈，似一株“出水红莲”，“不妖不艳，亭亭玉立，恰是一个英姿飒爽的刚烈女侠模样”②。如此精心的设计，不但视觉上光彩夺目，而且“以喜遮忧”，极富张力，体现出人物精神上的负重感，把十三妹那份身负重仇、饱经风霜以至有些与世决绝的悲愤，用浪漫而直观的方式呈现出来，让人一眼即窥见其神韵，同时奠定了全剧壮美热烈的基调。如此新奇大胆的创意，令人不得不佩服王瑶卿的艺术品位，以及对人物的理解深度。

---

① 下表参照黄育馥《京剧·跷和中国的性别关系（1902—1937）》第五章“跷的废弃：王瑶卿对《儿女英雄传》的改革”第83页表格，经笔者参考其他资料修改而成。

② 史若虚：《革新精进的先驱，继往开来的宗师——纪念王瑶卿先生诞辰一百周年》，史若虚、荀令香主编：《王瑶卿艺术评论集》，北京：中国戏剧出版社，1985年，第29页。

当然,王瑶卿版"十三妹"最重要最具争议的革新,就是废弃跷鞋,根据武生之薄底靴,为十三妹设计绣花的平底小蛮靴。这是自早期名旦梅巧玲之后,晚清京剧艺术舞台上首次出现不踩跷的花旦/刀马旦,于是引发整个京师梨园的震动。身无跷功的王瑶卿,终于勇敢踏出这一步,在旗籍侠女十三妹的身上,实现了做工戏不踩跷的理想。穿靴的十三妹虽不合"行规",却在体格气质上更为刚健英武,人物形象因而更加饱满统一;由此所传达出的精神气韵及美感,与踩跷者不可同日而语。①

王瑶卿去"十三妹"何玉凤

戏曲演员脚底的戏鞋,不仅关乎角色扮相,更是身段表演的直接道具和根本支点——由木跷到平底靴的改革,从技术上撼动了武旦行当的根基,必然带来角色整个表演的改变。王瑶卿版十三妹在做工上,去掉了武旦过于繁难惊险的武功特技,武打动作讲究功架气势,向刀马旦方向靠拢;并适当引入武生步法,首创旦角的丁字步站姿。同时时刻注意姿态、表情、神韵,以花旦细腻演技出之,表演更趋生活化。比如十三妹上场的"趟马"和亮相,要求表现出一个"饱经风霜、隐居山林、伺机报仇的侠女"形象,"趟马出场亮相要走的'脆''帅'(也就是干净利落、节奏鲜明)。亮相的眼神又要运用刚健的'放神'(甩头,变脸,眼神快速地象箭离弓弦一样放出去,盯

---

① 关于踩跷与不踩跷的京剧旦角形象及美学与文化意涵的变化,参见黄育馥《京剧·跷和中国的性别关系(1902—1937)》第四章"跷的功能分析"和第六章"从跷看京剧中女性形象的变化"。

住目标),面部的神气要沉着、刚毅”①。至于十三妹手中象征其坐骑“乌云盖雪”驴儿的马鞭,用法也是十分精细巧妙,要求演员心中时刻想象一头真驴在旁,极尽“以物(鞭)状物(驴),以物(驴)衬情(人)”②之妙。

而到了悦来店准备试探安公子时,十三妹先在众人喧哗之中一力将石墩搬进安骥房间,继而反客为主,心安理得坐定屋中,一边抖弄后背刀柄上的绸子(正好垂落胸前),不耐烦地扇风歇息,一边冷眼打量安骥形状——这一系列搬石头、放石头、抖绸子、搬椅子、落腿坐定再抖绸子的动作,非常细腻传神。③ 十三妹如此潇洒豪放的做派,加上不露声色的表情与冷峻锐利的眼神,起到了极佳的威慑作用,顿时把呆憨幼稚的安骥吓得六神无主,跪地求饶,于是整场戏的喜剧感喷涌而出。

整部《儿女英雄传》念多唱少,“念工”颇重。但王瑶卿既不用端庄文雅的青衣韵白,也不用当时花旦(尤其是玩笑旦)嘴里流行的普通京白(偏口语化,口法不甚讲究),而是学习当时贵族旗人口语,精细雕琢咬字、发声、气口等细节,以艺术化的形式出之。这样设计的念白,出口呛辣又讲究,要求口齿伶俐吃劲、嘴皮子功夫了得,难度远甚于一般旦角念白。同时特别擅用“啊、呀、咦、呢、嘛、哦”等虚字,不但语气丰富韵律动人,语调亦宛转自然摇曳生姿。最重要的是紧密贴合戏中情境,配合身段表情,“注意把握住见义勇为的女英雄身份。何玉凤虽然年岁不大,但历经沧桑,待人接物,稳重成熟。她出身官宦人家,知书达礼,又闯荡江湖多时,在豪侠中要有书卷气,要区别于占山为王的女大王,当然更不能演成个女光棍”④。

---

① 荀令香:《姓名香馨满梨园——回忆王瑶卿先生》,《王瑶卿艺术评论集》,第 68 页。关于十三妹在《悦来店》中的做工、功架与表演路数,还可参见谢锐青《活用程式的典范——忆向王瑶卿老师学戏》(《王瑶卿艺术评论集》,第 203—204 页),谢锐青《向王瑶卿老师学〈十三妹〉(上)》(《戏剧报》1986 年第 10 期),以及冯海荣《由京剧〈十三妹〉看王(瑶卿)派表演特色及理念》(《戏曲艺术》2013 年第 1 期)三文中的具体记述。

② 彤马:《王瑶卿先生谈十三妹的“驴”》,《王瑶卿艺术评论集》,第 280 页。关于王瑶卿《儿女英雄传》中十三妹骑驴的详细身段表现,可参见此文。

③ 参见荀令香《姓名香馨满梨园——回忆王瑶卿先生》(《王瑶卿艺术评论集》,第 69—70 页)一文中,关于十三妹搬石墩进客房一系列身段的具体描刻。

④ 谢锐青:《向王瑶卿老师学〈十三妹〉(上)》,《戏剧报》1986 年第 10 期,第 48 页。

仍以《悦来店》为例。十三妹在安骥房内与他周旋盘问,安骥心中畏惧,想要掩瞒实情,却呆憨十足不会编谎,因此颠三倒四错漏百出,把十三妹惹得又气又恼又觉可笑,情绪变化与二人关系的张力,在对话的语音语调中表现得淋漓尽致:

> "这你是赏给我的?破费您了",这是带点阴碴的(话里有话,"我才不是为这俩钱来的哩"),声不能太高。下面的"哎呦,我当是怎么个人儿哪,敢情是个没出过远门的呆公子啊!"也要轻轻地念,不能大声喊叫。这是她心里的话,既觉得这公子呆得有点可笑,可又很同情他,因此自言自语……"呆公子"这三个字,一定要清楚。嘴皮子要有劲,声音要压低,但劲头不能低……要用丹田之气……"我瞧你呆头呆脑,性命眼前不保,还敢在我跟前抖机灵撒谎吗?"要快,但要一字一字吐清楚。[①]

整套念白轻重疾徐错落有致,抑扬顿挫声韵动人,因此明明是作为"散白"的京白却似被韵律化,有了很强的音乐性,于是被誉为"京韵白",成为王派京白的代表作,极大地推动了京剧旦行尤其是花旦念工的发展,开拓了旦行艺术对人物的表现手段,也使得类似身份与个性的旦角形象在此后得到了充分开发,王派"京韵白"从此在舞台上流传不绝。

时人评价王瑶卿的表演,"兼取花衫花旦刀马旦诸工演之,以意趣科白胜,意趣则流丽大方了无俗韵,科白则简洁清脆浑无点尘,虽片语数言亦能如哀梨并剪入耳醉心,偶作激昂亢爽之调,则又如铜琶铁板唱大江东去,元气浑沦局度高朗,斩钉截铁侠骨仙心"[②],"十三妹"就是其中典范。因此,王瑶卿版的《儿女英雄传》风靡京师大受欢迎,几乎完全取代了余玉琴的武旦版"十三妹"[③],成为"王派"传世经典剧目,在王瑶卿六十寿辰时,还成为弟

---

① 谢锐青:《活用程式的典范——忆向王瑶卿老师学戏》,《王瑶卿艺术评论集》,第204页。关于十三妹在《悦来店》中的念工,还可参见荀令香《姓名香馨满梨园——回忆王瑶卿先生》(《王瑶卿艺术评论集》,第65—67页),谢锐青《向王瑶卿老师学〈十三妹〉(上)》以及冯海荣《由京剧〈十三妹〉看王(瑶卿)派表演特色及理念》三文中的具体记述。

② 朱书绅:《同光朝名伶十三绝传略》,《民国京昆史料丛书》第一辑,第354页。

③ 王瑶卿之后,荣蝶仙、芙蓉草、宋德珠、荀慧生等跷工出色的旦角演员演《儿女英雄传》十三妹,也都放弃踩跷,拜师或私淑,学习采用王瑶卿的路数。

子们合演的庆贺戏戏码。1931年,王瑶卿已经塌中倒嗓,长城公司仍为其灌制《悦来店》与《能仁寺》的唱片,以为纪念。①

考察《儿女英雄传》的编排,王瑶卿可谓全面继承和发扬了旗装旦角始祖梅巧玲的艺术风骨与创新精神,将自己的技艺功力和艺术理念发挥表达得淋漓尽致;而整部戏表现出的丰富精神意涵与深厚文化底蕴,以及浓郁饱满的审美力量,不愧为近代戏曲史上大师级的作品。王派"十三妹"废跷改靴,打破了行当壁垒,融合青衣、花旦、刀马旦的表演特色,唱、念、做、打兼容并蓄全面发展,亦成为京剧行当史上的创格之作,达到旦行艺术乃至整个京剧艺术的高峰。其影响极其深远广泛,不但掀起京剧旦行的废跷风潮②,还开创了"花衫"③这一新行当的艺术道路,从而为京剧的"旦角时代"揭开序幕。陈墨香曾言:

---

① 长城公司1931年所灌王瑶卿《悦来店》5面、《能仁寺》1面,安骥一角由名小生程继仙去之。《悦来店》一折,21世纪初有王门再传弟子宋丹菊(名武旦宋德珠之女)的配像表演(属于"中国京剧音配像精粹"工程二期项目),可以略窥王派"十三妹"风采。

② 王瑶卿终其一生亦未曾涉足传统花旦核心剧目,京剧旦行"废跷"的改革于是停留于刀马旦与花衫领域。后来梅兰芳继承王瑶卿事业,在丰富花衫行当剧目及表演艺术的基础上,于1918年正式废跷改鞋搬演花旦经典戏《梅龙镇》,以"大脚片"之李凤姐获得观众肯定,废跷运动终于深入到花旦行当内部。此后,花旦踩跷的严例逐渐松动,越来越多花旦演员放弃踩跷,观众对不踩跷的花旦戏的接受度亦日渐提高。但武旦(短打武旦)一行由于特殊技艺的需要,则未被王瑶卿—梅兰芳之废跷运动影响,在晚清民国始终保持踩跷传统。清末民初京剧旦行废跷运动的具体过程,参见黄育馥《京剧·跷和中国的性别关系(1902—1937)》第六章"从跷看京剧中女性形象的变化"相关论述。

③ 对于"花衫"行当创立的时间点,戏曲史有上溯至余紫云甚或梅巧玲的说法,但花衫艺术的集大成者梅兰芳对其有确切定义:"王瑶卿先生和我感到以往青衣和花旦的分工过于严格,拘限了人物的性格和表演艺术的发展,因此,根据剧情需要,尝试着将青衣、花旦的表演界限的成规打破。使青衣也兼重做工,花旦也较重唱工,更吸收了刀马旦的表演技术,创造了一种角色——花衫,使他们能更多地表现不同的妇女性格。"(梅兰芳:《中国京剧的表演艺术》,《梅兰芳全集》第三卷,石家庄:河北教育出版社,2000年,第41页)也就是说,花衫行当正式创建当从王瑶卿算起,此前梅巧玲、余紫云等可算先声;前文提及黄育馥《京剧·跷和中国的性别关系(1902—1937)》则更进一步将王瑶卿《儿女英雄传》一剧定为花衫开山之作。具体来说,王、梅创建的花衫行当又可分为两种,偏重唱工、表演风格更接近传统青衣的叫"青衣花衫",偏重做工、表演风格更接近传统刀马旦的叫"刀马花衫"。王瑶卿《儿女英雄传》"十三妹"一角,即为"刀马花衫"。

> 庚子以前,北京梆子班旦角吃香……宣统年间,瑶卿独当一面,旦脚势力渐增……民国纪元,兰芳崛起,才把老生给压扁了。徽班也是旦角占最上一层。①

而在旦角兴起的过程中,王瑶卿及其旗装新戏的功绩可见一斑。②

结　语

纵观《雁门关》及《探母回令》《梅玉配》《儿女英雄传》几部经典的旗装戏作品,晚清京剧旗装戏从最初表现“异域风情”的新花样,逐渐成为承载旦行艺术革新演进的“试验田”,其中原因不仅有旗装戏行当归属界限上的模糊,还其戏风情美感与时代趣味、地域及族群文化的契合,因而造成艺术表现和发展空间的精深开阔。自梅巧玲搬演《雁门关》《探母回令》开创旗装旦角传统,到陈德霖进一步完善和发扬旗装旦角艺术,再到王瑶卿以《梅玉配》完美融合青衣与花旦、以《儿女英雄传》完美融合花旦与刀马旦,完成对京剧旦行艺术的调整、改革、创新、突破,正式创立花衫行当,旗装戏无愧为京剧行当艺术内部组合升降的转捩关键。

京剧旦行从分离隔绝的青衣、花旦、刀马旦等子行当融合演化至花衫,革新的不止是行当名称和外在表现形式,更昭示着京剧内部根本的美学观点、艺术思维的进化演变——京剧艺术发展进程中的日常(生活)化、精细化、综合化趋势,符合整个传统艺术发展的自然规律。“花衫”的出现,为清末的京剧艺术贡献了最具生产力和影响力的行当,标志着京剧旦行艺术发展的里程碑,开启了京剧旦角时代和京剧艺术全盛时代。而应运而生、紧贴时势的旗装戏,不但自身留下了杰出的艺术作品,对晚清旦行乃至整个京剧艺术的发展也有着不可磨灭的贡献,在近代戏曲史上具有非凡意义。

---

① 陈墨香:《观剧生活素描》第三部,潘镜芙、陈墨香:《梨园外史》附录,第 409 页。

② 关于王瑶卿对京剧旦行艺术的革新贡献,参见刘汭屿《近代京剧旦行艺术的集成与突破——王瑶卿戏曲革新研究》,《戏曲艺术》2017 年第 2 期。

田际云与北京“妇女匡学会”

夏晓虹

1905 年 12 月 21 日，满族妇女惠兴因独力创办的贞文女学校经费短缺，在杭州家中服毒自尽。关于此事及其继发反响中蕴藏的民族意识，笔者已有《晚清女学中的满汉矛盾》[①]一文加以分析。而在随后的集资活动中出力最多、成效最大的，应数北京的戏曲演员田际云。其参与发起的“妇女匡学会”，开创了北方地区社会募捐的新形式。与广为人知的京剧演员夏月珊、夏月润、潘月樵参加辛亥革命光复上海一役[②]不同，田际云与晚清北京新政新学的关系尚未得到充分体认。本文将借田氏排演《惠兴女士传》新戏前后经过的史料钩沉，呈现北方戏曲舞台上新机的萌动。

① 夏晓虹：《晚清女学中的满汉矛盾——惠兴自杀事件解读》，《现代中国》第一辑，武汉：湖北教育出版社，2001 年 10 月；增订稿收入拙著《晚清女性与近代中国》，北京：北京大学出版社，2004 年。

② 参见梅兰芳《戏剧界参加辛亥革命的几件事》，中国戏剧家协会编：《梅兰芳文集》，北京：中国戏剧出版社，1962 年。

一、思想新颖的名伶

以“想九霄”之艺名享誉晚清剧坛的田际云(1865—1925)[①],本行乃梆子戏演员,《京剧二百年之历史》推许其为继侯俊山(艺名十三旦,当时有“状元三年一个,十三旦盖世无双”之谣)之后“执秦腔花旦牛耳者”[②],可谓确评。田氏十二岁开始学戏,入河北涿县双顺科班,习梆子花旦兼小生。以后到京城,转热河、天津,名声渐起。十五岁时,应上海金桂园老板的重金聘请,赴沪演唱。当年观看过田际云演出的王韬,对其大为倾倒,曾赠五律三首。诗句虽不脱旧时文人捧旦角的陋习,然谓田之扮相“天与娉婷质,嗔宜笑亦宜”“碎步提鞋际,浓歌却队时”,却颇能传写出其在戏曲舞台上的动人风采。初至沪上的田际云“姿韵幽娴,音调清脆,与凡为秦声者不同”[③],加以不久后,黄月山、谭鑫培等名角亦入园演出,“一时金桂园,实为上海戏园之冠”[④]。

光绪十一年(1885),因侯俊山力荐,田际云北上京城,继侯之后,为瑞胜和班台柱。“至则结束登场,发吭引声,一座尽惊叹。于是贵人达官,下至贩夫驺卒,无不啧啧‘想九霄’者。或偶觌一面、接一语,则视轩冕圭组之

① 《中国大百科全书·戏曲曲艺》(北京:中国大百科全书出版社,1983年)记田际云生年为1864。据王芷章《清代伶官传》(北平:中华印书局,1936年)下卷《相九箫》则,知田氏“同治三年十二月二十七日生”,西历即为1865年1月24日。以下关于田际云的生平,主要参考王芷章书及波多野乾一著、鹿原学人译《京剧二百年之历史》(北京:顺天时报馆,1926年)第五章《花旦》第一节“田际云”则。

② 波多野乾一著,鹿原学人译:《京剧二百年之历史》,第五章“花旦”第一节“梅巧玲至路三宝”之“侯俊山”“田际云”,北京:顺天时报馆,1926年,第256—257页。原文之句读,今改为新式标点。下同。

③ 王韬:《瑶台小咏中》,王韬:《淞滨琐话》卷十二,上海:淞隐庐,1893年。另一上海文人黄式权也称田际云“以秦声驰名沪上。每一发声,脆如炙雨莺簧,一清俗耳”,“貌清妍,无俗韵,纤腰一搦,婀娜可怜,杨柳岸十七八女郎,当亦无此柔媚”(梦畹生:《粉墨丛谈》卷上《想九霄》,杨逸等:《海上墨林 广方言馆全案 粉墨丛谈》,上海:上海古籍出版社,1989年,第173—174页)。

④ 波多野乾一著,鹿原学人译:《京剧二百年之历史》,第五章“花旦”第一节“梅巧玲至路三宝”之“田际云”,第258页。

田际云演《斗牛宫》剧照

荣,不啻过之。一时声誉所流,遂远胜沪渎十倍。"①后二年,田氏自组小玉成班;并于当年秋,挟其盛名,率班重来沪上。

与一般专攻演艺的戏曲演员不同,田际云以"有新智识,头脑亦过于敏锐""思想新颖,交游众广"②著称。这在其早年走南闯北、不断出新的艺术实践中,已有体现。

光绪十三年(1887)再来上海的田际云,起初戏运不佳,演出半年,亏损数千金。田氏因而改弦更张,编演《佛门点元》《错中错》等新戏,"人心因之一振"。其最享时誉的新剧为《斗牛宫》。按照《京剧二百年之历史》的说法:"此为彼得意剧中之得意剧。彼在此剧中,扮为九天仙女。其容姿之美,虽九天仙女,不是过焉。此'想九霄'一名之所由来也。"③不过,当时人记述《斗牛宫》一剧在上海搬演的特出之处,更看重的是其灯彩技艺之新颖:

> 迩年则有以灯彩技艺新戏擅长者。新戏惟昔年《洛阳桥》最佳,关目明晰,节次紧凑。次则今春《斗牛宫》,按诸情事,不甚相远。自郐以下无讥焉。《斗牛宫》创自新丹桂园,新丹桂于今为盛。④

而新丹桂园正是田际云在上海的主演场地。

① 王韬:《瑶台小咏中》,王韬:《淞滨琐话》卷十二。

② 张謬子:《想九霄谈》,波多野乾一著,鹿原学人译:《京剧二百年之历史》,第 262 页;王芷章:《相九箫》,《清代伶官传》下卷,北平:中华印书局,1936 年,卷三第 43 页。

③ 波多野乾一著,鹿原学人译:《京剧二百年之历史》,第 258—259 页。

④ 《沪游记略》,西泠啸翁(葛元煦)编、仓山旧主(袁祖志)修:《重修沪游杂记》卷一,1888 年刊本。

由于京剧先立足京、沪，压倒昆曲，独占鳌头，梆子腔初时亦须附丽京调，才为观众接受。但随着侯俊山与田际云前后相继，出类拔萃，为梆子戏争得了地位，一时风气转移，梆子腔竟有后来居上之势。喜好者谓之“其声呜呜然，如大声疾呼，如痛哭流涕，悲伤噍煞，感人最深”；贬斥者则以为“梆子戏剧多鄙俚嘈杂，少文静之趣，故为缙绅先生所不取”。[①] 而光绪十七年(1891)，田际云回京，组织大玉成班，又网罗当代著名京剧演员加盟，“开二黄、梆子合演之例，行语名曰，两下锅”[②]。

戊戌变法期间，时任精忠庙庙首(即梨园行领袖)及内廷供奉的田际云同情维新派，“与康有为、梁启超等往来甚密，并从戏箱里夹带时事新书和军服给光绪帝(载湉)”，“一执帝与新党联络之劳”[③]。政变发生，田亦受牵连，逃往上海避难。后被西太后赦免回京，仍为内廷供奉。其间，田氏屡次编演新戏，均引起轰动。宣统三年(1911)，田际云又因邀请王钟声、刘艺舟等新剧团来京演出，被清廷以“暗通革命党，编演新剧，辱骂官僚”的罪名，下狱百日。[④] 田之思想趋新，此二事最为明证。

宣统元年(1909)，田际云又首倡取消“私寓”[⑤]之议，召集在京各戏班开代表大会，“议定，凡伶人外作应酬者，即不准登台唱戏”。民国后，仍再接再厉，请愿禁止私寓，终获成功。又请废止女演员兼营娼业，亦得许可。此举被后人赞为：“取二百年社会不良制度，一举而扩清之，田氏之功，不亦伟

① 《沪游记略》；陈彦衡：《旧剧丛谈》，张次溪编纂：《清代燕都梨园史料》下册，北京：中国戏剧出版社，1988 年，第 859 页。

② 王芷章：《相九箫》，《清代伶官传》下卷，卷三第 42 页。

③ 梅兰芳：《戏剧界参加辛亥革命的几件事》，《梅兰芳文集》，第 207 页；波多野乾一著，鹿原学人译：《京剧二百年之历史》，第 259 页。王芷章曾以此说“询诸旧伶官之前，悉皆一笑置之”，故以为“似未足信其为有征也”(《清代伶官传》下卷，卷三第 43 页)。然梅兰芳之说闻诸与田际云同在宫中当差的田之学生李玉桂，亦称有据。

④ 参见梅兰芳《戏剧界参加辛亥革命的几件事》，《梅兰芳文集》，第 207—208 页；波多野乾一著，鹿原学人译：《京剧二百年之历史》，第 260 页。

⑤ 梅兰芳解释“私寓”陋习为，“一般有钱有势的人可以去演员家里设宴招待朋友”(《梅兰芳文集》，第 207 页)。《燕京杂记》述京师优童生活，亦云：“优童自称其居曰下处，到下处者谓之打茶围，置酒其中，歌舞达旦，酣嬉淋漓，其耗费不知伊于胡底。”(史玄等：《旧京遗事 旧京琐记 燕京杂记》，北京：北京古籍出版社，1986 年，第 129 页)

欤!”“际云此举,提高伶界资格,恢复天赋人权,改良社会之功,绝匪浅鲜。”甚至称道“其亦抱社会主义而兼实行家”,“以视林肯解放黑奴故事,同一意旨”①,此言可说是对田际云致力于提高演员社会地位、开创自尊自重的演艺界新风尚的最高赞许。

民国成立,田际云一如既往,活跃于戏剧界与政界。其集合同志,成立了“正乐育化会”,以接替已经涣散的精忠庙制度,领导梨园行。经公举,谭鑫培出任会长,田际云为副会长。该会“以革善梨园内部为宗旨”,被人誉为“使京师歌场,顿能与国势并呈焕新气象,厥功亦匪浅者”。② 田氏又曾以戏剧界代表的身份,被推选为直隶省议员。由袁世凯之“际云可成省议员,谭(鑫培)当有大总统之资格”③的嘲讽,可知其地位之卓异。

此时田际云因已入暮年,当女演员入京,尤以梆子花旦为个中翘楚之际,自会感觉受到挤压。最初其心理亦不能平衡,曾请求政府颁令,禁止男女演员同台合演。但分演之后,女伶更受欢迎。而田氏一旦看清形势,立即由抵制嫉恨转为顺应潮流,创立崇雅社,专门培养女演员。撰写《清代伶官传》的王芷章称之为“近百年旷有之举”,固然不错;终不如戏评家张謬子因此而感叹田际云之“勇于进取”④,更得其精神。

评价田际云之为人,以其趋新为讨巧者,将田氏之编演新戏作为哗众取宠、弥补其“中年拥肿,少风韵,艺亦平平”的手段,如陈彦衡之断言:“其人工于心计,组织玉成,编制新剧,颇能轰动一时。”⑤这仍是以成见看待戏曲

① 王芷章:《清代伶官传》下卷,卷三第43页;波多野乾一著,鹿原学人译:《京剧二百年之历史》,第260—261页。

② 王芷章:《清代伶官传》下卷,卷三第44页。

③ 张謬子:《想九霄谈》,波多野乾一著,鹿原学人译:《京剧二百年之历史》,第262页。括号中字为笔者所加。

④ 王芷章:《清代伶官传》下卷,卷三第44页;张謬子:《想九霄谈》,《京剧二百年之历史》,第262页。

⑤ 陈彦衡:《旧剧丛谈》,张次溪编纂:《清代燕都梨园史料》下册,第853页。另外,曾朴1920年代修改《孽海花》时,将原先在第25回直接以艺名“想九霄”出现、一闪而过的田际云形象重加润饰,新版中改名为“向菊笑”,于小说第31、32回与傅彩云(即赛金花)有一番纠缠,已颇类丑角。

演员。但其揭示田之喜演新剧,确能见出田氏超出凡俗的特异处。与田际云有过交往的梅兰芳,所言自然更亲切。在他眼中,田氏“是一位勇于改革社会恶习,有胆有识,不畏强御的先进人物”①。而下文所述田际云于清末设立妇女匡学会、组织义演、将惠兴事迹搬上戏台的诸般举动,正是其思想新锐、胆识过人的好例子。

二、《北京女报》的创议

谈论北京“妇女匡学会”的出现,先须交代《北京女报》在其间的首发之功。

事情的缘起虽出偶然,实含有必然性。惠兴自杀后,杭州驻防正蓝旗三佐领贵林立即撰写了《杭州惠兴女士为兴女学殉身节略》,分寄各处。②《北京女报》实际主持人、主笔张毓书(字展云)在京城友人处偶然看到此文,“读未竟,泪随之下”。张自觉“既创办《女报》,则与女士尤有密切关系”,故立即将惠兴事略演成白话,在该报发表。③ 文章开头便说:

> 列位看见昨天本报所说的惠兴女士没有啊?我自从接到这个消息,直哭了一夜。大概列位看见那张报的,也必盼了一夜。盼甚么?盼今天我演说女士的事迹啊。咳!我只顾的哭,字都写不上来了。如今一边哭一边写,列位别笑话我,也帮着我哭哭他吧。

张展云写此文确实动了真情,于叙述惠兴殉学事迹时不断加注,要求二万万女同胞同声一哭、再哭。写到末后,自云“泪也干上来了,气也堵上来了,心里有许多的话也说不上来了”。这一悲悼的笔调通贯模拟口语写作的白话

---

① 梅兰芳:《戏剧界参加辛亥革命的几件事》,《梅兰芳文集》,第208页。

② 贵林所撰《杭州惠兴女士为兴女学殉身节略》载《惠兴女学报》第1期(1908年5月)。参见笔者《晚清女性与近代中国》(北京:北京大学出版社,2004年)第八章“晚清女学中的满汉矛盾——惠兴自杀事件解读”第三节。

③ 《北京女报馆主任张筠芗来函第一》,《惠兴女学报》第6期,1908年10月。此函由张筠芗具名,实出其子张展云之手。

大清郵政總局特准掛號認為新聞紙

大清光緒三十三年六月初一日 庚申

今日另有附張不取分文

北京女報

第六百七十五號

電話南分局九十一號

本報價目

本館設前門外延壽寺街羊肉胡同路北

本京 零售每張銅元一枚 每月銅元二十八枚

外埠 每日寄大洋六角 七日寄大洋四角四分

西歷一千九百零七年七月十號 禮拜三

北洋商務公司廣告

本公司出售大小鐵床銅床共有五種又有花磚飛輪自行車時計表英國馬鞍鐙匙照相器英文書籍呂宋烟俄國紙烟捲香底皂花露水各樣洋酒白糖別酒等類再本公司所售之俄國紙烟捲倘諸君嘗試後必不愛吸他項紙烟捲矣凡賜顧者本公司先贈送一支以便試驗也

本公司開設在東長安街西頭路北皇城根

京報改良特別廣告

向來京報皆用木字刷印最不便利且不醒閱者之目本主人有鑒於此擬將京報大加改良一律用鉛字排印並擬逐漸加多篇幅排登關係要政摺奏以便諸公快覽並不另加分文機架鉛字刻已運到俟月底月初即將一律更換矣再各號鉛字花邊現在已經來到如有印刷報紙傳單廣告者請移玉本館面議可也 特此廣告

聚興京報房 協通印字館 主人王紹堂謹啓

《北京女报》

文首尾，自然能够打动容易激动的北方人。在以情动人之余，张氏也不忘正面表彰惠兴殉学的意义："简直说罢，中国女学界有惠兴女士，不但二万万女子借他吐气，连中国全国也都借他增光。"①如此超常的评价，除了报人夸张其事、追求新闻效应的考虑，也确实显示出作为全国唯一的女子日报主编张展云的卓识。

先已任《北京报》主笔的张展云之所以不辞辛劳，又于 1905 年 8 月创办《北京女报》，据其自白，全然是为了提倡女学。《创设〈北京女报〉缘起》开宗明义，即谓："中国女学不昌数千年矣。'女子无才便是德'一语实误尽苍生，幽囚我二万万妇女于黑暗世界。"而返观"地球文明各国竞言女权"，尤为重要的是，张氏明确意识到，"女权发达之始基由于女学"。因此，其编印女报，即"以开女智为宗旨"；而"俾女学日兴，风气日开"，也成为其责无旁贷的自许。② 兴女学既为《北京女报》舆论鼓吹之首要目标，创刊未及半年的该报恰遇惠兴以身殉学的义烈之举，其应声而作、先机而发，原是事出有因。

为了将纪念活动声势搞大，张展云又主动写信，联络《惠兴女士殉学节略》的作者、杭州贞文女学校（复课后改名"惠兴女学校"）继任主事者贵林，告知将"定日约集北京女同志开公祭"，并请求担负代征北省悼祭诗文之责。③ 1906 年 1 月 31 日，由《北京女报》主人、张展云之母张筠芗出面，在陶

① 《北京女报主任哭述惠兴女士殉身节略》，《惠兴女学报》第 9 期，1909 年 1 月。

② 张筠芗：《创设〈北京女报〉缘起》，《大公报》，1905 年 6 月 28 日。此文实应为张展云代笔。

③ 《北京女报馆主任张筠芗来函第一》，《惠兴女学报》第 6 期。

然亭为惠兴举行了追悼会,出席者均为“北京女界最有声望之人”①。

由于张展云的热心推导,其2月2日再致信贵林时,已经高兴地报告:“现在北京地方,经本报一提倡,愿助贞文学堂经费者踵继。”并表示:“敝馆敢任劝导之责,断不使惠兴女士不瞑目地下。”不过,所谓“踵继”者,当时也只有两位女士与北京女报馆各认年捐三元。② 这距离为筹集一笔数额不小的常年经费而自尽的惠兴女士的企望尚很遥远。

于是,在1906年2月28日的《京话日报》上,出现了一则题为《苦心筹画》的“本京新闻”。此消息先简述惠兴“因立学殉命”的前事作为缘起,接下来说道:

> 北京女报馆张展云,会同董竹荪、瑞星桥二位,商量了一个特别的法子。仿照日本妇女慈善会的意思,打算演三天戏,专请堂客听,不卖官客座。把所收的戏价,全数充了公,汇在杭州,作为贞文女校的经费。

如此兴师动众,主意自在集合群力,将捐款助学落到实处。记者因此评论说:“这个筹款的法子,用心也算苦极了。”

张展云本人也在《北京女报》发表了《替杭州贞文女学堂筹款的法子》一文,认为惠兴之死与一般为成全名节而死者不同,其自杀是为了“成全学堂,所以拿死来感动人”,因此“死后事情还不完”。而“要打算成全他的志向,这责任可就在我们活人身上了”。虽然在《北京女报》的鼓动下,京城里“开追悼会的不止一处,捐助经费的也不止一人”,但在张展云看来,“追悼会不过是表表爱敬的心,于女士的死并无益处;捐款虽有益,又可惜是巴掌大盖不过天来”。张氏为此反复与其母商量筹款之法,其煞费苦心的情状文中亦有记述:

> 我忽然想起外国慈善会的办法,要仿效仿效,又怕中国够不上那程

① 张展云:《北京女报馆来函第二》,《惠兴女学报》第6期,1908年10月。

② 张展云:《北京女报馆来函第二》。原刊未署写信时间,据函中“本日北京淑范女学堂亦为女士开追悼会”,而此会举办于1906年2月2日(见《顺天时报》1906年2月6日《记北京淑范女学校为惠兴女杰举行追悼会礼式》),因以系日。

> 度，办不起来。左思右想，想出一个变通法子，要请出几位梨园中热心人，白唱几天堂会戏，卖的戏价，通身寄往杭州。①

张展云的主意固然不错，但此想法能否实现，却完全依赖于戏曲演员中有人肯出头负责，组织演出义务戏。田际云由此被推上前台。

听到张展云讲述此筹款法的董竹荪与瑞星桥也极表赞成，二人于是去找玉成班主人田际云说知。田氏本来思想趋新，又热心公益，自觉义不容辞：

> 惠兴女士，是杭州驻防的旗人，与我们黎园中毫不相干。但念女士因学殉身，实为中国少有的事，更是中国体面事。我们行业虽微，敬重侠烈的热心，可是跟士大夫没两样。②

于是一口应承，让张氏兴高采烈："呵！真真难得，这位田主人真是见义勇为，当仁不让，一手承认起来。"更令张展云喜出望外的是，田际云不但表示"本班箱底不要钱"，而且要"遍请梨园著名角色全去尽义务，白唱三天"。起初尚无充分把握的张氏，此时显然已信心十足，因为"有这样热心人一出头，事情可就好办啦"。张展云并以田际云的义举教育"众位女同胞"："惠兴女士之死，于梨园中可毫无关系呀！如今人家都肯尽义务，我想我们女同胞，一定更是热心赞成的了。"③

田际云的举动也得到了《京话日报》的表扬，与《苦心筹画》叙述张展云设法集款同日，该报另有《黎园仗义》一则通讯，专讲田际云的行事：

> 玉成班主人，赞成女报馆筹款助学的事，约请各名角，大家一齐尽义务。除举旗打伞的贫苦人，不便勉强，其余各班最有名望的大角色，一概不收车资。

与张展云同样，在预言"这三天的戏，必然格外好"以打动人心之后，《京话日报》也指出，"听戏的太太、姑娘们，花这项钱，不但可以看好戏，并可以成

---

① 张展云：《替杭州贞文女学堂筹款的法子》，《惠兴女学报》第12期，1909年4月。

② 田际云：《助学会给助善诸位道谢》，《京话日报》，1906年4月9日。

③ 张展云：《替杭州贞文女学堂筹款的法子》。

全蕙馨[惠兴]女士的苦志,又足以感动女子向学的心”,其意义正是非同小可。

原本计划在1906年3月18、21、23(二月二十四、二十七、二十九)三日在湖广会馆开演的义务戏,后延期到3月29、4月2日、5日(三月初五、初九、十二)才出台,演出地点也移至位于前门外打磨厂的大饭庄福寿堂。这在3月8日巡警部批准后,妇女匡学会发表的《演戏小启》中已有说明。述及办会宗旨,《小启》也明言:

> 本会因杭州惠兴女士自为学殉身后,经费仍不敷用,同人拟代为筹款,以匡不逮。爰仿各国慈善会办法,演戏三日,专卖女座。经梨园善士大众热心,允尽义务,所收戏价除零碎开销外,全数汇交杭州将军,作为贞文女学堂经费。①

这一专为继承惠兴遗志、筹款维持贞文女学校的义演,最终在更高的层次与更广的范围里发生了影响。

而对妇女匡学会活动的宣传声势与意义的提升,均有赖于报纸的推扬,也不言自明。从位居首功的《北京女报》,到京、津两地的《京话日报》《顺天时报》《大公报》,这一时期都以极高的热情,密切关注、连续报道义演的详情。其相互呼应,联为一气,将作为新兴媒体的报章在启发民智、引导舆论上的作用发挥到了极致。在戏曲舞台之外,北京报人的表现也同样精彩。

三、《惠兴女士传》的编演

述及义演时间的延后,其中一个原因,应与田际云将惠兴事迹改编成新戏的提议有关。张展云最初的想法,不过是搬演旧戏,能够请出几位名角登台,已觉很有号召力。性喜创新的田际云对此却并不满足,而恰恰是由于他的倡议,演戏助学才获得了更上层楼的意义。

就在张展云《替杭州贞文女学堂筹款的法子》刊出次日,《北京女报》又

---

① 《禀立妇女匡学会演戏小启》,《惠兴女学报》第13期,1909年5月。

发表了《好文明的田际云》一文,专为田氏的新主意叫好:

> 昨天田际云跟董竹荪商量,打算掏唤惠兴女士的历史,跟他死后的一切事迹,把他编一出戏,于开会的日子,请名角唱出来,给助善的太太、姑娘们听。①

不必说,在劝募现场,观看无关痛痒的旧戏自不如情节贴切的新戏来得动人。日后,《京话日报》记者正是从"新编的《惠兴女士》,真情真景,很容易感动人"②的角度,称说此戏的成功。

何况,即便是配合新戏演出的旧戏,因事关为新式学堂募捐,在戏目的选择上也必须慎重。此意还在筹备期间,即有梁济(字巨川)夫人张春漪致函张展云,特加提醒。于肯定义务戏为筹集学堂经费的"绝妙法子"的同时,张女士也坦率表达了其忧虑:"但此事甚为紧要,总得借此警劝众人,虽是游戏事业之事,却要发出爱国兴学热心方妙。中国女学发达,就从此而起,机会万不可失。"张氏因而切嘱张展云:

> 所有戏目,千万与田际云斟酌,无论文武、忠奸、玩笑等戏俱可演唱,惟切记莫唱鬼神妖怪之戏。盖因中国女智不开,第一要破迷信。凡事总靠自己智勇才能,莫靠神仙搭救。……如今中国与各国竞争,万不可再信虚无之事,致人软弱无能。

说到极处,张女士更声言:"总要戏台上不撒松香,则我国之强盛有指望矣。"③这番用心缜密的思虑,对田际云排列戏单当不无启示。妇女匡学会演戏规则之标榜,"此三日所演戏文,经工巡总局审定,均系光明正大之戏,凡有伤风化者一概不演"④,也可视为对张氏规劝的回应。

---

① 《好文明的田际云》,《惠兴女学报》第12期,1909年4月。又,张展云在致贵林第三信中曾提及:"更妙在黎园中人很为热心,弟嘱其将惠兴女士编成戏出,居然办到。"(《北京女报馆来函第三》,《惠兴女学报》第8期,1908年12月)与当日《北京女报》所言有出入,当以报纸为准。

② 《戏台底下吊眼泪》,《京话日报》,1906年5月28日。

③ 张春漪:《来函》,《惠兴女学报》第18期,1909年9月。

④ 《禀立妇女匡学会演戏小启·规则》,《惠兴女学报》第13期,1909年5月。

以编演才能而论,田际云在戏曲界本“以脚本作者而有名”①。现在笔者所能见到的《惠兴女士传新戏》虽非全本②,但其题署“田际云排、董竹荪改”,已明示田在其间的主导作用。

惠兴女士的事迹之所以能够被田际云看中,改编成戏曲,原是因为其殉学本身已足够惨烈。按照张展云的说法:

> 凡事可以编戏的,总要非常的事故才好。或是大忠大孝,或是大恶大奸,一面是劝,一面是惩,才能把人感动的了。我想要像惠兴女士这样的,戏上那一个青衫子也跟不上他好。

现实中的人物故事,已比戏台上表演的情节更精彩动人。编剧人只须将其情事略加点染,再配上田际云的“体贴入微”与“极其文明、极其细腻”的演唱③,其足以感发人心,实在意料中。

虽然惠兴殉学事迹已极其感人,但贵林提供的《节略》毕竟过于简单。若想敷衍成一台连唱三日的大戏,势必要有增添润色。这在戏曲排演中本必不可少。即如梁巨川编写的新戏《女子爱国》,交给义顺和班的名角崔德荣(艺名崔灵芝)排演,崔氏也要约人商量修改,“添了些情节”。这些增加的部分,在梁巨川的儿女亲家、《京话日报》主人彭翼仲眼中,“不免牵强浅俗”;但因其“能关合新政,叫听戏的知道变法自强、爱国的心思”④,符合《京话日报》提倡戏曲改良的用心,彭氏因此也对其大加推奖。

《惠兴女士传》的情形同样如此。1907 年 5 月,来京观看田际云演出的贵林曾现身说法,其登台演说中对此戏的评论是:“兄弟观今日所演之戏,与事实已有八分合拍。”话说得相当客气。但随后的“容再将详细实情告明张君展云、田君际云,求其设法改良”⑤,透露出戏本情节仍有不实处。其与

① 张缪子:《想九霄谈》,波多野乾一著,鹿原学人译:《京剧二百年之历史》,第 262 页。

② 见《惠兴女学报》第 12—19 期,1909 年 4—10 月。据《文明戏目》(《惠兴女学报》第 14 期,1909 年 6 月),《惠兴女士传》应有四本,该报仅刊至二本十七场,尚不足一半。

③ 《好文明的田际云》。

④ 《〈女子爱国〉戏要出台了》,《京话日报》,1906 年 5 月 5 日。

⑤ 《三月二十六日惠兴女学校总办贵林在北京广德楼戏馆之演说》,《北京女报》,1907 年 5 月 11 日。

事实相出入的原因,既由未闻其详、难免隔膜所造成,也与编戏者出于营造戏剧氛围的需要,故而添枝加叶有关。

即如其中最引人泪下的一段戏,借用当日《北京女报》的演述,剧情如下:

> 内中编了一位极守旧、极顽固的先生,名叫白识字。……这位白识字的少爷,名叫白吃猴,他听见惠兴女士捐凑了点子钱,又典卖了东西,手头里一定有钱了,他可就都给偷了去了。女士着急万分,只得请他叔叔再递禀帖。那知道照方儿吃炒肉,又碰了钉子。回出,还被衙门的亲丁奚落了一顿,说他年轻轻的,混想发财。这句话把惠兴女士屈也可屈到极处了,气也气到极处了。

这段情节完全是无中生有。但惠兴办学确实极其艰难,家产赔尽;向官府递送禀帖要打点门丁,也是晚清社会的常情。田际云将此真情假事熔于一炉,置惠兴于最悲惨的境地,自可博得观众的最大同情。果然,“旁边听戏的人,看见这恶奴的这种情形,跟女士做反对,这真是没有好人走的道了,因此伤感,有哭泣的”,其中既有听戏的女客,也有匡学会中在场帮忙的男士。而归根结底,“总算是编戏的高明,唱到酣畅淋漓的时候”①,才会引发这种感同身受的大悲痛。

田际云排演《惠兴女士传》,并非全为赚人眼泪、使人自愿出钱助学;正面宣扬兴办女学,尤为此戏题中本有之义。为此,第十场专门设计了一段惠兴与顽固守旧的乡绅白识字的辩论。念诵着“发明新思想,废却旧文章”上场的惠兴,借机痛快淋漓地演说了一番学堂取代书院、女学不可再缓的道理:

> 我们中国人就坏在没有国家思想,又坏在不讲求实业。为今之计,必须要早立学堂,教以普通知识。要知道国家若是灭亡,自己的身家性命也不能保守。故此自己打算活在世上,必须先叫国家盛强。

① 《闻者落泪》,《惠兴女学报》第20期,1909年11月。

田际云对惠兴的认识、体贴也极有分寸,相当得体,戏中始终将其定位在“爱国女子”一角,唱词中援据的女性典范,因而全为古代的贤妻良母、才媛孝女①。其所谓“国家思想”也不脱忠君底色:“我们旗人受皇上的恩典多年,总要少尽寸心,也是本身义务。就是将家产花尽,也要成立这坐学堂。”②如此表演惠兴,虽不够高大,却入情入理,与北京特定的政治文化环境正相宜。难怪《顺天时报》记者会以“北京戏界文明特色”评论田际云的演出,尤其看重的是:“际云代表女士,现身说法,一种热心爱国的神情,义烈捐躯的劝告,听戏的来宾,竟有为之落泪的。”③

《惠兴女士传》既为新戏,其装扮也可兼采时装。这在当时北京的报纸上已有交代。特别是上演贞文女学校开学一场,田际云“把小吉祥班的小孩选了清秀的十名,扮出文明装束,作为女学生,由田际云演说女界的道理跟国民捐的义务,后来是各学生每人唱一段爱国歌,这才散学”④。对照刊出的《惠兴女士传新戏》脚本,这段剧情本来甚为简单:十名女学生上场,拜见惠兴,一一通名报岁数,惠兴要其子宣读学堂章程,就算是行过了开学礼,众学生随即下场。现场搬演时,田氏作了许多添加,原是因为传统戏演出中,也允许演员即兴发挥,见景生情。加之,《惠兴女士传》于福寿堂首演时,北京各界正兴办国民捐。田际云随机应变,因势利导,也为新戏增色不少。

论及《惠兴女士传》与戏曲改良的关系,其时报刊上有两段话值得引述。1906 年 5 月 26 日起,田际云为筹集国民捐,又在广德楼戏园重演该戏,《顺天时报》特发表文章,鼓动学生前往观剧:

> 学界中人,看劝办学堂的文明戏,必能共发热诚,触起爱国家、黄种的思潮。知学界关系重大,必更加加意励学,为兴中国、强中国的预备。这样说来,这戏的影响,又有助我中国富强的力。

---

① 惠兴的唱词如下:“姜嫄太姒有徽音,公叔文伯母训勤。孟母三迁能训子,班昭续史变通文。吟诗作赋谢道韫,文姬聪慧辨瑶琴。赵括之母知子恶,徐庶之母骂奸臣。孝女曹娥碑尚在,木兰代父去从军。先生若是不肯信,烈女传上看分明。古来不少英雄女,流芳千载到如今。”

② 《惠兴女士传新戏》,《惠兴女学报》第 15—16 期,1909 年 7 月。

③ 《请再看重演〈惠兴女士传〉文明新戏》,《顺天时报》,1906 年 5 月 27 日。

④ 《闻者落泪》,《惠兴女学报》第 20 期,1909 年 11 月。

这就使《惠兴女士传》的演出超出了妇女匡学会最初设定的专为贞文女学校募捐的狭隘目标,而在兴学启蒙、强国强种的层面上发生普遍的效应。新戏的好处既然显而易见,作者因此认为,只要不断出新,争得观众,通过“文明竞争,新戏优胜,旧戏自然劣败”。而“北京城共有七家戏园,如家家都改良戏曲,风气的开通、民智的发达,必能加十倍的速力”①。实际上,也正是由于北京报界的倾力推导,新戏才可能拥有与旧戏竞争的生存空间。

《大公报》主人英华(字敛之)也有《说北京新戏之效速》一文,对《惠兴女士传》当场感化人心的功力十分赞赏。英氏又进一步探究:“何以唱戏化人,就能够这样快?假如人不听这戏,单知道这回事,就不会感悟么?”结论是:

> 凡人耳闻一事,虽然也能感悟,究竟不能时时挂在心上,还有疑惑传说不实的,皆因不曾目睹其形,身临其境。……等他登台演戏的时候,自然就把原来的喜怒悲欢形容出来。听戏的也就知道,爱国人的志向怎么苦,兴学的事情怎么难。演到痛快的时候,听戏的就可以乐;演到为难的时候,听戏的就可以哭。就是听过之后,那时想起,那时还能哭能乐。这是什么缘故呢?皆因他目中见过这事的情形,一闭眼就如同看见一般。然而听了好戏,能够这样;听了坏戏,必然也是这样。所以演戏,于风化的关系很大。

明了“戏曲化人是最容易的”道理,选择曲本为下层社会的启蒙利器,这也是晚清戏曲改良论者热心编演新戏的原因。不过,英氏与《顺天时报》记者新旧戏“文明竞争”的主张不同,他更追求速效,因此希望借助官方的力量,把那些迷信、宣淫的旧戏一概禁止,“自然新戏渐多,风俗也就正了”②。

其实,经过各报的连续追踪报导,在田际云编演《惠兴女士传》的带动下,新戏的竞相推出在北京一时间形成热潮。梁巨川此前已编就的《女子

① 《请再看重演〈惠兴女士传〉文明新戏》,《顺天时报》,1906年5月27日。

② 《说北京新戏之效速》,《敝帚千金》,1906年6月3日。

爱国》,也交由崔灵芝加紧排演,于5月18日开始,与新戏《桑露战纪》一起连演四天,梁氏剧本亦在《京话日报》刊载[①]。票友乔荩臣更迅速编排出《潘烈士投海》,与《惠兴女士传》一起在福寿堂献演;并准备再接再厉,把在上海创办中国公学的姚宏业,“因公学无款,投江自尽”的事迹搬上戏台[②]。天津别号随园居士的沈君亦闻风而动,编了一出波兰女子爱国的新戏[③]。而且,不只戏曲界,北京内城清音八角鼓子弟也受到田际云的感染,赶排出几本新曲,其中“《六国和约》劝人爱国,《旗民共乐》劝人合群,《母子同欢》劝办学堂,《工商献艺》劝兴实业”,准备每月演唱两三次,“所收的座儿钱,一半归国民捐,一半帮女学堂”[④]。因此,肯定《惠兴女士传》的上演开启了北京改良戏曲、编排新戏的新风尚,应该距事实不远。

四、福寿堂的义务戏

1906年3月29日在福寿堂开演的义务戏,由于京城各界的积极参与,大获成功。其宣传声势与参与程度,可分别以“轰轰烈烈”与“争先恐后”来形容。

以连台本戏《惠兴女士传》为中心的助学义演,凭借田际云在北京戏曲界的极高声望,由其登高一呼,确实应者云集。妇女匡学会在报纸登载“演戏诸善士姓名”时,也特别标举:“本会系玉成班作底,凡外约演戏诸位,均系当场出色,名动京师。”这一张尚未包括田际云与“将潘子寅烈士投海事亦排演成戏”的票友乔荩臣在内的67位演员名单[⑤],用今日流行语来形容,

---

① 参见《名优热心》《〈女子爱国〉戏要出台了》《新戏有日开演》,《京话日报》,1906年3月22日、5月5日、5月17日。桂岭劳人(梁济)《(新戏)女子爱国》连载于1906年6月2日—7月2日《京话日报》。《中国近代文学大系·戏剧集》称“该剧当时未正式发表”(《戏剧集2》,上海:上海书店出版社,1995年,第33页),不确。

② 《大家全动了热心》、乔荩臣《票友请看》,《京话日报》1906年3月11日、4月25日;《禀立妇女匡学会演戏小启·文明戏目》,《惠兴女学报》第14期,1909年6月。

③ 《志士编爱国新戏》,《京话日报》,1906年3月27日。

④ 《八角鼓票友真热心》,《京话日报》,1906年3月25日。

⑤ 《禀立妇女匡学会演戏小启·演戏诸善士姓名》,《惠兴女学报》第13期,1909年5月。

确可谓之“豪华阵容”。诸如谭鑫培、汪桂芬、侯俊山、朱素云、王瑶卿、姜妙香、龚云甫等人,均为其时戏坛上的名角。对照《京剧二百年之历史》,上场诸人一大半名列其中。而且,本去天津演戏的崔灵芝,闻讯后也及时赶回,“入会助善”,参与汇演。[①]

妇女医学会主办的福寿堂义务戏,三天均是上午十一点开演,夜间两点钟散场。根据当日留下的戏单,三天一共唱了61出戏。如谭鑫培与黄润甫的《黄金台》,朱素云的《叫关》,刘鸿升与龚云甫的《遇后》,姜妙香、许荫棠等人的《二进宫》,郭宝臣、崔灵芝的《芦花计》等[②],均是当行本色的拿手戏。张展云所预言的,“这三天所唱都是空前绝后的好戏”[③],诚非虚言。

义务演戏之外,一些演员还带头捐款。如谭鑫培唱完《黄金台》带《盘关》后,又拿出二十两银子,捐给妇女医学会。此举被《北京女报》赞为“又出人力,又出财力,这真是文明到了极点了,欧美各国热心人也不过如此”[④]。

不只戏曲界、报界热心助学,身在学堂的学界中人自然也不甘落后。在福寿堂义演的会场,北京振懦女学堂的教习与学生亦扮演了重要的角色。该校师生在京城第一次仿照西方、日本慈善会的方法,创办了名称、性质相同的组织。“由大家办买了干鲜果品跟烟卷”,“分送各桌来宾”,并“挨案演说慈善会的意思”,当场募集了不少捐款。三天下来,“共收了银元八十六元九角,银六两五钱,钱票五百一十吊”[⑤],成果相当可观。

更有甚者,北京的外城巡警总厅也不愿置身事外,而及时发布白话告谕,一则表白:“我们做地方官的,看见这等事情,自然要批准的;到了初五、初九、十二三天,还要派几个巡捕去帮同照应弹压。”这就算是参与其事了。再则,告示也带有为义演作宣传之意:“又怕你们大家不知道,所以再出张

① 《名优热心》,《京话日报》,1906年3月22日。

② 《禀立妇女医学会演戏小启·规则、文明戏目》,《惠兴女学报》第13、14期,1909年5、6月。

③ 张展云:《替杭州贞文女学堂筹款的法子》,《惠兴女学报》第12期,1909年4月。

④ 《自唱戏还捐钱》,《惠兴女学报》第17期,1909年8月。

⑤ 《第一次慈善会果然不含糊》《三纪慈善会》,《惠兴女学报》第17期,1909年8月。

白话告示,把这个匡学会的意思说明白了,你们做妇女的都可以感动了。”[①]而同年5月,田际云因编演《惠兴女士传》,竟也得到了外城巡警总厅的传谕嘉奖,“赏了银牌一面”,并被指令“仍当多排新戏,激发人民爱国思想,庶不负本厅提倡之心”。难怪《京话日报》主人彭翼仲要极口夸赞,“这位朱厅丞,真是开通到家的人”[②]了。不过,如果了解此位朱厅丞,即是前任京师大学堂译学馆监督朱启钤,其一贯留意并致力于新兴实业、新学与新政[③],则朱氏对于新戏演出的鼎力支持,也就不足为怪了。由于各界人士争相出力,共襄盛举,使此次演戏助学活动功德圆满,成绩卓著。根据妇女匡学会公布的数字,此次募捐所得款项,“除去开销,共存洋三千七百一十四元一角”,“合京平公砝足银二千五百五十五两三钱”[④]。为避嫌疑,还在立会之初,妇女匡学会即约请华丰锦银号代管账目与售票。所以,演出完毕,《北京女报》与田际云均对该号诸人之不辞辛苦表示感谢[⑤]。

依照杭州将军瑞兴的电报指示,这笔捐款本来应由大德恒票庄汇往杭州。“但是汇款要汇费,办事的人,总想要省几两银子”,以为贞文女学校多留些钱。于是,匡学会中又有人去各票庄打听,遇到日升昌票号掌柜“疏财仗义”,“满口应承,情愿助善,免收汇水”。结果是皆大欢喜,匡学会办事也称得上是有始有终了[⑥]。

在北京举办的这场义演,参与者涵盖了各阶层。当日义卖的戏价为:“包厢每间价洋三十元;头等每桌六座,价洋十八元,单座每位三元;次等每桌六座,价洋十二元,单座每位二元。小孩自八岁以上至十三岁,均卖半票;仆妇五角。”[⑦]这笔收入构成了善款的主体。此外,还有许多当场慷慨解囊

---

① 《外城巡警总厅白话示谕》,《惠兴女学报》第14期,1909年6月。

② 《散布总厅谕单》《外城巡警总厅谕单》,《京话日报》,1906年5月29日。

③ 参见《朱启钤自撰年谱》,北京市政协文史资料研究委员会等编:《蠖公纪事》,北京:中国文史出版社,1991年。

④ 勖学会同人:《来函》,《京话日报》,1906年5月9日。

⑤ 《感谢诸位热心》,《惠兴女学报》第20期,1909年11月;田际云:《勖学会给助善诸位道谢》,《京话日报》,1906年4月9日。

⑥ 勖学会同人:《来函》,《京话日报》,1906年5月9日。

⑦ 《禀立妇女匡学会演戏小启·规则》,《惠兴女学报》第13期。

者，其中不只有“名门闺秀，外国命妇”（如京师大学堂日本教习服部宇之吉的夫人服部繁子），还包括了“著名妓女、佣工的仆女”。[①] 即使因各种原因并未到场的女士，也不乏直接向妇女匡学会捐款者[②]。之所以出现如此盛大的场面，借用《京话日报》主笔彭翼仲的概括，就是“北方人的热血较多”。彭氏认为，办公益之事，“总得热血多”：

> 北方风气开的慢，一开可就大明白，绝没有躲躲藏藏的举动。较比南方的民情，直爽的多。[③]

明白此民情特色，有助于深入体贴晚清北京风气的转移。

以急公好义来概述妇女匡学会与田际云组织的义演所激起的反响，并不等于说此举只赢得了喝彩，而全无非议。事实上，从福寿堂演出最后一天，《北京女报》发表的“演说”《感谢诸位热心》，以及义演刚刚结束后，田际云在《京话日报》上刊出的演说稿《勗学会给助善诸位道谢》中，都明白透露出其间的诸般为难。所谓“托诸位洪福，不求有功，但求无过，别闹出闲话来，就算我们没丢人”，还可视为客套话；下面说的“未演戏之前，受了多少闷气，听了多少怨言，费了多少心思，挨了多少窝囊骂”[④]，可就是出语沉痛了。

至于张展云与田际云的道谢文中不便明言的隐情，则由与田际云同日在《京话日报》“演说”栏刊载的董竹荪文作了揭示，原来是有人怀疑妇女匡学会诸人的行善乃是敛财的障眼法。董氏即曾被人低声悄语地追问：“这三天戏，你可以剩多少钱呢？大概几百块钱总有罢。”感觉受了侮辱的董竹荪，在慨叹“生惯了财的人，看着甚么都是生财”之余，也只好以“又没人知

---

① 《捐款踊跃》《外国人都捐钱拉》，《惠兴女学报》第18、17期，1909年9、8月。

② 如《古燕女士李淑涓来函》《又李淑贞女士不听戏交戏价的信》等，《惠兴女学报》第10期，1909年2月。

③ 《北方人的热血较多》，《京话日报》，1906年5月15日。

④ 田际云：《勗学会给助善诸位道谢》。《感谢诸位热心》所言大同小异：“回想我们从二月间创议，到如今个半月的工夫，受了多少闷气，听了多少怨言，悬了多少回心，挨了多少顿骂。”（《惠兴女学报》第18期，1909年9月）

情,又没人管饭,求名求利都没有,真真的是形迹可疑”[①]来自我解嘲了。由此,田际云在演说文末尾特别提及,“这宗款项,该怎么办就怎么办,我们谁也不便经手”,以及妇女匡学会在5月5日日升昌票庄汇出助学款后,发表公开信声明,“我们办了三个月的工夫,才算把担子放下了,谁爱说闲话,敞开去说,好在一个大钱不经手”[②],都确实不是无的放矢的杞忧之言了。

好在银钱的事,由于妇女匡学会开办之初的小心谨慎,订立筹款章程时,即将“发起人概不经手银钱,专请出殷实钱庄代管此事”[③]列在第一条,终归可以证明自身的清白。但来自同行的“诛心之论”,却不那么容易正面回应,因而足以造成更大的伤害。一位“极爱听戏,外带着会排戏”的戏曲行家,当有人问起“先生何不排几出新戏,借戏点化点化人,于国家也很有益处,显了自己手段,又可以消磨岁月”时,便“把眼一瞪,嘴一裂,摇了两下头,叹了一声气”,说出如下一番话来:

> 我虽好排戏,却不懂什么叫作新戏,大概是小生出了台,说道:“小生爱国小生是也。”花旦出了台,也说“爱国花旦是也”。(因为《女子爱国》的新戏,故意讥诮。)这种酸戏,我实在不会排。我替田际云打算,他唱戏也罢,何必又想着立学堂?他的学生,到底是念洋文呢,还是习算学呢,或照旧是教戏曲呢?学生卒了业,还能升入大学堂吗?还可以得个一官半职,弄一个出身,改换改换门庭吗?岂不是梦中作梦了么!

这其实还是出于以梨园为贱业的根深蒂固的传统意识。若是伶人也如士大夫一样有爱国救国的热忱,在此人看来,便是有非分之想。于是,田际云的仗义助学,也被斥为“无赖之辈”“无理取闹的事”[④],是非颠倒一至于此。据此亦可窥见,晚清的戏曲改良并非毫无阻力,反对的声音倒更多来自内部。而以田氏的演新戏为掩盖貌衰艺退之说,原也是其来有自。

---

① 董竹荪:《形迹可疑》,《京话日报》,1906年4月9日。

② 田际云:《助学会给助善诸位道谢》,《京话日报》,1906年4月9日;助学会同人:《来函》,《京话日报》,1906年5月9日。

③ 张展云:《替杭州贞文女学堂筹款的法子》,《惠兴女学报》第12期,1909年4月。

④ 存吴:《戏曲改良的浅说》,《京话日报》,1906年6月6日。

五、“转移风俗，全在梨园”

回到历史现场，重新审视细节，我们可以发现，妇女匡学会组织的福寿堂演出，不只在近代戏曲史，即使置于晚清北京社会生活中，也可谓具有多重意义的创举。

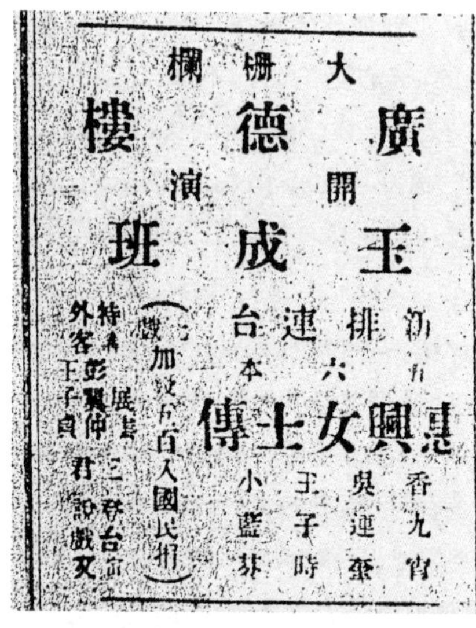

广德楼演出《惠兴女士传》广告
（1906 年 5 月 29 日《顺天时报》）

由田际云开启的带有慈善性质的义务戏，此后不只用于筹款兴学，也与诸多公益事业相系联。即如1906 年 5 月《惠兴女士传》在广德楼的重演，便声明是“为报效国民捐”，除戏资全捐外，每座另加京钱五百文①。跟进的有崔灵芝所在的义顺和班，该班 6 月 8 日至 10 日演出《女子爱国》，“所得戏价，除去馆子里的成头，后台所应得，一概报效国民捐，连打旗的人，全都不要钱”②。1907 年 2 月，因江北水灾，田际云、乔荩臣等又发起“为江北赈捐唱义务戏”，《顺天时报》白话记者杨廷书也把自己编写的《女子出洋》新戏交给田际云③，希望他能改编排演。当年9 月，田际云等人再为戒烟会和直隶赈灾义演三天，在汪桂芬的帮助下，一共募集了三千五百多元。其中三百元，用来捐助给经费不足的北京淑慎女学堂④。如此等等。正是通过介入众多公益活动，戏曲演员的社会影响力

① 《请再看重演〈惠兴女士传〉文明新戏》，《顺天时报》，1906 年 5 月 27 日；广告《大栅栏广德楼开演玉成班新排连台五、六本〈惠兴女士传〉》，《顺天时报》，1906 年 5 月 29 日。

② 《梨园人全都开通了》，《京话日报》，1906 年 6 月 6 日。

③ 《票友翙部为江北赈捐唱义务戏》，《顺天时报》，1907 年 2 月 26 日。

④ 《淑慎女学堂又收了一笔帮款》，《北京女报》，1907 年 9 月 15 日。

获得了极大提高。以至北京志士拟创办“戒烟普仁会”时,最先想到的也是“邀集梨园七班”[①]。也即是说,戏曲界日益成为北京社会改良中不可或缺的重要力量,扮演着宣传新政、感化人心的角色。

而演说与戏曲演出的结合,在北京地区也是由妇女匡学会的福寿堂演戏所发明。早在1899年,梁启超即转述过日本文部大臣犬养毅的说法:“日本维新以来,文明普及之法有三:一曰学校,二曰报纸,三曰演说。”演说之为“传播文明”的“利器”,逐渐成为社会共识。并且,“大抵国民识字多者,当利用报纸;国民识字少者,当利用演说”[②],也为从事启蒙教育者了然于胸。

1906年3月29日,福寿堂的义务戏开场。主办人、《北京女报》主笔张展云为说明演出宗旨,先发表了一通演说。其说辞开头便是:“今天是光绪三十二年三月初五日,是我们妇女匡学会开会演戏的头一天。”接下来,张氏开始讲说匡学会的来历,从而引出惠兴殉学的故事以及该会筹款兴学的主意。最后说道:

> 现在是开戏了,蒙诸位热心女学慷慨好义的女志士前后光临,又蒙梨园善士都来尽义务。……我如今还有一句话要说给众位听听:女学是强国的根本。惠兴女士是为女学死的。我们要成全惠兴女士的志向,还得大家设法多立女学堂;不能办学堂的,设法帮助学堂。总使惠兴女士这一死,把全国女界都唤醒了,全国女学也就由此振兴,那才是本会的大愿心哪。[③]

此话不只将妇女匡学会的宗旨从最初设定的狭隘目标救助贞文女学校,扩大到振兴全国的女子教育,而且,演说与戏曲两种启蒙形式的合并使用,在现场也产生了良好效果。

---

① 《商办堂会义举》,《顺天时报》,1907年2月27日。

② 初刊1899年9月《清议报》26册之《饮冰室自由书》中,未加标题;收入《清议报全编》(日本横滨:新民社,1902年)时,署《文明普及之法》;《饮冰室自由书》(上海:广智书局,1903年)改题《传播文明三利器》。

③ 《妇女匡学会开会演说》,《惠兴女学报》第13期,1909年5月。

由于在戏台上增加演说的形式顺应了北方观众的欣赏习惯与知识水准,此后,借演说以酝酿情绪,引导观众进入规定情境,便一再运用于具有特定目的的戏曲演出。1906年5月26至28日,《惠兴女士传》为国民捐筹款重演时,应田际云之邀,有三位北京志士,一连三日联袂登台发表演说。第一天,《京话日报》主人彭翼仲“演说本日演说之宗旨”,国民捐倡办人、照相馆老板王子贞“演说国民捐之历史”,张展云“演说惠兴女士全传”。“演说毕,而《惠兴女士》新戏开幕矣,一时观者颇动感情。”而刊发此条消息的《大公报》所用标题“演说创举”①,以及当年《惠兴女士传》演出广告中“特请外客张展云、彭翼仲、王子贞三君登台演说戏文”的说明②,均揭示出其将演说与文明戏相结合的特新处。显然,比之在旧戏中穿插新戏的福寿堂义演,此次的大型演说与演出的内容更直接相关,效果更胜一筹。

不妨举示一例:5月27日,王子贞演说《爱圀》。此“圀”字,乃是东安市场讲报处一位先生为劝导国民捐而造出,王氏在演说中发挥其义,释音为“我”。28日,彭翼仲又接续王子贞的话题,讲《文字与国家的关系》,既重申王之“人人别忘了我,人人就有了国家思想了”,末后更畅想中国如能仿效日本明治维新,国家富强,在世界上扬眉吐气的盛大场景:

> 你看罢,各国的学堂,也都要看重了中文,请了中国教习,上得讲堂,用粉笔把这个大“圀”写出来。无论欧洲,亚洲,南北美洲,(不说非洲,别有用意,请猜猜。)各国的学生,都在讲堂张着大嘴,跟中国教习学着念道:我,我,我,我,我,我,我!③

不难想象,现场观众听到这里,很可能会随之齐声诵读,又怎能不热血沸腾,爱国意识高涨?因此,外城巡警总厅的谕单中特别强调,给奖不只是为玉成班的排演新戏,也因为其“延请士绅登台演说,一时观听者皆为之

① 《演说创举》,《大公报》,1906年5月30日。

② 广告《大栅栏广德楼开演玉成班新排连台五、六本〈惠兴女士传〉》,《顺天时报》,1906年5月29日。

③ 王子贞《爱圀》、彭翼仲《文字与国家的关系》,《京话日报》,1906年6月1日、5月29日。

感泣动容”[①]。

次年5月8日,由于接替惠兴办理校务的惠兴女学校总办贵林来京,张展云又与田际云商量,再次搬演《惠兴女士传》,并特约贵林“把惠兴女士死后的细情,跟现在女学校的办法,都说给大家听听”。于是广德楼戏园中便出现了如下一幕:戏演至贵林读祭文后,“由女报馆主人张展云,临台报告曰:‘演戏的贵佐领是假的,现在杭州的真贵佐领来了,请其报告一切。’贵林随上台演说”[②]。戏曲中的原型人物当场现身,发表讲演,这种沟通戏内与戏外的表演,无疑会引起观众浓厚的兴趣。而由演说所讲述的惠兴女学校的近况,又构成剧情向当下的延伸。

至于《惠兴女士传》的演出无意间开创了妇女听戏的新风气,改变了以往女眷只能在家中或由家族在饭庄包场看堂会戏的传统,更是直接关乎社会风俗的改良。就在田际云的新戏上演前不久,京师外城卫生局颁发的《戏园程章》还特别规定:“现在风气仍未大开,不准添买女座。”[③]张展云筹划成立妇女匡学会,为贞文女学校募捐,章程中也尽先列入“专卖堂客座,不卖官客座,免得男女混杂”一条。包含了“本会一概不卖男座”[④]承诺的福寿堂义演,因此才能得到巡警部批准。

其实,妇女匡学会办事诸人的持重谨慎,从演出地点的改变也可透视一二。最初拟选的湖广会馆虽非营业性的戏园,但其为同乡往来、留宿之处,毕竟人员混杂。而随后的移至福寿堂,除可包场外,也应当是出于假借大饭庄中演堂会戏的旧俗,以避讥评。不同的是,《惠兴女士传》的演出仍采用售票制,故并非家族亲友间的聚会。为迁就风俗,符合法规,在购票的人选上便须做严格规定。而专卖女座,“必须预先布置,一切执事人等,很不容

---

① 《外城巡警总厅谕单》,《京话日报》,1906年5月29日。

② 《惠兴女学校总办到京》《三月二十六日惠兴女学校总办贵林在广德楼戏馆之演说》,《北京女报》,1907年5月6日、11日。

③ 《外城卫生局颁定戏园程章》,《京话日报》,1906年3月8日。

④ 《替杭州贞文女学堂筹款的法子》《禀立妇女匡学会演戏小启 · 规则》,《惠兴女学报》第12、13期,1909年4、5月。

易请”，诸多麻烦又使得欲效法者心生畏难。① 其操作上的困难，也势必造成此法的不易推广。

尽管有如上所指出的小心规避与难以重复，在福寿堂开演的义务戏仍因其打破常规，而为妇女最终堂堂正正地进入戏园观剧开启了通道。恰如《北京女报》所云：

> 直到杭州惠兴女士死后，本报提倡，立了妇女匡学会，禀准巡警部，演戏卖女座，为惠兴女学堂筹款，从此开了义务戏的头儿。后来为公益事，唱戏卖女座的，一起儿跟着一起儿。妇女听戏，也就不那们稀罕啦。

很显然，从戏园中的妇女专场到承认女性与男子一样享有看戏的权利，其间并不存在无法逾越的鸿沟。1907 年，北京新开张的文明戏园便率先做了变通，经过警厅批准，该园楼上专卖女座。张展云不由赞叹：“这真是别开生面，称的起是破天荒了。”②由此再一转手，取消戏园中的男女分区亦为意料中事。

并且，不只是为妇女进戏园开了先声，妇女匡学会主办的福寿堂义演，也因其改编惠兴事迹而成的《惠兴女士传》大获成功，而使得女学思想迅速深入人心。与新戏演出相伴随的兴办女子教育乃当务之急的宣说，一时之间在社会各阶层得到普及，成为舆论界的主导声音。以至 1906 年 4 月 3 日的《大公报》，已将“北京女学逐渐发达”，民办女学堂的接连设立，归因于“惠兴女士一死”。而其间“近者设妇女匡学会，虽优伶歌妓，亦动热诚”③，无疑是北京女学堂迅猛增长最有力的推动者。

不仅民间社会受到感染，《惠兴女士传》的演出对清廷的女学决策也有不容低估的潜在影响。张展云在筹办妇女匡学会演戏期间，曾受贵林之托，为惠兴申请旌表。3 月间致贵林信函中，张氏对此事的进展情况作过汇报：

> 惠兴女士之事，弟竭力运动，已达天听，并将小照进呈皇太后矣。

---

① 《义顺和要白唱两天戏》，《京话日报》，1906 年 6 月 2 日。

② 《说妇女听戏》，《北京女报》，1908 年 6 月 1 日。

③ 《女学发达》，《大公报》，1906 年 4 月 3 日。

惟系内廷当差者进呈,故不能有明文也。将来仍拟请学部代奏,弟已与贵同乡金锡侯商及矣。[①]

尽管张展云广泛利用了其在京城的各种关系,直至动用了内线,活动旌表的结果却不理想。内阁中书金梁(字锡侯)也确实为惠兴写了请旌奏折稿,连同杭州将军瑞兴、浙江巡抚张曾敭等地方大员的请旌表折[②],最终换来的却是学部舍去其“捐躯殉学”之“志节可嘉”(理由是该校已更名为“惠兴女学堂”,“切实嘉彰,殆无逾此,可无庸更请恩奖”),而另以“夫死守节十有五年”[③]的事迹准旌的一纸指令。推究学部之避重就轻、舍此取彼的原因,应与其时清廷对是否开放女子社会化教育犹存疑虑有关[④]。

而恰恰是在此期间,1906 年 6 月 6 日,内务府曾传集北京各戏班名角,“在颐和园敬演《女子爱国》及《惠兴女士》新戏”。毫无疑问,“敬谨扮演”《惠兴女士传》的名角必为田际云[⑤]。此前张展云通过内廷传递惠兴事迹未见成效的努力,到了这出文明新戏被选中入宫演出,为嗜听戏曲的清朝皇室所欣赏,张氏谋求官方表彰惠兴以达其提倡女学的初衷总算引起了最高层的关注。该戏多次搬演与好评如潮的种种情节,也应当为阅读《北京女报》的慈禧太后所了解[⑥]。惠兴为女学殉身,妇女匡学会的助学募捐,《惠兴女士传》新戏的感人至深,以及北京民办女学堂的竞相出现,这些在北京人的社会生活中突然兴起的轩然大波,与一年以后,1907 年 3 月清朝学部颁发

---

① 《北京女报馆来函第三》,《惠兴女学报》第 8 期,1908 年 12 月。

② 参见《内阁中书金梁拟请代奏为惠兴女士请旌折稿》,《大公报》,1906 年 7 月 19 日;《杭州将军瑞、浙江巡抚张、杭都统德为惠兴女士奏请旌表折》(光绪三十二年三月),《惠兴女学报》第 1 期,1908 年 5 月。

③ 《学部礼部遵旨议奏折》,《惠兴女学报》第 5 期,1908 年 9 月;参见《石刻二》,《惠兴女中》第 7 期,1935 年 6 月。

④ 参见笔者《晚清女学中的满汉矛盾——惠兴自杀事件解读》最后一节“女杰死而学校兴”,《现代中国》第一辑,武汉:湖北教育出版社,2001 年。

⑤ 《内廷演剧》,《大公报》,1906 年 6 月 11 日。

⑥ 管翼贤《北京报纸小史》记云:“《北京女报》……每日之报,仰蒙慈禧皇太后赐览,顽固者引为奇谈,而张氏母子(按:即张筠芗与张展云)以为无上荣耀。”(杨光辉等编:《中国近代报刊发展概况》,北京:新华出版社,1986 年,第 403 页)

的《女子小学堂章程》与《女子师范学堂章程》,其间必然存在着内在关联。起码,对于清廷尽快承认女子社会化教育的合法性,文明新戏有一份直接的推进之功。

为妇女匡学会的活动作总结,发起人张展云不由感慨系之:

> 此次特别举动,创行于北京腐败中心点,尚未招出意外之事,而且捐款踊跃,(已集有三千七百余元,陆续补捐者尚不乏人。)所谓始愿不及此矣。田际云(即想九霄)始终其事,尤为难得。①

此话出自写给贵林的私人信函,不必向第三者买好,故所言田际云乃此次募捐成功的关键人物之为事实,应无疑义。而由于田氏的积极参与,被新学界认作"腐败中心点"的北京,竟然也为女学这一尚未获得合法身份、屡受各地官府打压的新事物所激动,从上到下,从贵族到平民,均对惠兴的殉学表示同情,不能不说是一个奇迹。

更重要的是,创造奇迹的田际云经由《惠兴女士传》的演出,也与报界、学界建立了新型关系。这一三者配合互动的模式,使得一向被人轻贱的戏曲界在清末的北京城,真正成为沟通与联络上、下层社会的中介。借助传统戏曲的力量,旧曲翻新的文明戏扮演了启蒙者的角色,为在天子脚下的京师推行新政与传播新思想,提供了一种适宜而得力的方式。彭翼仲所谓"转移风俗,全在梨园"②,验之于由戏曲改良推动的晚清北京的社会改良实绩,确为信言。

---

① 张展云:《北京女报馆来函第四》,《惠兴女学报》第8期,1908年12月。

② 《又要唱义务戏了》,《京话日报》,1906年5月18日。

《孽海波澜》与北京济良所

杨　早　凌云岚

《孽海波澜》是梅兰芳1914年排演的第一部"时装新戏"①。此戏当时颇受观众欢迎,甚至让前辈名伶谭鑫培亦不得不避一头地②,然而剧本已佚,而且梅兰芳本人后来对其评价亦不高:"并不能因为戏馆子上座,就可以把这个初步的试验,认为是我成功的作品。"③当时的剧评与后世的戏剧史著亦多持此见,如张豂子(聊公)即称之为"畸形之艺术"④。可以说,无

---

① 《孽海波澜》的排演时间,论者多有误为"1913年"者,其误盖源于梅兰芳《舞台生活四十年》中的表述:"一九一三年我从上海回来以后……就在那年的七月里,翊文社的管事,带了几个本子来跟我商量,要排一出时装新戏。这里面有一出'孽海波澜',是根据北京本地的实事新闻编写的。"《舞台生活四十年》,北京:中国戏剧出版社,1987年,第211页。然据《梅兰芳年表》可知,梅兰芳1913年在上海的演出结束于12月底,当然不可能在本年再排演《孽海波澜》,张豂子等人的记述也都写明此剧上演于1914年10月。王长发、刘华:《梅兰芳年表》,中国梅兰芳研究学会、梅兰芳纪念馆编:《梅兰芳艺术评论集》,北京:中国戏剧出版社,1990年,第749页。

② "谁知道正赶上谭老板那几天也要在丹桂茶园露了,贴的戏码还是很硬。我在吉祥,他在丹桂,这两个馆子,都在东安市场里面,相离不远……这四天的成绩,吉祥的观众挤不动,丹桂的座儿,掉下去几成;最后两天,更不行了。"梅兰芳:《舞台生活四十年》,第216页。

③ 梅兰芳:《舞台生活四十年》,第215页。

④ 张聊公:《梅兰芳之孽海波澜》,《听歌想影录》,天津:天津书局,1941年,第5页。

论是在梅兰芳自己的艺术发展过程中,还是在近代戏曲史上,《孽海波澜》的意义仅仅被认定为“梅兰芳的第一部时装新戏”,与之后的《邓霞姑》《宦海潮》《一缕麻》同被视为不成熟的实验性的作品。

然而,从戏曲与舆论、文化空间的结合与推进来考察,《孽海波澜》具有他作无可替代的价值,它不仅是民初优伶将时事与戏曲进行结合表演的范例,其市场成功,也象征着“作为启蒙手段的改良戏曲”的进一步推广,借由戏曲的广泛传播,“济良所”这个新事物得到了北京市民乃至北方地区的广泛认知与接受。考察“时事”经由“戏曲”的变形与传播,再反作用于“社会”的过程,正可以揭明近代北京文化空间构建的某种运行方式。

一、张傻子虐妓案

《孽海波澜》本事源于1906年《京话日报》的一篇新闻报道,题目是《张傻子恶贯满盈》:

> 大混混张傻子,买良为娼,无恶不作。所开的玉莲班,有个香云妓女,被婆家瞒了娘家卖出,落在张傻子手里(京中妓女,发誓赌咒,常说如有屈心,必落在张傻子手里,傻子的狠毒可知)。有个姓赵的客人,跟香云很要好,香云愿意嫁他。赵姓的力量来不及,香云托他,寻找自己娘家亲人,以便大家想法子。赵姓跑到永清县,居然把香云的父亲找来。可恨张傻子,知道了这回事,不准他父女见面,故意把香云藏起。这天赵姓又来,张傻子要讹他,自己把盆景打碎,跑到协巡第四局控告,诬赖赵姓欠他五十块钱,要帐[账]不还,打碎了他的东西。第四局送到协巡营,经杨帮统问实,张傻子倚着奉官上了捐,诬告游客,刁恶万分,打了四十军棍,枷号示众,并把犯事的情由,写在一幅白布上,背在他身后,派弁兵押定,鸣锣游街,各下处界内,要叫他通统游偏[遍],还得自己诉说情由,劝同行的人,别再倚上捐欺人,不说便打。好痛快呀,好痛快!论张傻子的罪名,杀有余辜,犯案多次,都用银钱买通,逍遥法外。今天被协巡营这们一办,大快人心。从此开下处的,鱼兵虾将,都

得收敛收敛了罢。此等小人,从来没有露过脸,自从上了捐,美得他们五脊六兽。像张傻子这样的虽不多,开下处的,好人也实在少,打一个镇吓百个,办得实在妙,办得实在妙。①

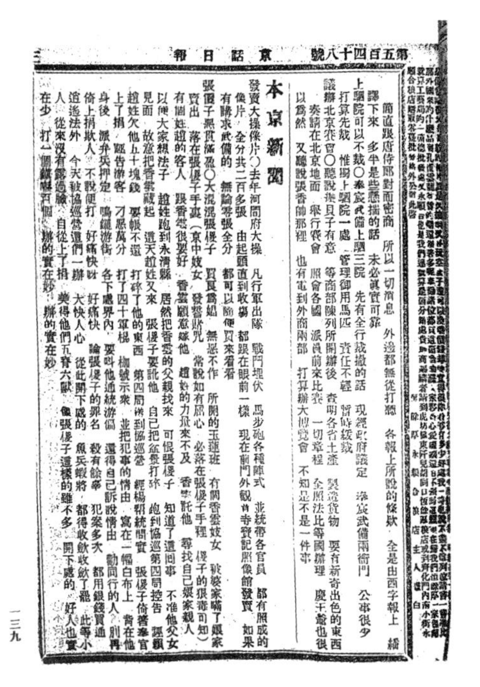

第五百四十八號 京話日報

簡直跟唐侍郎對面密商 所以一切消息 外邊都無從打聽 各報上所說的條款 全是由西字報上 繙譯下來 多半是些懸揣的話 未必眞實可靠

上駟院可以不裁○奉宸武備上駟三院 先有全行裁撤的話 現經政府議定 奉宸武備兩衙門 公事很少 打算先裁 惟獨上駟院一處 管理御用馬匹 責任不輕 暫時緩裁

議辦北京賽會○聽說振貝子有意 等商部陳列所開辦後 查明各省土產 製造貨物 要有新奇出色的東西 奏請在北京地面 舉行賽會 照會各國 派員前來比賽 一切章程 全照法比等國辦理 慶王爺也很以爲然 又聽說張香帥那裡 也有電到外商兩部 打算辦大博覽會 不知是不是一件事

本京新聞

發賣大操像片○去年河間府大操 凡行軍出隊 戰鬥埋伏 馬步砲各種陣式 並統帶各官員 都有照成的像片 全分共二百多張 由起頭直到收場 都跟在眼前一樣 現在前門外觀音寺寶記照像館發賣 如果有講求武備的 無論零張全分 都可以隨便買來看看

張傻子惡貫滿盈○大混混張傻子 買良爲娼 無惡不作 所開的玉蓮班 有個香雲妓女 被婆家瞞了娘家賣出 落在張傻子手裏(京中妓女 發誓賭咒 常說如有屈心 必落在張傻子手裡 傻子的狠毒可知)有個姓趙的客人 跟香雲很要好 香雲願意嫁他 趙姓的力量來不及 香雲託他 尋找自己娘家親人 以便大家想法子 趙姓跑到永清縣 居然把香雲的父親找來 可恨張傻子 知道了這回事 不准他父女見面 故意把香雲藏起 這天趙姓又來 張傻子要訛他 自己把傢俱打碎 跑到協巡第四局控告 誣賴趙姓欠他五十塊錢 要帳不還 打碎了他的東西 第四局送到協巡營 經楊幫統問實 張傻子倚著奉官上了捐 誣告嫖客 刁惡萬分 打了四十軍棍 枷號示衆 並把犯事的情由 寫在一幅白布上 背在他身後 派弁兵押定 鳴鑼游街 各下處界內 要叫他通統游徧 還得自己訴說情由 勸同行的人 別再倚上捐欺人 不說便打 好痛快呀 好痛快 論張傻子的罪名 殺有餘辜 犯案多次 都用銀錢買通 逍遙法外 今天被協巡營這們一辦 大快人心 從此開下處的 魚兵蝦將 都得收斂收斂了罷 此等小人 從來沒有露過臉 自從上了捐 美得他們五脊六獸 像張傻子這樣的雖不多 開下處的 好人也實在少 打一個鎮嚇百個 辦的實在妙 辦的實在妙

一三九

《京话日报》第 548 号(1906 年 3 月 7 日)刊《张傻子恶贯满盈》

张傻子与赵姓嫖客的冲突,在各地妓院中均不鲜见:妓女找到恩客,愿意嫁他,老鸨或“养人地痞”不许,酿成冲突。比较特别的细节,是张傻子率先报官,诬指赵客欠钱毁物,新闻里两次出现“倚着奉官上了捐”“上捐欺人”的字句,表明了这件个案会引起如此轩然大波,与京师娼妓业的合法化有很大关系。

据史料记载,道光以前,京师“绝少妓寮”,至咸丰之时才“妓风大炽”。同治年间修订颁布了《大清律例》,更是删除了关于“京师内外拿获窝娼至开设软棚日月经久之犯”照例治罪的内容,实际上等于默认了妓院的合法存在。② 1905 年清廷设立巡警部,正式对娼妓、优伶业征收税款:“北京罢巡城御史,设工巡局,那桐主之。局用不敷,议推广税务,遂及戏馆、娼寮。”③ 1905 年 12 月,内、外城巡警总厅取代工巡局后,仍抽收妓捐,按月缴捐者为官妓,否则为私娼。正是这种娼妓合法化的进程,让张傻子们有了比之前更

① 《张傻子恶贯满盈》,《京话日报》第 548 号,“本京新闻”,1906 年 3 月 7 日。

② 参看邵雍《中国近代妓女史》,上海:上海人民出版社,2005 年,第 101—106 页;王书奴《中国娼妓史》,上海:上海三联书店,1988 年,第 285—286 页。

③ 胡思敬:《国闻备乘》卷 2,北京:中华书局,2007 年,第 80—81 页。

大的胆量,“美得他们五脊六兽”,之前“犯案多次,都用银钱买通,逍遥法外”,而今上了捐,更敢于将与妓女、嫖客的冲突公开化,甚至诬告对方。

三天之后,《京话日报》再次刊登了对该案的报道详情:

> 张傻子一案,游完了街,又把他带到协巡营,追问他香云下落,他一味的支吾。把玉莲班全堂妓女,一律带到,分别盘问,可怜一群无父母的女孩子,被张傻子打怕,没有敢说实话的,再四盘问,始终不说。杨帮统又问各妓,张傻子带[待]你们如何,问到这里,有落泪的,有咬牙打战说不出的。内中还有张傻子霸占的孀妇周氏,同恶相济,更是狠毒,当时周氏亦到案,自认用皮鞭责打各妓。立派差兵,到玉莲班搜出皮鞭一条,就用他的皮鞭,很很的[狠狠地]打了他一顿(杨帮统真是快人快事)。周氏供认实情,取保候传。限张傻子三天,把香云交出,一面送工巡局看押。张傻子游街第二天,撤去鸣锣,外面就有谣言,说他花了钱。如今送到工巡局,千万别再招出谣言来了。①

1906年3月12日,《京话日报》发表《招告张傻子》,向公众报告:“协巡营惩办张傻子,连日登报,现在已交工巡局看押。幸亏协巡营统带王观察,兼有工巡局差事,事权归一,不能容他避重就轻。张傻子罪大恶极,害死人命,从未犯案。听说要出示招告,如有确实凭证,便可批准,从严追究,免得再叫他逍遥法外了。”这则新闻厘清了娼妓经营的管理机构,并且号召民众举报张傻子的罪行。

3月14日,《京话日报》发表《张傻子竭力运动》,点出“工巡局收押张傻子,外边很有人替他运动;他自知罪大恶极,难逃国法,情甘破家赎罪”,给工巡局的老爷们戴上“自爱声名,断不至被他买动”的高帽子后,仍然指明“钱能通神”“防不胜防”,“请诸位多加谨慎,声名真要紧呀”。

显然,如果仅仅只揪出一个罪恶的领家张傻子,尚不足以激起民众对“逼良为娼”的痛恨及对济良所的支持,于是《京话日报》在数日后又报道了一个“恶鸨”阿三奶奶。报道控诉她“前三年骗娶恩姓女为媳(小名龄儿,班

---

① 《恶鸨受刑》,《京话日报》第551号,“本京新闻”,1906年3月10日。

名银凤),逼令卖奸,虐待的十分可惨”;而事情的揭发,是由银凤的姊夫访明真相后,“到魁顺班叫出银凤,揪扭着阿三奶奶,跑到第四段协巡队喊告”。[①] 通过这则报道,《京话日报》又一次向北京民众宣传了“逼着人家女儿为娼”的狠毒,与即将开办的济良所救助程序:妓女或妓女的家人,可以向协巡队“喊告”,由协巡队转送协巡营处理。虽然第二天《京话日报》承认他们过于听信妓女家人的一面之词,“情节不大实在”,但仍认定“阿三奶奶,绝非好人,凌虐的事,在所不免啊”[②],宣传的效果已经达到了。

经过这一轮报道,“领家虐妓”的印象已经深入人心。不过,要激起广大市民感同身受的同情之心,以配合济良所的创设与推广,仅有张傻子案那样的断片式报道尚嫌不足。张案之后,《京话日报》依然保持关注被骗或受虐的妓女,也是在为已经开办尚未开学的济良所张目。

1906 年 5 月 3 日,《京话日报》用“专件”的形式刊登了“坏事高”的长篇报道,报道占据两个版面,对于每日只有六个版面的《京话日报》来说,这是非常高的规格。而报道内容,是甚至发生在张傻子虐妓案之前的坏事高案。

坏事高本名高得禄,跟张傻子一样,是远近闻名的狠毒地痞。他去直隶顺德府内邱县,谎称自己是“有功名的人”,又是正定府等三家盐店的东家,骗娶了乔家十九岁的女儿乔迷胡。婚后才三天,坏事高就把乔女带上火车,拐到北京,卖到了八大胡同。

乔迷胡的父亲,到坏事高所说的盐店看女儿女婿,碰了个大钉子,“又到正定府访了几天,有人对他说,怕是受了北京人的诳骗了罢,他这才进京。一个人也不认识,在街上瞎找,把带来的盘费花净,又脱下身上夹袄变卖,夜晚就在街上睡”。有人指点他,到妓院集中地去找,找了七八天,终于撞见了自家女儿,跟一个老妈在街上走,头上脚下都改了样子。乔父这才继续他拯救女儿的艰难旅程:

① 《又一个恶鸨被告》,《京话日报》第 572 号,“本京新闻”,1906 年 3 月 31 日。
② 《控告不实》,《京话日报》第 573 号,“本京新闻”,1906 年 4 月 1 日。

> 跑到巡捕段上磕头,巡捕领他到局,具了甘结,带他去提案。原来在街上遇见女儿时候,略一点头,下处的跟人,已经提防,就跟藏起来了。一连找了几十家,踪影全无,仿佛诬告,这老乔就得挨打。老乔急的连哭带喊,旁边有一个人,听见他口音,诧异的了不得,又问明他姓乔,就对巡长说,有一个妓女,常常哭诉,说是顺德府人姓乔。巡长就叫这人领着找,又到一处,只拿着一个老妈子,就是老乔撞见的老妈,带到局里,问了口供,把老乔留下,又叫老妈带巡捕去找,果然找到。乔迷胡一上堂来,父女抱头痛哭,这才知道是真的了。

警局用了五天时间,才将坏事高缉拿到案,打了几十杖,勒令交出身价银350两。

按说案件到此已结,乔父领回女儿,坏事高按律该充军发配。但是“西局里几位问官”、总办帮办,都认为“此等恶人,若是充发出去,他的神通广大,不上一年,必定逃回来,逍遥无事,仍旧是毒害良人”,因此打算仿张傻子的前例,让坏事高游街示众,再无限期监禁。①

早在3月9日,张傻子案刚刚发生,《京话日报》就曾报道张傻子被捕之后仍然嚣张,“有人听他向同行的声说,罪满释放,必把香云致死”,编者据此呼吁“有管理之责的,若不激[彻]底根究,释放之后,必定要毒害人命。此匪罪案甚多,枷满永远监禁,亦不为过”。②

这类报道和呼吁,在同一时段(1906年3月至5月)的《京话日报》反复出现,对于“万恶的拐子手”,编者的结论总是“像这种淫恶凶徒,局里的老爷,绝计不能轻饶他罢”③;而对于“第二个张傻子”这种虐待妓女者,编者也不断强调,“卫生局既然收捐,就得出来保护,像这种万恶的领家,总该查禁才对”,并且指出“再不改过,济良所可以干预”④。

而《京话日报》为救济受害妓女寻找的出路,就是成立济良所。

---

① 《坏事高的心情(?)比张傻子还重》,《京话日报》第605号,“专件”,1906年5月3日。

② 《黑暗地狱》,《京话日报》第550号,“本京新闻”,1906年3月9日。

③ 《请看万恶的拐子手》,《京话日报》第621号,“本京新闻”,1906年5月19日。

④ 《第二个张傻子》,《京话日报》第621号,“本京新闻”,1906年5月19日。

二、《京话日报》倡设济良所

《京话日报》自1904年创办以来,多次报道、评论社会案件,但"张傻子案"与别案不同,《京话日报》从一开始就介入其中,可以说,张傻子案是在《京话日报》的密切关注下进行审理与处罚的。

《京话日报》详细描述张傻子虐妓的恶状,用意并不仅仅是揭露恶霸的罪行,舆论对于官府如何处置的监督,也是题中应有之义。张傻子固然恶贯满盈,但张傻子这样的妓女领家非止一人,问题于是转变为如何为京师屡禁不止的拐卖良家妇女、虐待妓女、逼迫卖淫等现象找到一条出路。有鉴于此,《京话日报》并不止于揭露张傻子的恶行累累,表扬协巡营的公正严明,而且在同日报纸上,刊出了一篇短论《收妓捐为何不设济良所》,将"济良所"这个北京中下层民众尚未听闻的名词,列为征收妓捐的配套措施:

> 上海地方,设有济良所,妓女受了虐待,自然有处声冤,愿意从良的,也不致老鸨禁阻。收妓捐的本意,原是借着捐的名目,暗行限制的法子,不是因他行业贱,专专罚他出钱。京城开办妓捐以来,两三个月,并没谈到这回事,小人无知,开下处的,可就长了声势了。若早早的设立济良所,张傻子那敢这样大胆?①

作为北京最早的华资日报,又是由个人集资创办,《京话日报》关于外埠、世界的信息主要来自上海报纸。关于济良所的报道,想必也得之于彼。

上海济良所发起于1896年,由美国传教士包慈贞(Bonnell)"目击浦江流域,洋场十里间,淫风流行,妓娼日盛"而发愿创立。最初的发起人为"同道西女五人",四出募捐,于1897年10月,"赁西[熙]华德路圣公会老牧师吴虹玉先生住宅为会所,收养迷路落魄及不愿为娼之女子"。1901年,包慈贞"鉴于沪市陷于罪恶中女孩为数颇广,亦有自幼失怙,擅自走迷,若不予以救济,则将永沦于惨痛之中",在熙华德路正式发起成立上海济良所,专

① 《收妓捐为何不设济良所》,《京话日报》第548号,1906年3月7日。

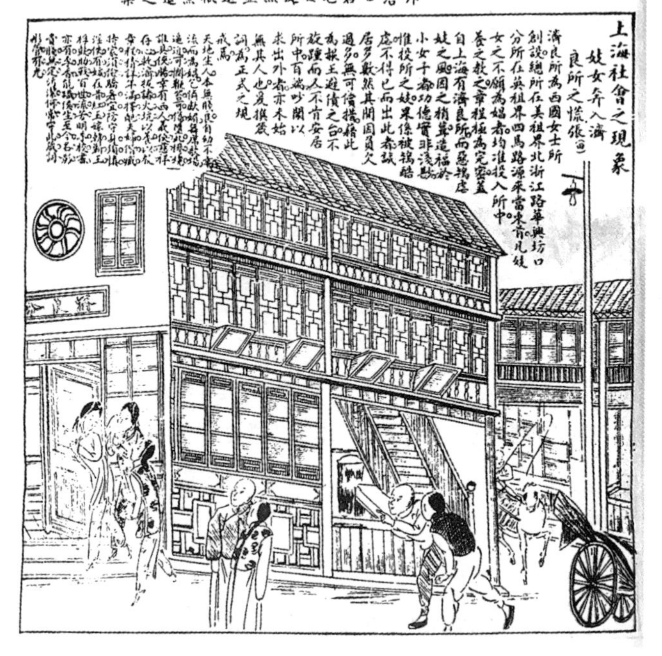

《图画日报》第 49 号《妓女奔入济良所之慌张》

以救济不幸女子为目的。① 是为济良所正式设立。上海济良所的管理主要由西人负责,但亦有华人的参与。

1905 年,严信厚等士绅 13 人为了扩大济良所的影响和方便妓女投所,筹设济良分所,经过筹备,于当年租下上海福州路 181 号,建立起济良分所。

① 季理斐:《参观沪上济良所记》,《大同报》1913 年第 19 卷第 39 期。参见安克强《上海妓女——19—20 世纪中国的卖淫与性》,第十四章“娼妓救济团体”,上海:上海古籍出版社,2004 年。

次年,六名妓女结伴来投,此事惹怒了妓院的经营者,一群老鸨、恶棍、地痞流氓聚集在济良所门前,向所里投掷石块,"福州路差点儿被妓院老鸨们的怒火点着了"。济良所的管理者不得不求助于租界巡捕,才驱散人群。事后,巡捕房还专门派了两名巡捕到济良所看守数日。[①]

《京话日报》提议创设京师济良所,一方面是借鉴上海的成例,另一方面,是将济良所与"妓捐"作了勾连。借着协巡营惩办张傻子的案件,《京话日报》保持着它向官府"建言献策"的特点,因此,京师济良所一开始提出,是由舆论界引发创议,而指向"官督绅办"的模式,这与上海济良所由西人发起,中西绅董共同捐款管理的模式颇有区别。

梁漱溟后来对《京话日报》这种舆论运作方式的总结是:

> 以办报发起和推进社会运动,又还转以社会运动发展报纸;把办报与搞社会运动结合起来而相互推进。这是彭先生不自觉地走上去的道路,其报纸后来所有之大发展,全得力于此。
>
> 再说明白些:社会运动当然是从其社会存在着问题而来的。有些先知、先觉把问题看出得早而切求其解决,就提出一条要走的路号召于大众,而报纸恰是作此号召的利器。身在问题中的众人响应了这种号召,便形成一种社会运动。报纸以运动招来读者,以读者推进运动。[②]

从张傻子案来看,"把办报与搞社会运动结合起来"未必是彭翼仲"不自觉"的道路,经过两年的办报实践,以及发起阅报处、设立讲报所,德国公使交涉、那亲王府活埋小妾等案件的处理[③],《京话日报》已经初步掌握了舆论与官方、民众的互动方式,并相当娴熟地运用在借张傻子案创立济良所的"社会运动"之中。

另一则新闻则报道说,济良所的创办已由官方提上议程,而《京话日报》准备参与其中:

---

① 《济良所年报》1934 年第 6 页,转引自安克强《上海妓女——19—20 世纪中国的卖淫与性》,第 378 页。

② 梁漱溟:《记彭翼仲先生》,《忆往谈旧录》,北京:中国文史出版社,1987 年,第 70 页。

③ 参见彭望苏《北京报界先声》相关章节,北京:商务印书馆,2013 年。

> 协巡营帮统杨钦三副戎，惩办张傻子一案，大快人心。因此又动了不忍之念，想要趁此机会，开办济良所，就跟统带王勤齐观察商议，意见相同。打算约请名望最好的绅士，大家筹一笔款项，就在前门西一带，找地方开办。仿照上海济良所章程，凡妓女受了领家的凌虐，准其呼喊巡捕，送入济良所，由官择配。这件事情若办成，真是功德无量。开办经费，可以由大家捐凑，大约也用不了多少钱。本馆听说这话，又想着要多事了，有肯助成善举的，就请书明助捐数目，交本馆先行登报。①

这则新闻指出了济良所的几个要件，一是主要救助“受了领家的凌虐”的妓女，二是方式为“呼喊巡捕”，三是进入济良所的妓女，出路是“由官择配”，四是开办经费“由大家捐凑”。与上海济良所相比，京师济良所一开始就是由官方出面（《京话日报》没有提自己的创议，而是将功劳归于“两统带”），但基本方式还是“官绅合作”。由于《京话日报》这样一个深及中下层社会的舆论机构的参与，京师济良所有可能比上海更加深入地传播到民间去。

《京话日报》的报道一直在保持两条路线：要求严惩张傻子，鼓吹创办济良所。这本来就是一枚硬币的两面，如果不打掉张傻子等领家的气焰，受虐的妓女就不大可能主动向社会求助；而没有济良所，被解救的妓女也没有出路。在这一事件中，《京话日报》同时发挥着监督政府与建设社会组织的作用。

同日刊登的《济良所大可成功》则报告济良所议设进程，称杨钦三已向上峰报告，颇蒙认许；民间也很踊跃，“昨天还有一位朋友，愿意独力捐办”，最重要的是出了一个主意：让与香云要好的赵姓客人（就是被张傻子诬告的嫖客）多认些捐，“就把香云许配给他；赵姓如有不好意思的地方，本报愿作个说合人”。同版上还有单句启事“普劝仁人拯救受虐妓女”，仿国民捐前例，《京话日报》开设了“捐助济良所经费”的专栏，刊登捐款民众姓名及认捐数额，并声明等济良所“开办时再收款”。

---

① 《两统带商办济良所》，《京话日报》第553号，“本京新闻”，1906年3月12日。

与上海的报纸相比,《京话日报》的一大特色,是自任“公众的言论机关”,大量使用读者来稿作为“演讲”(即后世的社论)内容。[①] 成功发起国民捐运动之后,更是如此。济良所一案,《京话日报》虽然热心创议,但彭翼仲为首的同人并没有在报上宣讲其意义,他们把这个机会留给了两年来深受报纸启蒙影响的读者。果然,3 月 17 日“专件”刊出了署名“永清县一分子”的《劝慈悲人捐助济良所》,把济良所的创设意义提高到了“国家思想”的高度:

> 嗳呀!文明世界,那有这等残忍的事呀?(虽说好人不为娼,那良家妇女,落在这个火坑里的,亦实在不少,世界上没有天生来的娼。)就去年说罢,有晓得助国民捐的,有晓得禁买美货的,作妓女的,也何尝没有国家思想?唉,要遭在恶鸨手里,轻者是骂,重者是打,又到那里去诉冤呢?天地间有这样不平等的事吗?美洲黑奴,自开放以后,都可以享受点儿人权。妓女虽贱,亦算是黄种人的一部分,也是中国四万万同胞的一分子,岂有见死不救之理?

议设济良所,虽然是仿照上海的成例,更借了张傻子一案在京师引发的轰动效应,但《京话日报》热心推进此事的用意,与这些启蒙知识分子在 1905 年发起国民捐运动、抵制美货运动,是一脉相承的。前二者是利用国家危机,这一次则诉诸民众的同情心,都是要激发他们对“文明世界”的向往与爱国互助的热情,用彭翼仲的话说就是“叫下等人知道爱国”[②]。因此,京师济良所之设,比上海的创立济良所,意味更加复杂。而官方的介入,给了济良所某种政策上的保证与保护,使其免受京城地痞流氓的骚扰,这也是《京话日报》一开始就拟定的策略。[③]

---

① 参见拙文《京沪白话报:启蒙的两种路向》,《北京社会科学》2003 年第 3 期。

② 《劝慈悲人捐助济良所》,《京话日报》第 558 号,“专件”,1906 年 3 月 17 日。

③ 《京话日报》在京师济良所章程拟定之后,有短文指出:“昨晚上有人说:各领家要结成团体,想法子毁谤济良所。此事必不能免,早已防备在先。章程拟妥,挨着门送给他们看,只要他不施毒手,有做活局子的本事,本所亦断不收留。”《各领家必要毁谤济良所》,《京话日报》第 579 号,“本京新闻”,1906 年 4 月 7 日。

3月20日,《京话日报》再度向读者报告:《济良所的房屋有了着落》,“本京绅士”愿意将旧的水会公所捐借出来。另外张傻子被封的玉莲班,本是张傻子的产业,也充为济良所的公产。

虽然连续多日都有认捐、呼吁捐助的来稿刊出,但捐凑的成效毕竟有限,只是“杯水车薪”。对此,《京话日报》又提出了筹集经费的主张:“所有玉莲班的妓女六名,大可招人领娶,定出一个身价来,不必拘定向来的官价。这本是特别的新鲜事,无妨通融办理,并可防将来的弊病,免得插圈弄套的人生心。所有身价,都捐入济良所。有乐意多捐的,还可以推广女工艺,多多益善。办此等事,千万不必太拘。”①《京话日报》一再强调“不必太拘”,或许是因为上海济良所初期的经费主要来自捐助②,但北京的民间富庶程度固然无法比拟上海,士绅的热心程度也难以企及,更可行的道路是从官方获得政策许可,以妓女的身价银子作为经费的主要来源。当然,这样做也会产生一定的弊端。

4月3日、4月4日两天的“本京新闻”,连续刊登了《济良所已经开办》《济良所收到总厅移交人口》。这两则报道点明了济良所的急迫性缘自“总厅存留妇女多名,急于安置”,并提供了“不愿为娼”的七名妇女的姓名与年龄。③

两天后,《京话日报》刊出了《妓女爱群》,报道某妓女托人带来“三百斤面票”,作为对济良所的捐助。虽然出于自身安全考虑,捐助者不愿让报纸刊登自己的名姓,但《京话日报》仍对捐助者大加表彰,并且上升到了国族的高度:“居然就有这样热心爱群的妓女,又有这样会办事的客人,可见中国的人心都未死,处处有明白人”。通过这种表彰,《京话日报》将它念念不

---

① 《济良所的经费不必为难》,《京话日报》第561号,“本京新闻”,1906年3月20日。

② 在上海济良所成立的头四年(1901—1905),中国士绅捐助了1200—1700两银子,而每年的捐款占济良所总收入的50%以上,1901年甚至高达93%。安克强:《上海妓女——19—20世纪中国的卖淫与性》,第391页。

③ “计开贾李氏即湘云十八岁,王孟氏即素卿十九岁,蔡杨氏即玉琴二十五岁,桂仙不知姓氏二十二岁,曹翠宝二十二岁,王桂宝二十二岁,素云不知姓氏十五岁。”《济良所收到总厅移交人口》,《京话日报》第576号,“本京新闻”,1906年4月4日。

忘的爱国启蒙与济良所的事业勾连了起来。或许在编者心目中，济良所事业本该由政府承担（“既收了妓捐，不可不立济良所，本是卫生局的责任”），但在政府公共事业职能相对缺失的情形下，利用妓女的自觉、公众的同情与政府的允许，来推动这样一项让“妓女有了生路”的福利事业，是《京话日报》积极参与北京社会事务的一个象征性事件。

利益受损的“领家们”自然不会俯首帖耳地任由属下妓女逃入济良所。在协巡营的弹压下，北京的领家们不敢像上海的老鸨地痞那样公开攻击济良所，但制造谣言是意料中事。针对这一点，《京话日报》赶紧将“上海济良所章程”演成白话登在报上，一来破除谣言，让读者明白济良所到底是怎么回事，二来也希望推动北京济良所章程的尽快制定。

1906 年 8 月 5 日，济良所正式开学。“是日上午十一钟，外城厅丞、参事股各股长，分厅科长，本区区官，并本馆主人，全都到所，行开学礼。先由本主人演说，其次薛教习，其次朱厅丞、徐警官、殷警官、许参事、廖委员、郑区官，一一演说”[①]，这项由《京话日报》发起的公益事业才算底定。

《京话日报》热心济良所事业，有其自身的触因。《京话日报》主人彭翼仲的妾室段耘蓝，即因家贫无依，姨母诱骗，流落青楼，1899 年嫁给彭翼仲。当张傻子事发，协巡营帮统杨钦三来与彭翼仲等商议如何处置玉莲班妓女，杭辛斋提议设济良所，段耘蓝“闻而大快，当年之隐恨，将欲借此事以弥补之，力劝余实行”[②]。济良所缺乏经费，段耘蓝率先在《京话日报》刊出大字告白，声明“捐助二十元，俟开办之后并愿入所尽义务照顾伤病”[③]。按彭翼仲 1913 年的说法，段耘蓝的亲身经历与极力赞助济良所事业，是济良所没有“事或缓，或竟罢议”的关键，“尤为重要”，“北京花界，至今受无形之保护，皆耘蓝此日怂恿实行之功也”。[④] 彭翼仲写下这段话时，段耘蓝已因万

① 《济良所开学》，《京话日报》第 700 号，“本京新闻”，1906 年 8 月 6 日。

② 《彭翼仲五十年历史》之“始终患难之姬人”，姜纬堂等编：《爱国报人 维新志士彭翼仲》，大连：大连出版社，1996 年，第 168 页。

③ “告白”，《京话日报》第 553 号，1906 年 3 月 12 日。

④ 《彭翼仲五十年历史》之“始终患难之姬人”，姜纬堂等编：《爱国报人 维新志士彭翼仲》，第 169 页。

里追随彭翼仲发配新疆,于1909年死于戍所。彭翼仲此语,或不无因痛怀逝者而夸大的成分,但《京话日报》能够如此深入地推动济良所事业,确实得益于这份报纸与北京中下层社会的密切联系,充当了中下层社会与官方之间的联络人角色,这也是事隔七年,济良所对北京妓女群体仍有"无形之保护",而梨园新星梅兰芳会选择编演《孽海波澜》的重要原因。

三、梅兰芳编演《孽海波澜》

按《舞台生活四十年》中的说法,梅兰芳兴起排演时事新戏的念头,是1913年从上海回来之后,对京剧演艺事业"有了一点新的理解"而起的:

> 觉得我们唱的老戏,都是取材于古代的史实,虽然有些戏的内容是有教育意义的,观众看了,也能多少起一点作用。可是,如果直接采取现代的时事,编成新剧,看的人岂不更亲切有味?收效或许比老戏更大。这一种新思潮,在我的脑子里转了半年。慢慢的戏馆方面也知道我有这个企图,就在那年的七月里,翊文社的管事,带了几个本子来跟我商量,要排一出时装新戏。这里面有一出"孽海波澜",是根据北京本地的实事新闻编写的。①

这算是排演时事新戏的近因,梅兰芳1913年末在上海演唱45天,一炮而红,同时他也利用休息时间遍观上海各戏馆,"我觉得当时上海舞台上的一切,都在进化,已经开始冲着新的方向迈步朝前走了"。对那些"靠灯彩砌末来号召的",梅兰芳认为只能吸引"一般专看热闹的观众",并不太欣赏,他更感兴趣的是内容形式都经过改良的时事新戏:

> 有些戏馆用讽世警俗的新戏来表演时事,开化民智。这里面在形式上有两种不同的性质。一种是夏氏兄弟(月润、月珊)经营的新舞台,演出的是"黑籍冤魂""新茶花""黑奴吁天录"这一类的戏。还保留着京剧的场面,照样有胡琴伴奏着唱的;不过在服装扮相上,是有了

① 梅兰芳:《舞台生活四十年》,第211—212页。

现代化的趋势了。一种是欧阳先生(予倩)参加的春柳社,是借谋得利剧场上演的。如"茶花女""不如归""陈二奶奶"这一类纯粹话剧化的新戏,就不用京剧的场面了。这些戏馆我都去过,剧情的内容固然很有意义,演出的手法上,也是相当现实化。我看完以后留下了很深的印象。不久,我就在北京跟着排这一路醒世的新戏,着实轰动过一个时期。我不否认,多少是受到这次在上海观摩他们的影响的。①

上海新戏的直接刺激固然重要,但梅兰芳排演时事新戏的远因,恐怕要追溯至清末。梅兰芳首次登台是光绪甲辰年(1904),那年他十一岁。接下来的十年内,梅兰芳一边学戏一边唱戏,渐渐崭露头角。而1904—1906年,伴随着北京社会的启蒙运动,梨园行也掀起了戏曲改良的热潮。

清末北京启蒙运动的重要人物彭翼仲,同样是戏曲改良的主要推动者之一。《京话日报》一贯宣称"念书不如看书,看大书不如看小说,看小说不如看报,看报不如听讲报,听讲报又不如看好戏了"②,这一启蒙序列的形成,自然根基于"以耳代目"的民众接受水平,同时也考虑到戏曲于民众的巨大感染力:"独有那下等多数的人,自小没念过书,差不多一字不识,要想劝化他们,无论开多少报馆,印多少新书,都是入不了他们的眼。一定要叫他知道些古今大事,晓得为善为恶的结果,除了戏文,试问还有什么妙法?"③

在梨园行推动戏曲改良最力的是田际云。田际云本为河北高阳人,十岁于涿县入科班,十二岁入京,十五岁赴上海,声誉鹊起。1887年自组小玉成班,并于当年秋再赴上海。时人论及,谓其"有新智识,头脑亦过于敏锐"(张谬子)、"思想新颖,交游众广"(王芷章),而玉成班的演出,则以"灯彩技艺新戏擅长者"。④ 故此田际云会成为清末北京戏曲改良的核心,一方面是因为他于1900年任精忠庙庙首(梨园行领袖),颇孚人望,一方面也由于

① 梅兰芳:《舞台生活四十年》,第186—187页。

② 呰窳:《改戏》,《京话日报》第291号,1905年6月10日。

③ 《说戏本子急宜改良》,《京话日报》第106号,1904年11月29日。

④ 转引自夏晓虹《旧戏台上的文明戏——田际云与北京"妇女匡学会"》,陈平原、王德威编:《北京:都市想像与文化记忆》,北京:北京大学出版社,2005年,第94—95页。

田际云遍历南北,交游广阔,很能接受新的思想。有研究者考证,田际云在戊戌变法时即与光绪、康梁关系颇深(当时田是内廷供奉),变法失败还尝试救护光绪,并因清廷捕拿流亡上海。①

1906年,借着“杭州惠兴女士为兴女学殉身”这一事件,由《北京女报》主笔张展云等发起了大规模的纪念、募捐活动,其中筹款之法,就包括“请出几位梨园中热心人,白唱几天堂会戏”②。为此,张展云等人找到田际云。田际云大为赞成,不但出面组织了1906年3月底至4月初的三场义演,而且提出要“掏换惠兴女士的历史,跟他死后的一切事迹,把他编一出戏,于开会的日子,请名角唱出来,给助善的太太、姑娘们听”。张展云等人一听大为赞同,因为这样不但利于筹款,更能宣扬惠兴事迹,推广启蒙理念,连夸“好文明的田际云”。③

彭翼仲与《京话日报》对这出新戏也十分支持。此前田际云与彭翼仲曾多次商量改编新戏,借此机会,推出了两出新戏:玉成班的《惠兴女士传》由彭翼仲协助编写,田际云自饰惠兴女士,在广德楼上演;义顺和演的《女子爱国》是由彭翼仲的儿女亲家梁济根据古书上鲁漆室女忧鲁的故事改编而成,由名角崔灵芝饰漆室女,在广和楼上演。

《京话日报》描述新戏上演时的盛况是:“座儿拥挤不动,各学堂的学生,都要去看看新戏。合园子里,拍掌称好的声音,如雷震耳,不但上等人大动感情,就连池子里的老哥儿们,和那些卖座儿的,也是人人点头,脸上的神情,与往日大不相同,可见好戏真能感人。”④外城巡警厅甚至听从《京话日报》的建议,奖给义顺和班一面银牌。

虽然彭翼仲对这些多少有些急就章式的新戏内容尚不满意(“本馆的意思,还得再往细里斟酌”)⑤,但是他仍然欢呼:“哈哈!前两年的主义,如

---

① 桑兵:《天地人生大舞台——京剧名伶田际云与清季的维新革命》,《学术月刊》2006年5月号。

② 张展云:《替杭州贞文女学堂筹款的法子》,《惠兴女学报》第12期,1909年4月。

③ 张展云:《好文明的田际云》,《惠兴女学报》第12期,1909年4月。

④ 《新戏感人》,《京话日报》第622号,1906年5月20日。

⑤ 《广德楼唱新戏》,《京话日报》第629号,1906年5月27日。

今可算办到了。”并且将新戏演出成功的意义夸大为“千载难逢,中国可以不亡了”。[1]

梅兰芳其时正在朱小芬家,从吴菱仙学戏。1907年,他正式搭喜连成班,开始了戏曲职业生涯。1909年冬,田际云邀请南方有名的新戏名角王钟声来京演出,地点在鲜鱼口天乐茶园。据梅兰芳自述,田际云请了很多名角来站台,梅兰芳作为后起之秀,也在王钟声演出新剧时唱过京剧折子戏。梅兰芳称:“我曾看过钟声主演的《禽海石》《爱国血》《血手印》等新戏。我以后排演时装戏就是受他们的影响,其中《宦海潮》那出戏还是根据钟声演的新剧改编为京剧的。”[2]

翊文社提供了几个本子,而梅兰芳选择《孽海波澜》作为首出时装新戏,主要还是因为它基于“北京本地的实事新闻”。在梅兰芳和朋友们的讨论中,“有的不主张我扮一个时装的妓女,可是大多数都认为那些被拐骗了去受苦受难的女人不幸的生活和那班恶霸的凶暴,都是社会上的现实,应该把它表演出来,好提醒大家的注意”,这就是梅兰芳后来说《孽海波澜》“在当时算是警世”的重要意义。因为以“警世”为第一要义,《孽海波澜》的整体设计都是围绕这一点展开的。

> 第一步是决定了我扮演的角色叫孟素卿,她是营口人,受婆婆的哄骗到了北京,卖到张傻子开的妓院里,逼她接待客人,幸亏碰着同乡陈子珍,代她向营口家里送信。她爸爸孟耀昌是个种田的农民,得信就赶来寻找女儿。遇见彭翼仲,才知道张傻子已经拘捕入监,他开的妓院已经封闭,所有妓女都送入刚开办的济良所,教她们读书做工。根据了照片的证明,他们父女才又团圆了。
>
> 在这出戏里,王蕙芳扮另外一个叫贾香云的妓女,她有一个客人叫赵荫卿,要替她赎身。两个人正在房里商量,被老鸨周氏听见,第二天就毒打了香云一顿。张傻子又设计讹诈赵荫卿,硬说赵荫卿欠他银子

[1] 《梨园人思想极高》,《京话日报》第630号,1906年5月28日。

[2] 梅兰芳:《戏剧界参加辛亥革命的几件事》,《戏剧报》1961年第17—18期。

五十两不还,还要拐走贾香云。闹到了协巡营,经杨钦三讯明真相,判定张傻子先游街示众,再把他监禁起来。①

从剧情来看,《孽海波澜》来自《京话日报》相关报道的综合,不仅有张傻子的案情,还有阿三奶奶虐待儿媳的情节,孟耀昌则是坏事高案中乔迷胡父亲的形象,而且将彭翼仲插入案情内,让彭成为点拨孟耀昌寻得女儿的热心人。

时装戏装扮的梅兰芳

所谓"时事新戏"又称为"时装戏",故而服装的选择相当重要。梅兰芳回忆说:"我们先把孟素卿的经历,划成三个时期:(一)拐卖时期,(二)妓院时期,(三)济良所作工时期。她的打扮,也换了三种服装:(一)贫农打扮;(二)穿的是绸缎,比较华丽;(三)穿的是竹布衫裤,又归于朴素。这三种服装,是代表着当时三种不同的身份的。头上始终是梳着辫子,因为我早已剪发,所以用的是假头发。"严格说来,《孽海波澜》演出于民国三年(1914)②,戏里的人物着清代服饰,并不算严格的时装戏,但因为去时未远,尤其女性衣服变化不大,所以也可以归入时装戏范畴。

布景方面,梅兰芳自谦为"当时还是萌芽时代,比起现在来是幼稚得多",如何幼稚,现在已无法想见,而"也不是每场都用的"倒是未脱旧戏的

① 梅兰芳:《舞台生活四十年》,第212—214页。下引描述均出此。

② 关于《孽海波澜》的首演日期,张谬子自记观剧是"民国三年十月间"(《听歌想影录》,第5页),《梅兰芳之新剧时期——孽海波澜与宦海潮》(《三六九画报》第2卷第31期,1940年4月19日)则明指首演为"八月初七初八二日",以梅兰芳自述"七月里"翊文社提供剧本来看,日期当为阴历,即阳历9月26、27两日,与张谬子所记相近。

虚拟意味。不过，上海新戏喜用“灯彩砌末”的风格还是影响了梅兰芳的时事新戏，在二本的“济良所学习机器缝纫”一场，“曾经把胜家公司的缝纫机也搬上了舞台”，这种实物道具很少在北京的戏台上出现，想必也让一般观众大开眼界。

相对于旧戏，《孽海波澜》最重要的改变，应该还数身段与念白的改换。梅兰芳自述：

> 身段方面，一切动作完全写实。那些抖袖、整鬓的老玩艺，全都使不上了。场面上是按着剧情把锣鼓家伙加进去。老戏在台上不许冷场，可是到了时装新戏里，我们却常有冷场。反正这里面念白多、唱工少。就是我后来排的许多时装戏，也离不了这“念多唱少”的原则的。

就当时而言，这种改动已经算是颠覆性的变化，或许来自王钟声与欧阳予倩“新剧”（就是话剧）的影响，不过还是不能完全放弃“锣鼓家伙”。

四、戏里戏外：《孽海波澜》的社会影响

演员的表演，梅兰芳评价最高的是扮张傻子的李敬山，说他“演得相当生动。把那时北京一般恶霸混混的凶恶状态，描写得十分真实”，“带了一面大枷，鸣锣游街。嘴里嚷着‘众位瞧我要狗熊，这是我开窑子的下场头。’十足的一副下流‘混混’的神气。李敬山在这出戏里算是成功的”。这一点也得到了张謬子的认同：“张傻子，则神态凶恶，活画一个土棍。”[①]

梅兰芳评郝寿臣饰演的协巡营帮统杨钦三“在公堂审问张傻子讹诈赵荫卿一案的神情口气，也非常逼真”，而张謬子承认“审问一场，颇多精采”，“统观全剧，郝寿臣之道白固可取”，却又质疑郝寿臣（《听歌想影录》误植为郝寿山）“于审问素卿时，滑头滑脑，言语涉于油腔，仿佛玉堂春问案，想当日情形，必不如此”。

《孽海波澜》分头二两本，两日演完。头本“从拐卖孟素卿起，演至公堂

① 张聊公：《梅兰芳之孽海波澜》，《听歌想影录》，第 5 页。下引评论均出此。

审问张傻子为止”,二本则讲述“彭翼仲向杨钦三建议设立济良所。接着开办妓女识字、读书、机器、手工等讲习班”。彭翼仲是二本才出场,梅兰芳承认饰演者刘景然“没有能够把握住剧中人的性格”,“他的形状、动作和语气,依然是派老[老派]守旧的样子”,不能很好地呈现彭翼仲“维新人物”的气质。张謬子也批评说“刘景然饰彭翼仲,似乎太老古板”。

演出《孽海波澜》的翊文社,与彭翼仲及《京话日报》关系很深。班主田际云自不必说,主要演员如郝寿臣,也是《京话日报》的热心读者①。翊文社编演《孽海波澜》,用后世研究者的话说,“彭翼仲作为第一个以艺术形象走上舞台的报人,且由当时已享盛名的梅兰芳将之搬演于舞台,颂其功绩,恰恰又在彭翼仲被赦还京未久,实非偶然”②。即使《孽海波澜》一名,或许都来自彭翼仲 1913 年出版的《彭翼仲五十年历史(上编)》中“孽海慈航,生机一线”一语。③

因此,梅兰芳《孽海波澜》首演,邀请了彭翼仲、杨钦三到场观剧,“相传已嫁之素卿香云等,亦曾潜往观之”。④ 戏中人亲临现场,并非首创,相反,倒是田际云所掌管戏班编演新戏的故技,早在 1907 年,因为接替惠兴办理校务的惠兴女学校总办贵林来京,田际云与张展云商议后,于首演一年后再度搬演《惠兴女士传》,并特约贵林上台演说,讲述惠兴女士事迹。⑤ 由此观之,翊文社选在彭翼仲发配新疆回京之后编演《孽海波澜》,并由炙手可热的新秀梅兰芳担纲,固然有向彭翼仲致敬的意味,而借由真人到场,引发观

---

① 据梁漱溟记载,郝寿臣曾告诉他,自己将《京话日报》“每月累积装订成册”。见梁漱溟《记彭翼仲先生——清末爱国维新运动一个极有力人物》,《文史资料选辑》第四辑,北京:中华书局,1960 年,第 102 页。

② 姜纬堂:《彭翼仲五十年历史 · 校注前言》,姜纬堂等编:《爱国报人 维新志士彭翼仲》,第 46 页。

③ 《彭翼仲五十年历史》之“始终患难之姬人”,姜纬堂等编:《爱国报人 维新志士彭翼仲》,第 169 页。

④ 化:《梅兰芳之新剧时期——孽海波澜与宦海潮》,《三六九画报》第 2 卷第 31 期,1940 年 4 月 19 日。

⑤ 《三月二十六日惠兴女学校总办贵林在广德楼戏馆之演说》,《北京女报》,1907 年 5 月 11 日。转引自夏晓虹《旧戏台上的文明戏——田际云与北京“妇女匡学会”》,陈平原、王德威编:《北京:都市想像与文化记忆》,第 111—112 页。

众深厚的趣味，也未尝不是招徕的噱头。

《孽海波澜》上演之后，"极能叫座"。梅兰芳后来检讨这出戏的得失道：

> 它的叫座能力，是基于两种因素：（一）新戏是拿当地的实事做背景，剧情曲折，观众容易明白。（二）一般老观众听惯我的老戏，忽然看我时装打扮，耳目为之一新，多少带有好奇的成份的。并不能因为戏馆子上座，就可以把这个初步的试验，认为是我成功的作品。①

说这番话是多年之后，梅兰芳的眼界阅历自又不同。但从当时梅兰芳又续排《邓霞姑》《一缕麻》《宦海潮》来看，他对《孽海波澜》确有不满之处，故此演出较少。事实上，此前的新戏如《惠兴女士传》与《女子爱国》，演出时期也不长，这是符合观众喜新厌旧的心理的。但是，《孽海波澜》看上去并不像前面的新戏那样短命。

梅兰芳在《舞台生活四十年》中，披露了与谭鑫培"打对台"的故事。这个故事后来还被编进了陈凯歌导演的电影《梅兰芳》中。不过梅兰芳没有交代此事的具体时间，需要查考一下。

梅兰芳于 1914 年 9 至 10 月演出《孽海波澜》，同年 12 月，再次应邀到上海演出 35 天。1915 年 4 月，改搭俞振庭的双庆社。搭俞振庭的班，梅兰芳自述"大约有三年的光景"，但这三年并不全在双庆社。1917 年初，梅兰芳搭朱幼芬的桐馨社，兼搭俞振庭的春合社，在春合社与谭鑫培合作。同年 5 月 10 日，谭鑫培辞世。这段时间内，不可能发生"打对台"的事件。因此这一事件，只可能发生在 1915 年 4 月至 1916 年 9 月之间。而这一段，恰好是梅兰芳第一次集中排新戏的时期：

> 从去年（1915）到本年（1916）9 月，梅兰芳在同事、朋友的帮助下，边创作、边演出，在 18 个月内，先后演出了 11 出新戏，归纳起来，大致分四类：（一）穿老戏服装的新戏如《牢狱鸳鸯》；（二）穿时装的新戏如《宦海潮》《邓霞姑》《一缕麻》；（三）古装新戏如《嫦娥奔月》《黛玉葬花》《千金一笑》；（四）昆曲如《孽海记·思凡》《牡丹亭·闹学》《西厢

---

① 梅兰芳：《舞台生活四十年》，第 215 页。

记·佳期、拷红》《风筝误·惊丑、前亲、逼婚、后亲》。[1]

就在这期间,班主俞振庭来找梅兰芳,"要求我把多时不演的头二本'孽海波澜',分为四天演出。每天在这新戏头里加演一出老戏"。尽管梅兰芳轻描淡写地回忆,"他们开戏馆的老板们,为了营业上竞争的关系,常喜欢换换新鲜,这无非是一种生意眼,本不算什么稀奇的事",但梅兰芳已经排或正在排那么多新戏,俞振庭独独选中《孽海波澜》,既是商业的眼光,也不能说与社会的反应绝无关系。

《孽海波澜》停演年余,这次又没有"真人到场"的噱头,但卖座仍然奇佳。梅兰芳在吉祥茶园,谭鑫培在丹桂茶园,两家都在东安市场里面,相离不远,但这四天对台打下来,"吉祥的观众挤不动,丹桂的座儿,掉下去几成;最后两天,更不行了"。梅兰芳后来的分析是"到他那边去的,大半都是懂戏的所谓看门道的观众,上我这儿来的,那就是看热闹的比较多了。从前你拿哪一家戏馆子的观众分析起来,总是爱看热闹的人占多数的"。[2] 这话虽然说出一部分道理,但并不能道尽《孽海波澜》如此走红的原因。

当时鲜鱼口天乐园的观众里,有一位喜欢撰写戏评的张豂子[3],在多年

---

① 王长发、刘华:《梅兰芳年表》,《梅兰芳艺术评论集》,第 749 页。亦见梅兰芳《舞台生活四十年》,第 254 页。

② 梅兰芳:《舞台生活四十年》,第 216 页。

③ 许姬传在《舞台生活四十年》的按语里说:"民国以前,北京的观众,在行的真多。可是报纸上还没有剧评。关于梅先生的戏,最早是陶益生先生在民初《亚细亚报》上发表过一篇评论。到了民国二三年间张豂子先生起来提倡,《公言报》上常见到他的作品。所以剧评一道,他可以说是开风气之先声。他评梅先生的戏最多,也就是从这出《孽海波澜》开始的。"梅兰芳:《舞台生活四十年》,第 215 页。但后世学者考证,张豂子从 1913 年起就开始注意并评论梅兰芳的演出。见赵山林《张豂子:梅兰芳评论的开风气者》,《戏曲艺术》2013 年第 3 期。张豂子,即张厚载,笔名聊止、聊公等。生于 1895 年,江苏青浦(今上海)人。曾先后就读于北京五城学堂、天津新学书院、北京大学法科政治系,其间在报刊撰文评论京剧,尤其高度评价梅兰芳,成为当时所谓"梅党"中坚人物之一。1918 年在《新青年》与胡适、钱玄同、傅斯年、刘半农就旧戏评价问题展开争论后,为胡、钱等师长所不喜。1919 年,他在上海《新申报》介绍林纾丑诋胡适、钱玄同、陈独秀、蔡元培的小说《荆生》《妖梦》,被北大校方以"在沪报通讯,损坏校誉"为由,开除学籍(时距暑假毕业仅两月余)。后入银行界任职。曾兼职《商报》《大公报》副刊编辑,并于 1935 年创办《维纳斯》戏剧电影半月刊。于 1955 年逝世。有《听歌随影录》《歌舞春秋》《京戏发展略史》等著作。

后还表达了对这种“半新不旧”的改良的不满：

> 论者或谓新剧果欲收促进社会教育之效果,必先使一般社会,皆能欢迎新剧,故新剧当先求迎合社会心理上习惯上之趣味,则旧剧上之唱工与锣鼓二事,固当时一般社会所为深感趣味者也。即如中和园之《宦海风云》,天乐园之《孽海波澜》,(《宦海风云》,较《孽海波澜》情节较胜,排得亦佳)皆以新戏而带唱工锣鼓,乃能深合社会趣味,借以促进社会改良。此种论调,民国三四年间,故都剧界极为流行,究其实际,则暂时过渡,以求社会之认识,则可,而永久混合,俾成畸形之艺术,则不可,盖新戏与旧剧,性质根本不同,勉强合一,终为识者所不取。[①]

张謬子自后视今,不满于新戏旧剧“勉强合一”,可以理解。以清末民初而论,观众心理,却正处于一种喜新厌旧的情绪之中。清末以上海的“新舞台”开其端,延至京津,趋新之风气遍及南北,天津的大观茶园受到上海新舞台启发,也将名字改为“大观新舞台”。北京虽然戏园还保持“茶园”的名称,但陆续开始引入“电光新戏”等新式照明与背景。《孽海波澜》的布景,虽然梅兰芳一再谦称“萌芽时代”,但比起旧戏的沉闷昏暗,自然一新北京观众之耳目。

张謬子所不满的“新戏而带唱工锣鼓”,或许正是当时“深合社会趣味”的要点。1909 年王钟声在天津大观新舞台演出《缘外缘》,一身西装打扮,只有洋琴伴奏,“不用锣鼓场面,实际上就是话剧”,居然也博得“座客无不击节称赏,掌若雷鸣”。[②] 1911 年正月,吴宓在北京天乐园观看王钟声这出《缘外缘》,虽然是头一次观摩这种“纯用说话,弗须锣鼓等乐”的新剧,他发现观众仍然被深深地打动了：

> 所演者皆家庭上、社会上之真情状。其刺人之易,感人之深,较寻常戏剧为倍蓰。每到惟妙惟肖之处,台下观客直觉现身局中,亦若果有

① 张聊公:《梅兰芳之孽海波澜(民三)》,《听歌想影录》,第 6—7 页。

② 《大公报》1909 年 10 月 4 日报道。转引自李孝悌《清末的下层社会启蒙运动:1901—1911》,石家庄:河北教育出版社,2001 年,第 192 页。

> 如此其人，而亲睹其如此之事者。……闻钟声君研中西学尝有所志，今乃以戏剧为业，是亦改良社会之妙法哉。①

时装新剧，表现的是同时代的实事，观众容易有代入感。加之《孽海波澜》撷取的又是当地发生过的事件，剧里多位人物如彭翼仲、杨钦三都可称是北京民众的“熟人”，而且并未完全废止锣鼓场面，表演者都是旧戏名角，熟悉中夹杂着陌生，叫座是必然的。

《孽海波澜》的复演，俞振庭的设计也起了作用。他把本来是二本的《孽海波澜》改成连演四天，再配上四出老戏，无非是想抻长卖座戏的时间，也分别适合喜新喜旧两类观众的需要。但这也引起了梅兰芳的不满，认为破坏了原剧的完整。

从观众的反应来看，他们对《孽海波澜》最感兴趣的地方有几处。前二处在头本：一是张傻子逼奸孟素卿一场，因为表演时事，生动自然，“台下看了，都对这个剧中人愤愤不平，起了恶感”；一是杨钦三审问张傻子一场，这是戏剧冲突的第一次爆发与消除，张缪子一面认为“颇多精彩”，一面又觉得“审判之后，即行闭幕，观者均慊然以不足也”。

案件的矛盾冲突，主要集中在头本，二本主要描写“彭翼仲向杨钦三建议设立济良所。接着开办妓女识字、读书、机器、手工等讲习班”，这些都是文戏，不容易讨彩。因此梅兰芳回忆，“素卿、香云在济良所学习机器缝纫一场，是由我跟蕙芳细细研究了，从新改编过的。跟剧本小有出入，我们倒是下了一番揣摩工夫的。一边唱，一边做”，张缪子也称“梅兰芳与王蕙芳饰素卿香云，在济良所，做机器生活时，最为动人，二人唱亦颇好，在梅兰芳之一种温婉态度，更令人倾倒不置”。因为这一场特别用心下力，故而“台下一点声音都没有，很细心地在听。好像是受了感动似的。每次演到这里，都能有这样的收获”。②

接下来孟素卿的父亲赶来找他女儿，素卿拿着她爸爸的照片痛哭那一

---

① 吴宓：《吴宓日记》第一册，北京：生活·读书·新知三联书店，1998 年，第 20 页。

② 梅兰芳：《舞台生活四十年》，第 214 页。

场,梅兰芳说"这时候,我看见观众里面,有好些女人都拿手绢在擦眼泪",张谬子评此场"唱作均沉痛可观"。最后一场,张傻子带了一面大枷,鸣锣游街,有大段的数板:

> 我自幼,失教训。胡作非为乱人伦。买良为娼丧良心。为银钱,把事寻。起祸根苗为香云。敲铜锣,有声音。项带长枷分量沉。派巡警,后面跟。木棍打我赛过阴。背上白布把我的罪名写得清。千斤石碑压在身。奉劝同行快醒醒,别学张有(张傻子名"有")不是人!今日大祸临身,是我自己找门。①

末尾这"大快人心的场面",适足让观众前面郁积的情感得到了发泄,既符合旧戏"善有善报,恶有恶报"的伦理观与"大团圆"的模式,也符合一般观众对"张傻子案—济良所"的认知,故而特别讨好,屡演不衰。②

张谬子虽然承认《孽海波澜》的诸般关节"确足动人心目",他也承认"当时一班旧剧伶人,排演新剧,有此成绩,已非易易矣",然而"惜其中疵点,未能全改良者,亦殊不少",最大的问题或许还是"新旧不一"的冲突。这与日后梅兰芳的反思倒是一致:

> 时装戏表演的是现代故事。演员在台上的动作,应该尽量接近我们日常生活里的形态,这就不可能像歌舞剧那样处处把它舞蹈化了。在这个条件之下,京戏演员从练成功的和经常在台上用的那些舞蹈动作,全都学非所用,大有"英雄无用武之地"之势。

梅兰芳说,"我后来不多排时装戏,这也是其中原因之一"③;张谬子也认为,"故《孽海波澜》一类之戏,自此次以后,即从未一演也"④。

与实事相比,《孽海波澜》剧本最大的改动,即将"认父""游街"这些热

---

① 梅兰芳:《舞台生活四十年》,第215页。

② 查1924年《申报》"双十节特刊"上,署名"谬子"(应为张谬子)的文章《我所经过之一打双十节》,文中提到"民国三年的双十节",作者去天乐园看《孽海波澜》,"谁知早已满座"。《孽海波澜》自9月26日首演,到10月10日仍能满座,足见北京观众对此剧热情之高。

③ 梅兰芳:《舞台生活四十年》,第280页。

④ 张聊公:《梅兰芳之孽海波澜(民三)》,《听歌想影录》,第7页。

闹戏从开办济良所之前,移至开办济良所之后。这一改动,可能是出于将戏剧冲突平均分配到头二本的考量,也让整部戏有了一个合理而欢快的收场。

而现实中,就在《孽海波澜》大受欢迎的同时,北京济良所仍在运营之中。济良所开办后不久,即迁移到前门外的五道庙,离八大胡同近在咫尺。北京市民对此颇为称道,有竹枝词为证:“几人本意乐为倡,立所于今有济良。但出污泥即不染,莲花万朵在池塘。”[①]入民国后,1913 年,内、外城巡警总厅并为京师警察厅,接管原隶属外城巡警总厅的济良所。工巡捐局仍按每月 100 元向济良所拨款,且比清末每月加拨 20 石米。1915 年,济良所迁至东四牌楼十一条胡同,1916 年又迁至西城石牌胡同。[②]

按 1917 年的统计数字,进入北京济良所的人数共 62 人,离开、结婚的 29 人,死亡人数 10 人,年底收容总人数 123 人。全年经费收支状况,政府拨款 11836 元,支出 12225 元,基本持平。[③]

这个数字较之北京的城市人口与妓女规模[④],明显偏少,何况济良所容留的非仅妓女,还包括受虐无依的女性。对比十年后的广州济良所的相关数字,也能看出北京济良所的救济力量明显不足。[⑤] 故而李大钊在 1919 年设想“北京市民应该要求的新生活”,即包括“扩充济良所,有愿入所的娼妓,不问他受虐待与否,一概收容。济良所应该是教育机关兼着工厂的组织”。[⑥]

济良所最初出现于上海,北京济良所的成立,为沪外诸埠之先,而且首

---

① 注云:“济良所设于前门外五道庙,受虐娼妓,悉入其中,妥为择配,必使得所,拔之污泥,登之衽席。”忧患生:《京华百二竹枝词》,路工编选:《清代北京竹枝词》,北京:北京古籍出版社,1982 年,第 127 页。

② 丁芮:《近代妓女救助机构“京师济良所”考察》,《历史档案》2012 年第 4 期。

③ 〔美〕甘博著,陈愉秉等译:《北京的社会调查》(下),北京:中国书店,2010 年,“附录八”,第 577 页。

④ 1917 年北京妓院分四等,总数限制在 373 家,来自妓院的捐税收入 9 个月达 42084 元,来自妓女的捐税 9 个月达 45750 元,估算妓女总数不下于 3000 人。〔美〕甘博著,陈愉秉等译:《北京的社会调查》(下),“附录八”,第 566—571 页。

⑤ 广州公安局下辖济良所收容男女人数,1924 年入所 766 人,离所 289 人,1925 年入所 816 人,离所 269 人。见《广州市市政报告汇刊》1925 年,第 121—123 页。

⑥ 守常:《北京市民应该要求的新生活》,《新生活》第 5 期,1919 年 9 月 21 日;又见《李大钊全集》第三卷,石家庄:河北教育出版社,2006 年,第 324 页。

倡“政府拨款+绅民捐助+产品出售”的运营模式，吉林、浙江、广东等地跟进，直至遍及全国。在北京济良所的创立过程中，从社会案件到舆论传播，到官绅合办，再到新闻时事与戏曲改良的结合，颇能见出北京近代社会转型的种种面相。

北京创立济良所，对于娼妓向来处于半黑暗状态的京师而言，自然是一种创新，也是庚子后新政的一部分，是与妓女捐配套的政治举措。济良所在北京，没有照搬上海的绅商模式，而是由媒体牵头，政府支持，这与清末北京启蒙运动的整体运作结构关连甚密。《京话日报》被关、彭翼仲发配新疆之后，《京话日报》首倡的各种新政，多数难以为继，能够保留下来的，济良所是一端，戏曲改良是另一端。这两者在入民国之后的再度结合，自启蒙运动的角度视之，亦颇富意味。

梅兰芳及其幕后策划者选择《孽海波澜》作为第一出时事新戏，除了看重当年的新闻事件在北京市民中遗留的巨大影响力之外，从张傻子虐妓、乔迷胡父亲千里寻女、彭翼仲挺身而出，直至济良所创立，妓女获得新生，这些新闻事实本身含有的戏剧性，当然也在创作者的考量范围内。整出事件中体现出的北京社会的“现代性”，正与时事新戏想向观众暗示的“旧戏改良”，起到了相得益彰的作用。这出戏能在“打对台”中击败“京戏大王”谭鑫培，更是展示了“时事新戏”的号召力与影响之大。

然而，在梅兰芳、张謇子后来的叙述中，却一致认定《孽海波澜》是对京剧较为失败的改编，主要原因或许仍在“时事新戏”照实搬演的方式，与京剧已经形成的程式化、抽象化传统之间，有着难以调和的冲突。民元之后，各地舞台上常有时事新剧粉墨登场，如《鄂州血》《洪宪梦》等，但大抵采用“文明戏”的形式。而梅兰芳的戏曲改革，则转向《黛玉葬花》《天女散花》《贵妃醉酒》等“古事新编”，想必是从《孽海波澜》的尝试中，感受到要求“拟真”的时事内容与力图“抽象”的京剧形式之间，很难进行深度的调和之故。

要之，济良所的创立过程，《孽海波澜》的改编上演，都是中国社会近代化转型中的开创之举，其中新（大众媒体、时事入戏）与旧（政府管控、京剧传统）两种资源的结合与调配，正是社会、文艺这两个领域中的先行者，在近代社会转型中作出的有益尝试，或成或败，或得或失，都可供后世镜鉴。

晚清北京“春阿氏案”的文本解读

郝凯利

1906年7月19日凌晨，北京南锣鼓巷小菊儿胡同的一个满洲旗人家庭发生了一桩凶杀案。此家主人名文光，其新婚不及百日的长子春英，夤夜被人砍死家中。因时值亥末子初，文家及院邻门户关锁，人皆安睡，而春英却离奇惨死内室床榻，故春英之妻——新妇春阿氏，就被翁姑视为谋杀亲夫之正凶连夜告至官府，官差遂锁拿春阿氏到案。此案即时人所称之“春阿氏案”。而后，“春阿氏案”逐经左翼公所、提督衙门、刑部、大理院受理审讯，历一年八个月之久，最终于1908年3月18日，由大理院以“悬而存疑”方式结案，比附“强盗”罪下例文，将春阿氏判为“监禁待质”。1909年3月31日，在被关押了三十二个月之后，春阿氏瘐毙狱中。至此，这起旷日持久的“春阿氏案”终告了结，其真相亦和香消玉殒的春阿氏一起，长眠于地下。

虽然“春阿氏案”之真相沉埋于历史烟云中，但此案并未在历史长河中湮没无闻。相反，它不仅在晚清当年沸沸扬扬、耸动众听，被称为“上至官府，下至小民，以及各省各国，无不尽知”①的时事公案，而且在民国乃至后世被持续关注、不断提及，甚至被列为“清末四大奇案”之一②。

“春阿氏案”之所以能克服历史的失忆性，“案过留名”，其原因在于它发生后的一个世纪里，先后有报纸、小说、诗歌、牌子曲、京剧、文明戏、话剧、评剧、相声、电视剧、电影等诸多文艺形式对其渲染、想象与演绎，使其抖落历史的尘埃，走入一代又一代人的视野中来。这些聚焦“春阿氏案”的文艺性文本，不仅折射出它们背后各自的时代话语和文化空间，更连缀成一个完整的时间链条，勾勒出时代变迁和社会变更的历史轨迹。

其中，晚清《京话日报》和小说《春阿氏》，对于案件及其文本研究而言，具有不可或缺、不能绕开的范式意义。二者记录和书写了清末最后十年北京城里“众声喧哗”的时代潮音，以及北京现代化征程中的艰难性、复杂性和独特性，可谓多元意义叠加的文本典范，也为之后以“春阿氏案”为蓝本进行书写和演绎的其他文本，提供了可资借鉴、衍生、涂抹的有效资源。

上篇　《京话日报》：晚清北京舆论环境中的“春阿氏案”

“北京称得上有‘舆论环境’的出现，实自彭翼仲 1904 年创办的《京话日报》始。”③所谓“舆论环境”，是各种舆论手段和舆论互动构成的社会场

① “来函”，《京话日报》第 723 号，1906 年 8 月 31 日。

② 学者姜纬堂在为《彭翼仲五十年历史（上编）》中《春阿氏案》一文开端“春阿氏一案”处校注时云：“此案当时极轰动，以《京话日报》为首之许多报纸皆曾报道与质疑，后更被列为‘清末四大奇案’之一。”见姜纬堂等编《维新志士 爱国报人彭翼仲》，大连：大连出版社，1996 年，第 147 页。另，中国文联出版社 1996 年出版“中国古代四大奇案小说”系列，包括：杨乃武与小白菜案、张文祥刺马案、赛金花公案、春阿氏谋夫案。由此可见，春阿氏案亦被视为“清末四大奇案”之一。关于“清末四大奇案”，说法不一。比较常见的是，周楞伽在《清末四大奇案》一书中记载的慈禧垂帘听政的同治、光绪之交发生的四大奇案——杨乃武与小白菜、名伶杨月楼诱拐、太原恋人私奔、张汶祥刺马新贻。见周楞伽《清末四大奇案》，北京：群众出版社，1985 年。“清末四大奇案”的多种说法，恰恰佐证了“残灯末庙”的清朝政府冤案迭出的黑暗事实。

③ 杨早：《清末民初北京舆论环境与新文化的登场》，北京：北京大学出版社，2008 年，第 17 页。

春阿氏

域。在《京话日报》问世之前,北京一地的舆论手段虽在诏书谕旨、奏折条陈、上书陈言、布告等传统形态上,增添了报刊这一新媒介,但这些本地报刊无论在数量上还是种类上均屈指可数①,且大半为政论报机关报,多依附于国家的政权系统,未曾汇聚官场以外的社会声音,形成一个独立于政府权力之外的舆论场。故而,北京一地的舆论表达,仍被清朝统治者和精英文化阶层垄断;北京地区的舆论核心,仍被清朝执政者和特权阶层占据。舆论环境遂无从谈起。

1904 年 8 月 16 日,《京话日报》创刊。它甫一亮相,就申明面向北京广大民众的办报方针,由此拉开了清末北京下层启蒙运动的大幕,变"康、梁之向上看朝廷政府"的维新思路为"眼光总是向下看广大群众"②的启蒙新路径,试图为"沉默的大多数"——北京平民社会,开辟和提供舆论表达的空间,把处于边缘甚至是缺席状态的北京普通民众引入带进社会舆论,变北京社会固有的统治阶级和特权阶层一手遮天、一言堂的舆论格局为众声喧哗的自由言论,建构立体开放的信息流通体系和多元互动的舆论模式③,开

① 《京话日报》创办前,北京本地华文报纸有:《京报》(又称"邸报",清政府出版的官报,是朝廷法令或官场消息的"传达工具",非现代意义上真正的报纸);《万国公报》(1895 年 8 月 17 日创刊,后更名为《中外纪闻》,是康梁维新派出版的第一份报刊,亦是其政治团体强学会的机关刊物);《京话报》(1901 年 9 月 27 日创刊,黄中慧主编);《顺天时报》(1901 年 10 月日人中岛真雄创办,随即成为日本外务省在华的机关报);《启蒙画报》(1902 年 6 月 23 日由彭翼仲创办,宗旨在于开启童智)。这些报纸的专门性、针对性很强,与面对广大民众,具有公共性、独立性的现代商业报纸有距离。

② 梁漱溟:《记彭翼仲先生》,梁漱溟:《忆往谈旧录》,北京:中国文史出版社,1987 年,第 52 页。

③ 许亚荃:《白话报刊与晚清公共舆论》,《南昌大学学报(人文社会科学版)》2007 年第 6 期。

启北京的舆论环境。

1906年,风头正劲的《京话日报》进入鼎盛期。随着立宪风潮的高涨和清廷宪政的推进,大力宣扬立宪也成为当年《京话日报》的重要议题。而在这个当口,发生在北京内城胡同里的旗人家庭命案——“春阿氏案”,因案情扑朔迷离、疑点重重以及案件处于清末司法变革之际,势必进入一贯关注北京实时、实地、实事的《京话日报》的视野。

1906年7月22号,“春阿氏案”发生后第三天,《京话日报》将其披露报端:

> 南锣鼓巷小菊儿胡同,有一家在旗姓文的,跟前有两个儿子,都当巡捕。二儿子是三月里娶的媳妇,过门以来,夫妻很是和睦。上月二十八日夜晚,临睡的时候,觉着女的有点疯疯颠颠,拿了一把菜刀,就去砍他丈夫。在脖子上头,连砍了九刀,顺手又拿了一把剪子,把肚子也给豁了。砍完豁完,见丈夫已死,自己跑到厨房,就要跳水缸。这个工夫,他婆婆惊醒,跟进厨房,当时揪住,没能叫他寻死,报明了官场,前天验的尸。两家父母,同到衙门打官司,媳妇一见公公,又是唾又是骂,情形很可疑。夫妻既是和睦,为甚么杀害丈夫,真是叫人不解。有人说不是媳妇害死的,原来文姓有三个媳妇,某媳妇有了不好事,被死丈夫撞见过,恼羞变怒,趁机会把他杀害。这档子疑案,就看承审官的能耐了。[①]

此则新闻在讲述案由细节的基础上,跟进案件受理情形,点出其间令人生疑、叫人不解之处,同时旁涉坊间认为凶手并非春阿氏而是另有其人的传闻,从而突出了案件的“疑案”性质。“这档子疑案,就看承审官的能耐了”,不仅代表了《京话日报》关注当下社会热点事件以监督政府是否正确作为的民间立场,更把大众引入了它所提供的关注清廷是否积极坚持新政和立宪的改革方向的舆论平台上。

《京话日报》对“春阿氏案”的新闻报道,很快引起读者的强烈反响,出现了“本馆连接数函”的热烈局面。对此,《京话日报》迅速作出回应。它先

---

① 《疑案》,《京话日报》第684号,“本京新闻”,1906年7月22日。

是启用“告白”栏目,吁请知晓案件内情者向本报提供“能证出真凭实据来”的消息,强调“本馆将借此参考提署的公事,事关民命,刑讯供词,不敢不信,亦不敢迷信”①,以此表明唯真相是求的公正态度,亮出辨明是非曲直、监督司法公正的舆论立场。在此告白发表后的第二天,该报又启用“专件”栏目,将从“连接数函”当中选取的有代表性的三封长函,以转述大意和文中夹注的方式刊登,揭出诸多实情:春阿氏非杀夫凶手,其二婆婆盖九城与某甲有染,二人有重大作案嫌疑;审案者收受贿赂,对春阿氏及其母亲刑讯熬审,致使春阿氏屈招。在三封来函的结尾处,《京话日报》发表了“本馆按”:“春阿氏的冤枉,京城已经传遍,事关人命,本馆可不敢硬下断语。究竟有甚么凭据,有甚么见证,知道底细的人,请多多来信,以便考查。”②通过刊登读者来函,号召、发动读者来信发表意见和提供有利案件侦破的线索,《京话日报》充分肯定和调动了民众参与讨论社会公共事件和政治话题的积极性,把自发状态的民间舆论整合凝聚起来,将“春阿氏案”由街头巷尾地理空间里的私下议论,转化成为大众传媒公共空间中的“公众议题”。

三封来函刊登之后的第三天,《京话日报》又在“专件”栏目发表《调查春阿氏案情》一文,把本报馆特地派出专人调查此案,证实诸多来函所揭露者为事实真相的调查结果公布于众。“本馆访查情形,大概如此,与来信相符。”之后,作者又添加了一段“本馆按”附于文尾:

> 现在中国改定法律,为自强的转机。外人的眼光,都注重在我们刑法上。故此不嫌麻烦,极力调查这回事,并不是为一人一家的曲直。如果春阿氏实在冤屈,提督衙门的黑暗,也未免太无天理了。还求知道底细的人,再与本馆来信,如有真正凭据,本馆敢担争论的责任。③

此段按语,俨然摆出一副引导社会舆论、监督国家政府行为的架势。一方面,针对执政者发出警诫,意在把“春阿氏案”由一人伦命案纳入法律和立

① 本馆:《命案可疑》,《京话日报》第691号,1906年7月29日。

② 《疑案来函大意》,《京话日报》第692号,“专件”,1906年7月30日。

③ 《调查春阿氏案情》,《京话日报》第695号,“专件”,1906年8月2日。

宪国家的框架下来讨论，发挥报纸“对于政府而为其监督者”[1]的天职。另一方面，针对广大读者，不仅要引导他们关注此案对于晚清司法改革和政体改良的重大意义，启发他们呼唤司法公正、争取人权的民主意识，发挥报纸“对于国民而为其向导者”[2]的职能，更重要的是，还要在康、梁等精英知识分子充当民众监护人和布道者的居高临下的宣讲姿态之外，以平等对话交流的方式，把来自民众的声音吸纳进来。

当都下商家、百姓“人手一纸，家有其书”[3]的《京话日报》打开了民众参与讨论“春阿氏案”的话匣之后，读者热情空前。他们不仅在来函中披露春阿氏被严刑问招的事实，更由此生发出对清政府司法制度腐败黑暗、司法官员昏聩凶顽的控诉批判。而后者被《京话日报》的首要和核心栏目——“演说”收录与发布，由此可见，《京话日报》对民众之声的高度重视和极力引入。

《刑部虐待犯人的实情》是首篇置于“演说”栏的读者来稿。它控诉统辖全国讼狱的刑部犹如人间地狱，上至司官、下至皂隶滥用非刑，贪赃枉法，凶残狡诈：“过堂的时候，只凭司官一人，便能定各犯的死生”，“请问现在过堂，那个不用非刑呀？凡犯罪的人，一奉明文交刑部，必须先有该犯至亲好友托人把刑部恶吏关照，先讲价值，自大门起（讲不妥价值，不准进大门），然后二门、栅栏、牢门、所儿里、监里、管铺的、书班皂吏，都须把银钱说定，才敢送人犯到部”，“那一处讲妥，那一处如同走平道一般”。反之，只要有一处没打点周到，就会被百般刁难，苦不堪言。如若无钱疏通，“一到监里，百般凌虐，要把犯人虐死，先报犯人有病，然后报死”。[4] 此函大胆直白地揭发刑部虐待犯人的黑幕，读之让人触目惊心。而它刊登之际，正值春阿氏案刚过刑部，这很容易令人联想到无钱无势的春阿氏在刑部的处境，促使人们持续关注春阿氏在刑部受审的情况，继而来函告知报馆，报馆再依据来函所述

---

① 梁启超：《敬告同业诸君》，《新民丛报》第17期，1902年11月1日。

② 同上。

③ 梁焕鼐、梁焕鼎：《桂林梁先生遗书》，《梁漱溟全集》第1卷，济南：山东教育出版社，1989年，第578页。

④ 《刑部虐待犯人的实情》（来稿），《京话日报》第696号，“演说”，1906年8月3日。

调查虚实,尔后再撰文报道"春阿氏案"的进展。[1]《京话日报》对读者来函的发布,犹如一石激起千层浪,不仅能在其他读者中产生多米诺骨牌效应,激发他们参与其中的热情,把原来生活在个人领域的分散私人,集结成活跃在公共领域中的民众共同体;而且能在读者和报纸间架起有效沟通的桥梁,促其相互声援,筑成两者互动共生的舆论共同体。

"春阿氏案"发生后,从最初街谈巷议所泛起的小小涟漪,到《京话日报》推波助澜,以新闻、告白、专件、演说、来函等栏目形式对其紧锣密鼓般地聚焦所激起的千层浪花,在此过程中,民间舆论和《京话日报》为代表的报界舆论,彼此发明、援引与呼应,联手打造了一场以"春阿氏案"为话题焦点的强大舆论声势。而其矛头所指,案件的承审方——晚清司法机关,就被推至舆论的风口浪尖。

提督衙门,作为最早被非议有严刑问招春阿氏和收受文家贿赂之嫌的司法机关,亦最先成为舆论攻击的众矢之的。面对道路传言和报端文字的两下夹击、强大攻势,提督衙门再也不能漠然视之、泰然处之。它迫不得已出面回应,以期化解自身的负面舆论危机。

1906 年 8 月 3 日,提督衙门在《京话日报》刊登《提署公事》,向民众公布受理"春阿氏案"以来的侦查、审讯、判决情况,宣布将春阿氏等涉案诸人的供词、验伤尸格一概登报,以洽孚舆论,折服人心。次日起,供词原卷逐日刊登于《京话日报》《中华报》《北京商报》《大公报》等影响力较大的报纸。[2]值得注意的是,《提署公事》于 1906 年 8 月 3 日见诸《京话日报》,距该报

---

① 来稿《刑部虐待犯人的实情》在"演说"栏发表后,引发读者不断向《京话日报》去函,以揭露刑部对春阿氏非刑凌虐的实情。据此,《京话日报》再详加调查,发布《刑部人员述说春阿氏》《请宣布春阿氏的罪状》《暗无天日》等新闻,对刑部抗旨刑讯、颟顸独断的行为予以曝光和谴责。

② 由于晚清北京报纸存世较少,当时提督衙门登报宣布的诸多关于"春阿氏案"审理情况的文件多数已不得见,只能从现存的晚清北京报纸的字里行间,窥探一些蛛丝马迹,并由此做出推断。《京话日报》1906 年 8 月 7 日第 700 号第六版刊登一来函:"贵报十四日登《提督公事》……候至次日,见附张所登供词原卷……"所言"十四日"及"次日",即 1906 年 8 月 3 日、4 日。由于《京话日报》附张已佚失,其所登供词原卷不复得阅。

1906年7月29日揭发“菊儿胡同命案，由提督严刑问招，道路传言，多抱不平”①之事仅五天，提督衙门回应舆论抨击速度之快可见一斑，这愈加反证了《京话日报》所创建的北京民间社会舆论环境之兴起发达。而提督衙门回应舆论指摘的方式尤耐人寻味。它把案件信息公布报端，将原来只能由统治阶级垄断的政治信息转为社会信息，公开自由讨论，意图利用以《京话日报》为代表的大众传媒这一现代舆论手段，形成官府的舆论导向，争取民众的认同，从而在大众传媒的舆论平台上，与民众、大众传媒之间展开舆论话语争夺战。这种由官方发出的将案件审理信息通过报纸公布于众的做法，在清朝统治史上可谓史无前例，最清楚不过地表明了《京话日报》开启和主导的晚清北京舆论环境中特权话语体系的日渐崩塌，民间社会话语权的日渐获得与壮大。

当《提署公事》、供词原卷、访查情形、《提署辩词》等案件司法文书由提署送至报馆刊登之后，一场更大的风波经由《京话日报》这个舆论平台向提督衙门袭来。先是读者投书《京话日报》，细数供词的诸多可疑之处，将矛头指向提督衙门：“提署之意，屈一人性命是小，伤合署前程是大。”②三日后，署名“疑心子”的读者来稿也刊登在《京话日报》“来函”栏。此函对提督衙门提供的案件信息逐项予以辨析，将审案中的诸多漏洞、错误与不公呈现在世人面前，公然挑战提署权威：“《提署辩词》又说‘确不是刑求之铁案’，我说确乎是刑求之铁案。”更甚者，结尾处径直向提督衙门下辩论战书：“简直的说罢，这段白话辩词，提署向来没这样公事。提署如不心服，请再对我辩论。”③言辞之大胆激烈，令人惊叹《京话日报》所创建的民间社会舆论之高涨与自由。与此同时，一篇题为《提督衙门的弊端》的读者来稿，见于《京话日报》首要、核心栏目——“演说”中。此函揭露与抨击了提督衙门不是为民请命、替民伸冤做主的机构，而是趁火打劫、借机敛财，“吃完原

① 本馆：《命案可疑》，《京话日报》第691号，1906年7月29日。

② 《京话日报》第700号，“来函”，1906年8月7日。

③ 疑心子：《春阿氏原供与乌翼尉访查不符》，《京话日报》第703—705号，1906年8月10—12日。

告吃被告”的黑暗地狱。“我想国家设立提督衙门,原为给旗民辨冤枉的地方,由着书吏性儿弄权,官吏皂通同作弊,怎想外人不说是黑暗地狱?现在已停刑讯,司员还是照旧用刑,还敢请中堂的示……”[①]显然,此文乃由春阿氏案生发而来。次日,《京话日报》又刊登了一封天津学界中人来函,将春阿氏提署供词“详细辩白,演成白话,以供众览,并望当局者留意焉”[②]。

提督衙门将案件审理信息登报的做法,非但没有平复社会舆论,反而激起了更大的波澜,引发了更强劲的抨击。在“庶政公诸舆论”的应战策略没有奏效甚至完败的情况下,提督衙门又遣人散布谣言污蔑春阿氏,混淆视听。[③] 这一荒唐行径,立刻引起《京话日报》的强烈不满,使其持续关注提督衙门的动向并揭发其间黑幕[④],从而导致该衙门在舆论的审判台上“居高不下”,难以脱身。

鉴于提督衙门在与民众、大众传媒展开的舆论交锋中惨败的教训,紧随其后被推上舆论审判台的刑部,为规避“庶政公诸舆论”带来的变数和风险,在面对声势浩大的舆论讨伐时,转而采取了封锁消息、漠视舆论的强硬手段。而其发生在清廷有意借助报章打破上下相暌、内外隔阂的政治局面,“使绅民明悉国政,以预备立宪基础”[⑤]之际,显然与时代主潮背道而驰,因此立刻引发群起而攻之。不仅皇室中人[⑥]、八旗子弟[⑦],更有官场之人[⑧],甚至刑部内稍有人心者[⑨],均为此案不平则鸣,在舆论上倾向春阿氏。晚清政权内部的离心离德于此可见一斑。除却来自统治阵营的非议之声,广大民

① 《提督衙门的弊端》,《京话日报》第705—706号,“演说”,1906年8月12—13日。

② 《天津学界人来函》,《京话日报》第707—708号,“来函”,1906年8月14—15日。

③ 《提督衙门瞎多事》,《京话日报》第711号,“本京新闻”,1906年8月18日。

④ 在报道提督衙门遣人四处散布谣言污蔑春阿氏之后,《京话日报》接连在“本京新闻”栏目中,以《没话找话》《提督衙门打学生》《提督衙门的规矩》为题,对该衙署在处理“春阿氏案”时的种种谬误之举予以曝光和谴责。

⑤ 《清德宗景皇帝实录》卷551,北京:中华书局,1987年,第311页。

⑥ 《京话日报》第705号,“来函”,1906年8月12日。

⑦ “八旗之舆论均为阿氏抱屈,未知刑部问官能秉公研讯究出真情否也。”《谋杀亲夫疑案续闻》,《中华报》,“时事要闻”,1906年8月2日。

⑧ 《京话日报》第729号,“来函”,1906年9月5日。

⑨ 《京话日报》第723号,“来函”,1906年8月30日。

众的抗议声浪几成排山倒海之势:"春阿氏一案,近日来函甚多,报纸篇幅过小,无法全登。……春阿氏一案,商界、学界,替他声冤的人,足有好几万,公论所在,无须旁参。"①

针对刑部一手遮天的办案方式和垄断审案信息的专横之举,《京话日报》充分调动报刊应有的知情权和表达权,大声疾呼要求司法程序的透明与公开:"听说刑部已经定了案,春阿氏定成死罪,如果是实,请刑部把他的罪状早早宣布出来。倘若含含糊糊定了罪,不叫旁人知道,中国的讼狱,可算黑暗到家了。"②随后,民众纷纷向《京话日报》投函,响应其呐喊,表达了参与社会公共事务和国家政事的公民意识和权利诉求。如下一封来函颇能作为代表:

> 春阿氏一案,商界学界,纷纷替他声冤。贵馆怕屈枉人命,又请刑部宣布罪状。刑部守定了秘密宗旨,始终不肯宣布。现在预备立宪,立宪国民,将来都有参与政事的权利,何况春阿氏一案,本是民事。官场要治他的罪,本是给民间办事。既给民间办事,为甚么不叫民间知道呀?传闻已定死罪,确不确可不得而知。贵报主持公论,如此疑案,不能设法力争,未免有负职任。(报馆只能说话,不能办事,无法去争。)果真定成死罪,屈枉一人的性命是小,改变了法律,再出这样没天日的事,中国还能改甚么政治呀?我与春阿氏非亲非故,既是中国人,不能不管中国的事。但我是一个女子,又没法子去管,闷了好几天,写了这封信,告诉您知道知道就是了。哎!中国的黑暗世界,几时才能放光明呀?(总有一天。)琴心女士淑媛检[敛]衽。③

此函明确地把"春阿氏案"放在预备立宪正在进行的国势背景下来讨论,将案件承审方纳入是否遵照预备立宪国策行事和依照现行法律办案的框架中评判。作者"琴心女士"以一位立宪国民的身份,在标榜"既是中国人,不能

① 《京话日报》第729号,"来函",1906年9月5日。

② 《请宣布春阿氏的罪状》,《京话日报》第721号,"本京新闻",1906年8月28日。

③ 《京话日报》第743号,"来函",1906年9月19日。

不管中国事”的责任义务的同时，更标举“立宪国民，将来都有参与政事的权利”的主张。故而，《京话日报》不仅具有强调国家、民族利益至上的“国民启蒙”立场，更在后期大力宣传立宪之时，通过渲染、介入“春阿氏案”，充分鼓动民众参与的积极性与主动性，彰显出自由、民主、平等、法制、理性等现代精神的“公民启蒙”立场，有力地促进了北京下层民众个人意识的觉醒，推动了北京地区由顺从型政治文化向参与型政治文化的过渡与转型，进而推动了北京社会的近代化进程。

如果仔细玩味上函，文中作者所代表的“受众”与《京话日报》这一“施众”之间的相互制约影响关系就会浮现：一方面，广大民众是《京话日报》发起的北京下层启蒙运动的接受者，在《京话日报》“公民启蒙”立场的影响下，开始向着现代公民和准公民的方向成长；另一方面，广大民众是启蒙的参与者与构建者，他们在与《京话日报》平等交流的对话过程中，可以就《京话日报》的不足、不到位之处提出意见和建议。如文中所言“贵报主持公论，如此疑案，不能设法力争，未免有负职任”，这种对《京话日报》提出批评与改造的心声传达给报社后，与民众保持同一性的《京话日报》就会虚心听取。虽然《京话日报》对“琴心女士”的质疑作出“报馆只能说话，不能办事，无法去争”的回应，十分无奈地道出分属不同领域的大众传媒最终无法改变司法机关判决结果的事实，言明了大众传媒介入社会事件的程度与限度，但此回复刊出两天后，《京话日报》的启蒙者彭翼仲们以“宁牺牲报馆之营业，以杜绝其将来，维持人道，即所以维持政体也”①的果敢决绝，义无反顾地刊登独家新闻《保皇党之结果》②，以揭露清廷“市立宪之口惠，逞专制之实威”③的本质。由此可见，民众对《京话日报》所提要求，会产生某种意义上“启蒙者被启蒙”的结果，促使彭翼仲们向着更加人格独立、更加具有批

① 姜纬堂等编：《维新志士 爱国报人彭翼仲》，第122页。

② 1906年9月21日，彭翼仲在《京话日报》之姊妹报《中华报》上刊登独家新闻《保皇党之结果》，披露吴道明、范履祥被押与袁世凯亲自审讯并将二人处死的实情，将清廷标榜的“预备立宪”实质大白于天下。

③ 宣：《论假立宪之足以速亡》，《时报》，1910年12月31日。

判精神和自由意识的现代知识分子转型。[1]

就在上则来函见报后的第九天,处于巅峰状态的《京话日报》突遭清廷封杀。表面上看,《京话日报》被祸是受《中华报》牵连,实则在于《京话日报》大力宣扬的立宪民主和创建的民间社会话语体系,犹如两套“肢解专制制度的刑具”[2],加速了清廷统治基础的整体性崩溃——《京话日报》介入“春阿氏案”的方式、策略和过程即为明证——因而遭致清廷的强力打压。

当介于政府与民众、国家与社会之间,并努力促进双方沟通与良性互动的《京话日报》被清廷无情封杀之后,一个王朝的覆灭也不远了。

下篇　小说《春阿氏》及衍生作品[3]:“春阿氏案”的文学聚焦与想象

“晚清社会变动的剧烈,新闻报导的快捷,使作家易有强烈的现实感,比之以往各时代,作品更贴近生活。而重大事件由于已有报刊的渲染、铺垫,引人注目,因此也常常成为文学创作的热点。”[4]“春阿氏案”便提供了此类例证。

“春阿氏案”结案后不久,对此案进行文学聚焦与想象的小说《春阿氏》出现了。宣统年间,它以抄本形式在里巷坊间流传。[5] 民国二年(1913),它刊载于《爱国白话报》,读者反响热烈,引起北京曲艺界、戏曲界的高度关

---

① 刘疆辉:《启蒙、公民(国民)塑造与“公共空间”之构建——清末北京彭翼仲〈京话日报〉(1904—1906)研究》,宁波大学2009年硕士学位论文。

② 李卫华:《报刊传媒与清末立宪思潮》,北京:中国社会科学出版社,2013年,第256页。

③ 蒋玉斌在《〈聊斋志异〉的清代衍生作品研究》中,将“衍生作品”定义为:“具有典型范式的作品在消费、接受和传播过程中所产生的与原作有一定联系而又具有自身思想内涵、艺术魅力和审美风格的作品。”兹参用此定义。见蒋玉斌《〈聊斋志异〉的清代衍生作品研究》,北京:中国社会科学出版社,2012年,第4页。

④ 夏晓虹:《晚清女性与近代中国》,北京:北京大学出版社,2014年,第329页。

⑤ 现存最早的版本,是高阳齐氏(如山)百舍斋收藏的题为《实事小说春阿氏》的抄本,书中署明录于“宣统三年小阳月”(1911年农历十月)。

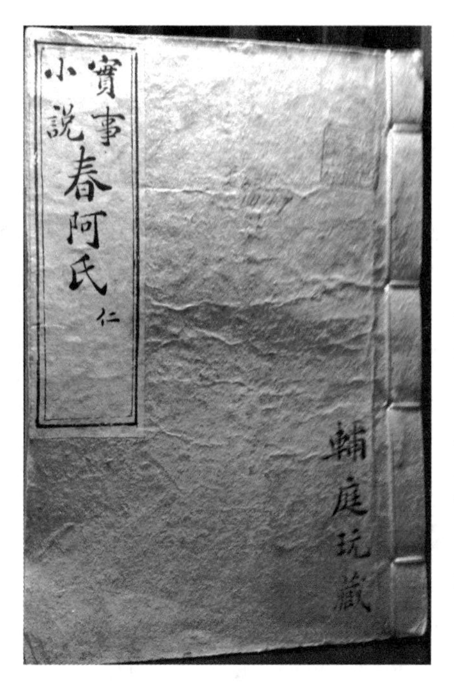

高阳齐氏(如山)百舍斋藏宣统三年(1911)钞本《实事小说春阿氏》书影

注,进而衍生出单弦牌子曲《春阿氏》和京剧剧本《春阿氏》。借助小说、曲艺、戏曲的多渠道传播,春阿氏的故事在民国初年家喻户晓。

小说《春阿氏》,作者冷佛[①],章回体,18 回,以充满京腔京韵、京语京言的北京评话叙写而成。它在《京话日报》《大公报》等报纸揭载的春阿氏冤狱事实基础上,敷衍铺排案件全过程,通过书写与想象此案的前因后果和其中真相,描述春阿氏的不幸遭际和悲惨人生。小说开篇以谴责更兼哀叹的笔调,揭开了春阿氏悲情故事的帷幕:

> 人世间事,最屈枉不过的,就是冤狱;最苦恼不过的,就是恶婚姻。这两件事,若是凑到一齐,不必你身历其境,自己当局,每听见旁人述说,就能够毛骨悚然,伤心坠泪。[②]

很显然,此番开篇点题之言,将春阿氏悲剧命运的成因归为“冤狱加恶婚姻”。由是,小说在两条情节主线和双重叙事结构下撰写春阿氏故事:一条是围绕春阿氏冤狱,展开司法叙事,从第一回至第九回讲述“春阿氏案”发生后的审理、侦查情形,“侦而不破”,疑案真相未解。另一条是围绕春阿氏的身世、成长经历展开情感叙事,从第十回至第十八回讲述春阿氏与表弟聂玉吉之间哀感顽艳的爱情悲剧,揭秘“春阿氏案”真相是聂玉吉听闻春阿氏

---

① 冷佛,北京人,出身于满族贵族之家。关于冷佛的生平、创作情况,可参考唐海宏《〈续水浒传〉作者冷佛生平、著述考》,《楚雄师范学院学报》2015 年第 2 期。

② 冷佛原著,松颐校释:《春阿氏》,长春:吉林文史出版社,1987 年,第 1 页。

在夫家备受欺凌虐待后产生激愤，潜入文家，夤夜杀死春英。小说最终以春阿氏病死狱中，聂玉吉自挂春阿氏坟边柳枝殉情而死结尾。

冷佛

在入话点明主题，交代写作缘起之后，正话以“话说东城方巾巷，有一著名侦探家，姓苏，名市隐，性慷慨，好交游。生平不乐仕进，惟以诗酒自娱，好作社会上不平之鸣”①起首，开启小说的司法叙事。有趣的是，作为在晚清中国引入和出现的一种新的司法角色——侦探，在《春阿氏》中成为“头号人物”，率先出场。这就有别于公案小说中清官充当领军者最先亮相的叙事传统，显示了小说创作重心由书写清官向突出侦探的位移。随着侦探家苏市隐的出场，小说以缓急有致的叙事节奏行进到“春阿氏案”的发生：由苏市隐与友人原淡然、普二的酒楼闲谈场景，自然过渡到春阿氏在夫家备受折辱的日常生活场景。就在读者为春阿氏所处惨境而忧愤，为春阿氏早上无故遭受二婆婆盖九城辱骂、丈夫春英毒打而不平时，“春阿氏案”在当天深夜发生了。于此，作者没有交代作案人、作案动机和作案过程，形成叙事的空白，将偌大的一个悬念抛给读者。这种有意渲染案发前的紧张气氛和揪心场面，而又故意将作案过程留白的写法，显然与公案小说开篇交代案由，讲述案发之始末的平铺直叙套路不同，是西方侦探小说开局“恍如奇峰突兀”②叙事手法的自觉运用。

① 剪报本小说《春阿氏》，首都图书馆藏。

② 知新室主人：《毒蛇圈》译者识语，见法国鲍福原著，上海知新室主人译《毒蛇圈》，《新小说》第8号，1903年。

随后,提审两造的官员——左翼尉乌珍出场了:“学识过人,处事公正,对于地方上极其热心。”①显然,小说是将乌珍定位为“公正爱民”的清官,与公案小说中“公正廉明”的清官一样,具有高洁的道德风貌;但紧接而来的描述又使“乌珍”这一形象不同于公案小说的清官:“因为人命至重,又想着社会风俗极端鄙陋,事关重大,不能不确实访查,先把杀人的原委访问明白,然后再拘案鞫讯,方为妥当。”②公案小说中的清官,重在堂审听讼明断。而此处,乌珍强调询查探访,重在侦查取证破案。两相对比,《春阿氏》对公案小说清官形象进行了改造刷新,使其处理案件的思路由断案向探案转变的用意十分明显。沿此意旨,小说对乌珍的刻画也围绕访查探案展开:他不仅去函邀请体制外的私家侦探苏市隐暗中帮忙调查此案,请其参与察验尸场;更在下属中选派精兵强将,四处探访,最终得以查明案件真相。除了采用调查探访的办案方式,乌珍还把“视其所以,观其所由”③这一注重分析推理、富含逻辑思辨色彩的圣言作为办案信条;以“世间的事,不能以皮貌相人”“一生评论非到盖棺时,不能论定。究竟这件事,尚无一定结果,焉能遽下断语”④的冷静、审慎、理性态度处理案件;以“阿氏屈不屈,是法律上的事,不能以哲理论断”“若论法按律,就没有讲道德与不讲道德的解说”⑤之言,标举尊重法律、体现法治的精神,以法律为准绳行事办案。如上种种,在传统公案叙述中极少有之,却处处能在西方侦探小说中寻得。由此,作者冷佛以西方侦探小说为参照,改造公案叙述,将侦探身上的科学、理性、法治精神移植灌输到清官身上,使其与体制内外的高等侦探、私家侦探既相互合作又相互竞争,最终达成双方均查明真相的双赢局面,从而构造出晚清小说司法叙事的多彩风姿。

耐人寻味的是,“春阿氏案”在现实中真相未明,成为不解之迷案;而在小说《春阿氏》中,此案真相不仅为侦探所获,而且被带有侦探思维意识的

---

① 冷佛原著,松颐校释:《春阿氏》,第 38 页。

② 同上。

③ 同上书,第 46 页。

④ 同上书,第 58、127 页。

⑤ 同上书,第 93、277 页。

清官查明。现实世界与虚构文本之间的反差,恰恰表明了作者建构理想司法图景的创作冲动。西方侦探小说所呈现的现代法治文明,对主张立宪改良的作者来说,无疑有着强大的冲击力,促其将耸动朝野的时事公案编织进侦探小说的故事框架中,以此表达对新的司法体制和正义秩序的想象。其间,侦探作为新的司法偶像,成为文本叙述的着力点。小说《春阿氏》中,最先出场并贯串全文的线索人物是侦探,探明案件真相的亦是侦探,就连位居司法场域中心的官府,亦要看重倚靠侦探,甚且要具有侦探的思想意识,才能获取案件真相。侦探在晚清司法变革中的地位、作用,调查取证的办案方式,一再被强调、突出与渲染。与此同时,从司法偶像神坛上逊位的清官,亦需取侦探之长补己之短。故此,《春阿氏》司法叙事的重心由清官向侦探移转。需注意的是,在移转过程中,清官形象的重塑更新,成为小说的重要面向。当清官这一旧的司法偶像在晚清“新小说”中遭到集中批判和解构时,如何改造传统清官叙事,重新建构一种新叙述,小说《春阿氏》提供了“破”之后怎样“立”的文学想象样本。此样本中,原来的清官角色被改塑为“清官+侦探”的组合。这一新形象是中国古代的贤人政治理想与西方现代的科学实证精神的拼接,是集权式的司法组织形式和科学化的调查取证手段的组合①,充分体现了身处过渡时代的晚清中国,在通往现代化的过程中,新与旧、中与西、传统与现代的交错杂糅。

侦探作为开路先锋,清官紧随其后,报纸舆论次第登场,三者构成了小说《春阿氏》司法叙事的主体框架。从第四回至第十七回,报纸舆论这一重要角色出没于文本间。小说与报纸结缘联姻,是晚清以降一个突出的文学文化现象。报纸或成为小说的主要载体和传播媒介,或为小说提供创作素材,或进入小说的叙事肌理,如此数端,于小说《春阿氏》中尽有体现。不惟如斯,最特别的是,在小说《春阿氏》中,报纸舆论竟化身故事角色,出入小说的叙事单元;报纸舆论的司法效应,也成为叙事议题。“在清朝报纸和谴责小说出现之前,没有一个体制外的解释性群体胆敢把一名案变成系统化

① 温荣:《清末民初小说中的司法叙事(1902—1919)》,中山大学2010年博士学位论文。

的批评。”[①]在晚清舆论空前高涨和晚清小说极度繁荣的同步发展态势下，《春阿氏》可谓是报纸与小说这两种媒介切入、评议“春阿氏案”的体制外群体时的有效融合。

“验尸场抚尸大恸，白话报闲话不平”，第四回回目传达了报纸舆论登陆小说文本的讯息。此回结尾处，作者以侧面烘托的笔法，使得报纸舆论在小说叙事中“登堂入室”：

> 走堂的去了半日，举着报纸过来，口里嘟嘟念念，向连升道：“喝，这张报可了不得，自要是登出来，这家儿就了不了。打头人这样儿好哇，洋报上什么都敢说，那怕是王爷中堂呢，自要是有不好儿，他真敢往实里说。喝，好家伙！比都察院的御史还透着王道呢！”说罢，又赞道：“嘿，好吗！”连升接了一看，果见报纸上“本京新闻”栏内，有一条谋害亲夫的新闻，正是小菊儿胡同文光家内的事情。[②]

文中“报纸”即《京话日报》。作者借茶馆跑堂伙计之口，凸显《京话日报》秉持正义、强项敢言的独立品格，赞同《京话日报》监督政府、干预司法的公正立场，预示《京话日报》聚焦春阿氏一案的舆论效力，为下文围绕报纸舆论的司法影响展开案件叙事打开了局面。

而后，小说着重从司法官员的视角，突出渲染报纸舆论对司法施加作用的过程。从最先受理此案的左翼尉乌珍，到接手此案的提督那桐，再到审理此案的刑部尚书葛宝华，他们办案的过程，亦是认识、应对报纸舆论的过程。“连日报纸上又这么一登载，越发的吵嚷动了。此事若敷衍官事，舆论上必要攻击”，左翼尉乌珍认识到报纸舆论将对案件的体制内运转产生影响，敷衍草率的办案方式难以为继：“现在报纸上这么攻击，若不把案情访明，彻底究治，实不足折服人心，洽乎舆论。……以后凡阿氏诸人的供词，一概要登报宣布。……两宫阅报，若见了这类新闻，一定要问。”[③]提督那桐的一席

---

① 欧中坦：《清代司法制度与司法文学交流》，《法史学刊》第一卷，北京：社会科学文献出版社，2006 年，第 152 页。

② 冷佛原著，松颐校释：《春阿氏》，第 69 页。

③ 同上书，第 77—78 页。

话表明：慑于“日进两宫御览”[1]的《京话日报》舆论的压力，提署一方面不得不认真应对和利用报纸舆论，将讯词口供登报公开，希望借此扭转报纸舆论的导向，消泯民众的质疑；另一方面也不得不彻查此案，以规避政治风险。“报纸这样嘈嘈，我也是不放心，所以到衙门来与诸位研究。我们部里为全国司法机关，掌全国的刑罚权。似乎这宗案子若招出报馆指摘，言官说出话来，可未免不值。”[2]刑部尚书葛宝华在对报纸舆论颇为顾忌的同时，又以之为参照，谕令属下慎重办案。小说中，从左翼公所到提署再到刑部，报纸舆论影响和改变了案件的司法生态环境，使得司法官员在办案态度上不能敷衍官事而须慎重人命，在办案方法上将堂审刑讯为主宰，变为调查取证为重心。如此一来，报纸舆论的效应，伴随着案件的审理、侦查过程，成为小说司法叙事的重要议题。报纸舆论与侦探、清官三位一体，构筑了作者对理想司法体制和正义实现途径的想象。

需要说明的是，作者引报纸舆论入小说叙事之时，也进行了文学改造：其一，变更报纸的存世时间，延长其舆论的时效性。现实中，《京话日报》在春阿氏一案发生后70天即被封杀，由它发起的舆论声浪由此不再猛烈；而小说里，《京话日报》在大理院奏请结案前夕被封，可谓伴随案件审理之始终，其舆论效力对案件的体制内运转产生巨大影响。之所以如此，与小说的促成者[3]、作者均为报人密切相关。他们出于敏感的职业意识，对之前《京话日报》介入此案所释放的舆论效能体察颇深，故将其写入小说，并加意延伸强化，既写现实，又补现实之憾。其二，从报纸舆论提供的故事模型中跳脱出来，力图与之作一切割。报纸舆论重在关注案情的是非曲直，证明春阿氏冤屈，指向春阿氏的二婆婆与某甲关系暧昧，二人有重大作案嫌疑。小说在吸纳报纸舆论倾向、同情春阿氏的基础上，将关注重心由一宗案件变更为

---

① 《本馆紧要广告》，《京话日报》第113号，1904年12月26日。

② 冷佛原著，松颐校释：《春阿氏》，第117页。

③ 小说《春阿氏》是以市隐日记为蓝本创作而成。市隐，本名文实权，1906年起任《京话日报》记者、编辑。“春阿氏案”发生后，文实权对此案采访报道，并做了大量调查工作，后将之整理写成日记。因此，报人文实权可谓是小说《春阿氏》的促成者。《京话日报》停刊后，文实权创办了《公益报》《燕都报》等报，并在报端创作多篇京话小说。

一个生命个体的人生悲剧,在司法叙事的内里,镶嵌了一出哀艳沉痛的爱情悲剧,通过细致书写春阿氏的日常生活和情感世界,哀叹鲜活生命形态被残酷现实吞噬扼杀,进而填补了"报纸媒介中缺失的审美维度与情感空间"①。

有论者指出,《春阿氏》重在描写人物命运,故而称不上真正的侦探小说。② 此言不虚。但换一角度看,正因如此,小说才能不仅仅停留在案件真相的解谜上。书写真相背后的世态人生、情感故事,使得小说叙事摇曳多姿,不再囿于司法场景的描述,而是着力日常生活场景的铺陈和情感空间的建构,一种日常化、个人化的情感叙事由此展开。

小说中,春阿氏不仅冤狱加身,更遭遇爱情未果、婚姻非偶的不幸,三者叠加、关联,强化了春阿氏命运的悲剧性。其中,爱情未果是春阿氏悲剧命运之源,具有多米诺骨牌效应,成为恶婚姻和冤狱的导火索。作者把爱情悲剧作为书写春阿氏悲惨人生的关键元素,在司法场域、法律情境中,凸显爱情与礼教的矛盾冲突,尊重肯定人的真情实感,显示出个体意识的觉醒,是明清言情文学传统在晚清的发展和新变。

《春阿氏》深得"大旨言情"的爱情文学巨著《红楼梦》之壶奥。它不仅将主人公春阿氏写成林黛玉式的"泪美人""病美人","两道似蹙非蹙的笼烟眉,一双半睡半醒的秋水眼"③,多愁善感,弱不胜衣,而且以宝黛爱情故事为依傍,借鉴模仿,翻作妙文,写就春阿氏与聂玉吉真挚感人的爱情悲剧。作者在化用宝黛爱情故事、参照经典的同时,把经典纳入当下的现实关照中,从而引起读者的共鸣,使得读者易于接受春阿氏和聂玉吉的爱情,加深了读者对封建礼教、家长专制的质疑和反思。同时,《春阿氏》又承继《红楼梦》"化解宏大叙事,摹写眼前生活,状绘凡人情感,表达人生体验"④的叙事传统,将春阿氏与表弟聂玉吉的爱情悲剧,放置在旗人家庭生活场景铺叙和日常事件的种种细节描绘中,特别是把婚丧嫁娶、生日寿诞等旗人生活风俗

---

① 崔蕴华:《文学中的法律场景与情感重构——以民初小说〈春阿氏〉为中心》,《名作欣赏》2013 年第 20 期。

② 武润婷:《中国近代小说演变史》,济南:山东人民出版社,2000 年,第 88 页。

③ 冷佛原著,松颐校释:《春阿氏》,第 111 页。

④ 关纪新:《满族小说与中华文化》,北京:社会科学文献出版社,2014 年,第 209 页。

叙事,作为春阿氏与聂玉吉悲情故事的紧要关合处。小说中,春阿氏与聂玉吉情投意合、心心相印的精神恋爱,通过耳鬓厮磨、同窗共读、互诉衷肠、久违相见等日常生活细节铺垫烘托,更见小儿女情状。此外,春阿氏对玉吉的一片深情,亦借助梦境、心理、幻觉等潜意识活动的细致描摹来传达。凡此种种,皆透露出小说对“小我”生活的关注和对个体情感欲望的肯定,与“力图与时代风云、国计民生挂上钩,避免为言情而言情”①的晚清言情小说主流风貌不同,倒与日常化、个人化叙事的唯情浪漫的民初言情小说贴近。

当晚清小说家写儿女之情以映乱离之世、寓爱国之意时,王冷佛却剑走偏锋,把一哀感顽艳的爱情故事与一命案真相因果相连,不仅描绘了一对相爱的小儿女,由于封建家长的干涉不能缔结良缘的苦闷,更刻画了包办婚姻之下婚姻非偶的苦痛,甚至最后导致极端后果——命案的发生。作者通过爱情悲剧引发惨案的情节构思,来彰显爱情之于美好人生的价值,触及爱情是婚姻基础的命题,正如作者在小说自序中所言:“俾世之阅斯篇者,知婚嫁之不可不纯也”。《春阿氏》在承继明清言情文学“以情抗礼”传统的基础上,开始自觉地从封建宗法伦理制度的层面认识春阿氏的爱情婚姻悲剧:

> 中国风俗习惯,男女之间,缚于圣贤遗训,除去夫妇之外,无论是如何至亲,男女亦不许有情爱。平居无事,则隔绝壅遏,不使相知——其实又隔绝不了。比如某家男人爱慕某家女子,或某家女子爱慕某家男子,则戚友非之,乡里以为不耻。春阿氏一案,就坏在此处了。……按着中国习俗,一男一女,从来就不许有感情;除去夫妇之外,若男子爱女子,女子爱男子,就算越礼。②

作者从男女关系上揭露了宗法社会的伦理规范对人的思想禁锢和精神束缚,质疑儒家文化和封建礼教压制人的真实情感。借对“春阿氏案”的文学聚焦与想象,写小儿女之情,为婚恋自由呼吁。

① 陈平原:《中国现代小说的起点——清末民初小说研究》,北京:北京大学出版社,2010年,第205页。

② 冷佛原著,松颐校释:《春阿氏》,第265页。

作为民初言情小说之上源,《春阿氏》已表现出“觉醒与逃避”[①]的双重特征:一方面,它歌颂爱情的美好,肯定个体生命欲望和情感需求,揭示封建礼教对爱情的打压、对人性的摧残,显示出“人”的意识的懵懂觉醒;另一方面,它也强调“发乎情止乎礼义”的言情小说传统,推崇不沾肉欲的纯粹的精神恋爱。再者,小说在对春阿氏与聂玉吉二人之情的刻画上,表现得战战兢兢、游移不定。作者既着力描绘其真挚的爱情和高洁的牺牲,形成感染力,以获得读者情感上的支持,从而超越传统道德的评判,又对爱情持恐惧、保留态度,将二人之情解释为“两人是姊妹情重,断不是有何私见,象是无知儿女,那等痴情”[②],从封建伦理道德角度,为二人之情寻找合理性,使聂玉吉的行凶变得“其情可悯,其行可原”。更有甚者,小说还对爱情持怀疑态度,“聂者,孽也”[③],喻示二人爱情为孽情。“孽缘已满,今当归去”[④],最终爱情与礼教的矛盾冲突在宿命论中得以调和。

小说《春阿氏》集探案、言情于一身,在纪实与虚构、实录与修辞的张力之间,表达了对于“欲望、正义、价值、真理(知识)”[⑤]等话语的现代性追求与想象。它代表了晚清北京小说界在晚清“新小说”领域的实绩,达到了晚清侦探小说、言情小说的新高度。

1913 年 12 月 16 日,曾在晚清北京坊间里巷以抄本形式流布的小说《春阿氏》,开始连载于民初北京城里颇有影响力的白话报——《爱国白话报》之附张。小说连载完毕后,读者纷纷写诗著文发表阅后感言,哀悼凭吊春阿氏,对其“冤狱加恶婚姻”的悲惨命运扼腕叹息。此间,一署名“剑云”的读者,更以小说《春阿氏》为蓝本依托,编写了京味艺术唱本——单弦牌子曲《春阿氏》(又名《泥梨狱》),将春阿氏的故事由小说叙写转化为俗曲说唱。这一从小说衍生而出的说唱文本,不仅推进了小说文本在北京市井细民中的接受与传播,更体现了清末民初北京曲艺改良的风貌特点。

---

① 袁进:《近代文学的突围》,上海:上海人民出版社,2001 年,第 380 页。

② 冷佛原著,松颐校释:《春阿氏》,第 244 页。

③ 同上书,第 279 页。

④ 同上书,第 289 页。

⑤ 〔美〕王德威著,宋伟杰译:《被压抑的现代性》,北京:北京大学出版社,2005 年,第 2 页。

单弦牌子曲,又名牌子曲,它是在满族说唱艺术——岔曲的基础上,吸收民歌、南北曲、地方戏曲、地方曲种等姊妹艺术的曲牌联缀而成的北京曲艺之一种。它产生于光绪年间,起初多取材于古代史实,改编自古典文学名著。后随清末北京下层启蒙运动中俗曲改良的呼声而高涨,以实时、实地、实事的时事性唱本渐成气候并引领潮流,单弦牌子曲亦由此在清末民初发展至全盛。作者“剑云”根据实事小说《春阿氏》编写了同名牌子曲,并在标题中注明“新牌子曲”,正是清末民初北京俗曲改良主张下曲本写现实、重时事创作风尚的体现。

牌子曲《春阿氏》1914年10月9日至1915年1月17日刊于《爱国白话报》,共连载28天。开篇的〔曲头〕部分,如同小说《春阿氏》的入话,作为序引,用以概括故事的始终、点明故事的主题:

> 〔岔曲头〕三生冤怨缘,晴[情]田儿女成魔火,都只为藕断丝连。阿德氏爱女,女含冤,把一个多情的孝女,葬送黄泉。叹只叹,两小无猜,如花美眷,说什么野鹜已作了家鸡恋。青春不愿人贫贱,惹得那不做美的娘亲(卧牛儿)反把儿,儿来陷。含屈忍使狱头连,也只得牺牲一命报前缘。还说甚情天恨海无边岸,泥犁狱那里望青天。我如今借管弦,唱出了两三年怨,就是那铁石人闻也泪涟。①

〔曲头〕一落笔,“冤怨缘”三字,即点出春阿氏集冤狱、怨偶、缘悭三者于一身的不幸遭际和悲惨人生,准确把握了小说《春阿氏》的表现主题,与小说充满悲情、哀叹的写作基调相吻合。

〔曲头〕之后,〔数唱〕引进故事,正式进入主体叙述中。它以“表一桩,新奇的冤狱”②开头,将曲文纳入说唱文学的公案叙述传统。曲文采用平铺直叙的叙事手法,首先围绕春阿氏的成长经历、婚后生活,铺叙“春阿氏案”的缘由,然后描写案发过程、案件审理过程,最后交代结案后春阿氏瘐毙狱中的悲惨结局。这种单线顺叙的结构,沿袭了说唱文学一贯的叙事传统,与

① 《爱国白话报》第422号,1914年10月9日。

② 《爱国白话报》第423号,1914年10月10日。

小说《春阿氏》借鉴西方侦探小说的结构模式谋篇布局截然不同,显示了清末民初俗曲改良大潮下,以旧形式写时下新内容的创作风貌。

牌子曲《春阿氏》不仅在形式上沿袭旧有,内容上的突破相较小说亦有所局限。虽然开篇以“冤怨缘”三字概括小说的主题思想相当精准,但具体到本身的行文中,却有意过滤和省略掉春阿氏缘悭命蹇的爱情悲剧。在围绕其成长经历交代案由时,小说中春阿氏与聂玉吉真挚感人的爱情书写,成为作品肯定人的生命欲望、表达人的懵懂觉醒的关键;而在牌子曲中,聂玉吉未曾在春阿氏的青春成长过程中出场,二人的爱情悲剧完全从曲文中抽离。特别是,曲文虽提及春阿氏婚姻非偶之不幸,与其母出于财货势利之心为其包办婚姻相关,但却把根本原因归为宿命所致:“婚姻前世天造定,不在媒人撮合成……这也是,恶姻缘,注在八字儿上。”[①]这种“怨偶天成”的宿命论思想,与小说质疑“父母之命,媒妁之言”的旧式婚姻,呼唤婚恋自由的姿态相比,高下不言自明。

虽然牌子曲《春阿氏》在收束处的〔曲尾〕,再次哀叹春阿氏的悲情人生,表达了对冤狱和恶婚姻的不满:“情天无尽,恨海沉沉。怨偶冤狱,歌哭词林。春阿氏一生无限恨,九泉埋怨几时伸?愿只愿,光明了司法,要慎重婚姻。”[②]但它对春阿氏悲剧命运的成因缺乏深入的思考,故依循公案叙述传统,重在讲述一个曲折乖谬、悲欢离合的案件故事。与小说文本的丰富性、多义性、现代性相比,曲本更看重对底层普通民众的娱乐、教化功能。它对小说文本的选择性改编、平庸化处理,或许更贴近市井大众的通俗趣味、道德水准、心理期望和正义观念。

小说《春阿氏》在《爱国白话报》的热载,不仅催生了由小说改编的同名牌子曲的问世,更激发了民初北京致力于戏曲改良,尝试“时装新戏”的菊坛名角新锐的编演热情。实际上,小说甫一连载完毕,京城戏曲界的田际

① 《爱国白话报》第425号,1914年10月12日。

② 《爱国白话报》第517号,1915年1月17日。

云、梅兰芳等人就已属意将小说编演为新戏[①],曾任梅兰芳第一出“时装新戏”——《孽海波澜》编剧的贾润田,又再次执笔,将小说《春阿氏》改编成八本连台京戏《春阿氏》。[②]

京剧剧本《春阿氏》[③],以春阿氏为主人公,以其经历为主线,演述春阿氏的不幸婚姻引致冤狱加身,最终在狱中绝粒而亡的人生悲剧。全剧以平铺直叙的笔法,叙写“春阿氏案”的前因后果:春阿氏难违母兄之命,嫁入人口众多、关系复杂的文家。婚后,春阿氏在夫家备受折磨,不堪其苦,特别是二婆婆盖九城对其蓄意寻衅凌虐。此境况被春阿氏表弟聂玉吉听闻,护姐心切的聂氏深感不忿,但又无力相助。后聂玉吉偶识义贼吴宗,吴宗得知春阿氏之事后,大为不平。二人相约,夤夜潜入文家痛殴盖九城为春阿氏出气泄愤,不料被春英撞见,情急之下,吴宗杀死春英。吴、聂二人仓皇逃走。春阿氏因丈夫既已身死,又恐连累表弟玉吉,乃萌一死之念,在官府鞫讯时,坚称是自己误杀春英。案发后逃遁天津的聂玉吉,得知春阿氏受审情形后,心中既愧又痛,遂赶回北京,欲自行投案,却传来春阿氏绝食身死狱中的噩耗。聂玉吉痛极,亦自缢而死。

与纸面上的小说文本相比,注重舞台演出效果的京剧剧本,不仅将小说的“探案+言情”的双重叙事结构改编为平铺直叙的公案叙事模式,更通过巧设戏剧冲突来表现人物、推进故事。譬如,全剧头场是一出“祝寿戏”:春阿氏之母德氏寿诞,子女亲朋为其祝寿。春阿氏、聂玉吉以愁肠满腹的闺门

---

① 《爱国白话报》不仅刊载小说《春阿氏》,更将其汇集成册出版发售。1914 年 7 月初,小说《春阿氏》连载完毕,爱国白话报社立刻将全卷五本的单行本小说《春阿氏》推向市场。1914 年 7 月 20 日,《爱国白话报》报头刊载此单行本的售卖广告云:“《春阿氏》小说自出版以来,颇蒙社会欢迎。近田际云、梅兰芳诸君编演新戏,以故销售颇速。刻复重印五千部,全书订一巨册,皮面用五色套印,嵌以阿氏肖像,光艳异常,阅者请速购为幸。”可见,小说《春阿氏》的热载热销,引发田际云、梅兰芳等人据此编演新戏的热情。

② 1914 年 11 月 16 日,《爱国白话报》附张中的戏单广告云:“天乐园特约贾润田,新排时事新戏八本连台《春阿氏》,择日开演。”

③ 本文所讨论的京剧剧本《春阿氏》,是现藏北京大学图书馆的抄本京剧《春阿氏》。它虽未署明录于何时,但总览全文,此抄本所依据、誊录的原作,应距贾润田编写的京剧剧本不远。故笔者以此抄本为解读对象。

旦、壮志难酬的少年书生登台亮相。其间,贾媒婆登门说亲,聂玉吉揭穿其巧语花言,使之悻悻而去。随后,春阿氏之兄常禄建言文光之子春英为良婿,玉吉又挺身而出,驳常禄之提议,指出春英乃黩武好斗之人,决非佳选,建议暂将表姐阿氏之婚事搁置延后。此言遭到常禄痛斥,玉吉愤而离去。德氏吩咐常禄打听文家情况便宜行事。此出戏,主要人物粉墨登场。温婉多愁的阿氏、热心重义的聂玉吉、顽固老成的常禄、古板守旧的德氏,人物形象可谓鲜明突出。“祝寿”大关目中设置媒婆说亲、弟兄议媒两小关目,阿氏人生不自由、婚姻不能自主的愁苦借此映现。阿氏的命运、主要人物之间的关系与矛盾,通过“借喜写忧”这一戏剧冲突表现手法得以显现。

除采用单线顺叙的叙事结构、巧设戏剧冲突之外,京剧剧本《春阿氏》与小说最大的不同是主题思想的歧异。小说重在写爱情,于“情”与“礼”的矛盾冲突中,展开具有现代意味的情感表达,表现人的主体意识的朦胧觉醒。剧本重在写婚姻,揭露封建宗法制的包办婚姻造成的生命悲剧。须注意的是,在承继揭露包办婚姻弊端这一传统题材的基础上,剧本通过春阿氏对自身凄苦命运的喟叹和思索,表达出对女性地位的思考与女性意识的觉醒:

> 可叹妇女不能自立,任凭男子作福作威也。(唱)配姻缘,即不能自由遂愿;在夫家受专制,决无主权。①
>
> 哎!细想这分恶气,实难忍受。中国女权不兴,婚姻误在父母身上。冤沉海底,无处伸诉。不枉彭翼仲先生报纸提倡自由结婚,我这就是前车之鉴。正是既在矮檐下,怎敢不低头!②
>
> 生来一个女子没有自由权利,鹅翎扇层层节制,如同废物一般!③

剧作通过春阿氏之口,将女性地位低下、婚姻不自由与女性不能自立、女权不兴联系起来。如此安排,则将时下女性面临的问题,即时代讨论的话题,

---

① 戏剧《春阿氏》,第贰拾贰场,北京大学图书馆藏。

② 同上书,第贰拾陆场。

③ 同上书,第贰拾捌场。

纳入剧本演述中。这也正是清末民初北京戏曲改良在剧作内容上侧重反映现实问题的一种体现。

综上,本文以春阿氏一案为切入点,从舆论、文学、艺术三层面揭示清末民初北京文化空间的独特性与现代性:《京话日报》对案件的介入干预,呈现了晚清北京众声喧哗、多元互动的舆论环境中北京民众公民意识的觉醒;小说《春阿氏》对案件的书写想象,充满了北京文化的市井风味,是近代北京市民社会触摸与感知“现代”生活的文学聚焦;牌子曲《春阿氏》、京剧《春阿氏》对案件的演绎,反映了京味艺术采取现实时事编写新曲新剧的文本风貌,可窥清末民初北京戏曲、曲艺改良活动之一端。

作为游赏场所与文化空间的万牲园

林　峥

一、"导民善法"万牲园

1906年10月13日,"五大臣"之中的端方、戴鸿慈出洋考察归来,上折奏陈欧美各国"导民善法"①:

> 每至都会繁盛之区,必有优游休息之地,稍得闲暇,即往游观,辄忘车马之劳,足益见闻之陋。初犹以为欧美风俗所趋,未必有关政俗,继乃知其专为导民而设,无不具有深心。

于是请次第举办,"综括言之,凡有四事",一曰图书馆,一曰博物院,一曰万牲园,一曰公园。在"万牲园"条下具体陈述道:

① 《出洋考察政治大臣今法部尚书戴两江总督端会奏各国导民善法请次第举办折》,《东方杂志》第4卷第1期,1907年3月。

> 各国又有名动物院、水族院者,多畜鸟兽鱼鳖之属,奇形诡状,并育兼收,乃至狮虎之伦,鲸鳄之族,亦复在园在沼,共见共闻,不图多识其名,且能徐驯其性。德国则置诸城市,为娱乐之区,奥国则阑入禁中,一听刍荛之往,此其足以导民者也。

端方、戴鸿慈所谓的“万牲园”或“动物园”,即英文的 zoological garden,是 19 世纪新兴的发明。在西方的脉络中,动物园实际上滥觞于 16 世纪至 18 世纪的欧洲。随着航海和殖民的扩张,欧洲贵族特别是皇室热衷于收藏珍奇动物,作为彰显王权和财力的方式、文明驯化自然的象征,这些兽馆通常附属于贵族花园,如凡尔赛宫的动物园,早期动物园深刻地烙印着专制王权和殖民主义的痕迹。到了 19 世纪,“动物花园”(zoological garden)这个概念才出现,动物园开始被视作一个整体,而不是既定花园中的一个成分;也就是说,“动物园”强调的是空间的内容(动物),而不是空间本身。伦敦摄政公园(Regent's Park)率先兴建动物园,随之在欧洲掀起风潮。动物园热并非孤立的个案,而是伴随资本主义和工业革命发展,为整个欧洲市政文化革新的一部分,它与 19 世纪兴建剧院、博物馆、图书馆、大学、商会、交易所、公园的热潮是一体的。尤其因其隶属于公园的脉络之中,独立或被结合进公园的动物园,与公园一同被视作“都市之肺”,在拥挤污浊的城市中为市民提供漫步休闲的场所。19 世纪后半叶,以巴黎植物园(内设动物园)为代表,动物园的受众由特权阶层渐趋大众化,开始肩负中下层阶级休闲娱乐、陶冶情操和公众教育的功能。动物园被视为“一个城市必须要提供的最有特色的文化标志”,布鲁塞尔一本写于 1856 年的散步指南中有这样一句话:“动物花园已经彻底渗入了公众的生活习惯,一个人肯定会问自己,三年前的布鲁塞尔居民在咖啡时间和茶点时间之间能干些什么?”[①]晚清中国的使臣就是在这样的背景下来到欧美考察政俗,因此,端方、戴鸿慈将动物园与图书馆、博物院、公园并置,视其为“导民善法”,颇得彼时西方动物园理念之精

---

① 参见埃里克·巴拉泰著,乔江涛译《动物园的历史》,北京:中信出版社,2006 年,第 64—80 页。

髓。当然,对于动物园这种新事物的认知,还需要经历一个过程。

中国自身辟设专门空间蓄养动物的传统其实可以追溯至周文王时期的灵囿,《诗·大雅·灵台》曰:“王在灵囿,麀鹿攸伏。”毛传注:“囿,所以域养禽兽也,天子百里,诸侯四十里。灵囿,言灵道行于囿也。”[①]后泛指帝王蓄养动物的园林。但是“动物园”这样的概念及其所包涵的现代文明的意义,对于国人是完全陌生的。不仅如此,国人对于动物的认知,也与西人有别。中国古人对于动物较为系统的认知可以上溯到《尔雅》,但基本是出于一种博物的趣味,“多识于草木鸟兽之名”[②]。亦有附会于人事,或将动物与祥瑞灾异之兆联系起来,或将动物赋予人类的品格进行褒贬。表面谈的是动物,实际还是旨在人事,而缺乏对于动物本身的生物学的认知——当然,这即使在西方脉络中,也是近代以来的事,动物园的诞生本身就与西方博物学、分类学、生理学等学科的发展密不可分。因此,当晚清士大夫游历欧美时,动物园于他们而言是一种全新的经验,自然会产生许多有趣的碰撞。

考察自19世纪中期起至20世纪初期,半个多世纪以来晚清国人出访欧美的游记,在令人目眩神迷的众多发明中,动物园引起了他们普遍的兴趣。由于难以在既有的本土知识结构中找到对应物,最初对于zoological garden(动物园)的翻译也各出已意,缺乏统一,有称为生灵苑、生物苑的,也有百兽园、万兽园,或万种园、万牲园、万生园等。基本上直到20世纪初戴鸿慈、载泽、康有为等人的论述,才逐渐固定下“动物园”的名称。

田晓菲在讨论魏晋和晚清游记的*Visionary Journeys*一书中指出,中国游记素有“好奇”(Love of the Strange)传统,特别留意富于异域风情的奇珍异事。[③] 而初衷为搜罗“奇异”(exotic)生物的动物园,恰恰迎合了这种期待。[④]

---

① 《毛诗正义》卷一六之五,《十三经注疏》本,北京:中华书局影印,1980年,第525页上。

② 《论语注疏》卷一七《阳货》,《十三经注疏》本,第2525页中。

③ Tian Xiaofei, *Visionary Journeys: Travel Writings from Early Medieval and Nineteenth-Century China*, Cambridge: Harvard University Press, 2011, pp. 166-172.

④ 据埃里克·巴拉泰《动物园的历史》一书的梳理,“奇异”一词首先出现在16世纪的法文文献中,形容来自遥远异域的事物;英语该词首次出现于16世纪后期,最初用来形容多少有点粗俗的外国人,从1645年开始,其含义扩展到来自其他大陆的植物或动物。

欧美动物园从世界各地网罗来的珍禽奇兽,绝大多数是这些初出国门的晚清士大夫闻所未闻的,令其耳目一新,因此,他们对于动物园最初的关注,集中于一个“奇”字。[①] 如斌椿《乘槎笔记》在在强调巴黎、伦敦、荷兰等地“生灵苑”之“鸟兽之奇者,难更仆数”,“尤奇者,海中鳞介之属”,“鸟兽奇异甚多”,“异鸟怪鱼,皆目未睹而耳未闻者”,“珍禽异鸟,充斥其中”等。[②] 志刚《初使泰西记》不惜花费笔墨,历历细数伦敦“万兽园”之“珍禽奇兽,不可胜计”。[③] 张德彝《航海述奇》同样也为“奇异难以殚述”的伦敦“万种园”留足了篇幅,分门别类地描摹“兽之奇者”“鸟之奇者”“鱼之奇者”,以及荷兰“生灵园”所蓄“奇奇怪怪者尤多”。[④] 戴鸿慈《出使九国日记》亦赞叹伦敦“动物园”的“无奇不备”和柏林“校兽园”之“所蓄珍禽奇兽以及鳞介各种甚众”。[⑤]

晚清旅行者对于动物园最直观的认识,还停留在对于异域“珍禽奇兽”的好奇和新鲜,基于此,早期旅行者最感兴趣的,就是认知和记载各式各样的生物。他们常不厌其烦地记述在动物园中观察到的动物,计兽类有狮子、老虎、豹、熊、犀牛、大象、骆驼、蟒蛇、长颈鹿、斑马、袋鼠、河马、花驴、狼、狐狸、貂、白牛、野马、野猪、鹿类、羊类、猴类、兔类、鼠类、蝙蝠、食蚁兽、穿山甲、犰狳、蝎虎、蜈蚣等,禽类有锦鸡、碧鸡、绶鸡、白雉、珍珠鸡、山鸡、乌鸡、火鸡、孔雀、鸳鸯、鹦鹉、天鹅、鸵鸟、暹罗鸟、瑟鸟、无对鸟、葵花鸟、鸾、鹤、鸿、鹄、雕、鹰、鹏、雁、燕、雀、鹭鸶、杜鹃、黄鹂、鸱鸮、鹧鸪、鹌鹑、老鹳等,水

---

① 无独有偶,1860年代起,出访海外的日本使节团也是对公园中的动物园抱有特殊兴趣。参见白幡洋三郎著,李伟、南城译《近代都市公园史:欧化的源流》,北京:新星出版社,2014年,第182页。

② 斌椿:《乘槎笔记》,钟叔河编:《走向世界丛书》,长沙:岳麓书社,1985年,第108—123页。

③ 志刚:《初使泰西记》,钟叔河编:《走向世界丛书》,长沙:岳麓书社,1985年,第293—296页。

④ 张德彝:《航海述奇》,钟叔河编:《走向世界丛书》,长沙:岳麓书社,1985年,第508—510页。

⑤ 戴鸿慈:《出使九国日记》,钟叔河编:《走向世界丛书》,长沙:岳麓书社,1985年,第110、171页。

族有鲸鱼、海狗、鳄鱼、水獭、海龙、江豚、蛙、蟾、鳝、鲤、鼋、鼍、龟、鳖、鲟鳇、虾蟹、金鱼、锐鱼等，其中一些动物后来被引进北京万牲园。

考察这些论述，一方面，他们最为津津乐道的是长颈鹿、斑马、袋鼠、狮子、犀牛、河马、大象、食蚁兽、鳄鱼、鲸鱼这些富于异域风情的动物；而另一方面，在观察和认知这些新奇的动物时，他们动用了自身的知识资源去进行对接。大部分旅行者在记述动物时以“虎豹犀象”统之，此语典出《孟子·滕文公下》。孟子在这一章讨论治乱与禽兽的关系，认为禽兽的出现是乱世的表征，暴君当政时，“弃田以为园囿，使民不得衣食。邪说暴行又作，园囿、污池、泽沛多而禽兽至”；而有道的统治者则驱逐禽兽，天下太平，“（周公）驱虎豹犀象而远之，天下大悦”。[①] 孟子对于园囿和禽兽的理解，与西方现代的公园（动物园）观念对照，饶有意味。与之相应，当志刚历数伦敦动物园的收藏之后，笔锋一转道：“虽然，博则博矣。至于四灵中，麟、凤必待圣人而出。世无圣人，虽罗尽世间之鸟兽，而不可得。”感叹即使如伦敦动物园这般博搜远采，仍然看不到上古传说“四灵”之中的麟、凤、龙，“然则所可得而见者，皆凡物也”。[②] 而戴鸿慈谈到“来欧数月，已数见不鲜”的“鹿豹”即长颈鹿时，亦指出：“其状马首、牛尾、鹿身、长颈有角，西人以为中国古所谓麟者即此，此事殊难确证。因思中国古书，称龙、麟、鸾、凤诸瑞物，皆不经见。盖缘此种久已不传，亦与欧洲上古之大鸟、大兽同例（中世以后，所称龙见凤至，皆其赝者耳）。”[③]志刚、戴鸿慈仍然笃信龙、麟、鸾、凤这些中国上古传说中杜撰出来的神圣鸟兽的存在，遗憾在西方现代的动物园中无缘得见，甚至归咎为“世无圣人”，在后世看来虽有些不可思议，却体现了中国士大夫最初接触西方动物园时的思维碰撞。

当然，晚清旅行者对于动物园不止于单纯的猎奇心态，而是对于西方动物园的形制和功用有一个逐渐认识的过程。他们普遍注意到动物园分类豢养的原则，以伦敦动物园为例，“或局兽于圈，笼鸟于屋，蓄鱼于池。其驯

① 《孟子注疏》卷六下，《十三经注疏》本，第2714页下。
② 志刚：《初使泰西记》，第296页。
③ 戴鸿慈：《出使九国日记》，第171页。

者,或放诸长林丰草间”[①];“每一巨室,或圈或栏相连,以一园丁司之”[②];张德彝的记述尤为详尽:

> 外有猛兽,每种各有石屋二间,前有铁栅栏,上悬一牌云:物系何名,产自何处,因何人而携此。有园丁以铁叉插生肉、面包喂之。兽之驯者在木房内。小鸟每种一木房,前有铜网,内有水池、食盆、枯木枝。水鸟与鱼皆有大池。鸟兽有水产、旱产各异者,置于四间木房,内凿石池,外铺干草。畏寒者向阳,畏热者背阴,无不各得其所。[③]

这是19世纪欧洲动物园的典型格局。整个动物园犹如一个布局巧妙、分类准确的博物收藏室,兽笼就像陈列窗,以便游人和研究者近距离观察动物;兽笼上附有说明标识,散发百科大全目录式的气息;而笼中野兽则如同示范模型,具有科普和教育功能。李圭即精辟地指出,伦敦动物园的功用在于“专以考究生物之理者”[④]。虽然这种博物收藏室的风格在20世纪受到质疑与诟病[⑤],却深刻影响了北京万牲园的形制,甚至可以说奠定了当今中国动物园的基本格局。

再者,由于晚清旅行者是在同一时间接受公园、植物园、动物园等诸多概念,况且西方动物园在诞生之初本身也隶属于公园的脉络,因此,晚清国人对动物园的认识往往被涵盖在公园的框架内。

譬如自诩“中土西来第一人”的斌椿,在《乘槎笔记》中就将动物园作为“花园”之一种。上引花木、鸟兽、鳞介之奇异者就见于巴黎“官家花园”的

---

① 志刚:《初使泰西记》,第296页。

② 郭嵩焘:《伦敦与巴黎日记》,钟叔河编:《走向世界丛书》,长沙:岳麓书社,1984年,第114页。

③ 张德彝:《航海述奇》,第508页。

④ 李圭:《环游地球新录》,钟叔河编:《走向世界丛书》,长沙:岳麓书社,1985年,第288页。

⑤ 这种针对游客观赏功能的动物园被批评是对动物天性的一种束缚,实际上大多数囚养的动物生理和心理上都存在不同程度的问题,寿命也始终比自然状态下短得多。20世纪,随着动物保护的意识进一步提升,动物园更加注重从动物的角度设置拟态的环境,甚至建立了野生动物园。

记载。“官家花园”本是公园的意思,而根据斌椿的描述,此应系附设于巴黎植物园内的动物园。在伦敦时,他命随员广英“往看花园”,记录广英的报告:“云鸟兽奇异甚多。狮子四,极大者二,皆虬毛。虎豹犀象之属,不可胜记。巨蟒长至二三十码,每码合中国二尺五寸,皆豢养极驯。”①这很可能是伦敦动物园,因为英文 zoological garden 后一个单词即花园之意。斌椿不辨花园、公园、动物园、植物园的区别,因为对他而言,这些都不过是富有异域情调的花园,还不曾进一步意识到它们承担不同的功能。

然而随着认知逐步深入,晚清旅行者对于动物园的关注渐从“动物”转向“园”。查阅曾纪泽《出使英法俄国日记》,可见其在欧洲养成闲暇时赴公园、动物园游观的习惯。如在巴黎时,他常记述某月某日偕某人“游于苑囿,见狮、豹、熊、罴诸兽及各种蛇、鱼、介族”等,此“苑囿”亦即巴黎植物园;待至伦敦,更是多见其独自或携家人至“万生园”(即伦敦动物园)、“海德花园”(即海德公园)或“理检滋苑囿”(即摄政公园)“游观极久”;到柏林当日,他即“游万生园极久,足力颇乏”。② 从一个旅居异国的游客角度,公园与动物园于曾纪泽并无本质区别,都是游憩之所,况且当时许多动物园本身就附设于公园中,如巴黎植物园和摄政公园等。曾纪泽曾在日记中发表议论,认为中国人来欧洲有二事最难习惯,一曰房屋太窄,一曰物价太贵。西人因地价高昂,极其爱惜地面,“然至其建造苑囿林园,则规模务为广远,局势务求空旷。游观燕息之所,大者周十余里,小者亦周二、三里,无几微爱惜地面之心,无丝毫苟简迁就之规。与民同乐,则民不怨,暗合孟氏之遗说焉”③。体贴到西人开辟公共空间供民众游憩的用心,十分赞许。

到了康有为在 20 世纪初游历欧洲,则直接将动物园与公园相提并论,如在《丹墨游记》中,他记述“游动物园、植物园及大公囿。动物园布置甚好,且过于伦敦,在欧洲亦为上者。余两园林木森蔚,皆有湖溪洲岛,布置佳

① 斌椿:《乘槎笔记》,第 112 页。

② 参见曾纪泽《出使英法俄国日记》,钟叔河编:《走向世界丛书》,长沙:岳麓书社,1985 年。

③ 同上书,第 162—163 页。

胜,风光绮腻。近海公囿引水回环,长堤铺沙,馆楼临海,花木明漪,尤极其胜。欧人之于公囿,虽小如丹、荷、比,而广备游乐,以便都人士之卫生。于都会极贵重之地,占地动十余里,不少惜费,其布置幽雅,亦与各大国争胜焉”①。康有为明确意识到,欧洲“于都会极贵重之地”不惜占地斥资辟设公园,“以便都人士之卫生”的用意,抓住了19世纪西方兴建公园的精髓,而动物园则被放置于这一脉络中。又如《瑞典游记》中,康有为盛誉瑞典的思间慎公园(斯堪森公园,Skansen Open-air Museum,现为露天博物馆),认为即使他赞赏的“柏林动物园遍摹万国宫室,自是地球第一,然幽胜则不如此园甚矣”②。可见在康有为看来,公园与动物园是同质化的发明,因此,他对于动物园的关注也超越了前人对于珍禽奇兽的迷恋,而更多地关注风景情致,将其作为一个整体性的公园观赏。如欧美各国动物园中,他最推举柏林动物园(Tier Garden),誉为“最华妙奇诡”,特别欣赏其引入异域风情的建筑元素,以之为柏林动物园最显著的特色:“其最奇丽者,畜鸟、兽各室无一同者,大搜各国之室制而兼营之。畜象处以印度庙制,五色之砖斑驳穹窿;畜蛇处以埃及庙制,大楹画人物象。其他波斯之尖塔、突厥之金顶殿、中国之黄龙亭,盖无不备。”此外康有为还留意到动物园内广设酒馆、茶社、戏院等休闲场所,并且很倾慕欧美民众养成这种于公共空间游憩的文化:

> 此外酒馆、茶室、戏场皆穷妍极丽,依湖傍山,长廊交通,曲道相接。花木扶疏于径畔,凫鸭唼喋于湖溪,丘阜连绵,芦苇丰绿,沿山得径,架水成桥,芳草蔓藤,杂花生树。亦复有板屋沙地,木几不饰,摹仿古时乡落村夫饮酒状。夕时游人如蚁,树下列几,树上燃电灯,士女接裳,占座饮酒,品茗听戏,至夜十时乃散。光景至佳,可谓极乐矣。③

这与康有为一向对公园的思考是一致的,如他观察到罗马植物园中男女老

① 康有为:《丹墨游记》,《康有为全集》第七集,北京:中国人民大学出版社,2007年,第461页。

② 同上书,第477页。

③ 同上书,第427页。

少或野餐、或游戏、或垂钓,感叹“绿天幕幕,以游以嬉,盖欧洲民乐之通俗”①;在丹麦“百戏园”,他亦很享受公园中设“楼阁数十座,花木深曲,柳塘水榭、茶室、船舫临之,电灯万千,游人如蚁,百戏并陈。座落皆卖茶酒、架非,置几千百于树下”,认为“盖欧土之通俗也”②。

正是上述对于西方动物园的理解与认知,深刻影响了此后北京万牲园的模式,即将动物园放置在公园的框架之内,关注其作为公共空间供给市民游息的功能,而不单纯是珍禽异兽的收藏所。这种思路在倡设、建造以及使用万牲园的过程中一以贯之。

二、北京公园的滥觞

就是在这样的思路之下,端方、戴鸿慈奏请效法西人“导民善法”,设立万牲园与公园。不仅如此,端方还于出访过程中选购不少动物,为筹办万牲园奠定了基础。据 1907 年《大公报》记载,端方在外洋养兽园选购各种禽兽共计五十九笼运送回京③,除此之外,清廷亦敕令各省上供特产的动物④,慈禧以及一些高官也向动物园赠送了自己的收藏⑤。由于选址于农事试验场内的万牲园尚未竣工,只得先将动物寄养于附近的广善寺。⑥ 值得注意的是,筹建动物园与一般公园不同,购置珍稀动物尤其是跨洋海运的费用相当惊人,即使在西方,也唯有帝国的力量才能支持,而清廷以强大的财力保

---

① 康有为:《意大利游记》,《康有为全集》第七集,第 364 页。

② 康有为:《丹墨游记》,第 470 页。

③ 参见《选购禽兽装运入京》,《大公报》第 1759 号,1907 年 6 月 5 日,以及《选购禽兽衍期入都》,《大公报》第 1761 号,1907 年 6 月 7 日。“内大象一只,斑马一匹,花豹二只,鹿八只,各种猿猴三十八头,大狮二只,老虎二只,袋鼠四只,羚羊一只,大猪一口,塘鹅二只,驼羊一只,野牛一匹,鸵鸟四只,仙鹤六只,天鹅十四只,美洲虎一只,大熊四只,美洲狮类大兽二只”,于 6 月 5 日运至塘沽,6 日抵京。

④ 《电催各省购送动物》,《大公报》第 1788 号,1907 年 7 月 4 日。

⑤ 如慈禧御赐珍爱的小猴,参见《御赐动物园猴》,《顺天时报》第 1903 号,1908 年 6 月 23 日;又如内务大臣赠送八蹄马,《动学园之八蹄马》,《顺天时报》第 1909 号,1908 年 6 月 30 日。

⑥ 《动物园之概略》,《大公报》第 1788 号,1907 年 7 月 4 日。

证了万牲园的创立。[①]

清廷对万牲园十分重视，早在观看德国汉堡动物园的马戏团表演时，慈禧即口谕："我们也要办一个'万牲园'。"筹建过程中，慈禧和光绪帝曾召见农工商部官员问询情况，慈禧甚至亲自"拟选取各种鸟兽鳞介品类、先行豢养陈列，为动、植物院之基础"，并将自己钟爱的小猴贡献出来。[②] 万牲园开放后，慈禧和光绪曾两次巡幸，参观万牲园的禽兽和观赏菊花，打赏园内执事人员，并御笔题写了"自在庄""豳风堂"等处的匾额。[③] 清人吴士鉴在《清宫词》中有诗《三贝子花园》叙其事："豳风堂处驻虹斿，自在庄前辟绿畴。亲御麟毫题赐额，至尊侍坐畅观楼。"[④]

在清政府的考虑中，开办万牲园隶属于农事试验场建设的一部分。1906年4月15日，商部奏请饬拨官地兴办农事试验场，"以兴农业"。农事试验场位于西直门外，是在乐善园、继园以及广善寺、惠安寺两园两寺旧址的基础上筹建的，继园又名"可园"或"三贝子花园"。[⑤] 根据《农工商部农事试验场章程》，试验场的设立是为了"研究农业中一切新旧理法，凡树艺、蚕桑、畜牧诸事"，都在考察范围内，这是与清末新政富国强兵的思路一致的。因此，"为开通风气、改良农事起见，特于场内附设博览园以便公众游览，得考察试验之成绩，发起农事之观念；并于博览园内设动物园、博物馆，

---

① 一个反证是，辛亥革命后，民国政府财力支绌，将原来的德国饲养员解聘，代以中国人，结果由于缺乏经验，导致园中许多珍稀禽兽如八蹄马、五腿牛、蓝面猴和老虎等死亡，参见《本国新游记》，上海：商务印书馆，1923年。又夏仁虎《万生园歌》："侧闻政府清财政，革舄绨衣天子圣。谏院无烦羽猎书，水衡屡减虞人俸。经冬徂夏转萧条，鸷鸟垂头兽不骄。君不见大学堂中标本出，万生园里羽毛凋。"夏仁虎：《枝巢编年诗稿・觚梦稿》，民国庚申至甲戌年家刻本，第7页。

② 参见郑望芝《"西方文明"随携而生的"万牲园"》，《北京园林》2001年第17卷。作者系北京动物园工作人员，该文根据原北京动物园主任崔占平先生于1956年访问皇亲载涛的资料而作。

③ 《慈宫奖赏万牲园》，《顺天时报》第1876号，1908年5月21日；《两宫幸园赏菊》，《顺天时报》第2002号，1908年10月20日。

④ 吴士鉴等：《清宫词》，北京：北京古籍出版社，1986年，第16页。

⑤ 关于万牲园旧址的详细考证，可参见刘珊《万牲园史考》，《文物春秋》2003年第3期。

借以开通智识及供学理之参考”。[①] 由此可见,万牲园是包含在博览园的理路中。面向公众开放的博览园内设动物园、植物园、蚕桑馆、博物馆等,对于如此布局,官方的言说在在强调其开通民智、研究学理的意义。如动物园(即万牲园)是“为研究动物之生理,扩充学术与知识起见”[②],植物园“专为考查各种花木种植之生理”[③],动植标本室(即博物馆)系“为研究动物植物矿质之生理功用,扩充学术与知识起见”[④],等等。并规定学堂参观博览园不收门票费用,星期日定为接待学堂之期,其中万字楼在此日不对外开放,专门接待学生,尤见其偏重研究教育之用心。是即《章程》中所言,“冀于游观之中,兼寓研究之意”[⑤]。因此,广义的万牲园(有时候也称万生园,或三贝子花园),实际也包括博览园乃至整个农事试验场。因为时人称呼比较混乱,经常交错使用,以此,本文的讨论范围也依从广义的概念,以下统称万牲园。

1907 年 7 月 19 日,万牲园正式对外开放,南北八里,东西五里,周围二十六里,内设动物园、植物园、蚕桑馆、博物馆、各式东西洋建筑、茶馆、餐厅、照相馆等,“博大富丽,包罗万象,为北京三百年来,中华二十一省,所没有见过的”[⑥]。园门外设有售票处和寄存物件处。动物园沿袭西方规制,分栏蓄养,笼外皆挂牌标识该动物的产地和习性,承担普及知识的功用。根据时人的游记,当时园中展出的动物计有美洲银狮和非洲狮,印度蟒蛇,美国鳄鱼,非洲斑马,美洲红鹿,俄国黑熊,非洲豹和印度豹,印度虎,东洋喷云虎,蒙古麅子,德国麋鹿,袋鼠,西班牙异牛,野猫,东洋鼠,金跳鼠,五道松鼠,直隶土拨鼠,直隶黑山羊,长蜥蜴,澳洲小跳鼠,狐,南美白鼻熊、猴类,狼,獾,长鼻熊,安徽羚羊,南美驼羊,梅花鹿,澳洲犬,澳洲鸵鸟,貘,大象,八蹄马,

---

① (清)农工商部编:《农工商部农事试验场章程》,第一章《总纲》,铅印本,1909—1911年,第 1 页。

② 《农工商部农事试验场章程 · 动物园章程》,第 7 页。

③ 《农工商部农事试验场章程 · 植物园章程》,第 9 页。

④ 《农工商部农事试验场章程 · 动植标本室章程》,第 10 页。

⑤ 《农工商部农事试验场章程 · 游览章程》,第 1 页。

⑥ 《京师博览园游记》(一),《顺天时报》第 1909 号,1908 年 6 月 30 日。

箭猪，以及众多禽类如仙鹤，天鹅，鹦鹉，珍珠鸡等。[1] 待民国成立后，又略添了一些动物，如参与辛亥革命的追风马，西班牙产的绵羊，孔雀等，但更多的是由于经费支绌，管理不善，导致园中一些代表性的珍贵动物如八蹄马、五腿牛、蓝面猴和老虎的死亡。[2] 将这份清单与前列清人对于西洋动物园的记录进行比对，其实算是相当丰富的收藏了，除一些珍稀动物如犀牛、河马、骆驼、长颈鹿、食蚁兽等以及水族欠缺外(后者或许是因为当时国内的工艺水平较难胜任贮藏水族的玻璃水箱)，其余清人游记中感兴趣的飞禽走兽基本囊括其中。植物园是一带玻璃温室，靠东十间，靠西十间，亦是每间分类种植本国及异国的植物，如金鸡鱼草，黄鹤花，筑羽根草，福寿海，八重雏菊，美国甜瓜、无花果，茄子，石蒲，花百合，金雀花，寒兰水仙，赤穗鸡头，香锦，天竺牡丹等；中央过道两旁，更是陈列无数美丽的花草盆栽。

清末开放时，园内即设有四处茶座，暨豳风堂、万字楼、观稼轩和咖啡馆，以及一处餐厅，中西洋风格兼备，供游客休憩啜茗。豳风堂临池而筑，是五开间的冰梅窗玻璃大房，有极宽大的长廊，廊下有极大的院子，覆盖着铅版天棚，廊上是女座，院里是男座。院外沿莲花池也遍设茶座，可在此品茗观荷，风景绝佳。茶资每人铜子六枚，每桌铜子四十枚。万字楼亦称卍字楼，因建筑呈卍字型故名，楼上男座，楼下女座。楼位于园正中，登楼则全园景致一览无余。如满洲贵族阔普通武《万生园百咏·卍字楼》曰："三级层轩卍字楼，园中风景已全收。西山咫尺看如画，雾鬓云鬟裹满头。"[3]茶资每人六枚。观稼轩又名自在庄，相传为帝后观耕之所，是乡村风味的茅草房，前盖芦棚，地方轩敞，偏东为女座，中央和偏西一带是男座。蔡东藩著《慈禧演义》中叙慈禧游万牲园，钦点于自在庄用膳，吩咐道："这里寓乡村风味，我们且作一会乡人。一切肴樽，求洁不求丰，宜雅

---

① 参见痴云《星期农业试验场游记》，《顺天时报》第1607号，1907年7月3日，以及连载《京师博览园游记》，《顺天时报》第1909—1925号，1908年6月30日至7月18日。

② 参见《本国新游记》，第13—14页。据《本国新游记》，追风马曾经参与辛亥革命在武汉、南京等地的战役，同盟会的刘洪基将它寄存于此，作为纪念，"身小而有精神"。

③ 阔普通武：《万生园百咏》，铅印本，1911年，第3页。阔普通武，满洲正白旗人，曾任内阁学士、礼部左侍郎，支持戊戌变法，变法失败后遭贬官。

不宜俗,何如?”[1]茶资每人四枚。咖啡馆则是西式的,也叫西洋茶馆,是大九开间的新式玻璃厅,四面窗户上的玻璃共计 800 块,前后两面各 270 块,左右两面各 130 块。室内陈设都是西式桌椅,但也分男女座,南半是男座,北半是女座,以玻璃屏扇隔挡,外廊西面和南面也都沿栏安设茶座,共计可容三百余人,提供中西式茶点和酒水。每壶茶铜子八枚,若加牛奶共十枚,每碟点心十二枚。餐厅也是西式的,名燕春园番菜馆,设于来远楼。陈设皆为西洋样式,中央是大长桌,四隅是圆桌,东边有雅座两间,为预备女座。菜价分四等,头等每人两圆,二等每人一圆半,三等每人一圆,四等每人半圆,在当时是很可观的。来远楼共三层,第三层楼梯为旋转式,梯形如同盘龙柱,令时人感觉十分新奇。开窗四看,全园在目。

这些设于万牲园内的茶座很好地将休闲的功能与风景相结合,游客可以边品茗用膳,边观赏景致,怡情悦性,因此备受欢迎。甚至在开创之初,已有游客呼吁还要广设茶座,“如动物园中央,如松风萝月亭上,和各小亭中,以及沿路荷花池边,假山石下,大树林下应多添设条凳,旁加茶几,各处分派照料人。总要令游人到处可以休息,到处可以喝茶”[2]。因此,民国之后,牡丹亭、茅亭等亭阁果然也都添设茶座。牡丹亭亦称海棠式亭,分南北两个半廊,合成一个大圆廊。南廊中央有一玻璃方亭,北廊中央有一海棠式玻璃厅,皆可品茗休憩。两个半廊中间是花圃,遍植牡丹。茅亭是圆顶的三间茅草屋,《万生园百咏》描摹其情致:“茅亭一座圆如笠,草屋三椽竹作藩。浊酒清茶好风味,恍疑身到杏花邨。”[3]并且新建了燕宾园中餐馆,与燕春园番菜馆相呼应。

此外,园内一些代表性的景致还有松风萝月、荟芳轩、海峤瀛春、畅观楼、鬯春堂等。松风萝月是座长方形敞亭,周围双层栏杆,可以休息乘凉,亦是游船码头。荟芳轩是中式的一排九开间,外有栏杆,门窗都是圆式,轩东有青石桥。海峤瀛春又称东洋房,是日式风格的建筑,四面都是可以横向推

---

① 蔡东藩:《慈禧演义》,沈阳:辽沈书社,1994 年,第 309 页。

② 《京师博览园游记》(十六),《顺天时报》第 1924 号,1908 年 7 月 17 日。

③ 阔普通武:《万生园百咏》,第 3 页。

拉的玻璃窗,屋内分两层,置日式几席(即榻榻米),其东侧的岛上还有东洋亭。《万生园百咏》有诗描述于“东洋阁”(即海桥瀛春)体验的异域风情:“数间阁式仿东洋,入户抛鞋即上床。无帐无帘无几案,坐惟蟠膝卧身长。”①畅观楼是慈禧的行宫,欧式风格的红砖洋房,“高大恢弘,华丽无比”。西边为八角形二层,有西式盝顶;东边是圆柱形四层,楼顶有露台,踞全园最高处,登此则全境在目。② 当时北京罕见高楼,《万生园百咏》以夸张的笔调形容登楼眺望的感受:“铺陈锦绣更辉煌,百尺楼高炫目光。试上望台瞻万象,三辰星在五云旁。”③楼正面有白石桥,桥东西两侧有西洋水法,分别为铜狮和铜麒麟,口能喷水。鬯春堂又称三卷,亦为行宫,因此一切组织都是宫廷式样,房沿上用金漆横成飘带形,红地金花一连三式,所以称作三卷。四周擎立二十四根红柱,房屋四壁全镶宽大玻璃窗,门为穿堂,画栋雕梁,金碧辉煌。《万生园百咏》亦有吟咏:“太湖奇石碧空嵌,树影蕉阴映葛衫。满室宸章兼御画,天家别墅亦超凡。”④

园中设有镜真照相馆,是一座三开间的大楼,楼外有一大庭院,高搭天棚,院内龙旗与万国旗翩飞,陈设许多盆花和桌椅,亦可饮茶。馆内陈设十分华美,布景和光线都很好,而且其最特别之处在于,不仅可以在室内取景,园中景色亦到处可选取,因此被时人誉为“北京第一照相胜境”。有趣的是,照相馆不允许游客自带相机入园,原因是担心“逢人窃照,致招是非”;并且园内虽然可以随意取景,唯独不许在桥梁道路旁或座落人多处取照,也不许照到其他游客。这一方面可能缘于晚清摄影尚未普及,考虑到民众会对此有所顾虑(如恐“摄人生魂”);一方面也有隐私意识的初步自觉。照相馆还出售“博览园二十四景”供游人留念,价格不菲,颇具商业意识。⑤

---

① 阔普通武:《万生园百咏》,第3页。

② 此处据《本国新游记》的记述为四层,据《北京动物园志》东边高三层。

③ 阔普通武:《万生园百咏》,第4页。

④ 同上。

⑤ 二十四景分别为:场园正门,办公大楼,动物园,松风萝月,豳风堂,莲花池,东洋楼,万字楼,草亭,观稼轩,花洞,植物园,大桥,假山石,西洋茶馆,来远楼,西洋楼,樱花,三卷,蚕桑馆,博物馆楼房,桑林,果树,谷麦试验场。

整个万牲园内服务设施十分齐备,除了上述茶社、餐厅、照相馆外,亦备有肩舆、人力车和游船等,以为游人提供方便。游船分普通游船和苏氏灯船两种,其中苏式灯船仿照苏州阊门外灯式船制造,船身都是大玻璃窗,船舱内桌椅皆为西式,相当华丽气派,收费较贵。游船线路分四段:第一段由松风萝月轩起至豳风堂;第二段由豳风堂至观稼轩;第三段由观稼轩至来远楼;第四段由鬯春堂东码头,至出门码头。①

从以上万牲园的布置可以看出,它绝对不是一个单一功能的动物园,而俨然为一综合性公园。除了异域风情的动物给游人带来新奇的感官刺激外,植物园的香花异草也渲染出一种花园的氛围;此外,园中还有意识地营造了许多引人入胜的景致,尤其是多元风格的建筑,以及引入各种休闲娱乐设施如餐厅、茶馆、咖啡厅、照相馆、车轿和游船等,遂蔚为奇观。因此,虽然如前所述,政府的官方文书特别强调万牲园的创办"本为研究学术,扩充知识起见"的教育和科研功能②,而在时人眼中,更多地却是将万牲园作为北京新兴公园的代表,而非单纯的动物园来期待和接受的。

"公园"这个概念,大约与动物园同一时期、即19世纪中期起一并进入晚清国人视野,最初也是见于旅行者欧美游记的记述。1868年,英美租界工部局在上海修建外滩公园,时称"公家花园"。1900年前后,京城报刊上更多见对于"公园"的宣传,强调公园作为现代市政的核心要素,具有文明开化的功能,可以从物质和精神双重层面规范现代都市生活。这是因为公园提供休闲憩息的公共空间,市民可在其中呼吸新鲜空气、陶冶性情、增长见闻,从而在"卫生"与"道德"两个方面皆有裨益。1906年,端方、戴鸿慈奏请开办"导民善法",将公园与万牲园并举,提倡在北京率先设立图书馆、博物院、万牲园、公园,逐渐普及全国,以期"民智日开,民生日遂,共优游于文囿艺林之下,而得化民成俗之方"。

因此,万牲园的创立吸引了公众舆论强烈的关注。以《顺天时报》为

① 上述所有关于京师博览园的材料,乃是综合参考《顺天时报》之连载文章《京师博览园游记》《北京公园成立》,以及《本国新游记》《北京动物园志》等。

② 《万生园游览规则》,《大公报》第1804号,1907年7月20日。

例,其于1907年9月连载《记改良北京市》,称道北京市政的一系列改革,如马路普兴、幌牌文明、电灯明亮、道旁种树等。其中一项为"公家花园",举日本为例论述"公园的好处,一时也说不完",叹息北京虽号为首善之区,却不知举办,好在现在终于"已有官吏开放西直门外三贝子花园,名为万生园,植物动物,无奇不有,为北京花园的起点……然京城地大,十刹海花园,建造还没信息。九门内外,惟有这万生园一处。闲暇时前去一游览,已颇足添人活趣"①,明显将万牲园视作北京"公家花园"的起点。

早在1907年7月6日,即万牲园正式开放前,该报即刊发了《论农业试验场之利益》,先论述农业试验场于富国强兵的重要性,接着指出其于栽培农作物之外,还列植花卉树木及收养各种动物,"然则此场虽以农业试验名,而实则试验农业之外,内兼有植物园与动物园也"。因此,"在昔乘兴出游时,遍观京城内外远郊,尽多荒芜尘埃,尝窃恨无一公家花园,以为玩赏之所,前已再三论之。今此农业试验场内,备花木鸟兽之数,充轫于其中,是亦公园等也。而其地之相去,又未至远甚,将见该场修筑后,所在京师士民,于西直门之外,得一大公家花园,谁不乐为游瞩哉?"②期待农业试验场建成后,可以作为北京的公家花园,承担游赏场所的功能。

待农事试验场开放后,1908年4月16日,《顺天时报》又登载了《推广农事试验场为公园说》,论述公园的种种好处,指出建设公园为当今中国的要务。"先是农事试验场,开创于京之西偏,复罗致珍禽奇兽,不下数十种,以为万生园,而往观者众矣,然犹形其隘也。总办袁京堂,为之整顿事务,一切大加改良,拟将推而广之,辟试验场之地,以为修筑公园之基。事不烦而成功,民不劳而咸悦,是虽新政之一端也。按诸京师首善之区,而无一公园之所,人之乐游观者,除散步芳郊之外,安往而可以玩赏乎?况夫物华天宝,充满于宇宙间,惟创建公园,以善为之培植,则乐之寻愈得矣。"呼吁以万牲园为起点,在北京创设更多的公园,更进一步推行至全国各省,从而作为促进民智、民生的重要手段:"辟农事试验场作公园地,亦固其所。然以京师

① 《记改良北京市》(癸),《顺天时报》第1672号,1907年9月17日。
② 《论农业试验场之利益》,《顺天时报》第1610号,1907年7月6日。

之大,更宜于城内设许多公园,以供子女等各就其所近适如游行之乐,又所急务也。当道者为之提倡,绅商民为之附和,由是而日新月盛。公园之美制,以渐次设立,推行于各省者,其乐与天下大同治化能勿竞进乎?尚其速图之便。"①

1908年6月19日,针对新落成的京师博览园,报纸又发表了《论开博览园事》:

> 就其场论之,不啻泰西所谓公家花园是也。夫花园之名,固人所尝言者。至语公家花园,不以为怪者鲜。何则?心目中无此景象,然则耳食其说,能勿茫然于兹乎?今而创办伊始,真如东海晓日,豁然而开爽,天下人未有不起视者。京师为首善之区,中国之文明,将由是而肇基,有志进取者,谁则安于孤陋乎?博览园之开办,试验场之推拓,慎勿谓末务云尔。闻其简章,一则曰为开通风气,增长见闻,并鼓舞国人注意农学起见,特于场内设博览园。以是知博览园之设,等于公家花园,任人游观于其中,万不可寻常视之。……其园分植物动物,有博物馆蚕桑馆,在外洋视以为常,而中国则仅见之,夫安得而忽诸?并附建宫廷及农家各式房样,东西洋各式楼房,美哉轮奂乎!谓期于耳目一新,庶几游览之中,兼寓研究之意,尤吾人所宜注意者。②

指出博览园设植物园动物园,博物馆蚕桑馆,又有宫廷及农家各式房样,东西洋各式楼房,蔚为大观,旨在于游览之中,兼寓研究之意,其结构、功能等同于西方的公园。

1908年6月21日,更是直接以"北京公园成立"为标题,再次报道京师博览园的开放,指出"北京公园问题,已经提议多年了",之前先后有提议在十刹海、香厂、厂甸、景山创建"公家花园",但都没能付诸实践,"想不到现今西直门外,农事试验场内,居然已经组织成一处北京公园,即于五月二十

① 《推广农事试验场为公园说》,《顺天时报》第1846号,1908年5月21日。

② 《论开博览园事》,《顺天时报》第1900号,1908年6月19日。

日开园,不由得令人拍掌叫快欢舞起来。”[①]

直到民初《本国新游记》一书“农事试验场”一章,亦在结尾处指出:“余于是场,窃有不可解者。谓其为万牲园,则动物亦未充也。谓其为花园,则又杂他种性质于其间。无已,则名之曰公园,较为适当。”[②]此类论调屡见不鲜,可见,虽然端方、戴鸿慈上奏时将万生园、公园分而论之,而在时人看来,则合二为一,普遍将万牲园视作翘首以盼的公园的先声,承担了公园的功能。因此,万牲园也就承载了人们对于公园的期待。

正如《顺天时报》所言,“心目中无此景象,然则耳食其说”[③],无论是动物园还是公园,在晚清都是新兴的舶来品,是中国传统经验中缺失的,因此,筚路蓝缕,一切轨范都得从头建立。《论开博览园事》一文所逐条品评的“简章”,即博览园《游览章程》。查宣统年间编定的《农工商部农事试验场章程》,订为一册,分章详细制定农事试验场的管理办法和规则。其中第五章“博览园附设动物园博物馆”乃专为博览园而设,以下又具体到动物科办事规则、茶园管理规则、游览章程、售票验票章程、动物园章程、植物园章程、动植标本室章程、茶园章程、照相章程、游船章程、学堂参观章程、萃卖章程等,真是巨细靡遗。这些规则的设立,不仅仅是在规范一个文明有序的公共空间,背后更深层的关怀,实际上是试图从身体上、观念上规训符合西方理念的“文明”的现代人。传统中国没有公共空间的概念,更欠缺在公共场合言行举止的规矩和礼仪。中国的启蒙知识分子是在遭遇西方文明后才意识到自身的“匮乏”,譬如梁启超在《新大陆游记》中就痛心疾首地历陈“中国人性质不及西人者多端”,如缺乏在公共场合保持安静的公共礼仪,及不随地吐痰便溺、乱扔垃圾的社会公德,甚至连起坐言行的方式都有讲究,认为“中国人未曾会行路,未曾会说话”,对于合格的现代公民的想象,具体到声调的高低、身体的姿势,在现代都会新兴的公共空间,要求得体的言行举止

① 《北京公园成立》(一),《顺天时报》第1902号,1908年6月21日。

② 《本国新游记》,第13页。

③ 《论开博览园事》,《顺天时报》第1900号,1908年6月19日。

和健康的精神风貌。[1] 这些无形的规范,与有形的空间相应,旨在养成一种现代的、文明的公共文化和市民精神。而万牲园作为北京公园的雏形,其定下的许多章程制度,实际上奠定了此后民国公园的基本面目。

按照规定,万牲园开放时间,春冬季为早九点至晚四点,夏季为早七点至晚六点,秋季为早八点至晚五点,星期日及风雨天照常营业。游人须按时入览,按时出园,到时间不退场者,会被知照请出。入园票价为铜元八枚,儿童仆役减半,学堂参观免票,进门和出门都要验票,出门无票者需要翻倍补票。博物馆、动物园、植物园、畅观楼须另行购票:博物馆铜元五枚,动物园八枚,植物园四枚,畅观楼二十枚。万牲园对男女一律开放,传统中国女性很少抛头露面出入公共场合,万牲园可谓开风气之先。但开放之初,依旧顾虑到男女授受不亲,男女客分日售票,每周一、三、五、日对男性开放,二、四、六对女性开放。这种制度在当时就遭到了舆论的反对,如《顺天时报·记改良北京市》批评道:"男女分日,为地球万国所无。或者此后男女畛域融化,禁例便可解除。"[2]此条规定后来因此很快被废除,遂开启了中国官方设立的公共场所破除男女大防之先河。民国时期,公园成为女性情有独钟的公共空间,即由此滥觞。不过除了男女分窗售票之外,园内的各式茶馆、咖啡馆、餐厅都分设男女座,严令"游者不得错乱",尤诫随游男客不得在女座中往来行走,否则工作人员有权阻拦;园内随处而设的座椅、游船也都明令男女不得同坐,就连游客在园内行走,"凡有女客观览处,男客不得近前拥挤,不得袒胸露背"。[3] 可以看出,在万牲园开办之初,管理者十分谨慎地维护着园内风气。这种男女分坐的规定虽然在民国之后取消了,但各大公园皆延续万牲园的制度,设有巡警维系风化,既给予异性自由交往的空间,又注意维护秩序,以保证公园的正当性和纯洁性,区别于声色犬马的纵欲空间,是为民国公园的一大特色。

与之相应,是对于游客衣着、举止、风貌符合"文明"规范的要求。《游

---

① 梁启超:《新大陆游记》,《新民丛报》临时增刊,第192—195页,1904年。

② 《记改良北京市》,《顺天时报》第1672号,1907年9月17日。

③ 《农工商部农事试验场章程》第五章"博览园附设动物园博物馆",第8页。

览章程》规定:“本场之博览园供人游览,原以扩充识见、舒畅气体、焕发精神,来游者自系文明之人。即各国官商士女,亦当陆续偕来。凡我国人务当各自尊重保全名誉,毋致贻笑外人。倘有袒胸露背、大声疾呼、斗殴寻事、与一切非礼之举动,查出议罚。”以下各种章程也多次重申这一条,如《茶园章程》明令,“博览园原为人增长识见、畅舒气体而设,游览者自系上等之人,在茶园中休息不得露胸袒背,歌唱拇战,大声急呼,尤不得嬉笑匪语”;《游船章程》亦强调,“男客不得嬉笑匪语袒胸露背”;就连《照相章程》也规定:“照相原系大雅之事,幸勿作袒露戏谑诸态以致贻笑于人。”而“风狂、酒醉、恶疾、乞丐等人,及携带猫犬鸟只者”,更是直接被排斥在公园的大门外。[①]在万牲园开创者的想象中,现代公园的游客应该是体面有教养的文明人,衣着整洁,举止有度,禁止一切袒胸露背、大声喧哗、斗殴滋事、嬉笑匪语的非礼行径。这些到了民国时期便成为公园游览守则的定制[②],而进公园应该穿什么样的衣服(包括怎样的举止气质,及其隐含的身份),更是逐渐成为一种共识。譬如朱光潜在《后门大街》中调侃逛北海无形的衣着规范:“在北海逛的是时髦人物,个个是衣裳楚楚,油头滑面的。你头发没有梳,胡子没有光,鞋子也没有换一双干净的,‘囚首垢面而谈诗书’,已是大不韪,何况逛公园?”[③]张恨水《啼笑因缘》中的关寿峰,则自述穿着劳动阶层的蓝布大褂去中央公园的茶座而受到茶房歧视的经验。而实际上,万牲园的游览费用(包括门票,亦包括茶座、车轿、游船的消费)也限制了消费者的阶层。从万牲园起,整个民国时期,消费水平和趣味的差异决定了公园主要面向中上层阶级,而非拟想中的平民大众。

不仅如此,万牲园还赋予自身教化、引导游客习得游览礼仪的使命,这与万牲园教育公众的初衷相一致。《动物科办事规则》指出:“本园原为扩

① 以上各章程参见《农工商部农事试验场章程》第五章“博览园附设动物园博物馆”,第1—2,11,17,13,3页。

② 如中央公园《公园游览规则》规定:“公园系公共游息之地,不得袒胸赤臂及躺卧。”《三海游览规则》亦明令:“游人不得袒胸赤背及任意躺卧。”

③ 朱光潜:《后门大街》,原刊《论语》1936年第101期,转引自姜德明编《北京乎》,北京:生活·读书·新知三联书店,1997年,第525页。

充知识起见,游人入览应行指导。”[1]无论是公园、植物园还是动物园,对于国人而言都是全然陌生的经验,这就像吃西餐或者听音乐会、参观博物馆一样,都需要习得一套西方文化既定的程式。从游览路线,到各种类型展览园、展览馆具体的游览规范,万牲园都有细致的规定。譬如为游客画定游览路线,分人行、车行两路,每逢路口,不仅有指引牌,甚至设有专人查管,引导行人按照规定的顺序行走,不可错乱拥挤,若有犯规,则加以拦阻。动物园中要求游客需要与圈栏保持一定距离,以防危险,并且规定不许向动物投掷食物,不许用伞把木棒戏弄动物,不许在园中抛掷瓦砾等物以及大声急呼歌唱(应是为了避免惊吓动物)。植物园要求游客不许抚摸闻嗅一切花木,尤其不得攀折毁践。动植标本室允许游客靠近橱窗细看,唯独不可以抚摸损伤。一切违反规范者从重议罚,并且将园内游览详细规则立表道旁,冀望“游人当念公益,共相遵守”。[2]

公园所谓“公”(public)的概念,是西方现代资本主义文明的产物,与中国传统“公”的涵义不同。传统中国对“公”的理解是与“私”相对的,意为公正、公事。如《说文解字·公部》:“背厶(私)为公”,段玉裁注引《韩非子·五蠹》释为“自环者谓之私,背私者谓之公”。[3] 又如《诗·召南·采蘩》:“夙夜在公”,郑玄笺:“云公事也,早夜在事”,即为公家办事。[4] 而西方语境中的“公”(public)与“私”(private)是在私有制基础上产生的概念。传统国人的观念中并无这种西方意义上的公有与私有的区分,因此不存在维护公共空间之财产和秩序的自觉意识。正如《论开博览园事》言:“夫泰西之有公家花园者,非惟悦人之私意,而公德实因之。以游乐之处,养成社会精神,能使匹夫匹妇,咸知自鼓舞,而不敢稍弛,其系于民风也深矣。国政之维系,岂曰小补之哉?”北京万牲园的设立,系将现代的公共空间引入中国,遂要求与之相应的在公共空间中合宜的举止规范,也就是所谓的“公

① 《农工商部农事试验场章程》第五章“博览园附设动物园博物馆”,第9页。

② 同上书,第2页。

③ 许慎:《说文解字》,上海:上海古籍出版社,1988年,第49页下。

④ 郑玄注:《毛诗》卷一,上海:上海古籍出版社,2003年,第7页。

德”。万牲园这些规则的设立，是近代中国百余年来培养公民道德的努力之一端，以期造就“文明”境界，正如《万牲园百咏》“总束”所称赞：“中外同游尽雅驯，绝无赤臂袒衣人。沙明水净红尘远，境界文明草木新。”①

三、公共空间的兴起与休闲模式的养成

万牲园的创办是晚清京城的一大盛事，其作为新兴的游赏场所和公共空间，为北京市民带来了耳目一新的体验。此前，北京缺乏合乎现代公园性质的公共场域，直到 1914 年京都市政公所《市政通告》倡设公园时还谈到：

> 红尘十丈，很难找一处藏休息游的地方。平常日子只有个陶然亭，可以登临。此外就得等着各处庙会，借以遣兴。其实那些地方全不能尽合公园性质，所以那些高雅的市民，每逢春夏天气，因城市无可游览，往往到西山一带，扩一扩胸襟，吸些新鲜空气；等而下之，也要三个一群，五个一伙，往郊外野茶馆里，吃吃茶，看看野景，聊以自娱。此等情形，实在因为城里头没有适当公园，才逼出来的。②

普通民众的传统娱乐空间主要是庙会、茶馆、什刹海等，对于文人士大夫而言，还有陶然亭、西山及一些寺庙，平民百姓则甚至将街道作为自己日常的娱乐场所，养成“站街”的习惯：“诸位要知道，北京城里，小户人家，所以爱站街的缘故，皆因是他们住的房屋，窄小龌龊，终日住在里头，气郁不舒，所以要到外边，吸点新鲜空气。一家如此，一市也如此。市民终日际，往来于十丈红尘之中，没有一个散心的去处，就好比住在龌龊屋子里不准出门一般。”③

万牲园的出现为北京市民提供了新兴的娱乐空间甚至休闲方式。史明

① 阔普通武：《万生园百咏》，第 12 页。

② 《市公园之增设》，《市政通告》，1914 年第 1 期至第 23 期合订本，论说第 89 页。

③ 《社稷坛公园预备之过去与未来》，《市政通告》，1914 年第 1 期至第 23 期合订本，论说第 2 页。

正在《走向近代化的北京城——城市建设与社会变革》中指出:“前往动物园一游成为城市居民们的举家大事。居住在全城各地的大人小孩常常前来动物园,一玩就是一整天。动物园也是许多外地游客所钟爱的场所。”①当时的北京竹枝词记录了京城民众游园的盛况:“全球生产萃来繁,动物精神植物蕃。饮食舟车无不备,游人争看万生园。”注释曰:“万生园农事试验场,在西直门外,罗致全球动植各物,几至靡遗。流水清澄,西山在望,舟车饮食,美备异常。逐日游人,真有车水马龙之乐。人省其词,名为‘万生园’,俗呼‘三贝子花园’。”②另有《农工试验场》一首:“春秋佳日遇新晴,公卿士女尽出城。京中到底多蚊蚋,消夏无如卍字亭。”③

晚清的画报更是以图文并茂的形式反映了这种“公卿士女尽出城”“游人争看万牲园”的情境。1907 年《时事画报》刊登《万生园》④,说明文字对该园作了较为详实的介绍:

> 北京西直门外有万生园,又名三贝子园。由外洋购到禽兽等类,不下百余种。兽类以鹿、猴二者为多,狮、虎共四头,豹类大小共七种,余则野马、袋鼠、野猪等,不一而足。禽类则有鸵鸟二种,大小各一对。此外有御赐白象、墨猿各一。又有庆邸所赠之麠二头。袁慰帅则赠有白鹳、鹭鸶等十余种。最特别者,为一金色小猴,云是猴中之贵种。尚有二猴,似属同种,一色黄而略大,一色黑而较小,同踞一笼。大者驯服,小者桀骜,小者常侮弄其大者,或啮或抓无已时,大者惟贴耳长鸣而已。
>
> 此虽不足征文王之囿,然规模外国博物园,足以供游人之眺览,备学者之研究,触景娱情,即物穷理,未尝不稍具规模也。……

图中近景是几种代表性的兽类,有囚养的猛兽如狮子、老虎等,也有放养的

---

① 史明正著,王业龙、周卫红译:《走向近代化的北京城——城市建设与社会变革》,北京:北京大学出版社,1995 年,第 138—139 页。

② 兰陵忧患生:《京华百二竹枝词》,《清代竹枝词十三种》,北京:北京古籍出版社,1982 年,第 128 页。

③ 《清代北京竹枝词》,《清代竹枝词十三种》,第 145 页。

④ 《万生园》,《时事画报》第 24 期,丁未年(1907)九月。

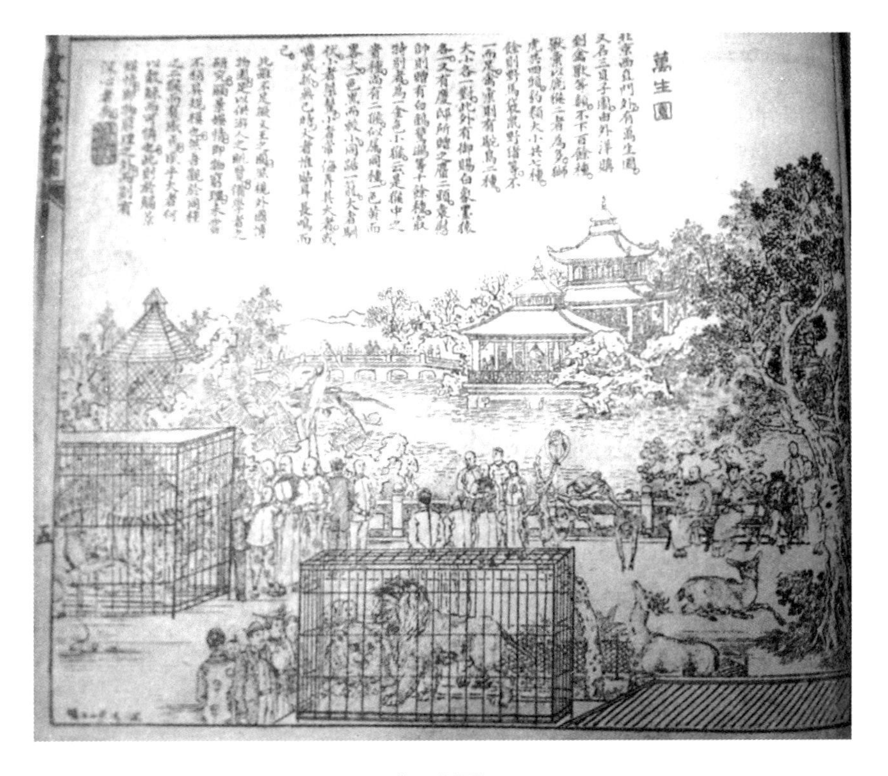

《万生园》

鹿和猴。游客三五成群,环绕左右,津津有味地观察、品评,亦有人坐于湖边所设的园椅上休憩,其中有士大夫,有女性、有儿童(甚至是怀抱的婴儿),还有洋装的外国男女。远景是长桥流水,林木蓊郁,亭台楼榭,景致清幽。亭子中影影绰绰有游人品茗赏景,十分优游惬意。此亭临湖而筑,应为豳风堂,其后的高楼则可能是设有西餐厅的来远楼。同年的《星期画报》也有关于万生园的记录,如《兽欺华人》一则的主题虽然是追问园中的老虎为何独对德国饲养员驯顺,而对中国游客不友好,却也在客观上描绘了时人好奇而略带畏惧地观赏"中国人不常见的"猛兽如狮子、老虎时的情态。①

---

① 《兽欺华人》,《星期画报》第39期,丁未年(1907)七月。

《兽欺华人》

西直门外三贝子花园，现在改作公园，又叫做万生园。里面安放着各种猛兽，各样禽类，都是中国人不常见的动物，许各色人入内游玩，为教华人开开眼。除礼拜日期不放游人外，其余单日男子入内，双日女子入内，每人收资铜元二十枚。开办以来，游人很多。

而在万牲园这样新兴的公共空间中，游人看动物、景物是一大乐趣，游人看游人又是另一种趣味。由于万牲园对男女游客一律开放，尤其是很快便不限男女同游，开中国官方公共场所打破男女畛域的先例，女性遂成为园中备受瞩目的观看对象。其中有两类群体特别受到关注。首先是行动和思想上相对自由开放、摇曳多姿的妓女，她们本来就容易成为欲望的对象，而她们自身亦有敏锐的自觉意识，希望借助万牲园这种新兴的公共空间，作为

《职官携妓》

《妓女好静》

自我展示的舞台。如《燕都时事画报》有《职官携妓》①一图,虽意在讽刺几位章京携妓招摇过市逛万牲园,惹游人侧目,但亦不乏窥视、猎奇的心理。又有《妓女好静》②,说明文字介绍说某位校书"很是文雅,日前独自一人赴万牲园游逛,在竹林中久坐。听说该校书见天如此,哈哈,可称好静啊"。图中一位女子身着文竹图案的素雅旗装,倚在几竿修竹旁,拈花微笑,神情娴雅,令人有杜甫《佳人》诗"日暮倚修竹"的联想。其次,随着晚清女学的兴起,新兴的女学生群体愈发成为时人和舆论关注的对象,守在学堂门口窥

① 《职官携妓》,《燕都时事画报》32 号,宣统元年(1909)六月初二日。

② 《妓女好静》,《燕都时事画报》72 号,宣统元年(1909)七月十二日。

《女学生游万牲园》

探、以及观看大街上行走的女学生蔚然成风[1],而公然在万牲园中抛头露面、长时间逗留的女学生,毫无疑义会成为游客注目的焦点。1908 年《舆论时事报图画新闻》刊登《女学生游万牲园》,描绘北京女子师范学堂五十多名女学生偕同堂中各教习,于星期日乘人力车到万牲园游览,"颇称一时之盛"。[2] 正如上文所言,万牲园对学生群体尤为关照,又特别注意维系男女风纪,为青年女性提供了一处受保障的空间,因此颇受女学生青睐。这种女性与公园之间的精神联系一直延续到民国时期,公园始终是女学生钟情的公共空间。女学生与公园相得益彰,作为公园中一道独特的风景,是游客目光和媒体镜头追逐的对象。

此前,传统国人缺乏休闲的概念,更缺乏从西方理念来看"卫生"的、"现代"的休闲方式。1904 年梁启超在《新大陆游记》中感慨,西人注意劳逸结合,"每日只操作八点钟,每来复日则休息",因此"有一种方新之气",而中国人则终岁操作,因此精神不振、效率低下。[3] 1914 年京都市政公所《市政通告》为开办中央公园所撰的《社稷坛公园预备之过去与未来》指出:

所以各国通例,每七天要休息一天,为休息的定期;每一市村,大小

① 参见陈平原《流动的风景与凝视的历史——晚清北京画报中的女学》,《左图右史与西学东渐——晚清画报研究》,香港:生活・读书・新知三联书店,2008 年。

② 《女学生游万牲园》,《舆论时事报图画新闻》,戊申年(1908)三月初九日。

③ 梁启超:《新大陆游记》,《新民丛报》临时增刊,1904 年,第 192 页。

> 必有一两处公园,为休息的定所。以此来活泼精神,操练身体。我们中国人,从前不得这个诀窍,把藏休息游四个字,丢在一边……现在星期休息,中国已然通行,但是通都大邑,没有个正当的游玩地处,因而闹得多数男子,都趋于吃喝嫖赌的道儿上去……所以打算改良社会,当从不良的病根本上改起,设立公园,便是改良不良社会的一种好法子。[①]

万牲园实际上开启了北京公园养成现代休闲理念和生活方式的先机,当时的外国媒体敏锐觉察到并高度评价了这一新变。英国《泰晤士报》在报道晚清北京的市政革新时,每每以万牲园为一重要标志。如其1908年9月29日发表通讯《新北京》,谈到北京在20世纪初的剧变:“对于那些熟悉(19世纪)90年代北京的人来说,今天这个城市所带来的鲜明对比令人深究。在中国出现的各种现象均令人震惊……但远不及北京所呈现出来的融汇和飓变那样给人以强烈的震撼。”以下列举铁路、学校、警察、新式街道、排水沟、电灯、绿化、敞篷车与人力车、新式建筑等一系列新发明,而其中“最引人注目的是新开放的万牲园(Zoological and Botanical Garden),它体现了社会和教育改革的水准,每天男女参观者络绎不绝。这纯粹是中国人自己一手创办的事业,所有的市民都为之自豪。这些是过去十年来工作的成就。对于了解旧北京的人来说,这是一项令人称赞和大有希望的成就”[②]。1909年1月4日《泰晤士报》刊登《中国及其内部事务》,再次谈到“帝国的各大城市几乎都进行着市政建设,规模各异,而在北京,这变化最为显著”,这些成就包括碎石铺就的路面、改良的排水设备、干净的街道、维持秩序的警察、现代公共建筑、电灯、马车与敞篷车、新式学堂、公共阅览室和报告厅、史无前例的外交事务、画报等,以及“设计精美的万牲园,即使是中国的高官也很乐意携妻儿前往参观”,“所有这些变化与女学的兴起和禁烟运动同样令人瞩目。中国人本来封闭自足的生活深受这些变化的影响。皇亲国戚

---

① 《社稷坛公园预备之过去与未来》,《市政通告》,1914年第1期至第23期合订本,论说第2页。

② “The New Peking.” *The Times*(London, England), Sept. 29, 1908, p. 3.

现在乘坐西式马车或汽车,穿过石子路,到外国饭店与国际友人共进西餐”①。1909年9月3日,《泰晤士报》的“重访远东”系列刊发长篇报道《中国:旧北京和新北京》,特派记者比较了1901年和1909年的北京,认为除了街道、铁路、电灯、自来水、警察这些物质层面的改变之外,还有国人对于西方人和西方生活方式的接受,如中国的高官、贵妇成为外国餐厅和酒店的常客,习惯吃西餐、喝下午茶,此外,“北京人,无论男女,另一个钟爱的去处是万牲园。万牲园建造于西直门附近,品位绝佳。园中设有餐厅和茶馆,中西式兼备,宾客盈座。在中国的节日里,这里就像我国的动物园在休息日的情形一样,充满了生机,孩子们多彩的裙裾更衬得风景如画”②。万牲园同西餐厅、大酒店(Palace Hotel)一样,成为最时尚的生活方式的象征。

正如前文所述,当年康有为周游海外,歆羡欧洲民众养成在公共空间游憩的文化;而万牲园除致力网罗吸引人眼球的珍禽奇兽外,更引入了丰富多样的娱乐设施,如茶馆、咖啡厅、中西式餐厅,乃至照相馆、车轿、游船等,从而造就了一种综合性的游赏空间,为晚清北京市民带来了全新的生活模式与休闲理念。游客(当然主要是中上阶层)逐渐养成了在园中茶座和餐厅消闲游憩的习惯,这些休闲空间对于游人的吸引力,并不亚于动植物园中的飞禽走兽或奇花异草。如《万生园百咏·海棠式亭》即描摹游客在海棠式亭(即牡丹亭)品茗休憩的乐趣:“亭圆式比海棠花,深下珠帘静品茶。隔着晶窗数游客,红男绿女灿云霞。”特别是园中引进咖啡馆、西餐厅这类对于晚清国人而言耳目一新的新事物,在清末的帝都可谓开风气之先。去咖啡馆喝一杯咖啡,或者上番菜馆吃一顿西餐,在当时均属最上流的时髦。《万牲园百咏》对此也尽力渲染。如咏“西洋茶馆”即咖啡馆云:“照人粉壁白于霜,几案杯壶净且光。一盏噶飞(《字典》无‘咖啡’二字)消宿食,胜游疑到大西洋。”③“噶飞”二字以充满异域风味的新名词入诗,已觉新奇;而一杯咖啡下肚,更恍然令人有置身海外(“疑到大西洋”)之感。诗人咏设有“番菜

① “China and her Home Affairs.” *The Times*(London, England), Jan.4, 1909, p.7.

② “China: The Old Peking and the New.” *The Times*(London, England), Sep.3, 1909, p.3.

③ 阔普通武:《万生园百咏》,第4页。

馆”的“来远楼”亦表达了同样的感受:“更上层楼倚碧窗,满盘番菜酒盈缸。新鲜肴馔清虚府,宴客犹疑在海邦。”[1]这倒不是诗人夸大其词,晚清游客正是通过喝咖啡、吃西餐这些带有仪式感的体验,以消费与领略其所代表的西方文明和异域风情。

不过实际上,由于资费和品位的限制,万牲园的消费群体主要还是上层的统治者和文化人,尚未真正普及到广大市民阶层。如1908年《顺天时报》频频刊登的《农事试验场广告》所言,鉴于“本场开办以来,事多草创,承政界、绅界、学界、报界、商界、女界宠赐贲临,自应日求进步,以副厚望。上月二十六日,游客较重,车马塞途,游人颇为不便,本场照料未周,良用抱歉”,预备新辟一片停车场,唯恐“车多人杂”“呼应不灵”,呼吁游客每车自备马夫二人,注意照牌停车,“若有意违背,致碍交通,于本场并无所损,惟主人之名誉攸关,未免可惜。想诸君皆上流人物,必不河汉斯言也”。[2] 这则广告从一个侧面反映出,当时万牲园游人络绎不绝,涵括了“政界、绅界、学界、报界、商界、女界”各上等阶层。而万牲园位于西直门外,能自备马车前来,且竟至出现车马塞途的拥挤场面,可见确以“上流人物”为主体。中国的传统文人本就有在私人园林雅集交游的悠久传统,中西合璧尤其带有皇室印记的万牲园,很容易令晚清的文人士大夫接续园林的记忆,养成在公园休憩、交游的新的生活方式。笔者将以晚清的一位高官荣庆[3]为例,考察当时的士大夫阶层在日常生活中如何消费、使用万牲园空间,而万牲园又如何参与构造其日常休闲、交游的模式。

根据荣庆日记的记录,荣庆自1907年万牲园开放伊始,至1911年居住北京期间,频繁光临万牲园,尤以五月至十月,即北京最舒适的春末初秋之间为多;但即使隆冬时节如正月等,荣庆也常不减游兴,赴万牲园逗留良久,兴尽方归。早在1907年6月30日,即万牲园正式开放前,荣庆的日记中就

---

① 阔普通武:《万生园百咏》,第4页。

② 《农事试验场广告》,《顺天时报》第1952号,1908年8月20日。

③ 荣庆(1859—1917),字华卿,号实夫,蒙古正黄旗人,以科甲入仕,曾历经甲午战争、义和团运动、戊戌变法和辛亥革命,因义和团运动时协助奕劻与洋人议和而开始得到重用。后升至管学大臣、军机大臣、修定官制大臣、国史馆总裁等,辛亥革命后退隐天津。

记录“三叔率淮男观兽园”①,三叔应系较荣庆年轻一岁的叔父裕厚,二人少时相依为命,感情很深,淮男系荣庆之子。直至荣庆1912年因政权更迭移居天津后,1915年回京小驻时,他依然要如同践行某种仪式一般,赴万牲园看山啜茗,感慨“风景依稀,自我不见于今三年矣”②,其对于万牲园的深情,可见一斑。

荣庆最喜欢偕家人同游万牲园,万牲园因此成为其与家人聚会、共享天伦之乐的场所;此外,他也常在万牲园约会甚至偶遇朋友。考察其游赏路线,最钟爱的是乘坐苏式灯船(有时也乘车或步行),沿途欣赏风景,先到豳风堂观荷品茗,再到鸿记吃中餐,或者到来远楼登楼观景、吃西餐(豳风堂、来远楼等均为游船码头)。如1909年农历六月二十五日,荣庆同三婶、大姊、夫人以及儿子、侄子们到万牲园,先在接待室稍坐片刻,然后至船厅乘灯舫,“秋荷尚艳久赏,并坐灯舫,俟大姊绳侄至,放舟花中,红棠翠盖,容与莲间,至豳风堂仍赏荷。午正度桥西南行,饭于鸿记,较初次为佳。西行至大楼瞻仰,乘舟出先归”③。又如同年七月初九日,在万牲园与友人聚会:“未刻至万生园接待楼约少渔兄,三钟抱琴至,对山鼓三调。乘小拘车至大楼,登其三层,白莲颇馥,饭洋餐。李莪卿约游,同九、明允、伯起、继先、栋、梁适至,梁男再食以洋饭,分道各归。”④冬天亦可乘冰床游园,如同年十一月十七日:“早侍三婶偕内同保弟为万生园之游。步至船厅,乘冰床至迎晖桥上岸,因鸿记停卖,步至来远轩洋餐。登楼一眺,行经大楼度石桥,复乘冰床由西门出。木落野旷,人行镜中,备极清旷。去时先入动物园,详观奇兽,杂听鸟鸣,亦足怡情。”⑤此外,去可园听乐,赴卍字楼、自如庄(应为自在庄)或海棠式亭茗话,在咖啡馆小憩,或者照相,也都是荣庆心仪的消遣。荣庆颇喜爱照相,由于镜真照相馆随处可取景,所以其不止在照相馆内留影,而且,或

① 谢兴尧整理:《荣庆日记——一个晚清重臣的生活实录》,西安:西北大学出版社,1986年,第117页。

② 同上书,第258页。

③ 同上书,第152页。

④ 同上。

⑤ 同上书,第158页。

于餐厅就餐前，或在园内标志性建筑如来远楼或豳风堂畔，甚或乘灯舸，“摄影人临流照之”，可谓花样多端。

由上观之，首先，万牲园已成为荣庆及其家人、友人日常生活的一部分，他们逐渐对赴万牲园游憩的休闲模式习以为常，甚至养成了吃西餐、喝咖啡、照相等西式的生活习惯。其次，对于荣庆这类的文化人而言，万牲园最具噱头的动物，对他们却不是最具有吸引力，他们反而更欣赏其中的园林情趣。如荣庆赴万牲园的记录中，只有两次提到观动物园，其余时候都是在享受、欣赏其整体的园林景致，他尤为偏爱泛舟观荷或临池品茗的意境。再次，荣庆养成了在万牲园约会亲友就餐、品茗的习尚，作为一种联络感情或社交的手段。中国传统文人本来就有在园林诗酒交游的传统，清末民初的文化人很容易在新兴的公园空间找到共鸣。而民国时期，北京的公园茶座也如同西方的咖啡馆一样，成为文人、知识分子偏爱的新型社交空间，这一点在万牲园时期已初露端倪。荣庆的例子不是个案，而是具有一定的普遍性，反映了清末民初北京文人的精神文化生活。

晚清民初之际，京师士人游宴甚盛，陈衍《石遗室诗话》曾回忆：“庚戌春在都下，与赵尧生、胡瘦唐、江叔海、江逸云、曾刚甫、罗掞东、胡铁华诸人创为诗社。遇人日、花朝、寒食、上巳之类，世所号为良辰者，择一目前名胜之地，挈茶饵果饼集焉。晚则饮于寓斋若酒楼，分纸为即事诗，五七言、古近体听之。次集则必易一地，彙缴前集之诗，互相品评为笑乐。其主人轮流为之。”[①]陈衍长子陈声暨亦有《上巳日花下忆都门旧游》一诗追摹当时宴乐盛况：“都门车马厌尘土，惟有花事吾粗谙。法源丁香香雪海，崇效寺里花沉酣。天宁、花之渐减色，国香极乐犹二三。万荷苇湾与十刹，芦荻积水呈清潭。”[②]当良辰之时，择名胜之地，诗酒雅集，如法源寺、崇效寺、天宁寺、花之寺、极乐寺及十刹海、积水潭等，这些都是京城文人传统的消闲胜地。而万牲园的开放，不仅为这些民国遗老们提供了一处全新的交游空间，更由于其与清室的渊源，而对他们富有特殊的意义。尤其是民国二年的一场癸丑修

① 陈衍：《石遗室诗话》卷十三，《庸言》第2卷第4期，1914年4月29日。

② 陈声暨：《上巳日花下忆都门旧游》，《庸言》第2卷第6期，1914年7月27日。

禊,奠定了万牲园的典范地位。

1913年4月9日,农历三月初三,是晋永和九年兰亭修禊后第二十六个癸丑,梁启超追慕王羲之,在万牲园召集在京名士,组织了一场盛大的修禊。[①] 次日,任公给女儿的信中自述修禊盛况:

今年太岁在癸丑,与兰亭修禊之年同甲子,人生只能一遇耳。吾昨日在百忙中忽起逸兴,召集一时名士于万牲园续禊赋诗,到者四十余人。(有一老画师为我绘像,座尚有二十年前名伶能弹琵琶者。吾作七言长古一篇,颇得意,归国后,第一次作诗也。)老宿咸集矣。竟日游宴一涤尘襟,归国来第一乐事。园则前清三贝子花园,京津第一幽胜地也,牡丹海棠极多,顷尚未花。吾恨不得汝即日归来,挈汝同游,然行期无论若何迅速,归来总在花谢后矣。大乱在即,明年花时,不审京师更作何状,故吾望汝速一睹此盛,但今既无及矣。

两日后又作书曰:

修禊诗,录一分寄汝,共和宣布以后,吾第一次作诗也。同日作者甚多,吾此诗殆压卷矣(汝将来可补作一首)。方将尽征南中名流各为题咏,将裱成长手卷【有图两幅,一为姜颖生画。一为林琴南画。颖生(年七十余矣),当代第一画师也】。兰亭以后,此为第一佳话矣。再阅六十年,世人恐不复知有癸丑二字矣。故吾末联云云,感慨殊深也(《兰亭序》末句"后之览者亦将有感于斯文"。又云"后之视今犹今之视昔")。[②]

此第二十六个癸丑,"人生只能一遇尔";而况又逢"共和宣布以后"的鼎革之际,"大乱在即,明年花时,不审京师更作何状"。遗老们诗酒酬唱之际,内心是有风景不殊、嘉会难再的隐忧的。实际上,同日樊增祥在上海寓所樊园亦发起了一场修禊,与梁启超南北呼应。但梁启超所选择的万牲园,因其

① 有关万牲园癸丑修禊的研究,可参看陆胤《民国二年的"癸丑修禊"——兼论梁启超与旧文人的离合》,《现代中文学刊》2010年第4期。

② 丁文江、赵丰田编:《梁任公先生年谱长编》,北京:中华书局,2010年,第347页。

负载的文化隐喻与历史记忆,为这场修禊增添了更复杂的意义。易顺鼎在《癸丑三月三日修禊万生园赋呈任公》中,曾着意渲染万牲园作为当年“京津第一幽胜地”的盛状,以及时移世易之后的感慨:“西直门万生园,先朝创造资游观,不知曾费几许水衡钱。中有牡丹亭、采莲船。如水之车,如龙之马,奔驰于其外;如斗之花,如凤之鸟,充牣于其间。我亦尝携壶觞,听管弦,逢初三下九,携三五二八,销三万六千。我昔尝有句云:照脸脸颊皆北地,压眉眉黛是西山。此诗未成仅断句,此游亦不复记为何年。”[1]万牲园被选中作为癸丑修禊的地点,不仅因为“大都数名胜,此地良为最”[2],最重要的实在是其由“先朝创造”并作为皇室行宫的身份。且不提万牲园是清室所建,修禊所在的畅观楼更是曾经“至尊侍坐畅观楼”的慈禧行宫,到了民初,楼中陈设依旧,遍挂慈禧御笔及当时臣僚书画[3],在在勾起座中人对于前朝的回忆。面对如此旧朝名园,遗老们难免不胜今昔之慨,与南渡晋人产生更深刻的共鸣。而另一方面,梁启超选择万牲园作为这场盛事的场所,召集京中名士赋诗、名伶弹琵琶、画师绘像,事后将所有唱和诗作发表于自己主编的《庸言》,特辟专号刊出“癸丑禊集诗”,并在杂志封面上列为“要目”[4];且遍征南方名流题咏,加上姜筠(颖生)与林纾(琴南)的画,裱为长卷;最后还将《庸言》所录诗文及补录的追和诗辑为《癸丑修禊集》[5],附上当日合影一帧、姜筠《畅观楼修禊图》一幅,以广流传。如此有意识地充分调用文字、图像、声音、传统的题裱以及现代的出版(包括报刊与书籍)等多元媒介,乃是冀望将万牲园修禊经典化,与兰亭雅集一样流传千古。万牲园经由这种有

① 易顺鼎:《癸丑三月三日修禊万生园赋呈任公》,《庸言》第 1 卷第 10 期,1913 年 5 月 21 日。

② 姚华:《上巳日任公招集三贝子园分得带字二十四韵》,《庸言》第 1 卷第 10 期,1913 年 5 月 21 日。

③ 《本国新游记》,第 5 页。

④ 《庸言》第 1 卷第 10 期“诗录”特辟“癸丑禊集诗”专号,第 14 期“诗录”补刊严复《癸丑上巳任公禊集万生园分韵敬呈流觞曲水四首》,第 17 期补刊陈宝琛《任公仁兄召集万生园修禊以病未赴有诗征和分均得此字补赋奉正》,第 2 卷第 1—2 期“文录”刊发陈衍《京师万生园修禊诗序》。

⑤ 除《庸言》发表的诗文外,又补入陈衍、周宏业的两首追和诗。

意识的书写和经营,也的确被赋予了更深层的意义,成为一个内蕴丰富的文化空间。以下笔者将具体进入图像和文本,讨论万牲园如何作为文化空间,与遗老们的创作相互生发,从而建构自我的文化意象。

《畅观楼修禊图》

姜筠《畅观楼修禊图》,题记叙其缘起曰:“楼在京城西北万生园中,迺前朝景帝奉太后游幸地也,今为都人宴集之所矣。时值癸丑上巳,任公先生召客修禊于此,饮酒赋诗,盘桓竟日。昔兰亭致客四十一人,今虽不及,亦云盛矣。座间主人谓余曰:人生能值几癸丑,况自兹以往,世间能后知有癸丑否乎?斯集也,请君图之,以为他年纪念……”①可见,梁启超曾嘱咐姜筠作图纪念,为畅观楼癸丑修禊留下图像资料。细观姜筠所作的这幅长卷,远远近近的松树、柳树掩映着传统中式风格的建筑、长廊、小桥流水,参与修禊的文人们三五成群,或在楼里或在亭中或在桥边树下优游雅集,近处小桥边还有一只仙鹤。这是中国传统修禊图的风格,可以文徵明表现永和癸丑兰亭修禊的《兰亭修禊图》为参照。然而实际上,正如前文所述,畅观楼是欧式风格的红砖洋房,其建筑风格独具特色,西边是有西式盔顶的八角形二层楼,东边是顶层有露台的圆柱形四层高楼,这样异域风情的现代建筑在晚清

① 梁启超编:《癸丑修禊集》,铅印本。

《兰亭修禊图》

畅观楼

北京十分罕见。万牲园中本不乏各式风格的茶馆、餐厅、建筑，梁启超却偏偏选中了畅观楼，除了对其历史渊源的考虑外，也缘于他自身的审美——自1898年戊戌变法失败后，梁启超遍游亚、澳、美、欧诸大陆，形成了非常开阔的“世界人”的视野①;而他对于建筑的品味,也倾向于欧式,如其此后居于天津的寓所“饮冰室”,就是一幢风格相近的意式建筑。然而,当姜筠尝试用图像语言复原修禊的场景时,还是沿袭了传统修禊图的意境。图中居于中间位置的二层大楼应即畅观楼,但它完全是传统中式建筑的式样,尤其屋顶为典型的中式飞檐(即梁思成所谓“大屋顶”),与畅观楼原貌有极大差异。而对于松树、柳树、包括于万牲园诸多动物中仙鹤的选取,都是传统文人画中极富象征意义的符号。这种表现与实物之间的差距,也许是因为在画家看来,中式建筑的风格更契合文人修禊的主题,而与梁启超的审美异趣。但同时,这也从另一个侧面说明,畅观楼的存在,超越了传统艺术经验的范围,是中国传统文人画的绘画语汇所无法表现和涵盖的。接下来还会讨论到,畅观楼的独特性和现代性亦超出了中国传统诗词典故的范畴。

当然,梁启超主持万牲园修禊,本意就是追慕兰亭雅集,因此不难理解画家借用传统修禊图的意境来表现当日情境;而诗人们在分韵赋诗时,更常比附兰亭修禊的晋人心境。此时正值易代之际,遗老们本来就与以王羲之为代表的南渡晋人心有戚戚,万牲园特殊的历史,更是容易勾起他们的黍离麦秀之思,不免发抒于诗中。如梁启超“即兹名园问银牓,已付酸泪话铜狄”②,夏寿田“兹宫昔奉御,易代若飚骋。离离花覆砌,茵榻五年冷”③等。而王式通“名园问主人,往事数亲贵。风景故依然,只见云叆叇”④,陈宝琛“园林无恙风景殊,觞咏大难主宾美”⑤,黄濬“长安棋局今变更,水滨风物嗟

① 1899年12月,梁启超在《夏威夷游记》(原题《汗漫录》)中写道:“曾几何时,为十九世纪世界大风潮大势力所簸荡所冲击所驱遣,乃使我不得不为国人焉,浸假将使我不得不为世界人焉。”梁启超:《饮冰室合集》第七卷,专集之二十二,北京:中华书局,1989年,第185页。

② 梁启超:《癸丑三日邀群贤修禊万生园拈兰亭序分韵得激字》,《庸言》第1卷第10期,1913年5月21日。银牓系宫殿门端所悬的辉煌华丽的匾额,铜狄是宫庙里所铸的金人,如咸阳宫有铜人十二。

③ 夏寿田:《癸丑上巳修禊分韵得岭字》,《庸言》第1卷第10期,1913年5月21日。

④ 王式通:《任公招集万生园修禊分均得气字》,《庸言》第1卷第10期,1913年5月21日。

⑤ 陈宝琛:《任公仁兄召集万生园修禊以病未赴有诗徵和分均得此字补赋奉正》,《庸言》第1卷第17期,1913年9月1日。

如旧。临流楼阁参差见,豁眼西山走苍岫"[1]等,则皆有晋人"风景不殊,正自有山河之异"的感叹[2]。郑沅诗云:"曾侍东风玉辂尘,畅观楼下草如茵。象床宝帐无言语,输与词人作禊辰。五噫重见伯鸾来,城郭人民似可哀。罚酒成诗等闲事,几时怀抱为君开。"[3]"曾侍东风玉辂尘",化用苏轼诗句,点明畅观楼曾为皇室行宫的身份;"象床宝帐无言语",借用温庭筠《经五丈原》的诗句,表达易代之慨。[4] 遗老们面对万牲园这样的故国名园,心态是十分复杂的:一方面,这里是可以诗酒交游的上选之所,他们也颇欣赏其佳境意趣;但另一方面,他们又对曾经的皇家园林沦落到公众可以涉足、"输与词人作禊辰"的处境十分感慨。"五噫重见伯鸾来,城郭人民似可哀",前半句用梁鸿《五噫诗》典,后半句用《搜神后记》丁令威"城郭如故人民非"典[5],这两个典故都频见于此次癸丑禊集诗中,尤其是梁鸿的典故。《五噫诗》曰:"陟彼北芒兮,噫。顾览帝京兮,噫。宫室崔嵬兮,噫。民之劬劳兮,噫。辽辽未央兮,噫。"[6]在感慨旧朝宫殿物是人非之外,也暗含遗老们对于清朝覆灭之因的反思和批判。

这种易代之痛对遗老们的刺激远远超出了传统经验的范围,封建王朝为现代的共和政权所取代,这是史无前例的,正如易顺鼎诗曰:"何况今日之共和,远非昔日之永和。"[7]发起人梁启超虽试图追摹永和的兰亭盛会,但一些与会者则敏锐地指出,万牲园所负载的复杂内涵,远比千年前的兰亭富

---

① 黄濬:《上巳修禊赋呈任公先生分均得茂字》,《庸言》第1卷第10期,1913年5月21日。

② 《世说新语·言语》记载,"过江诸人,每至美日,辄相邀新亭,藉卉饮宴。周侯中座而叹曰:'风景不殊,正自有山河之异!'皆相视流泪。"余嘉锡笺疏本,北京:中华书局,1983年,第92页。《晋书·王导传》略同,北京:中华书局,1974年,第1747页。

③ 郑沅:《自万生园归车中得四绝句呈任公》,《庸言》第1卷第10期,1913年5月21日。

④ 温庭筠《经五丈原》咏怀诸葛亮,有"象牙宝帐无言语,从此谯周是老臣"一句,"象牙宝帐"指代五丈原祠庙中诸葛亮的神像。《温飞卿诗集笺注》,上海:上海古籍出版社,1998年,第104页。

⑤ 丁令威学道后化鹤归乡,唱道:"有鸟有鸟丁令威,去家千年今始归。城郭如故人民非,何不学仙冢累累!"见李剑国《新辑搜神记》卷一,北京:中华书局,2007年,第39页。

⑥ 《后汉书》卷八三《梁鸿传》,北京:中华书局,1965年,第2766—2767页。

⑦ 易顺鼎:《癸丑三月三日修禊万生园赋呈任公》,《庸言》第1卷第10期,1913年5月21日。

有更深刻、更现代性的意义——前朝的皇家园林,如今开放为任人游览的公共空间。如袁励准诗中即点出:“此地何如会稽胜,感怀更比永和深。”[1]最具代表性的是关赓麟《癸丑三月三日任公召集万牲园修禊分韵得风字》。[2]关赓麟先是同其余人一样,描述万牲园修禊的盛况,与永和盛会相比附:“危楼突兀摩长空,双桥夹水烟冥蒙。周遭千树媚新绿,蓓蕾万卉含深红。是日万象廓清晓,春光都在摇荡中。东堂雅集有故事,灵辰三日嗟难逢。主人爱客召群彦,飞觞促坐裁诗筒。座间唐生擅绝技,琵琶一拨生清风。低如幽泉咽岩石,高似戈戟环相攻。永和至今阅千载,盛会零落随蒿蓬。今年癸丑合前辙,又见觞咏来群公。”到此,笔锋陡然一转:“我读兰亭题名记,群贤传作殊未工。”指出不需追慕古人,今人更胜古人:“宁知今人乃胜古,春华雕琢天无功。”而这缘于修禊的地点万牲园的畅观楼:“斯楼观成未十载,兴亡一姓何匆匆。琼华岛前集裙屐,昆明湖外多骄骢。前时禁苑付游骋,况乃此地非离宫。传之好事足千古,何遽不与山阴同。”诗人不仅感叹万牲园畅观楼易主,视野亦包揽北海(“琼华岛前集裙屐”)、颐和园(“昆明湖外多骄骢”),指出“前时禁苑付游骋”已成为一种普遍现象。这是传统的诗词典故所无法涵括的经验,而诗人认为,这样前所未有的现代经验足以同兰亭雅集媲美,流传千古。

确实,万牲园开启了前清皇家园林坛庙开放的先声,此后社稷坛、先农坛、天坛、太庙、地坛、北海、颐和园、景山、中海、南海等也相继被辟为现代公园向公众开放,“前时禁苑付游骋”成为民国北京的一大特色。以万牲园为代表,这些前朝禁苑,逐渐取代了传统的消闲胜地,成为北京新兴的公共空间。而这些遗老们,也由于清朝满汉分治的格局被打破、居住和文化中心向内城迁移,逐渐遗弃了前此南城的那些古刹名寺,而养成在公园诗酒交游的习惯。清室的宫苑坛庙,他们前朝为官时也曾窥得一斑,而今故地重来,心情殊异,于他们自有特殊的意义。除了一些盛大的雅集如己巳、上巳在稷园

① 袁励准:《畅观楼修禊分韵得林字》,《庸言》第1卷第10期,1913年5月21日。

② 关赓麟:《癸丑三月三日任公召集万牲园修禊分韵得风字》,《庸言》第1卷第10期,1913年5月21日。

(即社稷坛改建的中央公园)修禊等之外,他们平日亦常流连于京城各公园,留下大量唱和之作。如夏仁虎《枝巢九十回忆录》曾追忆宦海退隐后,与老友傅增湘、郭则澐、关颖人、张伯驹、吴廷燮、赵椿年等人诗酒流连的情状:“我身既退闲,生活近流浪。六友会青云,一元供晚膳。推长中山园,日日供游赏。茶团号元老,棋局消慈善。文谯复不乏,四园盛俦党。元宵夺锦灯,词社掣斑管。敲诗亦看竹,钵击与钟撞。”[①]夏仁虎《枝巢编年诗稿》收有许多公园游冶之作,如《万生园歌》《上元夕游先农坛》《暑夕中央公园纳凉四十均》《壬申上巳修禊什刹海分韵得簇字》《暮春过公园水榭啜茗怀吴董卿沪上兼示剑秋》《戊辰上巳修禊北海分韵得纵字》《己巳三月游中央公园十首用杜甫游何将军山林韵》《晚过金鳌玉蝀桥眺北海》《初夏雨霁公园有约》《中伏十日过北海避暑北岸树阴向夕乃返》等[②],管中窥豹,可以反映当时遗老日常交游的状态。此外,他还曾创作小说《公园外史》,“说是仿《儒林外史》之作,叙述当时朋辈状况,灵感当然就是得自多年在公园‘黄昏之游’的谈闻”(此“公园”即中央公园)[③];且撰有《北海小志》,可见其对于北京公园的深情。可惜二书皆已亡佚,难窥全豹。

综上所述,万牲园的概念自19世纪中期起进入游历欧美的国人视野,从最初关注珍禽奇兽的猎奇心态,到逐渐认识到其作为新兴公共空间对于市政与市民的意义,将其放置在公园的框架之下去考察和认知。这种思路在之后倡设、建造和使用北京万牲园的过程中一以贯之。尽管清政府设立万牲园的官方考虑是“本为研究学术,扩充知识起见”,而实际上,万牲园是被舆论和公众作为翘首以盼的公园来期待和接受的。因此,作为北京公园的先声,万牲园在很多层面奠定了民国北京公园的面貌,民国时期北京公园一些最重要的特质,在这里都已初露端倪。万牲园具有中西合璧的独特风

① 王景山编:《国学家夏仁虎》,杭州:浙江文艺出版社,2009年,第135页。

② 参见夏仁虎《枝巢编年诗稿》,民国庚申至甲戌年家刻本。夏仁虎(1874—1963),字蔚如,号啸庵、枝巢、枝巢子等,清朝中举,辛亥革命后曾任北洋政府财政部代理总长、国务院秘书长等职,北伐成功后退隐。

③ 此系其儿媳林海音的回忆。林海音:《家住书坊边:我的京味儿回忆录》,台北:纯文学出版社,1987年,第129—130页。

格，一方面，它是在中式园林（乐善园与三贝子花园）的基础上创建的，其落成后的整体审美和意境都充满了东方的园林情趣，令浸淫于园林文化的晚清游客很容易在此找到共鸣；而另一方面，它又引入了大量异域风情的动物、植物以及建筑，乃至现代化的西式设施如咖啡馆、西餐厅、照相馆等，这些都给游客带来全新的现代经验和感官刺激。晚清的北京市民（以中上阶层为主）逐渐习惯闲暇时赴万牲园游憩，观赏动植物、乘游船、喝咖啡、吃西餐，与家人或朋友聚会，在茶座和餐厅社交。作为晚清北京新兴的公共空间，万牲园开启了北京公园尝试养成现代的休闲理念和生活方式，以及现代的公共文化和市民精神的努力。继万牲园之后，民国时期京都市政公所改造并开放了一系列皇家园林坛庙作为公园，逐渐取代京城传统的消闲地，为北京市民提供了新兴的游赏场所与公共空间。这种北京公园较之其他城市另起炉灶的新公园，有其特殊性。一方面，它们是最守旧的帝国遗迹；而另一方面，它们又是最现代的公共场域。这种中西合璧、新旧并存的特质，以万牲园为滥觞，是民国北京公园最大的特色。此前学界的研究，讨论北京公园时多依据民国时期的论述，以 1914 年开放的中央公园为第一个公园，而多忽略了万牲园的意义，是有失公允的。

清季汪精卫谋刺摄政王案始末

袁一丹

1942 年《古今》月刊第五期登出一则《银锭桥话往图记》，图为齐白石、李雨林所绘，作者张江裁（字次溪）记述此事原委称：

> 旧京地安门外，夙多潭沼，荷芰菰蒲，不掩沧漪之色，银锭桥尤为第一绝胜处。桥东西皆水，在三座桥北，以形得名。南眺宫阙，北望梵刹，西山千万峰，远体毕现。宋牧仲诗所谓"不尽沧波连太液，依然晴翠送遥山"者是也。[①]

沿后海北岸往东走，到水面最窄、像个葫芦腰的地方，便是银锭桥。说是桥，一不留心就走过去了。桥头往左拐，是烟袋斜街；往右拐，便上桥。桥不高，几乎和两头的街面平行；只有丈把宽，不过两丈长。[②] 银锭桥之"绝胜处"，并非桥本身，而在这一特殊位置提供的视野。站在桥头上往西北眺望，后海的水面越来越宽，也愈发苍茫，在天水极处，浮现出一抹西山的影子。刘侗

---

① 张江裁：《银锭桥话往图记》，《古今》月刊第 5 期，1942 年 7 月。

② 参见邓云乡《鲁迅与北京风土》，北京：文史资料出版社，1982 年，第 125—126 页。

《帝京景物略》云,“过银锭桥之观音庵,立地一望而大惊”,“西接西山,层层弯弯,晓青暮紫,近如可攀”。[①]

汪精卫早期照片

然而银锭桥之有名,如掌故学家徐一士所云,“非徒尝以‘银锭观山’厕八景”,“足为雅流怀旧之资而已”。[②] 其反复出现在掌故文章中,非只凭借波光山影,而是因为银锭桥作为“政治史迹”的重要性。掌故学家津津乐道的“银锭桥案”,即指清宣统二年(1910)庚戌,汪精卫、黄复生、喻云纪等革命党人潜入北京,设守真照相馆为掩护,于2月23日夜谋炸监国摄政王载沣而被破获一事。张江裁邀齐白石、李雨林绘“银锭桥话往图”,“遍征题咏,为北燕革命史留一故实”[③],意在为他重编《汪精卫先生庚戌蒙难实录》作宣传[④]。因此,要考察作为“政治史迹”的银锭桥,须从晚清刺杀风潮及庚戌炸弹案说起。

一、“以身为薪”之烈士情结

据同盟会元老吴玉章回忆,当俄国1905年革命失败后,许多无政府党人逃亡日本。当时在日本的一些中国革命者,从日本不仅受到无政府主义

---

① 刘侗、于奕正:《帝京景物略·英国公新园》,北京:北京古籍出版社,1980年。

② 壹(徐一士):《银锭桥案之史料》,《中和》1942年第7期。

③ 如江亢虎《张次溪属齐白石李雨林画银锭桥话往图纪庚戌炸药案索题感赋》,《民意》1942年第9期。

④ 张江裁:《汪精卫先生庚戌蒙难实录》,双肇楼丛书,1937年5月;《汪精卫先生庚戌蒙难别录》,双肇楼丛书,1941年1月。《别录》为《实录》之补充,所收资料尤详于汪氏狱中情事。张江裁编纂《庚戌蒙难录》,一方面是由于他平素究心京师风土掌故,另一方面则缘于其父张伯桢曾为汪精卫被逮供词作跋语。

摄政王载沣

思想的影响，还学到许多从事恐怖活动，特别是制造炸弹的技术。于是，在不断发动武装起义的同时，组织对清廷权要的暗杀，一时成为风气。[①] 以孙中山为首的革命党人，也把组织暗杀作为重要的革命手段之一。1905 年以后，在俄国无政府党人的技术支持下，这种暗杀活动更为扩大化、常态化，同盟会甚至组织了专司暗杀的部门，吴玉章本人亦参与其间，声称那时最爱读《铁假面》之类的惊险小说，常效法书中人物研究暗杀技术。[②]

汪精卫本身对爆炸技术一窍不通，他之所以要从事暗杀活动，在吴玉章看来，“完全是因为对革命前途丧失信心，欲孤注一掷，妄想借此以博取壮烈的美名”[③]。庚戌前后，革命前景不容乐观，“丁未(1907)党人败北于镇南关，戊申(1908)河口之役又被挫”[④]。在武装起义频频失败的阴影下，孙中山一系遭到同属同盟会的光复会派，即章炳麟、陶成章等人之责难。[⑤] 汪精卫北上前，留书孙中山云：

> 此时团体溃裂已甚，维持之法，非口舌所以弥缝，非手段所以挽回，要在吾辈努力为事实之进行，则灰心者复归于热，怀疑者复归于信。[⑥]

所谓“事实之进行”，除靠海外募捐支持的各地武器起义外，最易耸人听闻者莫过于“直接激烈之暗杀行动”。汪精卫执意投身暗杀行动，自称“目的

① 吴玉章：《辛亥革命》，“十三、暗杀活动的风行”，北京：人民出版社，1961 年，第 97 页。

② 同上书，第 98 页。

③ 同上书，第 100 页。

④ 张江裁：《汪精卫先生庚戌蒙难实录》，《越风》1937 年第 3 期。

⑤ 汪精卫：《留别南洋同志书》(1909 年 12 月 22 日)，邹鲁：《中国国民党史稿》第二十一章“汪兆铭炸载沣”，北京：中华书局，1960 年。

⑥ 汪精卫：《留别中山书》(1910 年 1 月 11 日)，冯自由：《中华民国开国前革命史》，上海：革命史编辑社，1928 年，第 232 页。

在于破敌,而非在于靖内变"[①],实则同盟会内部之"溃裂",革命党人间的互相猜忌,是促其决意北上行刺的原因之一。

除了党内分歧,党外如康梁一派以《新民丛报》为阵地,讥讽汪精卫等为"远距离的革命家",谓革命党首领"徒骗人于死,已则安享高楼华屋"。[②] 1905年以后革命党人面临的更大危机,则是席卷全国的预备立宪运动。据宣统元年(1909)三月十九日汪精卫致胡汉民书,仅以广东而论,官界、绅界、商界、学界孜孜然"以选举谘议局绅为唯一之大典","彼伪立宪之剧团,日演于舞台以炫人之观听,而革命行动寂然无闻","令国人愈信立宪足以弭革命之风潮"。[③] 值此内外交困之际,汪精卫以为革命党人的活动范围不能限于海外,革命手段亦不能囿于论战、演说、募捐等"远距离"的运动模式。汪氏主张海外运动与深入内地直接激烈之行动"相须而行","纵有千百之革命党,运动于海外,而于内地全无声响,不见于直接激烈之行动,则人几忘中国之有革命党矣"。[④]

汪精卫临行前,作血书致胡汉民曰:"我今为薪,兄当为釜。"[⑤]"薪""釜"之喻,出自汪氏《革命之决心》一文:

> 譬之炊米为饭,盛之以釜,热之以薪。薪之始燃,其光熊熊,转瞬之间,即成煨烬,然体质虽灭,而热力涨发,成饭之要素也。釜之为用,水不能蚀,火不能镕,水火交煎逼,曾不少变其质,以至于成饭,其熬煎之苦至矣,斯亦成饭之要素也。呜呼!革命党人,将以身为薪乎?抑以身为釜乎?亦各就其性之所近者,以各尽所能而已。[⑥]

---

① 汪精卫:《留别中山书》(1910年1月11日),冯自由:《中华民国开国前革命史》,上海:革命史编辑社,1928年,第232页。

② 参见雷鸣《汪精卫先生传》第三章"庚戌蒙难",南京:政治月刊社,1944年。

③ 汪精卫致胡汉民信(1909年5月8日),张江裁:《汪精卫先生庚戌蒙难实录》,《越风》1937年第3期。

④ 同上。

⑤ 胡汉民《在星洲得港讯知精卫等失陷》诗云:"挟策当兴汉,持椎复入秦。问谁堪作釜,使子竟为薪。"自注:"精卫潜入燕,以血书密寄云'我今为薪,兄当为釜',盖用其论革命文中语也。"

⑥ 守约(汪精卫):《革命之决心》,《民报》第26期,1910年2月。

汪精卫以为,革命之决心发端于孟子所谓的“恻隐之心”。扩充各自的“恻隐之心”,则能破除富贵、贫贱、威武乃至好名之诱惑。因此“至激烈之手段,惟至和平之心事者能为之;至刚毅之节操,惟至宽裕之度量者能有之”①。由仁心而生的勇气,非一时“血气之勇”,乃经深思熟虑的“义理之勇”,表现为“不畏死”“不惮烦”。以身为釜,即不惮烦之勇,“德之贞者也”;以身为薪,即不畏死之勇,“德之烈者也”。在汪精卫看来,革命之事,条理万端,人当各就其性之所近者,择其一而致力焉。② 革命党人中“以身为釜”,有“恒德”之代表为孙中山;“以身为薪”,有“烈德”之代表,为惠州起义时因谋炸两广总督而牺牲之史坚如。③

汪精卫投身暗杀行动,虽是着眼于革命效果之最大化;其论“革命之决心”,却近于动机论——以动机纯粹与否决定道德之高下——深受王阳明“良知说”的影响。汪氏文中三次援引王阳明之言,如其答聂文蔚书曰:“有大不得已者存乎其间,而非以计人之信不信。”此语不仅可以用来解释清季汪精卫不顾孙中山、胡汉民之劝阻,执意北上行刺一事,亦可从他抗战时期的选择及自我辩解中窥见动机论的影子。庚戌炸弹案败露后,汪精卫被捕入狱,其携带的衣物书籍清单中竟有阳明学三本,可佐证王学对他的影响。④《革命之决心》刊于1910年2月《民报》第26期,署名“守约”,据称为汪精卫“庚戌蒙难入狱时藏于衣襟中者”⑤。故此文可视作汪氏事先预备之自供状。

“曾将薪釜喻初襟,举世凭谁证此心”,叶嘉莹为《双照楼诗词稿》作序时称,汪精卫在诗词中所表现的,和在生活中所实践的,是他终生不得解脱

① 汪精卫:《革命之决心》,《民报》第26期,1910年2月。

② 汪精卫:《留别南洋同志书》(1909年12月22日),邹鲁:《中国国民党史稿》第二十一章“汪兆铭炸载沣”。

③ 汪精卫致胡汉民遗书(1909年12月27日),张江裁:《汪精卫先生庚戌蒙难实录》。

④ 1910年汪精卫入狱所携带衣物书籍清单,管翼贤:《汪精卫刺摄政王(三)》,《实报》1936年第3期。

⑤ 汪精卫:《革命之决心》,转载于1942年《古今》创刊号。编辑后记称《革命之决心》一文,汪氏“庚戌蒙难入狱时藏于衣襟中者,沉痛热烈,实为不朽之作”。

的一种"精卫情结"。[①] 所谓"精卫情结",如汪氏《被逮口占》所云"衔石成痴绝,沧波万里愁。孤飞终不倦,羞逐海鸥浮",亦即《革命之决心》等自白书中反复提及的"以身为薪"之勇气。1944 年胡适得知汪精卫死讯后,在日记中感叹:

> 精卫一生吃亏在他以"烈士"出身,故终身不免有"烈士"的 complex(情结)。他总觉得,"我性命尚不顾,你们还不能相信我吗?"性命不顾是一件事;所主张的是与非,是另外一件事。[②]

二、银锭桥还是甘水桥?

庚戌炸弹案的发生地,多传为银锭桥。张江裁辑《汪精卫先生庚戌蒙难实录》亦采此说,故邀人绘"银锭桥话往图",欲编撰《北京银锭桥史志》,意在表彰银锭桥作为"政治史迹"之重要性,借此宣传时任伪国府主席之汪精卫的革命英雄形象。然而邹鲁《中国国民党史稿》"汪兆铭炸载沣"一章,则谓黄复生、喻云纪二人安置炸药的地点:

> 初觅得鼓楼大街,因值修筑马路,不果。改觅烟袋斜街,以无铺保,亦不果。乃定于甘水桥。此地在什刹海之旁,三面环海,仅一面有居民数家,甚僻静,与鼓楼大街、烟袋斜街,均为载沣早朝必经之道也。[③]

甘水桥之说,乃根据庚戌炸弹案当事人黄复生的自述。汪、黄等人先后潜入北京,经营照相馆为暗杀机关。照相馆于庚戌元旦开张,选址在宣武门外琉璃厂东口火神庙西夹道。当时摄政王上朝途经鼓楼大街,鼓楼前有短墙,黄复生等计划伺其通过时,将贮有炸药之大铁罐由短墙投下。这一方案因鼓

---

① 汪精卫:《双照楼诗词稿》,汪梦川注,叶嘉莹序,香港:天地图书有限公司,2012 年,第 31 页。

② 1944 年 11 月 13 日胡适日记,见曹伯言整理《胡适日记全编(七)》,合肥:安徽教育出版社,2001 年,第 563 页。

③ 邹鲁:《中国国民党史稿》第三册第二十一章"汪兆铭炸载沣",北京:中华书局,1960 年,第 786 页。

楼大街改筑马路而未能实现。随后得知载沣上朝路线必取道烟袋斜街，又以租屋不得作罢。黄复生称，经多方调查，最后择定什刹海旁之一小桥，名甘水桥，距摄政王府最近，为其出入必由之地。甘水桥北有阴沟一道，可于桥下埋放炸弹，人则藏于阴沟内，用电气雷管引爆炸弹。[①]

庚戌炸弹案之导源地，究竟是银锭桥，还是甘水桥？张江裁曾当面询问汪精卫，然汪氏对此似不在意，漫应曰，银锭桥而已。这并未打消张氏之疑虑，他向老友刘振卿去信求助。刘氏平素究心北京风土，常在《实报》《北平晨报》上发表掌故文章，考订清代遗闻轶事。[②] 张江裁自称虽久居北京，于北城地理不甚熟习，不知甘水桥在北城何处，与银锭桥相隔若干里？[③] 刘振卿回信说，甘水桥在鼓楼西大街，而银锭桥在后海东部，一溜胡同西口外，官房口东口外。破此疑案之关键是摄政王入朝路线，因扈从隆盛，为警戒方便起见，乃出府东行，自鼓楼西大街东口向南，直入地安门。绝不可能出府沿后海北岸至银锭桥东，自一溜胡同出至大街，因一溜胡同宽不足四尺；又不可能过银锭桥西南行，自什刹海经皇城根入地安门。[④]

刘振卿据摄政王上朝路线及什刹海周边地形推断，银锭桥未必与庚戌炸弹案有关。但令其不解的是，事实上北京人莫不知破案地点在银锭桥，晚清以降各家笔记、传说亦指在银锭桥。另一种可能性是炸弹确实埋在银锭桥下，因当时汪精卫等人并未调查清楚摄政王上朝路线。刘氏虽熟知京城风土及晚清掌故，但三十年来不曾撰文谈庚戌炸弹案，乃是觉得以"银锭桥"三字冠名此案不妥，因其离警戒路线太远。要探明此事，也很简单，刘振卿给张江裁支招说，只需请示当事人，当时之桥是大是小，是高是平？若

---

① 黄复生自述，见冯自由《中华民国开国前革命史》第五十章"戊申汪黄谋炸清摄政王"，第 247—248 页。

② 刘振卿发表于《北平晨报》上的掌故文章有《稷园旧闻》《漠贝子轶事》《乾隆惩妃案》《清初之魏阉余孽》等；发表于《实报》上的有《清朝之太监》《清制宫女起源、沿革、规制》《清北京人重旧故事》《宫禁地名》《清代离宫御苑》《纪清廷题主》《清宫祭社始自雍正》等。散见于其他报刊上的还有《清代喇嘛制度》《清宫中餐西吃之御筵》等。

③ 张次溪致刘振卿信（1943 年 3 月 2 日），见张次溪《庚戌桥下案质疑》，上海《政治月刊》1943 年第 5 卷第 5、6 期合刊。

④ 刘振卿复书（1943 年 3 月），见张次溪《庚戌桥下案质疑》。

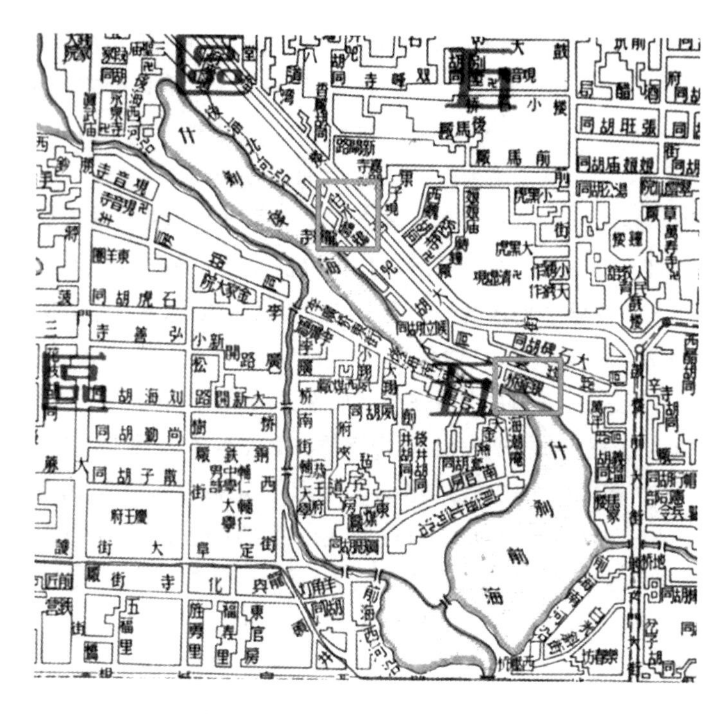

银锭桥与甘水桥的具体位置，据《北京市街道详图》(上海：亚光舆地学社，1950 年)标注

大而平，便是甘水桥；若小而高，则为银锭桥。①

无奈汪精卫对此含糊其辞，张江裁只能写信恳请刘振卿代询老北京人。对甘水桥之说，他的疑点是：一、甘水桥是否为摄政王入朝必经之路？二、有关甘水桥之历史。三、掩埋炸弹的地点，除银锭桥、甘水桥外，当日报纸上还有种说法是埋于内城鸦儿胡同小石桥下，此桥是否也在摄政王府左右？四、摄政王府究竟在银锭桥附近，还是在甘水桥旁？② 对张氏上述疑点，刘振卿复信解释道：甘水桥为摄政王上下朝必经之路，此桥无历史可言，为后海行人小桥之一。据刘氏所述，甘水桥下之沟，为半明半暗。桥北端为暗沟，直

① 刘振卿复书(1943 年 3 月)，见张次溪《庚戌桥下案质疑》，上海《政治月刊》1943 年第 5 卷第 5、6 期合刊。

② 张次溪致刘振卿函(1943 年 3 月 7 日)，见张次溪《庚戌桥下案质疑》。

通鼓楼西大街;桥南端为明沟,自此南行十几步。鸦儿胡同西口外有一无名小桥,俗称“甘水桥小桥”,桥下即为埋炸弹之所。摄政王府在甘水桥西,甘水桥在王府东墙外,小桥则在王府东南角。[1]

在张江裁提议下,刘振卿撰文详述摄政王上下朝路线及警戒情形,刊于1943年3月18日《实报·畅观》。据其考证,摄政王之白色双马四轮轿车,每日上下朝有一定的路线:出府门向东,自马圈栅门前,经小桥向北,过甘水桥至鼓楼西大街东行,经鼓楼前大街,向南直入地安门。下朝时,有时走捷径,进烟袋斜街,经鸦儿胡同,过甘水桥迤南之小桥回府。汪精卫谋炸摄政王,埋炸弹之处即在此无名小桥下。而银锭桥远在官房口及一溜河沿,与庚戌炸弹案无关。[2] 据刘氏考证,摄政王上下朝无论如何走法,均距银锭桥甚远。且就桥的外形来看,银锭桥窄而高,摄政王之双马四轮大轿车,怎能冒险走罗锅式之穹形桥?[3]

刘振卿《甘水桥炸弹案》一文在《实报》上登出后,无人响应。其抱怨说,或许是因为新掌故家不屑为此陈谷烂芝麻费脑力,而当时之亲贵也无暇与穷酸文人打交道,故只有一个张次溪在南京瞎嚷,一个刘振卿在北京瞎喊而已。[4] 但张江裁以为庚戌炸弹案“实关民国奠基,事隔三十年,已传闻异词,即今不考,后将何据”[5]。随即将其与刘振卿之来往书信编排汇印,题作“庚戌桥下案质疑”,刊于汪伪江苏省教育厅主办的《政治月刊》上[6],后收入该氏所编之“中国史迹风土丛书”,改名为《北京庚戌桥史考》。[7]

事实上,1930年8月11日天津《大公报》、北平《实报》上均有关于汪精卫、黄复生视察谋炸载沣旧地之报道。《大公报》云,汪、黄偕全体中委,赴

---

① 刘振卿复书(1943年3月16日),见张次溪《庚戌桥下案质疑》,上海《政治月刊》1943年第5卷第5、6期合刊。

② 崇璋(刘振卿):《甘水桥炸弹案》,《实报》1943年3月18日。

③ 参看刘振卿致张次溪信(1943年3月22日),见张次溪《庚戌桥下案质疑》。

④ 刘振卿复书,见张次溪《庚戌桥下案质疑》。

⑤ 张次溪致刘振卿信(1943年3月16日),见张次溪《庚戌桥下案质疑》。

⑥ 《政治月刊》1941年1月创刊于上海,汪伪江苏省政府教育厅主办,1945年5月停刊。

⑦ 张江裁:《北京庚戌桥史考》,“中国史迹风土丛书”第一辑,中国风土学会,1943年5月。

德胜门甘水桥下,视察庚戌炸弹案之陈迹,“各中委对于汪、黄前此之伟大革命工作推为革命实行者之先导,表示钦仰。汪、黄以所谋未成,引为遗憾”①。据此可确认清末汪精卫诸人谋炸摄政王之地,在甘水桥而非银锭桥。

为何晚清以降庚戌炸弹案一直被冠以“银锭桥”之名,连当事人汪精卫也索性将错就错,不愿彻底澄清这一误解?据张江裁分析,还是“银锭观山”的美誉暗中成就了其作为“政治史迹”的传闻:

> 银锭桥所以被人误认庚戌一案导源地,虽缘近人笔记、父老传说,有银锭桥之语为修史者所据,但桥素负清幽盛誉,清季骚人墨客,相率结游其地,更借诗咏以彰其美,名遂冠环十刹海诸桥之上。庚戌炸弹案后,诸家新闻记此役事,又大抵着眼事因与经过情形,固不遑考其发生之地果为何桥,致令银锭桥饱掠时誉,亦因其往迹殊景为人所向往而不疑之故。②

刘振卿作翻案文章,以摄政王上朝路线为证,指出银锭桥为什刹海后海之水流入前海之门户,然摄政王府在后海北沿,去此桥甚远,故“银锭桥案”应正名为“甘水桥案”。甘水桥之名不彰,因其无银锭桥有历史兼处地之佳。

刘振卿信中提议将汪精卫等人埋放炸弹之无名小桥,命名为“精卫桥”或“庚戌桥”“双照桥”。③ 张江裁加案语称:“已托周知堂先生代订并撰文镌石,以垂永久。”周知堂即为《汪精卫先生庚戌蒙难实录》题字作序之周作人。当《庚戌桥下案质疑》更名为《北京庚戌桥史考》,收入“中国史迹风土丛书”时,张氏案语易为:“此无名小桥,改名曰庚戌桥。已请闽县李释堪先生撰文镌石,以垂永久。”张江裁邀李释堪所撰之文,即 1943 年发表于《古今》上的《庚戌桥记》④;又名《北京庚戌桥记》,同时刊载于汪精卫支持的词

---

① 《廿年陈迹 汪黄赴德胜门视察谋炸载沣之旧地》,《大公报》,1930 年 8 月 11 日。此条材料承杨治宜教授提示,特此致谢。

② 张次溪:《庚戌桥下案质疑》,上海《政治月刊》1943 年第 5 卷第 5、6 期合刊。

③ 刘振卿复书(1943 年 3 月 16 日),见张次溪《庚戌桥下案质疑》。

④ 李宣倜(释堪):《庚戌桥记》,1943 年 4 月作,《古今》半月刊 1943 年第 23 期。

学杂志《同声》月刊上。[1]

1943 年 4 月 4 日张江裁上书伪北京市政府，请将甘水桥小石桥易名为“庚戌桥”。呈文曰：

> 监察院简任秘书张江裁呈为标定地名以存史迹而重名贤事。案北京地安门外清摄政王府附近小桥，名甘水桥小石桥者，实为今国府主席汪公精卫于宣统庚戌发难举义谋炸权要以告国人惊天破地之处。吾中国历史地理上，所当揭櫫珍重之一大端也。豫让刺赵襄子伏于桥下，施全刺秦桧之亦伏于桥下，彼二子往迹，皆以桥下著名。况此甘水一桥，有系于我民族史迹之重，迥非前二者之侔乎。今甘水桥小石桥应定名为庚戌桥，标定地名，以存史迹，使百世之下，闻风者得以兴起，实为公便。

张江裁试图借伪政府之力，将掌故学家的翻案文章铭刻为“政治史迹”以垂永久。由呈文可见其考订庚戌桥案背后的政治企图。从“银锭桥话往图记”到“庚戌桥史考”，张江裁与刘振卿合作之翻案文章，与其说是出于掌故学者的考据癖，不如说是为了迎合 1940 年代沦陷区的政治局势，刻意凸显汪精卫作为革命志士、开国功臣的英雄形象，为汪伪政权寻求“中华民国开国前革命史”上的凭据。作为“革命史迹”的“庚戌桥”，说明掌故学家打捞的历史风土中难免混入政治的尘埃。

三、庚戌桥案的另一面：清廷之反应

齐白石为张江裁《北京庚戌桥史考》题诗云：“豫让施全逊此桥，贤王宽大胜前朝。本来刺客无仇怨，何必人才付灭消。”[2]首句沿用张氏呈文中的典故，借豫让刺赵襄子、施全刺秦桧于桥下事，比附汪精卫谋炸摄政王案。

---

① 李宣倜（释堪）：《北京庚戌桥记》，《同声》1943 年第 3 期。同一期上有掌故学家瞿兑之《题张江裁庚戌桥考》诗：“见闻成掌录，文字接心期。信美登楼感，平居故国思。看桃刘梦得，卖栗李和儿。飒飒千茎雪，津梁讵肯疲。”

② 齐白石：《次溪仁弟命题近著北京庚戌桥史考》，张江裁：《北京庚戌桥史考》，“中国史迹风土丛书”第一辑，中国风土学会，1943 年 5 月。

二、四两句则从清室对此案的态度着眼,表彰所谓“贤王”之宽大、惜才。掌故学家徐一士亦强调,此桩公案“双方之举措均可书”①。就革命史叙述而言,无论是冯自由《中华民国开国前革命史》还是邹鲁《中国国民党史稿》,都是从当时汪精卫如何决心犯险,黄复生、喻云纪等人如何经营布置,选择暗杀地点讲起,直至破获暨被逮之情形、汪氏供词之内容,对清廷之从宽定案及诸多优待往往避而不谈。

事实上清廷之反应,才是庚戌桥案剧情反转的关键。汪精卫导演的这出悲剧,正因“贤王”之登场,遂发生戏剧性的转折。所以庚戌桥案应有两种讲法,如杨圻《汪精卫先生庚戌蒙难实录序》云:

> 先生就逮,自党人言之,不惜一身为革命先声殉,且出之文弱书生,其气勇志坚,义不反顾,难能可贵已。自清室言之,则狙杀天子父,革朝命,法当死。故人莫不为先生危,先生亦自分无生理。然而是狱也,竟得减罪监禁,复得优礼,终且特赦得保全。固由于肃亲王以先生美秀而文,动怜才之念,力为开脱,亦由清室用心仁厚,政尚宽大。②

“贤王宽大胜前朝”之“贤王”指谁?管翼贤《汪精卫刺摄政王》一文认为“汪氏得庆更甦,逊清之肃王善耆与摄政王载沣,亦有足多者”③。而案发后日本使馆报告称,对于此案的处理,清国官方的方针以尽量宽大为宗旨,为防止凶行重演,须回避残酷的处罚及深刻的追究株连,“摄政王主意也是同样的”。④

作为庚戌炸弹案的目标,摄政王的态度当然会影响案件的审理过程及最终裁判。但扮演“贤王”这一角色,为汪精卫等人争得宽大处理的,却并非摄政王载沣,乃是时任民政部尚书之肃亲王善耆。汪精卫坦言“救我命

---

① 徐一士:《银锭桥案之史料》,《中和》1942 年第 7 期。

② 杨圻(云史):《汪精卫先生庚戌蒙难实录序》,张江裁:《汪精卫先生庚戌蒙难实录》,《越风》1937 年第 3 期。着重号为引者所加。

③ 管翼贤:《汪精卫刺摄政王(一)》,《实报》1936 年第 1 期。

④ 伊集院公使致小村外务大臣《关于炸弹事件之补充报告》(1910 年 4 月 17 日晚 9 时北京发),章开沅、罗福惠、严昌洪主编:《辛亥革命史资料新编》第八卷,武汉:湖北人民出版社,2006 年,第 195 页。

的是肃亲王”,“我能免一死,也许是一种政治作用的。但是我每回忆到这个时候的事,总想到这位清朝末期的伟大的政治家”。[①]

肃亲王善耆

“伟大的政治家”云云,或有过誉之嫌,但肃亲王善耆在清末亲贵中确是少有的开明人物。庚子事变以后,改革之声甚嚣尘上,善耆被目为新派[②]。其接受京师警权,管理工巡局,后任民政部尚书,用人以通时务者为主,在中国初期警史上,大有关系[③]。善耆喜接近新人物,当时归国留学生渐多,凡知名之士,其必多方延纳,罗致门下[④]。肃亲王幕僚汪曾武谓“其时庆亲王奕劻当国,肃邸(善耆)素恶其贪婪昏愦,任用无识之满人,欲假诛党人之名,以固其位;己则反是,以为新党可以救国”。[⑤]

据说庚戌一案移交法部之前,善耆曾秘延汪精卫、黄复生等人至邸会晤,“待以宾礼,从容谈话,以政见相讨论”,仅有内城总厅司法处佥事顾鳌一人陪坐。[⑥] 较之掌故家言,当事人黄复生的自述更生动。其称当时室中不止佥事顾鳌,尚有内城总厅厅丞章宗祥——即后任驻日公使,在五四运动

① 汪精卫:《正月的回忆》,原载《新中国报·学艺》1941年4月25—27日,收入张江裁编《汪精卫先生行实录》,南京:中华民国史料编刊会,1943年。

② 详见孙燕京、周福振《善耆与清末新政》,《北京社会科学》2005年第1期。

③ 参见蔡恂辑《北京警察沿革纪要》,1944年铅印本。

④ 参见徐一士《银锭桥案之史料》及鲁昔达(黄裳)《谈善耆》(《古今》半月刊1943年第18期)。黄裳文多化用徐一士文中材料。

⑤ 张次溪:《庚戌轶闻》,《中和》1942年第9期。

⑥ 徐一士:《银锭桥案之史料》。顾鳌,字巨六,以留日学生见重于善耆。

中被学生痛殴之章宗祥。[①] 由黄复生追述双方的谈话内容,可窥知案发后清廷内部之决策过程。善耆向汪、黄二人表功说:

> 此次之事,王爷(指摄政王)甚震怒,我与之力争。我说冤仇宜解不宜结,革命党岂止汪、黄两人乎?即使来一个捕一个,但是冤冤相报,何时是已。如今已争到徒刑,但是在有期无期间,我还是为汝等争也。不过此次有一人很费得力呀,其人为谁,即程永生也。[②]

为庚戌桥案居间调停之程永生,即以同盟会健将而奔走善耆之门的程家柽。善耆任民政部尚书期间,渐与革命党人互通声气。民党在京活动,多倚赖程家柽庇护。"程之见重于善耆,盖善耆欲借程以调察民党之内容,而程依善耆之势,遇事亦多有保全焉。"[③]

此次非官方会面,善耆还与汪、黄二人谈及他对革命党的看法,自称生平最爱读《民报》,出一期读一期,尤为欣赏《民报》副刊"天讨"上苏曼殊作的插画,感叹"民党内有如此的人才,可以言革命矣"。不过革命党人标举的三民主义,在善耆看来还太狭隘,他以为将来不但能实现五族大同,甚至有世界大同之日。[④] 这或是逢场作戏之言,但也可见其对民党之了解及趋新程度。[⑤]

汪精卫被捕第九日,《正宗爱国报》载:"拿获汪兆铭一案,风闻政府竟存宽大,概不株连;又查汪氏现时尚在内城巡警总厅,一切皆照国事犯文明之法相待:一、审讯时立陈,不用跪;二、饮食皆不粗恶;三、衣服衾枕,皆准其将素常所用之物带入。" 1910 年 4 月 26 日《正宗爱国报》跟踪报道称:

> 《顺天报》载政府因现获之革匪,其图谋行为,实系从前未有之举,

---

① 张次溪之父张伯桢跋汪精卫供词云:"人人谓君(汪氏)必死,肃亲王为民政部尚书,章宗祥为内城总厅厅丞,两君号称爱才。章氏言之肃王,肃王请于摄政王,故定君为永远监禁。君之不死,有今日者,半由肃王及章氏之力也。"照此说法,除肃亲王善耆外,章宗祥在庚戌桥案从轻发落中所起的作用也不容忽视。

② 黄复生自述,冯自由:《中华民国开国前革命史》。

③ 鲁昔达(黄裳):《谈善耆》,《古今》半月刊 1943 年第 18 期。

④ 黄复生自述,冯自由:《中华民国开国前革命史》。

⑤ 汪精卫日后回忆说,善耆为动摇其革命信念,用尽种种办法,曾把他带到法场上谈论诗歌。(《正月的回忆》)

> 而裁判一事，亦无可依比，况值立宪时代，其裁判一节，当加慎重。并闻民政部对于该案，拟会同法部暨法律大臣，妥行商订律章。[①]

据时任民政部机要科主稿之汪曾武透露[②]，庚戌炸弹案发生后，肃亲王善耆与其商讨处置办法，汪氏谓只有“政治犯”三字可缓冲。善耆追问具体办法，汪曾武答曰，即谒监国摄政王载沣，告以政见不合致有此案，政治犯各国例须优待，不能用刑。[③] 善耆依汪曾武之计将审讯汪案情形奏闻后，摄政王载沣下谕：

> 国家正在预备立宪，该犯系与政府意见不合，实未知朝廷轸念民庶情形，宜以渐进。该犯躁急，致蹈不轨之诛，日后当自知误。此与寻常犯罪不同，实为国事犯，宜从宽典。

所谓“国事犯”，照吴趼人《二十年目睹之怪现状》解释：“外国人向来有这么个规矩，凡是犯了国事的，叫做‘国事犯’，别国人有保护之例。据他说所犯的是‘改革政治’，就是‘国事犯’。”[④]

由“国事犯”之罪名可知，汪精卫诸人侥幸不死，不单单是因为肃亲王善耆之庇护及摄政王之宽容大度，亦是拜立宪新刑律之赐。汪精卫谋炸摄政王一案，在中国传统的法制体系中属于“谋反”罪，居“十恶之首”，不仅处以极刑，而且亲属缘坐，依关系亲疏，处以斩首、阉割、发遣等刑罚。但是清末，西方刑法理论中的“国事犯”观念——又称“政治犯”，与“常事犯”相对——从各种渠道输入中国[⑤]，《大清律例》中的“谋反”“谋大逆”之罪，转

---

① 《要案八志》，张江裁：《汪精卫先生庚戌蒙难实录(续)》，《越风》1937年第4期。

② 汪曾武，字仲虎，庚戌年(1910)任民政部机要科正主稿、宪政编译馆《光绪政要》协修、内阁法制院第二科主任。所谓“主稿”，即清代各部负责办理文牍者，各部就所属司官中选派熟悉部务者担任。

③ 张次溪：《庚戌轶闻》，《中和》1942年第9期。

④ 吴趼人：《二十年目睹之怪现状》第一百二回“温月江义让夫人 裘致禄孽遗妇子”，上海：世界书局，1935年。

⑤ “国事犯”观念对晚清思想界之影响，如谭嗣同《仁学》称：“在西国刑律，非无死刑，独于谋反，虽其已成，亦仅轻系数月而已。非故纵之也，彼其律意若曰：谋反公罪也，非一人数人所能为也。事不出于一人数人，故名公罪。公罪则必有不得已之故，不可任国君以其私而重刑之也。且民而谋反，其政法之不善可知。为之君者，犹当自反。藉曰重刑之，则请自君始。”可见“国事犯”之名，作为革命党人的护身符，已成为晚清政治改革的思想资源。

变为《大清新刑律》中关于内乱、帝室之罪,不仅立法宗旨大变,而且取消了缘坐之律,甚至对正犯的刑罚也大为减轻[①]。清廷对汪精卫、黄复生之定罪及从轻发落,正是依据晚清引入的“国事犯”观念。而有意思的是,近代史研究者指出汪精卫谋炸摄政王之举,在当时西法视野下未必一定为“国事犯”。据国际公法学家罗陵士之说,“暗杀主权者或当路者,又或投爆裂弹者,非政治犯”。[②]

所谓“国事犯”或“政治犯”的观念在帝制时代未必深入民心,一般民众尤其是生活在天子脚下的京城百姓,仍将革命党人视为“反叛”。据法部禁役张德兴回忆,当汪精卫押送至法部监禁,市民多赴法部门外围观此谋炸摄政王之要犯,多指呼汪精卫为“反叛”。张德兴检讨说,自己当时只为“反叛”二字所麻醉,“不知革命犯即系高尚之政治犯”。[③] 将汪精卫视同“反叛”而非“高尚之政治犯”,才符合晚清一般民众的心理。

尾声 “从容作楚囚”

汪精卫解至法部后,按犯官待遇,独处北所西房二间,由两人监视,内设一桌一床,夜间一人陪睡,一人坐更。汪氏所睡之床,铺有鹅绒毯一条,“诸囚睹此珍品,莫不惊异”。其佩带之刑具有脚镣、手铐、大链,共计十八斤重,且不准系裤腰带,以防自杀。每日定时大小便,行话为“放茅”,一日三次,有人跟随监视。[④] 汪精卫回忆其狱中生活说,当时北京监狱正在改善囚犯待遇,比以前要人道得多。每三餐吃老米饭一碗、咸萝卜一碟、汤一杯,每五天吃一次豆腐。吃肉是一年三次,端午、中秋及元旦。尤其元旦,每人给

① 参见李欣荣《清末“国事犯”观念的引进、论辩与实践》,《近代史研究》2013 年第 6 期。

② 《国事犯之意义及各国不移交国事犯之原因》,香港《中国日报》丁未(1907 年)八月十七日,转引自李欣荣《清末“国事犯”观念的引进、论辩与实践》,《近代史研究》2013 年第 6 期。

③ 1934 年张韵宇就汪精卫谋刺摄政王案采访逊清法部禁役张德兴记录,转引自管翼贤《汪精卫刺摄政王(四)》,《实报》1936 年第 4 期。

④ 参见管翼贤《汪精卫刺摄政王(三)》,《实报》1936 年第 3 期。

肉一斤,他在狱中度过的辛亥年(1911)正月,忘却一切,只记得贪婪地吃肉。[①]

狱中饮食令汪精卫、黄复生等南方人最难适应的,是每日三餐都有的老米饭。当时囚粮系由米仓领出的劣质老米,狱中呼为"老米干",因是仓中久存的陈米,脂肪脱去,呈黄褐色。清代北京市民多食老米。一般所谓"食君禄"的旗人,生活相对宽裕,有俸饷,有禄米。禄米即每月从米仓中领出之口粮。旗人多不食禄米,将其卖给米粮店,再换购上好食品。因此京城米粮店多贩卖此种老米为业,市场上白米极稀少。既然市民皆食老米,则狱中犯人之囚粮,亦为老米,只是劣等老米而已。[②]

汪精卫为南方人,在广东久食白米,故入狱后因习惯不同,顿感饮食不便。与汪精卫同案之黄复生亦系南方人,因不能适应老米饭,要求改食白米饭,但狱吏不为呈报。黄复生只能借机向法部堂官申述,后获准改食白米饭,每日发白米一斤作为囚粮。但看守张德兴回忆说,汪精卫没有援例提出请求,始终在狱中食用老米,理由是:既为犯人,应守狱规,其炸摄政王,虽为国为民,但在清廷法律下,本应得死罪;今能不死,已属侥幸,尚何能争食白米与老米?张德兴对此的理解是,汪精卫不申请改食白米,实系不欲以此等小事,自损其牺牲精神。[③]

辛亥农历九月十六日(1911 年 11 月 6 日),司法大臣绍昌以开党禁为名,奏请释放汪精卫、黄复生等囚禁于法部的政治革命嫌疑犯。[④] 农历九月十七日(11 月 7 日)汪精卫出狱,结束其十七个月的狱中生活。美国学者王克文指出,辛亥革命之前,汪精卫的种种作为与历练,特别是庚戌谋刺摄政王之举,对他日后的"政治性格"具有极强的塑造作用。汪精卫性格中似存在两种矛盾的倾向,一方面显示出极强的妥协性与调和能力,如其入狱前后

① 汪精卫:《正月的回忆》,原载《新中国报·茶艺》1941 年 4 月 25—27 日,收入张江裁编《汪精卫先生行实录》。

② 参见 1934 年法部禁役张德兴访谈录,管翼贤:《汪精卫刺摄政王(四)》。

③ 同上。

④ 1911 年 11 月 6 日司法大臣绍昌等为开释汪兆铭等人折,中国第一历史档案馆藏《清末汪兆铭被捕后的供单及有关史料》,《历史档案》1983 年第 2 期。

与肃亲王善耆之周旋;另一方面,有时又流露出“拼命三郎”的气势,不惜用直接激烈之手段来解决问题,谋刺摄政王便是最戏剧性的一个例子。时而妥协,时而激进,汪氏性格中这两种不稳定的倾向,看似矛盾,却又不无共通性,论者多用“个人英雄主义”来概括。就动机而论,庚戌谋刺摄政王之举,与其说是解决国事政局的激烈手段,不如说是解决汪氏个人苦闷与困境的激烈手段。①

① 参见〔美〕王克文《汪精卫与辛亥革命,1905—1912 年》,《中外学者纵论 20 世纪的中国——新观点与新材料》,南昌:江西人民出版社,2003 年,第 115—116 页。

民初北京陈绳被害案背后的文化心态

宋　雪

民国肇建后的1913年，京沪有两桩引起时人关注的凶杀案，一是3月20日晚间上海沪宁车站发生的宋教仁被刺案，二是8月30日凌晨北京西城东斜街前清尚书陈璧北京宅中发生的其侄陈绳被害案。对于两次凶杀案，当时的报纸都有连篇累牍的跟踪和报道。百年来，宋教仁案常常被史家提起，而陈绳被害案则几乎沉寂了一个世纪。两起凶案在当时皆属巨案，堪称民初法制史和新闻史上的重要案例。两案均出现过匿名信，著名记者黄远庸都曾介入，审理过程都出现翻供，同时，与宋教仁案的《江苏都督程德全呈大总统检查报告——附应夔丞家搜获之函电文件五十三通》(1913年铅印本)类似，陈绳被害案也曾印行《陈伯台被杀案律师刘崇佑辩护陈璧等七人意见书》(1914年铅印本)，在民初颇有司法普及的意义。并且巧合的是，两案都有手枪作为证物，还都被民兴社改编成新剧搬上舞台(《陈绳被杀案》,1914;《阴曹革命》,1916)。相比于宋教仁案的政治谋杀,陈绳案虽是普通刑事案件,然而在新闻报道和市井传闻中卷入了权力、政党、凶杀、绯闻等因素,新剧的改编又引起当事人和剧社的民事纠纷,因而这一桩案件,在作为司法典型案例的同时,也折射出民初市民文化的观察和趣味。

在民初司法界,陈绳被害案因其“离奇实为从来所未有”,被视为“极重要极可研究之案情”。[①] 而与此断语形成巨大反差的是,迄今为止,关于此案的研究仅有刘广定《民初北京第一件大命案与刘崇佑律师》[②]一文,且将重点聚焦于律师刘崇佑身上。由百年前的书信、报纸、档案、判决书等材料,追索该案背后的司法典范、新闻关注和文学改编意义,在今天仍然具有重要的学术价值。

一、前清尚书花园中的凶杀案

1913 年秋到 1914 年春,林纾(琴南,1852—1924)给其子林璐(字叔遇)的数封家信中,提到一件谋杀案:

> (1)玉伯之侄伯臭,为人谋死,投尸井中。起出时首中七创,尸状甚惨,刻官中已派侦探四人,守其前后门,不许女眷外出,不知何故。玉伯可云倒运矣。……九月二十四日 父字(1913 年 10 月 23 日)[③]
>
> (2)陈玉伯之侄,被人杀死,投尸井中,刻尸已起出,外间谣言,咸谓为玉伯所杀,刻下巡警侦探日五、六人,将玉伯守住,不知起诉后如何。年老遇此奇惨之事,殊可悲也。……阴历廿八日父字。(1913 年 11 月 25 日)[④]
>
> (3)……刻玉伯已被审判,押入囚人所。年老被祸,万分可怜,吾

① 《陈璧案最近之预审》,《申报》,1914 年 3 月 15 日,第 6 版。

② 刘广定:《民初北京第一件大命案与刘崇佑律师》,《传记文学》第 96 卷第 1 期,2010 年 1 月,第 62—75 页。

③ 林纾著,李家骥等整理:《林纾诗文选》,北京:商务印书馆,1993 年,第 366 页。

④ 同上书,第 362 页。

不忍视之也。闻将开军法审判,此事更不得了矣,如何,如何!……正月廿五日 父字(1914 年 2 月 9 日)①

(4)玉伯及伯炅皆被审判厅押入优待所。此次参谋处合力与玉伯为难,联参陆海三部分,将开军法审判。海军次长亦已签字,一入此间,百死无一生。幸余与徐又铮先生交好,将玉伯冤状诉说,徐君允诺,遂不签字。此案仍交审判厅。刻下如意姑娘已拿入官,董升兄弟三人亦同押。大概玉伯父子可以松动,不至有覆盆之冤。玉伯家颇感余救命,实则路遥方知马力,疾风方知劲草。父谕 阴历二月十二日(1914 年 3 月 8 日)汝来信仍寄下斜街,月尾之信则寄棉花头条胡同闽侯林寓。②

根据第四封信可知,当时林纾寓居下斜街,而以上信中言及的这桩凶案,发生在西城东斜街苏园,相距不足三公里。信中的玉伯即陈璧(1852—1928),字玉苍、雨苍,晚号苏斋,福建闽侯人,光绪三年进士,历任内阁中书、宗人府主事、礼部员外郎、顺天府丞、府尹、商部侍郎、户部侍郎,官至邮传部尚书兼参豫政务大臣,1909 年被参革职,有《望嵒堂奏稿》。③ 陈林二人同龄、同乡,关系甚为密切,林纾还为陈璧宅园作过《苏园记》。④ 陈璧于 1896 年奔丧返闽后主讲凤池书院,创办福州苍霞精舍,林纾任总教习;1901 年,陈璧任顺天府尹期间,又招林纾为五城学堂总教习。陈

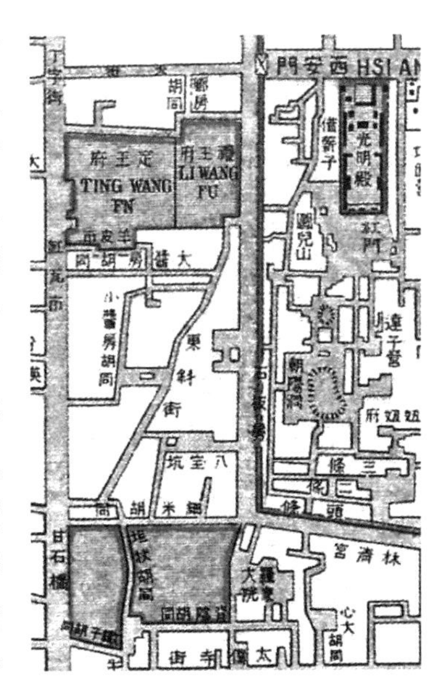

北京西城东斜街周边地图

① 林纾著,李家骥等整理:《林纾诗文选》,第 370 页。

② 林大文:《后人心目中的林纾》,钱理群、严瑞芳主编:《我的父辈与北京大学》,北京:北京大学出版社,2006 年,第 20 页。

③ 欧阳英修,陈衍纂:《闽侯县志》卷六九《陈璧传》,闽侯县地方志编纂委员会,1995 年,第 419—420 页。

④ 林纾:《畏庐三集》,上海:商务印书馆,1924 年,第 65—66 页。

璧曾拟上书推荐林纾为郎中,为林纾谢绝,但二人始终为挚友,并且“方尚书盛时,议者颇有异同,而余独坚信其能廉天下,唯廉者始不以退隐为憎”①,故而林纾对老友家中的不幸始终关切,这四封信亦可作为当时报纸舆论之外的另一种关注②。

陈璧被罢官后,初居苏州,后迁天津,民国元年移家上海,次年又“以南方卑湿不宜疗养移居京师,筑小园临清宫之东,命曰苏园,种花莳蔬以自娱”③。苏园位于宣武门之东,占地四亩。④ 其详细位置,陈宗蕃《燕都丛考》有记:

> 顺皇城根而西曰灵境,旧名灵清宫。灵境之间小胡同曰井儿胡同,吾师陈弢庵宝琛太傅居于是,亦即吾师陈苏版璧尚书之故居也。其西曰八宝坑,又西曰东斜街,其北曰大酱房胡同,有崇庆寺。大酱房胡同中间之南,有小胡同曰广兴里,稍东曰小酱房胡同,斜达于缸瓦市,宁公府在焉。其南为甘石桥。东斜街之东,即西安门外南皇城根,亦名西皇城根,苏版尚书筑宅于是,园林甚广。⑤

然而,陈璧当年“七月侄伯台为贼所害,匿尸眢井中。事既发,怨公者又以诬公,久之始得白”⑥。这年谱中轻描淡写的一句,在民国二年却是件轰动京城的凶杀案。该案成为重要新闻,主要是由于年过六旬的前清尚书被地方检察厅以教唆杀人嫌疑而收押,死者是他的侄子陈绳,字伯台,殁年

---

① 林纾:《苏园记》,《畏庐三集》,第65—66页。

② 按:信中的“伯臭”即“伯台”,陈璧之侄陈绳字;“伯灵”即“伯耿”,陈璧之子陈绎字;“如意”即陈璧之五姨太陈张氏;董升为陈宅佣工,兼管陈宅工事(详后文)。

③ 陈宗蕃辑:《望嵓堂奏稿·年谱》,沈云龙主编:《近代中国史料丛刊93》,台北:文海出版社,1967年,第29页。

④ 林纾:《苏园记》,《畏庐三集》,第65页。邓云乡认为苏园不只四亩大,整个苏园不算里面住房院子,少说也有十五六市亩。邓云乡:《从李越缦说到〈苏园花事词话〉》,《书情旧梦 邓云乡随笔》,上海:东方出版中心,1996年,第144页。

⑤ 陈宗蕃:《燕都丛考》,北京:北京古籍出版社,1991年,第253页。上页所引地图为1914年天津中东石印局《北京地图》。邓云乡记载,苏园在北京西皇城根老门牌22号。邓云乡:《从李越缦说到〈苏园花事词话〉》,《书情旧梦 邓云乡随笔》,第143页。

⑥ 陈宗蕃辑:《望嵓堂奏稿·年谱》,沈云龙主编:《近代中国史料丛刊93》,第29页。

二十六岁，时任陆军参谋部科员。案发后，参谋部曾收到匿名信，指认陈绳为暗杀党员。坊间传闻有言其因系国民党员，被陈璧担心受连累而遇害，有言其与陈璧第五妾（如意）有染而遭伯父毒手，加上陈璧虽已去职，然“既富有家产，又在京置有巨宅花园”[①]，因而舆论对前清尚书陈璧议论纷纷，直指其“相杀”之“私斗”：

> 杀之风起，而相杀之害生。始以同国之人杀同国，继以同党之人杀同党，终以同族之人杀同族矣。其实否虽尚未定，然以今日所传，陈璧之侄被杀，而其姊丈所控，陈实为主谋也。
>
> 夫杀者，势不两立之故也。志气愈浅薄，则竞争之范围愈小，而所谓不两立之人者愈近。勇于私斗、怯于公战者，叔季之人心，往往然也。人民无世界之眼光，不能不杀同国之人；人民无国家之观念，不能不杀同党同族之人。力不足以外向，志不足以进取，则互相自噬而已。[②]

这则时评，可谓一时舆论之代表。“其实否虽尚未定”，然“杀同族”的罪名，已然加于陈璧之身。于是，这桩民国肇建后首都第一件大命案，在“同族相杀”的血腥之外，还卷入了权力、乡谊、政党、财富、绯闻等，街谈巷议纷纷，也就变得格外吸引眼球。

二、两级审判和二十四次公审的背后：案情回顾与考辨

《申报》曾断言：“陈伯台被杀案为近今北京最离奇最有研究价值之暗杀案。”[③]陈绳被害一案，案情曲折离奇，审理过程周折，新闻追踪报道从1913年9月延续到1915年6月，其间历经多次反复、上诉，在1914年5月京师地方检察厅三次公审、一度结案后，军界提出怀疑，被告和检察官均上诉，于是高等审判厅在当年7—10月连续二十一次公开审理，1914年11月

① 天幕：《陈璧家之奇案》，《申报》，1913年12月20日，第2版。
② 冷：《相杀》，《申报》，1913年11月18日，第2版。
③ 《研究陈璧案之信函》，《申报》，1914年3月17日，第6版。

结案宣判,1915 年 6 月主犯董升被处决,此案方尘埃落定。这是民国肇建后首都第一件引起巨大社会影响的命案,牵涉人物众多,而对案情口供和庭审又众说纷纭,因而研究此案,须首先借助报刊回到案发现场,理清两级审判中的证据和推理逻辑,进而还原事件时间表和人物身份关系。

1. 从离奇失踪到水井现尸

1913 年 9 月 24 日,北京《亚细亚日报》刊出一则题为《北京最近之谋杀案详志》的新闻:

> 入月以来,北京某报忽发现一告白题为"寻侄"二字,其文如下:
>
> 陈绳,字伯台,二十六岁,闽人,参谋本部科员,陆军大学校肄业。勤务嗜学,安分供职。八月三十早外出,至今未归。身穿灰布夹袄,青羽毛马褂,面方无须。如知其所止,请报西城东斜街陈宅。本人归时,即酬谢一百元。此告。
>
> 右告白系寻人之普通广告。昨日陈君业已寻得,但并非外出,乃即在东斜街本宅园中井内觅得尸身。头项等处均有刀伤,浑身用棉被扎裹停当。观其情形,陈君系黑夜被二人以上协同杀害。即用其棉被裹体,用绳扎好投之井中。昨日陈宅已报警察厅验明尸体,设法缉凶矣。
>
> 关于此案,颇有种种疑点可供侦探之材料者。(一)陈君系参谋部人员,其失踪之日,参谋部忽接一匿名信件,言陈私通乱党云云,而附一国民党党证为证据。参谋部因其凭空诬陷,并无实据,即亦置之。而陈君即于是日失踪,故其家属甚为滋疑。然历次向军警执法处及警厅查问,则实未有枪毙及缉获陈伯台其人者(按:此为凶犯故意投函,乱人耳目无疑)。(二)陈君失踪之日,检点物件,则箱内衣服一空,棉被一领及陈君未婚妻定聘之金镯等均不见,次日屋内自动车一辆亦不见。而仆役中,除陈君仆人告退外,尚有园丁二人亦行告退。(三)陈君失踪数日后,有持皮箱二个送还陈宅者,称此箱系陈伯台定造者,渠且自称系陈璧之侄,刘冠雄之侄女婿。今箱已造好,故送上陈宅。询之,已经给值,因将箱留下。不料数日后,又有成衣店送来女衣多件,亦云系

陈伯台定造者，并云陈之自称亦同。陈宅大疑，乃持陈君相片往询两店，问以是否此人定购物件，则皆云相貌迥不相同。就以上三点观察，陈君致死之道颇觉离奇，实有足供研究之处也。

按此等暗杀案为京中所不常发现者，特详志之，使警厅加意侦缉，俾社会中不致复有此等危险案件之发生，则社会可获安全之福已。[①]

这里的“某报”，根据《亚细亚日报》稍后的记载，是北京的《平报》[②]，但该报现已难觅得。不过，单从《亚细亚日报》这则新闻，已可知案情的复杂性。相比于上节所引林纾家书中的“玉伯之侄伯炱，为人谋死，投尸井中。起出时首中七创，尸状甚惨”之言，这则新闻没有失实，而于细节上更加具体。文中提到“关于此案颇有种种疑点可供侦探之材料者”“陈君致死之道颇觉离奇，实有足供研究之处也”，为报界对此案的最早关注。在日后的多次庭审中，该文内所提到的寻人启事、起尸情况、数点疑窦，均成为双方律师辩论的焦点问题，因而这则报道也是入手该案的关键性背景材料。两天后的9月26日，《大中华民国日报》转载该文[③]，《申报》也刊发了关于此案的“北京电”[④]。由此，这则离奇的凶杀案，开始引起南北人士的共同关注。

2. 起诉与抗辩

此案水井现尸后，由三点疑窦“(一)陈氏尸身未发现前，其家仆厨子园丁之告假者不下数人；(二)所用暗杀凶器皆系陈氏本宅之物；(三)被杀后，陈氏被褥等遗失，且阶庭留有血迹，不即报厅，反而登广告寻人，此殊令人不可解”[⑤]，引起了检察厅和警察厅的注意，二厅缉获陈宅旧仆，并暗行看守陈

---

① 《北京最近之谋杀案详志》，《亚细亚日报》，1913年9月24日，第3版。

② 《陈伯台被杀案公讯之详志》，《亚细亚日报》，1914年2月19日，第3版。

③ 《北京最近之谋杀案详志》，《大中华民国日报》，1913年9月26日，第7版。按，该报末段有排字错误。

④ 《北京电》，《申报》，1913年9月26日，第2版。按，《申报》报道相对简略，无三个疑点的说明，且陈伯台译音写成了“陈葆泰”，可见民初新闻对突发新闻事件传播的地域影响。但在事件的后续跟踪中，《申报》报道甚详，远超过《大自由报》《国报》等许多北京报刊。

⑤ 《北京谋杀案再志》，《亚细亚日报》，1913年10月15日，第3版。

氏家族。1913 年 11 月,陈绳的姊丈黄曾勗①起诉陈璧为杀人主谋②,警察厅羁押陈璧及其子陈绎,陈璧乃延请前司法次长汪有龄担任辩护人。而此时,由陈宅家丁黄贵的供称,舆论已将陈璧定为杀人嫌疑犯。③

1914 年 2 月 17 日下午 1 时,陈璧案在京师地方审判厅首次开庭,检察官胡国洸,推事长张兰,汪有龄承担辩护。起诉证据主要依据陈宅家丁黄贵的供词,“最后法官谓最大之嫌疑人为璧,判令看管,不准交保”④。

据厨子黄贵的供述,“去年八月二十九号夜,璧与绎在房内密谈多时,二十九早璧即乘早车赴津”,而二十九夜约一点钟时陈绳即被害。黄贵供称:“是晚,绎将彼唤出房内帮杀陈绳。黄贵到陈绳之房,绳已熟睡,其时有教读兼管账之周文潞,有家丁张义、黄顺、厨子成升在场。当由周堵绳之口,张义锁颈,黄顺拉手,绎即接去成顺(按:应为成升)手中之刀连斫几下,身死(绳身共受六伤,颈后四伤,颈前一伤,当颅一伤),即用被裹抬出东院门外,投置井内云云。”⑤检察厅根据黄贵的供词,提出四条起诉理由:(一)伯台被害确在屋内;(二)确系二人以上之谋杀;(三)既有数人协同杀害,必有一人为主谋;(四)以失踪后投函参谋部及倩人送皮箱女衣等事,谋杀者必系有智识之人。同时,根据陈璧“自五月后久不赴天津,忽于谋杀之当日早晨赴津,又平时对于其胞侄感情甚恶(伯台曾致函其亲友,云颇诋毁其伯父,自谓将不久于人世云云),且禁止伯台与其五姨太说话,颇有秘密嫌疑,以此可证陈雨苍平日有谋杀其侄儿之心,伯台被害必其主谋。对于陈绎(雨苍之子)则谓伯台失踪后何以知其与国民党有关系(陈绎曾函告友人以此见疑),且告白中有身着灰色衣(寻侄告白中有此语)等语,必系谋杀时所见是状,以此可证其杀伯台者,伯耿(陈绎号)必系其中主要之人”⑥。

---

① 按:在报道中又写作“黄宗绪”“黄曾绪”。

② 《北京电》,《申报》,1913 年 11 月 18 日,第 2 版;《陈绳暗杀案将有着落》,《申报》,1913 年 11 月 28 日,第 6 版。

③ 天幕:《陈璧家之奇案》,《申报》,1913 年 12 月 20 日,第 2 版。

④ 《北京电》,《申报》,1914 年 2 月 19 日,第 2 版。

⑤ 远生:《陈璧案(一)》,《申报》,1914 年 2 月 22 日,第 3 版。

⑥ 《陈伯台案昨日开庭》,《亚细亚日报》,1914 年 2 月 18 日,第 2—3 版。

根据这样的判断,法庭检察官之起诉理由书如下:

(一)犯罪之事实

本案陈璧在天津时,疑伊胞侄陈绳与伊妾在京有相奸情事,又因陈绳曾挂名国民党籍,尔时南省乱事方殷,京师宣告戒严,陈璧深恐党事牵连,祸及全家,遂起意谋杀陈绳。计定后,陈璧即于八月二十九早车赴天津。是晚约在一钟前后,陈绳被杀。据黄贵供称,陈绎与该宅内教读周文潞,率同该宅内厨役成升、黄贵,车夫黄顺,小工张义等共六人,乘陈绳在床熟睡,闯进屋内。张义以手挽其项,黄顺揪其两手,周文潞以土塞,成升、黄贵等在场加功。陈绎在成升手内接过菜刀一把,向陈绳头部连砍数下,当即身死。旋由各该人等用陈绳被盖将尸裹好,从院内东边小门抬出,投入极东井内,旋各散去。至九月二十三号,该宅内新雇仆人董怀存始在井内发见尸身,报由该管署函请相验。当经派员相验,得已死尸身委系带手掌按伤、手把攥伤、因刃物伤身死。复于次日由本厅派员查勘被害场所,旋见该院内台阶上及西厢房壁上均有模糊血迹。十月十八日,警察厅将该案内嫌疑人及证人等一并函送到厅,后将告假及在逃之嫌疑人张义、任顺、任二等先后缉获,送厅归案讯办。

(二)犯罪之证据

本案除黄贵曾经自白血迹衣服为证外,所有足以证明各该被告人犯罪之嫌疑各点分别列左:

(1)陈绎犯罪之嫌疑

除黄贵曾经供称陈绎与其父陈璧及该宅内教读周文潞商议谋害陈绳并共同实施加害行为外,处有左之嫌疑:

(甲)《平报》广告栏内所登寻侄一则,系陈璧与其子陈绎所为。查该广告,略称陈伯台于八月三十号早出未归,身穿灰布夹袄,青羽毛马褂等语。陈伯台所着衣服究系何人所见,何以知其系三十号早出,此等广告适足以淆乱侦查此案者之耳目,而犯罪之装饰掩点于兹益信。

（乙）陈绳尸身未发见以前，陈绎与陈绳[①]函，其第八页有“家中园地马号及水井均经详细调查，毫无可疑之处”等语。既经详细调查，何以又在井内发见尸身？

（丙）陈绳尸身未发见以前，陈绎与陈绳[②]函，有“大家讨论，均以伯台弟或因有国民党证被人恫吓而逃”，又曰，“众人从细推敲，咸谓此事恐与党人有关系”等语。此等用意，与参谋部所接之匿名信如出一辙。

(2)陈璧犯罪之嫌疑

除黄贵曾经供称陈璧出主意与其子陈绎商议外，处有左之嫌疑各点：

（甲）陈璧系八月二十九号早车赴天津，陈绳即于是晚被害，陈璧定计而后去，意图掩饬其杀人之迹，适足以彰其犯罪之心。

（乙）寻侄广告（见前）。

（丙）据董升供称，宅内水井四口，平时用水均由陈璧指挥；自陈绳失踪后，陈璧即不准仆人在井扯水。陈绳尸身在井，似陈璧早已知之。

（丁）陈璧系本年五月由津携全眷回京。其未回京以前，宣告不久即将陈绳逐出，故回京后，对于陈绳常出恶声。而陈绳与伊胞兄弟各函，皆言伊伯父陈璧被人谗间，常不满意于伊云云。

（戊）九月十二号，陈璧之第二妾与第三妾曾命任顺用绳拴秤砣，测量各井深浅。任顺后欲以竹竿系一铁钩在井内捞物，被陈璧瞥见，旋即阻止。

（己）陈绳尸身发见后，并在陈绳寝室内检出手枪一支，陈璧见枪即大骂，并云不是[③]从逆，购此连累吾家，速投之井中。此等口吻，与匿名信用意正复相同。

（庚）陈璧于陈绳尸身未发见以前，曾函致福建原籍。函内有“揆其原因，莫可摹索，其党祸暗杀乎？无证据，不能断为必然”等语。函

① 据远生：《陈璧案（二）》，《申报》，1914年2月25日，第2版，应为“陈綡”。

② 应为“陈綡”。

③ 应为“必是”。

中语气皆与匿名信暗合。

(辛)陈璧于任顺、任二等潜逃后,并不投区根究,反于旧历中秋批给任顺等赏金。

(三)起诉之理由

据以上各点,黄贵实犯《暂行新刑律》第三百十一条及二十九条之罪;陈璧实有犯《暂行新刑律》第三百十一条及第三十条罪名之嫌疑。陈绎、周文潞、成升、黄顺、张义等五人实有犯《暂行新刑律》第三百十一条及第二十九条罪名之嫌疑。案经侦察终结,认为罪情重大,合行提起公诉。此上系检察官对于此案提起公诉之种种理由也。[①]

查考南京临时政府1912年4月30日颁布的《中华民国暂行新刑律》,第311条为"杀人者处死刑、无期徒刑或一等有期徒刑"[②];第29条为"二人以上共同实施犯罪之行为者皆为正犯,各科其刑;于实施犯罪行为之际帮助正犯者,准正犯论";第30条为"教唆他人使之实施犯罪之行为者,为造意犯,依正犯之例处断;教唆造意犯者,准造意犯论"[③];而一等有期徒刑为"十五年以下十年以上"[④]。

针对检察官提起的公诉,辩护人汪有龄提出辩护意见,对起诉书中的内容逐条批驳,大略如下。

首先,汪有龄根据陈绎杀人之证据,作了三条反驳:

(一)《平报》广告栏内所登寻侄一则,乃新闻纸上常见之事。陈绳失踪以前,既穿此等衣服,则推想其仍穿此等衣服出外,自系题中应有之义。至说明系三十号早出者,则因二十九晚间尚课其嫡堂弟算学至十一钟,送弟归房后,又与寄寓陈宅之何姓闲谈,则推定其是晚间决不出外,亦系题中应有之意义。故第一点嫌疑自可解释。

① 《陈伯台被杀案公讯之详志》,《亚细亚日报》,1914年2月19日,第3版。

② 司法行政部刑事司编:《各国刑法汇编(上册)》,第二十六章"杀伤罪",台北:司法通讯社,1980年,第128页。

③ 同上书,第六章"共犯罪",第86页。

④ 同上书,第七章"刑名",第87页。

（二）园地马号及水井之曾经调查，固有侦探某姓、陈戚黄姓及小工任顺等供词可证，因调查无结果，故有信内各语。至于嗣后在井内发见尸身，则非陈绎事前所能豫知。故第二点嫌疑自可解释。

（三）陈绳忽然失踪，事极奇怪。参谋部所接之匿名信既牵涉陈绳党事，而此信又有（按："有"字疑为衍字）由参谋部出示，陈绎则于百思不解之余，推想信内各语之有，因亦系题中应有之义。故第三点嫌疑自可解释。①

其次，根据检察官所举的八条陈璧杀人证据，汪有龄亦逐条论证：

（一）陈璧在京，陈绳无恙，陈璧赴津，陈绳即被害，可见陈璧实为陈绳之保护人。若陈璧不赴天津，则凶手尚有所顾忌，陈绳或尚不至被害。若谓陈璧系定计而后去，则试问杀人何事，亲自指挥犹恐不密，而敢付诸儿辈及众仆之手乎？况"定计"二字又绝无根据乎！故第一点嫌疑可以解释。

（二）寻侄广告不足为嫌疑之理由已见前，不赘。

（三）董升供内仅云"不常用水"，并无"不准用水"一语。至谓"宅内水井四口，平时用水均由陈璧指挥"，则实系滑稽之谈。盖浇菜灌花由陈璧亲自指点，自系必有之事，若洗衣抹桌及因他事需用井水，亦须陈璧指挥，则陈璧将坐守各井之不暇矣，天下有此理乎？况陈绳尸身自井内发见，实由陈璧令小工蔡茂自该井汲水浇灌葡萄，则董升之供可知其不足信矣。故第三点嫌疑亦可解释。

（四）不知所谓"逐出"、所谓"恶声"是否果有其事，尚待引证；即或有之，亦系父兄儆戒子弟之意。若即指此为谋杀之证据，则天下之为父兄者，对于子弟惟有下气低声，以防将来子弟万一遇害，致受意外之嫌疑，则为父兄者，不亦难乎！况陈绳与伊胞兄弟各函，有时言伯父待伊不善，有时言伯父待伊慈爱，可见陈璧之待陈绳，决非有威而无恩者。观函内"始怒而终爱"一语，可见其伯侄之情况。故第四点嫌疑亦可解释。

---

① 《陈伯台被杀案公讯之详志》，《亚细亚日报》，1914 年 2 月 22 日，第 3 版。

(五)陈璧果使其子陈绎率领众仆将陈绳谋害,投尸井中,其第二妾(即陈绎之生母)、第三妾断无不知之理,岂肯使任顺等测量各井深浅,致谋杀事易于暴露?即曰陈璧谋杀其侄,愿使疏如厨役小工者知之,不愿使亲如数十年之老妾知之,则对于老妾之使人捞井,应一并阻止,不应仅阻止任顺。况据任顺所供,陈璧亦不过向任顺有"作工去罢"一语,而于他人之捞井,并未阻止,故其第三妾复有使任二捞井之事。由是以观,则"阻止"之言实与事实不符,故第五点嫌疑亦可解释。

(六)陈绳手枪有参谋部护照,虽陈绳之姊系一女子,亦知其有护照,即无妨碍。而谓陈璧瞢于此理,未免太诬陈璧。况此手枪尚存陈璧家,并无投诸井中之事。则第六嫌疑亦可解释。

(七)匿名信系由参谋部出示陈绎,凡欲知陈绳案真相者,无不重视此信。今陈璧根据此函中所言而作或然或不然之推测,乃系题中应有之义,不特处陈璧地位者,应有此推想,窃恐局外之人亦皆有此推想也。故第七点嫌疑亦可解释。

(八)任顺等之潜逃在旧历八月十二日,而批给赏金则在十二日以前。此项赏金嗣由陈璧改给家人焦升,尽可传焦升质问。至任顺等忽而潜逃,不报区根究,未免稍涉疏忽;然此后购觅眼线,迭请侦探局派人往山东等处捉拿任顺等到案,则亦可赎疏忽之咎,而自明心迹矣。故第八嫌疑亦可解释。①

而由黄贵之口供,汪有龄也提出六项质疑,推出口供之不可信的结论,提出"检察官所认陈璧犯罪之各种嫌疑亦出于心理之想像,并无关涉教唆行为之点"。提请审判机关对于陈璧和陈绎为无罪之判决。②

在第一次公讯之后,陈绳生前所在的参谋部中七十余人递呈,请将该案归军法审判,交陆军部核议,未获批准;又有人带兵士前往检察厅抄写案卷,司法部因此呈明袁世凯,谓此举妨害司法独立,亦无结果。③ 在这众声喧哗

① 《陈伯台被杀案公讯之详志》,《亚细亚日报》,1914 年 2 月 22 日,第 3 版。
② 远生:《陈璧案(三)》,《申报》,1914 年 2 月 26 日,第 3 版。
③ 《北京电》,《申报》,1914 年 2 月 25 日,第 2 版。

的关注中,1914 年 2 月 26 日,该案在地方审判厅第二次审讯,但未向公众开放。此次辩护律师仍为汪有龄。二审之后,陈璧发布了一篇自白,以自辩非杀人主谋,而舆论界似乎并不买账:"其中皆用反证方法,惟此种人命案件,自以得有确实证据,方能断定。故陈璧之自白似宜追求正凶之为谁,反足解释自己方面之嫌疑。"①根据这份自白略折,陈璧从 11 个方面进行了自辩,内容上与汪有龄的辩词大致相同,而于细节上更加具体,例如解释赴津购地盖屋等事②。二审次日,即 2 月 27 日,紧接着进行了第三次审讯,先后传讯张义、周文潞、黄顺、成升等,仍无确实之结果③。

在民初,乡谊是士人之间的重要纽带,也常常是缔结婚姻的基础。陈绳是海军总长刘冠雄的准侄女婿,刘冠雄亦是福建闽侯人,林纾信中言及海军次长已签字而未言及海军总长签字,也许就有姻亲的因素。此时陈璧身陷囹圄,在林纾为之奔走的同时,福建同乡也发起公保,"福建旅京同乡中素有声望者十余人已签名联保"④。而这也愈发引起舆论的猜测。此后,在坊间议论中,汪有龄以法律编查会之事辞去辩护之职,继任者为黄远庸和刘崇佑。⑤ 黄远庸笔名远生,是民国名记者,在接手此案前,已撰有通讯文章关注此事。⑥ 在记者身份之外,黄远庸亦兼营律师业,1914 年 3 月曾在报上刊出开业广告。刘崇佑则是京城有名的大律师,在《亚细亚日报》的"律师介绍"栏中居于首位⑦,后来《晨报》第一版的广告中,长期刊载《律师刘崇佑启事》。刘崇佑是福建侯官人,与陈璧还有亲戚关系⑧,在舆论上尤其强调司法的公正。在 3 月初的一次谈话中,刘崇佑表示"若罪人不得,或有所纵,

① 《请看陈璧之自白》,《亚细亚日报》,1914 年 2 月 28 日,第 3 版。

② 《陈璧自白之略折》,《申报》,1914 年 3 月 4 日,第 6 版。

③ 《陈伯台被害案之三讯》,《亚细亚日报》,1914 年 3 月 1 日,第 3 版。

④ 《闽同乡公保陈璧》,《申报》,1914 年 3 月 10 日,第 2 版。

⑤ 《陈伯台被杀案之近耗》,《亚细亚日报》,1914 年 3 月 8 日,第 2—3 版。

⑥ 远生:《陈璧案》,《申报》,1914 年 2 月 22—26 日。

⑦ 《律师介绍》,《亚细亚日报》,1914 年 3 月 3 日,第 6 版。

⑧ 据刘广定记载,刘崇佑出任辩护人是由陈璧的儿女亲家沈瑜庆出面邀请,而刘沈两家世为姻亲。刘广定:《民初北京第一件大命案与刘崇佑律师》,《传记文学》第 96 卷第 1 期,第 68 页。

则是无国法。惟刑事贵真实,此法官之职务,亦辩护人之职务也”,“如此震动社会之奇案,必不容草率认定,罪数人以悦一时之耳目”,“使社会共闻共见,认为至允当至公正之判决,则司法威信受益无穷”。[①] 可见其在民初法制肇建时代,树立司法典范的追求。

更换律师后,该案又生波折:先是黄贵供称之前供词为董升所教,而检方于董升处搜得质票,赎出乃陈绳遗物,该案嫌疑转向董升及其弟董珍。[②] 而后又传出消息,谓疑犯任顺在狱病故,黄贵病重[③],为此相信陈璧为凶案主谋的参谋部致函陆军部,提出“该厅对于全案犯人似应负责保全生命,以留人证,勿使陈璧钱能通神”[④]。在此声势下,黄刘二律师也发表信函,声请保留人证。[⑤] 不过,“钱能通神”的陈璧此时也不好过,虽经闽籍同乡斡旋,从普通监房转至优待室,然“每间房尚收容十数人”,“人云陈已面如死灰,形容憔悴,恐案未决即不久于人世矣”。[⑥]

黃遠庸律師開業廣告
（一）營業區域 在大理院及北京高等審判廳管轄區域內執行法定職務
（二）事務所 前門外琉璃廠東南園
（三）電話 南局六百八十號
（四）接洽時間 星期一至星期五正午十二時以前
（五）特別要務 可臨時電約
黃遠庸謹白

《亚细亚日报》1914 年 3 月 1 日第 1 版,黄远庸律师开业广告

1914 年 4 月 11 日下午 2 时,地方审判厅第二次公开审讯该案,检察官起诉董氏兄弟。由黄贵改供称前所供词系董升所教,案发之夜董升不在门房,次日推走陈绳之自行车,当掉了死者的背心,且估衣店供称冒名者身量口音是董升等情节,将董氏兄弟列为嫌疑人。在审理中,陈绳和董升的矛盾

① 《陈伯台被杀案之近情》,《亚细亚日报》,1914 年 3 月 10 日,第 2 版。
② 《陈璧案与董升之关系》,《申报》,1914 年 3 月 20 日,第 6 版。
③ 按:根据后续报道,此为虚假新闻,二人均参加了高等厅的审理讯问。
④ 《关于陈伯台被杀案之函件》,《亚细亚日报》,1914 年 3 月 19 日,第 3 版。
⑤ 《陈伯台案志闻》,《亚细亚日报》,1914 年 3 月 20 日,第 3 版。
⑥ 《收押中之陈璧》,《申报》,1914 年 4 月 3 日,第 6 版。

被挖掘出来，董升曾私拆陈绳信件，在陈宅管事作弊甚多，并因事而被陈绳打，董向陈璧诡诉以离间伯侄关系，陈绳屡次称说董升这人万用不得，这些证据构成董升杀人动机。而黄刘二律师也对陈璧案提出了新的辩护意见，"是日黄律师辩护大体从理论上立论，刘律师大体从事实上立论"。黄提出的要点是：(一)周文潞等五人或为教读或为车夫或为厨子或为苦工，不伦不类，平日不可连属；(二)陈氏待家丁刻苦，五人事前无贿嘱之痕迹，事后无敲诈之情事，因待遇薄，在陈宅日日思逃，何能听陈宅号令而为其下手杀人①？刘崇佑则提出：(一)由空间之狭小，杀人在陈绳屋内之床上不可信；(二)由陈璧赴津、陈绎矮小、周文潞往南苑监工而余皆厨役车夫小工，不符合冒名者"身量高大，非南方口音，且系穿长衣之斯文人"的样貌，推出"杀人真凶在此七人不可信"，力证陈璧等七人无罪。② 而检方指定为董氏兄弟辩护的方履谦和邓尔班律师，则谓起诉理由不完全，"既无以小恨而杀人之理，亦无以谋财而杀人之理云云"③。当日未有辩论结果。

五天之后的4月16日下午1时，该案第三次公开审讯，因地方审判厅地狭而旁听者众多，改在大理院进行。报纸连篇累牍地刊载了二位律师的辩护意见，限于篇幅，仅录其要点：

刘崇佑主要辩护意见：

(一)黄贵供杀人在死者屋内不可信；
(二)黄贵供杀人为被告等共犯不可信；
(三)黄贵供杀人下手情形不可信；
(四)被告人等七人绝不可能共同犯罪；
(五)黄贵全供之种种不可信；
(六)黄贵口供以外各种证据非常浅薄。④

---

① 《陈伯台案第二次公讯详志》，《亚细亚日报》，1914年4月14日，第3版。

② 《陈伯台案第二次公讯续志》，《亚细亚日报》，1914年4月15日，第2版。

③ 同上。

④ 《陈案公讯中刘律师之辩护意见》，《亚细亚日报》，1914年4月18日，第3版；《陈案中刘律师之辩护意见》，《亚细亚日报》，1914年4月19日，第3版；《陈璧案(续)·刘律师之辩护词》，《申报》，1914年4月20日，第6版。

黄远庸主要辩护意见：

（一）未见陈妾与陈绳的暗昧关系；

（二）党祸罪不及孥；

（三）陈绎不像拿刀杀人的人；

（四）黄贵供词自相矛盾；

（五）周文潞等五人不可能联手杀人。[①]

随着辩论的深入，案件的诸多细节和相关人物也被挖掘出来，例如案发夜门房打牌的情形、陈绳衣服的做工特点、双兴估衣铺伙计的回忆等，具有了“从事实推敲”[②]的现代司法特征。但其中仍有粗疏之处，例如黄远庸言，“陈绎者则尤一磊落英多、循分供职之理想青年，骨相仪表不似杀人”[③]，这与第一次公审时言黄贵“无用之形相”[④]如出一辙。而从仪表相貌判断凶手，在司法审判中无疑有主观性之嫌。

经过数月的调查和讯问，1914 年 4 月 25 日，判决陈璧、陈绎等七人无罪，由十条犯罪证据判处董升死刑，董珍处无期徒刑。[⑤]

3. 上诉与终审

4 月 25 日的宣判并非此案的结束，董升当庭表示不服，检察官胡国洸以地方审判厅判案有失公允，向高等厅提起公诉；而军界亦对此结果提出怀疑，发表呈文[⑥]和传单[⑦]，向高等厅提起上诉。由此，该案在高等审判厅开始

---

① 《陈案公讯中黄律师之辩护意见》，《亚细亚日报》，1914 年 4 月 20 日，第 3 版；《黄律师对于陈案之辩护意见（续）》，《亚细亚日报》，1914 年 4 月 21 日，第 3 版；《陈璧案续志》，《申报》，1914 年 4 月 21 日，第 6 版；《陈璧案续志（二）》，《申报》，1914 年 4 月 22 日，第 6 版；《陈璧案续志（三）》，《申报》，1914 年 4 月 23 日，第 6 版。

② 《北京电》，《申报》，1914 年 4 月 13 日，第 2 版。

③ 《陈璧案续志》，《申报》，1914 年 4 月 21 日，第 6 版。

④ 远生：《陈璧案（三）》，《申报》，1914 年 2 月 26 日，第 3 版。

⑤ 《北京电》，《申报》，1914 年 4 月 26 日，第 2 版；《判决陈绳被杀案全文》，《夏星杂志》1914 年第 1 卷第 1 期，第 17—29 页。

⑥ 《军界对于陈绳案之怀疑》，《申报》，1914 年 5 月 16 日，第 6 版。

⑦ 《攻击陈绳被杀判决案之军界传单》，《夏星杂志》1914 年第 1 卷第 1 期，第 33—39 页。

了第二轮审理。

根据报载消息,1914 年 7—10 月,该案在高等厅共公开审理了二十一次,旁听者众多,成为京城一大热点。与地方厅的审理相比,高等厅的辩论涉及更多细节,法庭记录也分外冗长,多以口语体式呈现。10 月 28 日,陈绳案辩论终结①,11 月 4 日宣告判决,判定董珍无罪,董升、周文潞驳回地方厅详审,黄贵判为无期徒刑②。判决后,董升由地方厅维持原判,对其判定死刑,向大理院提出上诉;黄贵也向大理院不服上告,被陈璧查出状纸赶出陈宅;陈紞因董升、黄贵判罪含糊,呈请司法部彻底根究;参谋本部军官团则议定呈请大总统组织军法裁判,可谓意见纷纭。③ 1915 年 3 月,大理院索取董升辩护人邓尔班律师要求改判的追加意旨书④,但并未再次开庭审理,而是维持了原判。6 月底,董升被执行死刑。⑤

4. 事件时间表与人物关系一览

由《亚细亚日报》《申报》和《夏星杂志》等的报道和相关文书,可以还原出该案的事件时间表和人物关系表,兹列如下:

表 1　陈绳被害案时间表

日期	事件
1913.8.29	陈璧由京赴津;陈绳教堂弟算学至夜 11 时,又与何某闲谈。
1913.8.30	凌晨,陈绳被害。
	参谋部接匿名信,谓陈绳勾通乱党。
后数日	有人冒充陈绳去典当铺。
1913.9.12	陈璧第二妾和第三妾命任顺在井捞物,被陈璧阻止。

① 《陈绳案之辩论终结》,《亚细亚日报》1914 年 10 月 30 日,第 3 版。

② 《高等厅判决陈案之宣告》,《申报》,1914 年 11 月 12 日,第 6 版。

③ 《陈绳被害案又有上诉消息》,《申报》,1914 年 11 月 16 日,第 6 版。

④ 《大理院索取陈案追加意旨书》,《申报》,1915 年 3 月 29 日,第 6 版。

⑤ 《董升已执行死刑》,《申报》,1915 年 6 月 28 日,第 6 版。

续 表

日期	事件
1913.9.23	尸体发现。
1913.10.18	警察厅将董升、黄贵、钱张氏等嫌疑人十四名送交检察厅。
1913.11.21	江苏砀山县将任顺、任二缉获,送交京师警察厅。
1913.12.6	黄贵供称陈绳被害系陈璧主谋。
1914.2	参谋部七十余人以陈宧为代表,奉大总统令,呈请将该案归军法审判。
1914.2.17	地方审判厅第一次公开审讯,检察官:胡国洸,推事长:张兰,律师:汪有龄。结论:陈璧为最大嫌疑人。
1914.2.26	地方审判厅第二次审讯(未公开),律师仍为汪有龄。
1914.2.27	陈璧发布自白书。
1914.2.27	地方审判厅第三次审讯。
1914.3.3	《亚细亚日报》载更换律师。
1914.4.11	地方审判厅第二次公开审讯,陈璧等七人辩护人为黄远庸、刘崇佑;董氏兄弟辩护人方履谦、邓尔班。
1914.4.16	因地方审判厅地狭,借大理院第三次公开审讯,嫌疑由陈璧父子移至董升。
1914.4.25	地方审判厅借大理院第四次公开审讯,判决陈璧等七人无罪,董升死刑,董珍无期徒刑。
1914.5	军界对审判结果提出怀疑。
1914.7.3	高等审判厅第一次公审,审判长潘恩铭,检察官马德润。
1914.7.10	高等审判厅第二次公审。
1914.7.14	高等审判厅第三次公审。
1914.7.17	高等审判厅第四次公审。
1914.7.21	高等审判厅第五次公审。

续 表

日期	事件
1914.7.25	高等审判厅第六次公审。
1914.7.29	高等审判厅第七次公审。
1914.8.1	高等审判厅第八次公审。
1914.8.5	高等审判厅第九次公审。
1914.8.10	高等审判厅第十次公审。
日期不详	高等审判厅第十一次公审。
日期不详	高等审判厅第十二次公审。
1914.8.26	高等审判厅第十三次公审。
1914.9.2	高等审判厅第十四次公审。
1914.9.9	高等审判厅第十五次公审。
1914.9.15	高等审判厅第十六次公审。
1914.9.22	高等审判厅第十七次公审。
1914.9.30	高等审判厅第十八次公审。
1914.10.7	高等审判厅第十九次公审。
1914.10.14	高等审判厅第二十次公审。
1914.10.21	高等审判厅第二十一次公审。
1914.10.28	高等审判厅审讯终结。
1914.11.4	高等审判厅宣告判决:董珍无罪,黄贵无期徒刑,董升、周文潞驳回地方厅详审。
1915.2.29	邓尔班提交追加意旨书。
1915.6	董升被执行死刑。

表2　陈绳被害案中人物关系表

姓名	又名/字号	年龄	职业或关系
陈璧	雨苍	六十三	前清尚书
陈绳	伯台	二十六	国民党员,参谋本部科员,陆军大学校肄业,陈璧之侄
陈绎	伯耿		陈璧之子,第二妾所生
陈綋			陈绳胞弟
黄陈氏			陈绳之姊
黄曾勗			陈绳之姊丈,控告陈璧为主谋
陈翁氏		五十余	陈璧之二姨太
陈冯氏	平安	年届不惑	陈璧之三姨太
陈文氏		二十左右	陈璧之四姨太
陈张氏	如意	二十四	陈璧之五姨太,北京人
黄贵	黄升	十九	陈璧家之厨役
周文潞		四十五	陈璧家之教读兼管账
成升		二十八	陈璧家之厨役
黄顺		二十四	陈璧家之人力车夫
张义	张大吃	四十八	陈璧家之小工
董升	董振卿	三十八	陈璧家之佣工
董珍	董三	二十八	交通部茶役,董升弟
任顺			陈璧家之小工,案发后潜逃
任二			陈璧家之小工,案发后潜逃,任顺弟
焦升			陈璧家丁,董升的荐举人
蔡茂			陈璧家小工,因汲水灌溉葡萄,发现尸体

三、“极著名之侦探小说”:新闻报道与民众关注

在京师地方审判厅审理该案之前,新闻界就对此案详加关注,在报道案情进展同时,时评、杂评不断,并有将此奇案真相的探求比作侦探小说之语:

> 前此北京报记载一奇案,即陈璧之侄陈伯台被杀之一事是也。原委殊未详,今其事尚在离奇光怪之中。若有福尔摩斯其人,则可著成一极著名之侦探小说。①

虽作者自谦“记者非其人也”,然观自案发至终审十四个月间的报载新闻,报界颇有借民众关注,以小说笔法追踪此案之举。一方面,《亚细亚日报》《大公报》《申报》等大报参与其中,坊间传言尽入新闻报道;另一方面,案情审理进展以连载方式见报,逐日更新,作为实事观察,自然比书斋创作的连载小说更引人注目。民初正是侦探小说风行之时,记者也常借此案,在记叙之外作数笔发挥。因此,这些报道,字里行间就呈现出严肃新闻之外的社会猎奇心理和侦探小说意趣。

1. 财富与绯闻下的谣言散播

由于凶案发生地为前清邮传部尚书陈璧之宅,在报道中,陈璧自然引人关注。陈璧在其政治生涯中力主实业,曾开办学堂、整顿币制、推动电报和船政发展,奏请铺设铁路和开办银行,1909 年以“滥用私人,糜费公款”等罪名被劾革职。案发时,离去职不过四年。而由其闲居西城,并时常往来天津,家资不薄,且有五妾,颇为市井舆论注意。加上厨役黄贵供称陈璧为凶案主谋,坊间谣言已然为陈璧定罪,甚至进而詈其“声名狼藉”“无恶不作”:

> 陈璧受谋杀其侄嫌疑罪今开审判矣,是亦民国成立以来刑事上之

① 天幕:《陈璧家之奇案》,《申报》,1913 年 12 月 20 日,第 3 版。

一大案件也。陈璧为一前清之尚书,而其犯罪乃为谋杀其侄,其人格可以知矣。呜呼!声名狼藉之官僚,自是无恶不作也。[①]

由凶案后递至军部的匿名信可知,贵胄学堂毕业的陈绳时为国民党员。1913 年夏秋,宋教仁案的阴影尚未散去,而袁世凯正在加强集权,压制国民党二次革命,11 月 4 日更是下令解散国民党。[②] 在其势力范围内的北京民众对政党颇多敏感,故有陈璧为避免政治牵连而除去陈绳之说。而更加引起议论的是,由陈璧之第五妾张氏(如意)案发时二十四岁,与陈绳年龄相仿,常居北京,家中仆人称陈璧禁止其侄与张氏交往,故当时也有陈璧由此引发杀机之论:

当局者推究璧之犯罪动机,或因疑其侄与五姨太太有私,或因疑其入国民党,将有大祸连累其家也。[③]

由"北京社会上唯一之侦探案,又一风流案也"[④]的舆论风向,报刊记者对其中的绯闻因素甚感兴趣,甚至多加演绎:

陈璧在前清时之贪婪,凡久在京师者,无不知之。其为人也,贪财之外,又复渔色。其内宠有六人,最得意者为五姨奶奶。五姨奶奶性极淫荡,见陈伯台年少风流,目语眉言,久有相爱之意。陈伯台则心怀坦白,毫无此心也。一日陈璧外出打牌,陈伯台由署中归家,尚未晚餐,五姨奶奶闻之,遂命人将陈伯台请至房中,一同吃饭。一家之中,共桌而食,亦属寻常之事。孰意陈伯台之死,即死于此一饭之中矣。[⑤]

而在民初司法系统肇建之始,陈绳被害案旷日持久的审理过程,也使民众议论纷纷,猜测是陈璧金钱运动的结果:

---

① 无名:《杂评 · 陈璧之谋杀案》,《申报》,1913 年 2 月 19 日,第 3 版。

② 〔美〕费正清编,杨品泉等译:《剑桥中华民国史 1912—1949 年》上册,北京:中国社会科学出版社,1994 年,第 270 页。

③ 远生:《陈璧案(一)》,《申报》,1914 年 2 月 22 日,第 3 版。

④ 《陈伯台案之大披露》,《大公报(天津)》,1914 年 2 月 25 日,第 2 张第 4 版。

⑤ 同上。

> 此案发生至今将近半载,其所以迟至今日尚未了结者,陈璧金钱运动之效果。然至今日陈璧仍不免于押起者,则问官之铁面无私也。计案发见之时,检察长最有关系。使检察长肯不追究,早已无事矣。[①]

甚至舆论由攻击陈璧金钱贿赂,进而指摘汪有龄充任其辩护律师是专为牟利:

> 陈璧之手眼通天,有钱能使鬼推磨。据外间舆论观察,将来检察厅判结之后,陈璧必然是不服上诉,代为之打官司者仍是汪有龄。盖汪之承办此案,名誉上大有妨碍,特视金钱为重,名誉所愿牺牲耳。[②]

种种传言之下,汪有龄自地方检察厅第二次公审时起辞去律师角色,而刘崇佑、黄远庸二律师接手之时,刘即声明"不受丝毫之公费及谢金",黄亦"只受最低度之公费,其胜诉后之谢金亦将以充公益事业之用",皆有抵抗市井传言之意。[③]

而八十多年后,邓云乡对此案的回忆,仍保留了民初市井传言种种:

> 陈璧的房子有二百八十多间,其地是明代"灵清宫"旧址。古树很多,有占地数十亩的花园,名"苏园"。这所房子是"庚子"后他经修前门箭楼时建的,是同时那些木厂包的工,盖的都是西式大院子,大走廊、百叶窗,窗户都是上下拉动的。清末他家资产鼎盛时期,津、京二地每天都有到期的房租,南苑有大片的稻地。民国三年,为了打一场人命案子的官司,据说用了八十万银元,当时前门里刑部街的大理院为此案开放最大的审判厅审理。当年这件案子曾轰动过北京城。[④]

邓云乡青少年时,合家租住在苏园后院,对建筑的描述当为确实。[⑤] 不过,

---

① 《陈伯台案大披露(再续)》,《大公报(天津)》,1914 年 2 月 27 日,第 2 张第 4 版。

② 同上。

③ 《陈璧案中之辩护人》,《申报》,1914 年 3 月 14 日,第 6 版。

④ 邓云乡:《我的房东和邻居》,《宣南秉烛谭》,石家庄:河北教育出版社,2004 年,第 230 页。

⑤ 邓云乡:《平凡的苦与甜》,《宣南秉烛谭》,第 460 页。

陈璧卒于1928年,邓云乡出生于1924年,其所知老尚书家事应为日后听闻。但由此中的描述,仍可管窥时人舆论的风向。

2. 小说式的新闻连载

对于陈绳被害一案的审理,北京市民保持了持久的旁听热情,在1914年4月11日第二次公讯时,“一般注意此案者均欲往旁听,以是自午前十一时起即陆续前往,不移时而旁听券已罄,旁听席已满。及至开庭,而拥挤于其庭之四面窗牖窥听者大有人山人海之势”①。而4月16日第三次公讯时,“以地方审判厅法庭较狭,第二次公讯时旁听者几无容足地,因借大理院为公讯地点,以便多容旁听者”②。高等审判厅与京师地方审判厅仅有一街之隔③,但场所的扩大仍不能满足大批的旁听者。至1914年7月高等审判厅公开审理时,“改定最良好之办法,系在守卫处设置账簿,编列号码,凡旁听人须按号数署名领券,然后放入,其额以五十人为限”④。从市民踊跃旁听的热情,足见该案之社会影响。

而在现场之外,报刊则承载了及时公布此案进展的主要功能。据笔者调查,京沪大报《亚细亚日报》《申报》都对该案进行了连篇累牍的详细报道,《亚细亚日报》前后刊载了31篇相关通讯(1913年9月—1914年10月)⑤,《申报》的数字更是高达94篇(1913年9月—1915年9月)。在1914年4月地方审判厅宣判之前,两报报道的详细程度大致相同,唯《申报》消息稍晚数日。之后,1914年7—10月高等厅的二十一次公审,《亚细亚日报》不再报道,而《申报》均以连载形式逐日刊登,且由于案情复杂,动用的版面篇幅亦不少。在连续的报道中,记者多摹写法庭上人物、语言之细节,加以穿插,甚至增添了艺术渲染,使新闻通讯成为可读性很强的连载文章,

---

① 《陈伯台案昨日第二次公讯纪要》,《亚细亚日报》,1914年4月12日,第2—3版。

② 《陈伯台案今日开第三次公讯》,《亚细亚日报》,1914年4月16日,第3版。

③ 参见《北京地图》,天津:中东石印局,1914年。二者之间为双沟沿胡同。

④ 《高等厅三次公开陈绳案》,《申报》,1914年7月19日,第6版。

⑤ 由于国家图书馆和北京大学图书馆所藏《亚细亚日报》皆不完整,该统计数字可能并不完全。

大有侦探小说的意味。清末民初正是柯南道尔的侦探小说译本风行之时[①],而侦探小说的组织和笔法,也逐渐被中国人接受,进而渗透到写作中。以《申报》消息为例,大量的报道除涉及审理进度,还塑造出了鲜活的案中人物形象,尤以董升和五姨太如意最为典型。在记者笔下,董升实为一市井无赖,如意则一风流女子;而张义的窝囊与周文潞的酸腐,也跃然纸上。这样的描写,无疑有迎合娱乐趣味的考虑,从中也透露出侦探小说风行时代的市民文化趣味。

《申报》记者在新闻报道中多有人物描写,例如对五姨太太的外貌和语言描写,颇能吸引读者目光:

> 另提陈张氏,此人即陈璧之五姨太太,年二十四岁,北京人,身穿白玉兰纱衫,泰国纱青裙,天足,革履,于秀媚中含有一种娇狂的态度。[②]
>
> (陈文氏)亦系陈璧之爱妾,年在二十左右,称作四姨娘,态度风流,与五姨娘相仿佛,惟不及五姨娘袅娜耳。[③]

这样的描写,加上对陈绳姊丈黄曾勗所转述的五姨娘所言"六爷穿的很俏皮,可惜没个六奶奶"等语[④],表现出五姨太太如意的风流样态。而对董升的描写则落入滑稽谭。例如,写董升不肯交出证物皮坎肩:

> 审判长问董升道:"你对此鉴定书有何话说?"董升答:"请庭长将那件皮坎肩给我看看。"审判长当令庭丁将坎肩给董,董遂将坎肩穿在自己身上,又向审判长辩南北线事,欲庭中派人押其出买以证明之,并以坎肩皮之形式,求庭长根问。审判长以问黄曾绪,黄答:"我内人知道。"审判长即叫黄陈氏上堂。董升先说道:"请问四姑奶奶,您上次说过您的父亲身量高,陈伯台身量矮,那么您瞧瞧身量矮的坎肩,我穿着您瞧显短不短?"黄陈氏闻董升如此质问,仓促间不能答。审判长当令

---

① 邹振环:《风靡一时的〈福尔摩斯侦探案全集〉》,《影响中国近代社会的一百种译作》,北京:中国对外翻译出版公司,1996年,第248—253页。

② 《高等厅六次公开陈绳被害案》,《申报》,1914年7月30日,第6版。

③ 《高等厅九次公开陈绳被害案》,《申报》,1914年8月10日,第7版。

④ 《高等厅七次公开陈绳被害案(续初三报)》,《申报》,1914年8月5日,第6版。

> 书记官再读陈綄认明坎肩之供录,当朗读之略称在北京买的,带至在福建做的,并称陈伯台于自己衣服上俱书有名字,这件坎肩并无名字,想系董升将贴边及领子换了等语。董升又向审判长说道:“这坎肩是张明借给我当的,他们既说是伯台的,庭长亦应当将张明传来跟我同堂对对,到底是他的不是,怎么您不传他跟我同堂?那么就叫黄曾绪将这皮子怎样形式让他们说说,他们当时如说不出来,亦可以叫他们回去想想。可是一样,这件坎肩我得穿着。”审判长道:“证物不能由被告人保存,你把坎肩脱下来,本庭自有保存的规则。”董升道:“您把我押在监里还不放心吗?您想陈璧有钱买动鬼推磨,若存在庭长手里我就放心啦吗?”于是又提起陈伯台失踪之次日陈璧搭箱子等事,絮絮不已。审判长仍叫其将坎肩脱下,而董升非待黄曾绪夫妇将坎肩皮子说明,始肯脱下,否则虽死不脱。[①]

最后,“审判长无可如何,乃停止审讯,令巡警将董升坎肩强制剥下,抬下庭去”[②]。在《申报》报道中,董升在庭磕头、骂人、撒泼之事多有,而“董升出身盗贼,曾充侦探”[③],报刊描写应基本属实,但不免加入了调侃戏谑的成分。

民初司法审判,嫌疑人并非同时在堂,而是审判长唤请上堂和退堂,这些也被记者写下,报章通讯读来就有了话本小说的意味。例如:

> 审判长又提张义,此人常在陈璧宅内做土工,性极愚笨。上堂后,审判长遂问几时到陈宅做土工,张义乃详叙历史,并谓其妻被一杜姓木匠先奸后拐,现在无处寻觅,且诉且泣。审判长向其再三分别事体不同,张义脑筋中惟有丢妻一事。审判长乃以简单之语问:“宅里有个大六爷,你知道否?”张义答:“我不认识”,遂又继续诉其丢妻事。审判长因所答非所问,遂令其退去。[④]

---

① 《高等厅二十一次公开陈绳被害案》,《申报》,1914 年 10 月 27 日,第 6—7 版。

② 《高等厅二十一次公开陈绳被害案(续昨)》,《申报》1914 年 10 月 28 日,第 6 版。

③ 《判决陈绳被杀案全文》,《夏星杂志》1914 年第 1 卷第 1 期,第 20 页。

④ 《高等厅五次公开陈绳被害案》,《申报》,1914 年 7 月 28 日,第 6 版。

陈宅小工张义在庭上始终答非所问,而对话的记述,凸显了其"性极愚笨",令人可怜可气又无可奈何的形象。

可以说,该案本来就具有凶杀、财富、乡谊、绯闻、政党等引人注目的元素,而报界对该案的新闻追踪,采取了连载方式,且加入文学性的描写,使得文本具有了侦探小说的张力,达到了吸引读者的目的。这种写法,又为案情被改编成时事新戏搬上舞台提供了材料和契机。

四、"好戏"上演:时事观察与市民文化

社会舆论对该案的关注,并未随着1914年11月4日陈绳被害案由高等审判厅判决而结束。在街谈巷议之外,上海民兴社将其案情改编成家庭政治剧,搬上了舞台。而这场由时事改编的"男女合演新剧"的上演,又引起了案件当事人的不满,随即引发了陈璧和剧团的民事纠纷,以致该剧在两轮演出后被禁演。于是,这部"新编好戏",又成为折射文艺时事观察与市民文化趣味的一个窗口。

1."新编家庭政治新剧"的上演

1914年11月30日,《申报》上的一则广告,预告了《陈绳被杀案》这部民兴社所排新剧的演期和概貌:

> 此案离奇变幻,论欢娱则骄奢淫佚,论悲苦则惨怛怪诞,诚时事中之罕观者。本社采《申》《新》两报所载事实及都人士之传说编成剧本,布景有深房邃室,陋屋华堂,天津公园,大户古井,奇花异卉,毒蛇灵禽,月景能落能升,梦境若真若幻,加以大鼓书、隔壁戏,道情则点破愚顽,戏法则大飞活蟹,唱滩黄,演老戏,应有尽有,是诚大观。谨择十六夜起连台开演,特先露布。①

① 《民兴社新编家庭政治新剧陈绳被杀案露布演期》,《申报》,1914年11月30日,第9版。

《申报》1914 年 11 月 30 日广告

《申报》1914 年 12 月 2 日广告

这则广告用夸张的笔法,介绍了编剧由来、布景唱腔和首演日期。[①] 相比于其所本的《申报》《新闻报》报道,这部连台本戏[②]淡化了案件的法制关注,而突出了其中的财富与凶杀元素,并加入虚幻的“奇花异卉,毒蛇灵禽”和“月景梦境”,以道情、戏法招徕观众。

该剧广告连续刊登了多日,前后内容并不完全相同。12 月 1 日的广告尚同前日,12 月 2 日(演出当天)则在此基础上增加了演出地址、电话、演员等。其中言明,演出在三洋泾桥南首歌舞台原址,并宣称“全体社员一齐登台,东京大背景家绘成特别布景”,“男女合演新剧”,“准演新编好戏头本”。[③]

---

① 由 12 月 2 日广告的“准于十月十六夜”,可知头本演出日期是 1914 年 12 月 2 日。

② 参见向阳《文明戏“连台本戏”剧目考及其特征》,袁国兴主编:《清末民初新潮演剧研究》,广州:广东人民出版社,2011 年,第 361—387 页。

③ 《男女合演新剧准于十月十六夜准演新编好戏头本陈绳被杀案》,《申报》,1914 年 12 月 2 日,第 9 版。

随后,12 月 3 日和 4 日,又相继演出了该剧的二本①和三本②,可见《陈绳被杀案》是三本剧。

首演一周后,民兴社继续演出该剧,并将三本改为二本。其中 12 月 10 日上演头本③,12 月 11 日上演后本④。在广告中,言明"是剧前经分三本排演,深蒙各界赞许。惟其中情节繁杂,颇费观者脑力,现为经删为二本,分二夜演完,爱观斯剧者幸早临为荷"⑤。

根据民兴社两轮演出的广告,可见该剧的商业演出将报纸时事作为编剧来源,并以"男女合演"作为商业卖点。民兴社 1914 年 8 月成立于上海,设在法租界歌舞台旧址。由张梯云出资,原新民社经理兼演员苏石痴主持。剧社首开男女合演之风和滑稽戏、独角戏的先河,1916 年迁至苏州。⑥ 据记载,苏石痴好饲蛇,"民兴社每演邱丽玉、郑元和等剧,石痴必上台去玩弄大蛇。上海人好奇特甚,故每逢石痴弄蛇之日,座客为满"⑦。由民兴社男女合演和推尚滑稽的特色,可以想见该剧风格必不严肃。并且,根据广告中的"奇花异卉,毒蛇灵禽"之言,该剧当是加入了苏石痴弄蛇的环节,而不仅是展现陈璧苏园中的花卉景观。其实,依照新闻报道,陈绳被害案的案情与蛇完全无关,剧社作如此改编,自是出于商业方面的考虑。并且,由这一环节,第二轮演出广告中所称"深蒙各界赞许"也不纯是剧社自诩之言,首轮演出"座客为满"可以想见。由是,两轮演出在上海造成了较大的社会影响。

---

① 《男女合演新剧准于十月十七夜准演新编好戏二本陈绳被杀案》,《申报》,1914 年 12 月 3 日,第 12 版。

② 《男女合演新剧准于十月十八夜准演新编好戏三本陈绳被杀案》,《申报》,1914 年 12 月 4 日,第 12 版。

③ 《男女合演新剧十月念四夜准演头本好戏》,《申报》,1914 年 12 月 10 日,第 12 版。

④ 《男女合演新剧十月念五夜准演后本好戏》,《申报》,1914 年 12 月 11 日,第 12 版。

⑤ 《男女合演新剧十月念四夜准演头本好戏》,《申报》,1914 年 12 月 10 日,第 12 版。

⑥ 么书仪等主编:《中国文学通典 · 戏剧通典》,北京:解放军文艺出版社,1999 年,第 836 页;李晓主编:《上海话剧志》,上海:百家出版社,2002 年,第 94 页。

⑦ 朱双云:《初期职业话剧史料》,重庆:独立出版社,1942 年,第 34 页。

2. 禁演事件

眼看自家悲剧被编为“好戏”上演,老尚书陈璧无法坐视不管。1914年12月,陈璧提请禁止民兴社排演“陈绳被杀”一案新戏,得到批允①,由此该剧被禁演。根据第二历史档案馆所藏北洋政府内务部档案,可以还原出这一纠纷的详细经过。

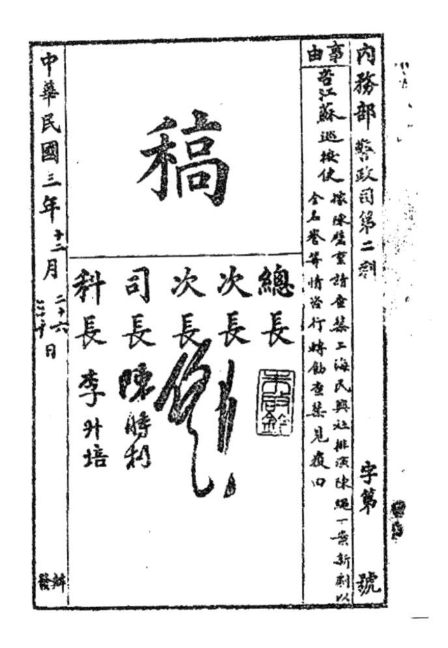
内務部警政司第二科　字第　號

事由　咨江蘇巡按使　據陳璧呈請查禁上海民興社排演陳繩一案新劇以全名譽等情咨行轉飭查禁見復由

稿

總長　次長　次長　司長 陳時利　科長 李升培

中華民國三年十二月二十六日

第二历史档案馆藏1914年12月26日内务部警政司发办稿首页

1914年12月19日,在《陈绳被杀案》第二轮上演后一周,陈璧向内务部警政司禀告“胞侄陈绳被害一案,现经上告,尚未审判。报章登载上海民兴社排演新剧,恳请转饬禁止,以全家庭名誉”。内务部总长朱启钤、次长沈铭昌和荣勋、警政司长陈时利、警政司第二科科长李升培签字。② 禀帖全文如下:

> 为戏园演剧妨碍名誉禀请禁止事。窃璧胞侄陈绳被人杀害匿尸井中一案,前由京师检察厅以璧为有嫌疑,提起公诉,嗣经同级审判厅判决宣告无罪。关此部分之判决已经确定,在璧之沉冤虽已剖白,而第一审及第二审所指为本案罪人者现经上告大理院,尚未审判,是本案之真相如何,尚难遽定。乃兹阅报章,竟有民兴社在上海三洋泾桥地方演剧,遍登广告,将此案编为新戏,定期开演。窃虑其所采事实得诸传闻,

---

① 《江苏陈璧请禁止上海民兴社排演“陈绳被杀”一案新戏有关文书》,中国第二历史档案馆,全宗号:一〇〇一(2),案卷号730。中国第二历史档案馆北洋政府内务部档案江苏风字第一号第十二卷,第95—106页。

② 其中两位次长的签字不易辨识,据钱实甫编著、黄清根整理《北洋政府职官年表》(上海:华东师范大学出版社,1991年)得出,下同。

难免妨碍璧之家庭名誉。况本案尚在法庭审理,未经确定,尤不宜任人排演新剧,淆人观听。为此禀请钧部核准转饬上海警察厅,即行饬令该民兴社不准排此案新剧,以全璧之家庭名誉,即以免淆乱社会之观听,无任感祷。

谨禀　内务总长。

中华民国三年十二月　日。具禀人陈璧,年六十三岁,福建闽侯县人,寓临清宫八宝戡胡同

一周之后,1914 年 12 月 26 日,内务部警政司第二科发办此案,行文江苏巡按使,要求"据陈璧禀请查禁上海民兴社排演陈绳一案新剧以全名誉等情,咨行转饬查禁见覆"。覆文前半基本援引陈璧禀帖原文,并由"查刑律载:指摘事实,公然侮辱人者,不问事实有无,均应科罚。此案既经上告,尚未宣告判决,岂可任意排演戏剧,致妨名誉而失真相?"得出"如果属实,亟应查禁。相应据情咨行贵使查照,饬知沪海道尹转饬查禁,以正观听"的结论。由此,《陈绳被杀案》上演两轮后即被禁演。

由陈璧的禀文,可知其获闻此事乃缘于报章广告。民兴社登报刊发新戏广告,一方面招徕观众效果甚佳,首轮演出即"座客为满",一方面也引起了当事人的不满和警政司的查禁,两轮演出后即告终结。由禀帖的具禀人地址显示,陈璧当时仍居北京苏园。从这桩纠纷,亦足见报章广告的影响力:刊布于上海报纸的广告,一月内即引起了寓居北京的前清老尚书的注意。奏请禁演和执行查禁之事未见诸报刊,故而没有引起进一步的发酵和舆论评判。陈璧提请禁演,正值高等厅宣判之后,董升、黄贵提起上诉,参谋部议请大总统组织军法裁判的纷扰之时,而董升上诉最终未获得支持,亦未进行军法裁判,该案遂告一段落。

余　论

南京临时政府 1912 年颁布的《中华民国暂行新刑律》,虽多沿用大清刑律,但删去了"与民国国体抵触各条",可以视为北洋政府初期法律体系

的代表。但民初中国的法制建设仍很不完善,处在新旧过渡时期。陈绳被害案的调查、审理和宣判,可谓法制肇建时代的司法事件典范。该案中,辩护律师、报业记者、参谋部同人等均发声,力求司法公正。该案1914年4月一度宣判后,报界即有评论:

> 我国向来巨案,动辄涉讼数年以至十余年不等,其结果愈闹愈糟,模糊影响,四处牵连,渺无了案之期。不得已乃归之阴消。阴消者,曩时了案之别名也。陈伯台案发现后,不数月之久即能正式判决,有个着落,此自是民国司法好现象,审判官、检察官以至辩护诸大律师皆不为无功。惟社会对此案之判决,始终未免怀疑,且发生种种揣测,诚有令人不可解者。
>
> 社会对于陈伯台案判决之怀疑,其心理约不外二种:(一)即我国巨案,向多阴消,此次直截了当,当场给个着落,倒不免近于了草塞责;(二)我国旧时法庭判案,赖多根据口供凭证切实,多与被判者以毫无翻身之余地。此次判决,全凭之检察官之检举证据,人多以为凭空构造。综此二心理,社会怀疑方兴未已,对于董升之呼冤,亦有赞同者,以是征社会对于司法机关信用之薄弱也。[①]

作为京中“十余年来未有之巨案”[②],陈绳被害案折射了民初司法案件的审理与社会文化的互动,也彰显了中国法制的转型和进步。虽然,在一百年后回望此案,仅凭报刊材料并不能断定宣判结果是否合理,但新闻舆论的关注、辩护意见的刊行,确已达到了普及司法知识的意义。而从发生在北京的凶杀案,到上海舞台的演出,时事素材进入戏剧,也体现了市民文化的观察和趣味。借助报刊、档案、年谱、书信材料还原历史现场,发掘这桩沉寂百年的刑事案件,见微知著,对研究民初的法律、社会和文化都具有典型意义。

---

① 《陈伯台案之馀闻》,《亚细亚日报》,1914年4月28日,第2版。

② 同上。

附　录

呈现北京文化的历史横断面

——夏晓虹谈《晚清北京的文化空间》

《光明日报》记者　陈雪

开民智、易风俗，北京现代化城市转型

光明悦读：您主编的文集《晚清北京的文化空间》收录了十篇文章，论及晚清北京的新式舞台、报馆、新学堂、公园等近代意义上的公共空间，从"晚清北京的文化空间"这样一个特殊历史横断面，能看出当时北京怎样的城市文化特色？

夏晓虹：晚清北京的城市文化特色，是由历史的影响与现实的刺激交汇形成的。北京被称为八百年古都，尤其是清朝三百年的统治，构成了北京城的基本格局，也塑造了北京人的文化品格。满族作为统治民族，在清代享有各种法定的特权。从城市格局中体现出来，即是内城（北城）与外城（南城）的满汉分居。不过，满人在北京长期、集中的存在以及满族内部的阶层分化，也使得满汉间有了更多的交融，相对而言，民族关系比较和缓。北京又号称首善之区，作为王朝的政治中心，吸引与聚集了大量官员与文人学者。

落脚在外城的士大夫,因此与城市平民有更多的交集。北京既为朝廷所在之地,耳闻目睹,世风濡染,北京人对于国家(虽然当时很多人尚不明了“国家”与“朝廷”的分界)与公共事务也更具热心。特别是 1840 年以后,历次中外交战的失败以及自强维新运动的发生,揭示出王朝统治的衰败与西方文明的优势,因此,虽然迟缓并且谨慎,北京还是开始了向现代化城市转化的进程。我们现在追溯它的起点,就需要回到晚清北京。总之,满汉共存、士庶交涉、新旧折中,大体可以概括晚清北京的城市文化特征。

光明悦读:在《田际云与北京“妇女匡学会”》一文中,您对名伶田际云 1906 年排演《惠兴女士传》一事进行了详细的史料钩沉,这一新戏排演前后,戏曲界、报界、学界人士悉数登场,戏曲改良、兴办女学、白话报刊等种种命题都回到了历史现场,能否请您介绍一下,晚清北京的新学启蒙、社会改良是如何深入到社会各个层面的?

夏晓虹:田际云是近代著名的梆子戏演员,现在已经很少人知道他的名字了,但清末民初,他可是梨园行的领袖。由他排演的新戏《惠兴女士传》,表现的是杭州驻防旗营中的满族妇女惠兴因办女学,经费短缺而自杀的真实故事。惠兴创办女学堂固然有满族自救自新的考量(我在《晚清女性与近代中国》一书中有专章讨论),不过,女子社会化教育确是从晚清起步,对开通民智、改良习俗意义重大,女学被赋予了重要使命。只有改变待守家中、大门不出二门不迈的旧习,女性才能进入学堂接受新学教育。而这些原本属于精英人士的思想观念,要为社会大众普遍接受,需要经过启蒙。

当然,被梁启超称为“传播文明三利器”的学校、报纸、演说,在晚清新学启蒙中发挥了巨大作用。只是在这个案例中,我希望凸显晚清北京启蒙的特色,即戏曲的重要性。具有维新意识的田际云堪称最合适的启蒙角色。他既有入宫演戏的内廷供奉身份,又为士大夫与市民熟悉和接受,恰好可以成为沟通朝野、打通上下层社会的中介。而清室与民间对戏曲的共同爱好,也使得“戏曲改良”所致力的开民智、易风俗,得以借助时事新戏的演出深入人心,被广泛接受。起码,北京女学堂的迅速增长与 1907 年清朝学部颁布章程、承认女子教育合法化,都可以看出《惠兴女士传》的影响。所以,我觉得这个个案对于呈现晚清北京的社会改良与启蒙展开的过程具有典型意义。

光明悦读:本书有多个篇章使用了《京话日报》的材料,该报创刊于1904年,梁漱溟曾经评价这份报纸"当年对北京社会乃至广大北方社会起着很大推动作用"。清末北京进入了办报兴盛期,《京话日报》在当时是什么定位?

夏晓虹:虽然我在上面强调了戏曲在晚清北京的特殊地位,但应承认,就覆盖面与持久性而言,报刊还是更有效的启蒙利器。北京的报业到1900年后才逐渐兴盛,一个重要标志是民间报刊的兴起。除了从传统邸报延续而来的《京报》专门登载朝廷文告与动态,民办报刊形成了体现民意的舆论空间。彭翼仲正是其中最有代表性的报人。他的惊人之举是一人办了三种报刊:1902年6月创办的《启蒙画报》是北方最早出现的画刊,目的在开童智;1904年8月发刊的《京话日报》用白话书写,宗旨是开民智,即彭翼仲所说的"开通社会多数人之智识";当年12月又专门为了开官智,推出了文言体的《中华报》。《京话日报》的受众显然最广泛,报纸的影响力也最大。这种影响力不完全是因为该报采用了白话,因为在它之前出现的《京话报》就很短命。实际情况恰如本书《〈京话日报〉(1904—1906)的旗人色彩》一文所分析,本来艰难困顿、几乎停刊的报纸,由于彭翼仲以强硬的态度回应英国驻华公使对《京话日报》刊登南非英当局虐待华工的消息以及连载小说《猪仔记》的干涉获胜,让经历了八国联军入京之辱的京城百姓感到大为解气,伸张了民意,振作了民气,由此报纸声价大涨,发行量激增。再加上当时北京各处散布的阅报社与讲报处里热心人士的宣讲,吸引了大量无力买报或不识字的民众,也迅速扩大了这份白话报纸的传播范围。因而,《京话日报》所推动的各项改良与开智事业,才可能赢得京师各界的大力支持。

光明悦读:书中有一章介绍了"清末四大奇案"之一的"春阿氏案",该案之所以没有被遗忘,是因为先后有报纸、小说、戏剧等多种形式对其进行记录与演绎,您曾在《晚清女性与近代中国》一书中提到,"晚清社会变动的剧烈,新闻报导的快捷,使作家易有强烈的现实感,比之以往各时代,作品更贴近生活。而重大事件由于已有报刊的渲染、铺垫,引人注目,因此也常常成为文学创作的热点",与报刊的互动,对当时的文学产生了什么影响?

夏晓虹:阅读近代文学也就是清末民初的作品会有一种强烈的感受,即对时事的快速回应。尤其是在与古代文学比较时,这一点显得格外突出。毫无疑问,近代文学时事性大为增强的特点与近代报刊的兴起密不可分。由于新闻的讲求时效,记者的探求隐情,报刊的持续关注与追踪所造就的时事热点往往会带动舆论,使之成为公众广泛关心和参与的社会事件。前面提到的惠兴以身殉学就是一例。当然,“春阿氏案”更为典型。这本来是一个普通旗人家庭里发生的凶杀案。在没有报刊的年代,“谋杀亲夫”虽然可以成为一时街谈巷议的话柄,却也会很快被遗忘。而在晚清的北京,由于《京话日报》的介入与引导,激发了社会大众对于被指认为凶手的弱女子春阿氏的同情,进而抨击司法机构的滥施非刑、贪赃枉法,表达了对司法公正的强烈诉求。这样就使得一桩平常的案件,因为与清廷 1906 年开始的预备立宪挂上钩,而成为舆论的焦点。小说、曲艺、戏曲等作品随后对此案的轮番演绎,固然有“蹭热点”的商业方面的考虑;但作家在延续社会批判与改革吁求的同时,又加入了爱情悲剧的线索,让春阿氏一案能够超脱一时的政治氛围而传之久远,这的确有赖于文学的想象力与感染力。

古都的前世今生,包容的城市品格

光明悦读:您在书中提到,晚清北京发生着从“士大夫的京师”向“国民的北京”的转换,这种转换是否是北京与上海、天津等口岸城市的关键不同之处?您也曾对“晚清上海”做过一系列研究,这两座城市在近代文明的展开上有哪些异同?

夏晓虹:所谓“士大夫的北京”,指的是北京作为清朝统治的中心,汇聚了最多的高级官员与著名的文人学者。明清以来,他们始终是北京社会的主导者。不过,进入晚清,西方政治学中的“国家”概念传入中国,不但廓清了与“朝廷”的区别,也使得原先的王朝子民逐步转变为“国民”,开始积极关心与参与国事。在这个城市主体与文化品格转化的过程中,北京显示出与上海所代表的口岸城市不同的特色。就现代化的进程而言,上海最早开埠,最先受到西方文化的冲击,加上租界的存在与示范,以及上海原初不过是中国各地随处可见的普通县城,城市的变革相对比较容易展开,上海也因此成为新学新政的集散地。而北京本来就有深厚的文化积累,政治上又是清帝都,转型迟缓得多。不过,一旦新思潮从上海抵达北京,恰如我在书中引用彭翼仲的一段话所说:“北方风气开的慢,一开可就大明白,绝没有躲躲藏藏的举动。较比南方的民情,直爽的多。”

其实更重要的是,晚清北京的城市转型因为传统的负担重,不同于上海的新胜旧衰,而呈现为新旧并存与折中的局面。所以我们可以看到,“忠君”与“爱国”并不矛盾,代表民意的《京话日报》也会以“日进两宫御览”相标榜。在这样一种新旧并包的场域中,新学的入场虽滞后,却也不致招来巨大的阻力。以民办女学堂为例,办学的主力是官绅及其女眷,也包括了旗人,即使在清廷的女学章程颁布前,晚清北京女子教育的展开也没有遇到官方的干扰。这和南方绅商创办的女学堂生存状态明显不同。

光明悦读:海外学者曾十分关注上海,“都市想象与文化记忆丛书”已经出版了 11 部,以文化史的思路研究北京、开封、西安、香港等城市,参与的学者很多,能否请您介绍一下相关研究的起源与成果?

夏晓虹:《晚清北京的文化空间》属于北大出版社的“都市想象与文化记忆丛书”。这套书的第一本,实为 2005 年放在“学术史丛书”里出版的《北京:都市想像与文化记忆》,那是 2003 年秋北大二十世纪中国文化研究中心与哈佛大学东亚系合作主办的同名国际会议的论文集。正是考虑到你所说的上海研究已经相当成熟,陈平原与王德威才有意识地把北京的前世今生定为会议的论域。陈平原在此书序言《北京记忆与记忆北京》中已经提到,与上海相比,“作为八百年古都,北京的现代化进程更为艰难,从抵抗、挣扎到追随、突破,其步履蹒跚,更具代表性,也更有研究价值”。这也是这套丛书更多关注北京的原因。以此次会议为开端,陈、王二人又以相同的模式与命题,邀请国内外不同领域的学者,在西安、香港和开封先后开过三次学术会议,也都出版了论文集。从城市的选择可以看出,主持者显然更看重文化古城的旧邦新命。此外,这套丛书也纳入了北大中文系与都市研究有关的博士论文,已出各书除两本分别涉及上海与湖南长沙外,其他都是围绕北京展开论述。进入的角度可以是戏剧、报刊、教育、文人群体或文学,但都是对城市某一历史文化空间的解读。

光明悦读：晚清北京开创的种种文化空间，形成了现代北京文化的雏形，今天我们还能感受到哪些影响？

夏晓虹：从有形的文化形态而言，本书已经涉及的女学堂、报刊（包括女报、白话报）、阅报社、报载小说、演说、时装戏、公益社团、警察、公园等，以及更多未曾涉及的现代高等教育、马路交通、供水系统、城市管理等，晚清北京已经开辟的种种文化空间，都直接影响到我们今天的日常生活。甚至我自己长期供职的北京大学，其前身京师大学堂，也是1898年成立的。而如果讨论无形的精神遗产，个人感受最深的是晚清北京社会的包容。除了前面已经说到的新旧共存，也指向北京的满汉矛盾没有南方表现得那么激烈。以惠兴殉学事迹为例，惠兴之死在南方除了旗人群体，报刊与社会中的反应颇为冷淡；传到北京后，才引发了巨大反响，激起各阶层民众竞相参与助学的热情。天津《大公报》慨叹的"长江流域之士夫，不若大河流域之俳优"，也只有放在满汉融合程度较高这一晚清北京真实的背景下，才能够得到理解。其实，就此例来看，当时北京士庶交涉的情况也可见一斑。个人的感想是，包容的城市品格在现代北京仍应得到尊重与发扬，不是说"有容乃大"吗？

（原载《光明日报》2022年2月26日）